KB150919

풍속의 역사

에두아르트 푹스(1870-1940)

개역판

풍속의 역사 I
풍속과 사회

에두아르트 푹스

이기웅, 박종만 옮김

까치

ILLUSTRIERTE SITTENGESCHICHTE VOM
MITTELALTER BIS ZUR GEGENWART

by Eduard Fuchs
(München : Albert Langen, 1909-12)

역자 소개

이기웅(李起雄)

성균관대학교 철학과를 졸업하고 현재 도서출판 열화당의 대표로 있다.

박종만(朴鍾萬)

부산대학교 영문과를 졸업하고 까치글방의 대표를 지냈다.

© 까치글방, 2001

풍속의 역사 I : 풍속과 사회

저자 / 에두아르트 푹스
역자 / 이기웅, 박종만
발행처 / 까치글방
발행인 / 박후영
주소 / 서울시 용산구 서빙고로 67, 파크타워 103동 1003호
전화 / 02 · 735 · 8998, 736 · 7768
팩시밀리 / 02 · 723 · 4591
홈페이지 / www.kachibooks.co.kr
전자우편 / kachibooks@gmail.com
등록번호 / 1-528
등록일 / 1977. 8. 5
1판 1쇄 발행일 / 1988. 5. 15
2판 1쇄 발행일 / 2001. 3. 24
   11쇄 발행일 / 2021. 8. 17
값 / 뒤표지에 쓰여 있음

ISBN 89-7291-288-3 94920
       89-7291-287-5 94920 (전4권)

I 풍속과 사회

차례
풍속의 역사 I

서문

한 시대의 도덕행위, 도덕관, 도덕률은 어느 시대에서든 그 시대 인간의 성행동의 존재방식을 좌우하는 근본이 되는데 성행동은 그 시대의 발전상을 인식하는 데에 아주 중요한 요소가 된다. 그것은 그 속에 그 시대의 특징이 가장 잘 드러나 있기 때문이다. 곧 시대, 민족, 계급의 본질이 그 속에 가장 잘 나타나는 것이다. 결국 성생활이란 그것의 다양한 모습을 통해서 우리에게 시대의 특정 법칙뿐만 아니라 시대를 움직이는 삶의 전반적인 법칙까지도 가르쳐준다. 바꾸어 말하면 살아 있는 본능의 움직임은 그 시대의 도덕행위, 도덕관, 도덕률에 나타나 있다는 것이다. 인간활동의 그 어떠한 형태나 요소도 반드시 생활의 성적인 토대로부터 일정한 형태로, 적어도 어떤 특색을 지닌 형태로 형성된다. 민족의 공공생활이든 개인의 사생활이든 성적인 이해관계와 경향을 내포하지 않은 것은 없다. 그것은 영구히 추적될 수 없을 정도의 많은 문제를 계속해서 제기한다. 그리고 그것은 한결같이 개인이나 전체의 일상생활과 관계를 가진다.

그런데 중요한 것은 인간의 성행동이 각 시대에 따라서 각각 다른 형태로 형성되었고 그 법칙도 새롭게 변화되어왔다는 점이다. 그 변화의 방식의 틀은 한마디로 참으로 다양했으며 그것도 계속 새롭게 변해왔다. 이 변화의 동인은 전혀 상상할 수도 없는 자연의 힘으로서, 단순히 동물적인 만족에 불과한 가장 낮은 단계로부터 인간의 가장 고상한 신비 혹은 창조적인 것 중에서도 가장 높은 신성함으로까지 승화되었고 나아가서는 악의 없는 음담패설의 재료로부터 어떠한 말이나 행동으로써도 표현할 수 없는, 관능의 유희로써가 아니면 알 수도 없는 극단적 단계로까지 발전했다.

지금까지의 말을 달리 표현하면 여러 문명의 발전단계에서의 성행동의 역사는 인간의 역사 중에서 가장 중요한 요소의 하나라는 것이다. 이것을 명확히 정의하면 다음과 같이 말할 수 있다. 즉 성 모럴의 역사는 인간의 사회생활 중에서 가장 중요한 분야, 즉 합법적이거나 비합법적인 모든 연애(결혼, 정절, 순결, 간통, 매춘)의 역사, 또 성적 활동을 위한 실로 다양한 남녀의 구애의 역사, 이러한 것들이 압축된 풍속이나 관습의 역사, 나아가서는 아름다움, 재미, 즐거움이란 무엇인가에 대한 역사, 그것이 정신(언어, 철학, 인생관, 법률 등)에 어떠한 형태로 나타나는가에 대한 역사, 그리고 이것으로 끝나는 것은 아니지만 성욕에 의해서 부단히 추진되는 예술을 통한 관념의 변용의 역사이다.

성행동의 역사는 인간의 역사에서 중요한 부분을 차지하고 있기 때문에 그것을 묘사한 각국의 기록은 너무나 풍부하다. 그리고 그러한 기록들 중에는 가장 위대한 것, 가장 중요한 것, 가장 세련된 것은 물론이고 가장 저열한 것, 아니 오히려 인간의 정신적 산물 중에서 가장 어리석은 것과 가장 시시한 것이 뒤죽박죽으로 뒤섞여 있다.

그런데 특히 성 모럴과 연관이 있는 풍속의 역사는 과거를 역사적으로 조망하려는 사람들에게도 매우 중요하고 또 이것에 관한 자료도 연구가의 처지에서 보면 산더미처럼 쌓여 있는데도 불구하고, 근대 역사학은 성 모럴의 발달사를 아예 취급하지도 않았다. 독일의 문헌 중에는 이 방면의 뛰어난 연구가 종종 나타나지만, 대개는 기껏 고대 로마 정도에서 끝난다. 아직도 중세 말기 이후의 풍속의 역사, 곧 이 시대의 성 모럴에 대한 사고방식이나 성적 욕구의 다양한 변천을 역사적으로 서술했거나 연구한 풍속의 역사는 전혀 찾아볼 수가 없다. 여러 종류의 자료집과 좁은

진실(작자 미상, 목판화, 16세기)

범위에 한정된 대수롭지 않은 문제나 나라 혹은 시대 등을 취급한 엉성한 소논문이 있지만 고작 그 정도에서 그치고 만다. 그런데 그러한 약간의 연구도 모두가 근대과학의 시각에서 쓰여진 것이 아니기 때문에 실제로는 쓸모없는 것들이다.

나는 나 자신의 연구를 통해서 부족한 부분을 보충하려고 생각했다. 나의 연구는 세 권(번역서로는 네 권/역주)의 책으로 정리되었지만 그것만으로는 아직도 부족한 점이 많다는 것을 나 자신도 잘 알고 있다. 왜냐하면 풍속의 역사를 정리하는 작업은 수많은 전문가를 동원하여 세

계의 모든 도서관을 뒤지더라도 이루어질 수 없을 정도로 방대한 대역사(大役事)이기 때문이다. 이 방면의 전문가는 아직은 한 사람도 존재하지 않는다. 소수의 전문가가 있기는 하지만 이 사람들도 문화현상과 관련지어서 연구하는 센스는 없다.

당신은 순결한가?(기도서의 십계명 제6항의 삽화, 15세기)

이미 설명한 바와 같이 성 모럴의 역사 속에는 가장 고상한 것에서부터 가장 비속한 것에 이르기까지 모든 것이 뒤섞여 있다. 그렇기 때문에 그러한 풍속의 역사는 소위 부도덕의 역사가 되어버릴 우려도 있다. 그러나 그것은 당연한 것이다. 왜냐하면 도덕적인 것이란 대개 생각만으로 그치는 것, 즉 스스로 행함이 없는 것인 반면에 부도덕적인 것이란 항상 "해내는 것", 즉 스스로 행하는 것이기 때문이다. 역설적으로 말하면 성 모럴의 역사에서는 소극적인 면이 적극적인 면으로 바뀌어 있다. 그러므로 주저하거나 염려하지 않고 문제 전체를 사실 그대로 종횡무진 묘사하여 인간 본래의 모습을 철저히 탐색하려는 「풍속의 역사」는 결코 학생들을 위한 오락용 독서물이 될 수 없다. 그러한 재미는 결코 이 책의 진정한 의미라고 할 수 없다.

내가 이용했던 많은 자료들 중에는 널리 보급되어서는 안 되는, 혹은 공개하고 싶지 않은 것들이 있었는데, 그러한 자료는 별책으로 묶어서 보충자료집(Beilage)으로서 학자와 수집가에게만 제공하고 싶다.

끝으로 다음과 같은 말을 한마디 해두고 싶다.

학계에서 나의 이름은 캐리커처의 역사 연구가로 알려져 있다. 그래서 많은 독자들은 이 책을 보고 전혀 다른 방면에 손을 대었다고 생각할지도 모른다. 그러나 그러한 생각은 잘못된 것이다. 내가 특히 캐리커처의 역사에 대한 연구를 중단한 적은 없기 때문에, 이 책에서 연고도 인연도 없는 연구를 하고 있는 것은 아니다. 나의 학문적인 임무는 항상 문명사에 집중되어 있다. 나는 내 연구를 사회의 역사적 발전의 근본원리에 집중시키고 싶었다. 그러한 입장에서 연구를 하던 중에 우연히 캐리커처라는 것을 접하게 되었다. 나는 그것을 통해서 사물이나 인물의 진실이 명확히 파악된다는 것과 사실의 진정한 모습이 그것 속에서 가장 잘 묘사되어 있다는 사실을 깨달았다. 그 이후 나는 수백년 동안이나 진정한 가치를 인정받지 못한 채 무시되어 햇빛도 보지 못하고 낡아버린 화집에서 캐리커처를 찾아내는 데에 몰두했다. 자료가 점점 더 많이 입수되자 점점 더 캐리커처가 역사를 본래의 모습대로 재구성하는 데에 중요한 참고수단이 될 수 있다는 자신감을 가지게 되었다. 그 덕택으로 나의 가슴 속에는 이러한 흥미 있는 시대정신의 기록을 역사로 한번 써보고 싶은 야심이 끓어오르게 되었다.

나는 문명사가로서 캐리커처를 연구하면서 그 속에서 풍속, 상황, 사건, 인물에 대한 과거와 현재의 진실의 근원을 캐내는 데에만 열중하다보니 어느새 여러 가지 미술적인 측면의 문제는 부차적인 것으로 생각하게 되었다. 그러나 이것은 결코 내가 미술적인 측면의 의의를 간과했다는 말은 아니다. 이러한 측면의 의의는 나도 아주 중요하다고 생각하는데 나는 항상 그 측면에 미학자의 전문적인 임무가 있다고 생각해왔다. 그러나 나는 결코 미학자는 아니다.

내가 앞으로 풍속의 역사를 출판한다고 하더라도 앞에서 설명한 것처럼 지금까지의 캐리커처의 연구에서 탈선하는 것은 아니다. 내가 그것의 역사를 쓰려고 했을 때 문명사에 대한 흥미와 인연이 사라지지 않았던 것처럼 앞으로도 내가 가장 좋아하는 캐리커처에 대한 연구와 인연이 끊어질 수는 없다. 결국 나의 캐리커처의 역사와 이 풍속의 역사는 동일한 사상의 흐름을 표현하는 것이다.

1909년 봄, 베를린-첼렌도르프에서
에두아르트 푹스

서론

풍속의 역사를 서술할 경우 가장 큰 목표는 바로 과거의 재구성, 즉 각 시대의 특징적인 여러 가지 사실을 모아서 하나의 골격을 만듦으로써 과거의 현실을 원래대로 재구성하는 것이다. 이 경우 독자의 눈에 과거가 부조(浮彫)처럼 생생하게 되살아난다면 이 목표는 훌륭히 달성된 것이다. 이는 물론 그 연구가 풍속의 역사의 전 분야를 문제로 하든 아니면 이 책에서처럼 그중의 한 분야인 성 모럴 분야를 문제로 하든 간에 그 모든 경우에 적용된다. 그러한 의미에서 이 책은 과거를 원래의 모습 그대로 재구성하는 것에서부터 출발하지 않으면 안 된다.

그런데 풍속의 역사를 기술할 경우 과거를 원래의 모습대로 재구성하는 것이 첫째 목표가 되어야 하지만 절대로 어떤 일정한 모럴의 기준을 과거에 적용시켜서는 안 된다. 이러한 연구에서 연구가가 명심해야 할 사항은 역사에 영구히 적용되는 모럴의 기준이란 있을 수 없으며 이러한 기준은 끊임없이 변화해간다는 사실이다. 따라서 우리는 도덕과 부도덕을 항상 상대적으로 논할 수밖에 없다. 그러나 사회적 원동력에 거역하게 되는 경우, 즉 세간에서 인간의 천성에 거역했다고 논의되는 경우는 결국 절대적인 부도덕에 속하게 된다. 시간과 공간을 초월하여 우리들의 행동을 지배하는 도

가면을 쓴 부인(칼로, 17세기)

덕률은 이 세상에 존재하지 않는다. 이 점에 대해서는 다음과 같이 말할 수밖에 없다. 만약 이러한 주장이 모럴 전체에 적용되는 것이라면 그것은 무엇보다도 특수한 성 모럴에 적용될 수 있을 것이다. 성 모럴은 도덕률 중에서도 가장 변화하기 쉬운 것이기 때문이다. 그것은 쉽사리 변할 뿐만 아니라 실제로 부단히 변화해간다. 그런데 일반적인 도덕관이 이처럼 부단히 변화해가는 방식은 일정한 법칙의 지배를 받고 있다. 이 점이 연구가가 정확히 인식해야 할 둘째 사항이다. 그리고 이 인식 위에서 각 시대에는 각각 다른 도덕의 기준이 필요하다는 사실이 판명될 것이다. 그러므로 오늘날의 기준으로 과거를 비난하려고 하는 것은 실로 유치하고 어리석은 행위이다. 바보나 무지한 사람만이 고정된 것, 즉 변하지 않는 것을 변하기 쉬운 것으로 속이려고 하기 때문이다. 사물을 역사적으로 고찰하려고 하지 않는 사람들은 과거보다 오늘날에 더 많다. 이것은 과학에서도 마찬가지이다. 이런 경우에 또 하나 주의를 환기해두고 싶은 점은 시간과 공간을 초월한, 즉 "인간의 천성에 속하는", 소위 "일반적으로 적용되는 도덕기준"을 마구 휘두르는 방식으로는 사물이나 인물을 찬양한다든가 비난할 수는 있지만 그 본질을 파헤쳐서 역사적으로 이해할 수는 없다는 것이다. 그러므로 우리가 과거의 현상 —— 이 책의 경우 도덕적 상황 —— 을 올바르게, 즉 과학적으로 관찰하려고 한다면 도덕이 영구불변이라는 사고방식을 부정하는 것이 절대적으로 필요하다.

　일반적으로 적용되는 도덕기준을 부정하는 것이 역사에서의 도덕적 원동력을 부정하는 것이 아님은 물론이다. 우리는 이 원동력을 분명히 인정해야 한다. 이것은 자명한 사실이며 이것을 강조하는 일을 게을리해서는 안 된다. 왜냐하면 영구불변인 도덕률이 항상 역사를 지배한다고 생각하는 사람들은 논리학보다도 뛰어난 손놀림으로 이 영구불변의 도덕률을 여기저기 끼워맞추기 때문이다. 그런데 세계에 대한 이러한 태도로는 과거의 어떠한 현상도 역사적으로 올바르게 인식할 수가 없을 뿐만 아니라 끊임없이 쏟아지는 과거에 대한 비난에 대해서도 분명하게 해명할 수 없다. 모든 인간, 계급, 민족, 시대에 대한 영원한 세계법률로서 불변의 도덕사상을 이끌어내는 것은 이론적 방법에 불과한 것이지만 그때에도 사물 —— 즉 "선과 악" —— 을 역사라는 틀 속에서 인식하는 것이 대단히 중요한 전제가 되어야 한다. 그런데 만약 우리가 이 역사의 틀, 즉 어찌할 수 없는 역사의 필연성을 발견했을 경우, 우리는 과거의 이러저러한 상태가 이 역사의 필연성에 의해서 야기될 수밖에

향락적인 삶(중세의 가정성서로부터)

방탕한 수도사(히에로니무스 보슈, 1562)

없었기 때문에, 이러한 "역사의 필연성"은 어떤 시기의 역사를 판단하는 데에도 그대로 적용된다고 쉽게 결론을 내릴 수는 없다. 극히 평범한 예를 들어서 말하자면 어느 살인범을 방증(傍證)만으로 검거했을 경우, 그 범인이 현행범이 아니라고 하여 즉각 석방할 수 없는 이치와 마찬가지이다.

이와 반대로 과거를 본래 모습대로 재구성해야 한다는 역사관은 다른 논리, 즉 사물의 과학적 관찰을 최후의 토대로 삼는, 역사의 지고(至高)의 논리에 어렵게 도달하는 것이다. 과거를 탐색하여 그 역사를 서술하는 것, 즉 "과거"와 "현재"를 체계적으로 파헤쳐서 과거는 물론 현재를 지배하는 근본구조를 발견하는 일은 우리들의 저속한 흥미본위의 호기심을 충족시켜주지는 못하지만 —— 이 경우의 호기심은 많은 사람들이 역사과학의 목적을 분석하는 것과 같은 "아주 고상한 호기심"을 말하는 것이 아니다 —— 모든 사건을 좌우하는 법칙을 인식하려는 목적에는 유용하다. 결국 우리들이 사물을 올바르게 설명하는 길만이 현재 이후의 역사를 현재보다 더 올바르게 만들 수 있다. 이것이 바로 사물의 가장 깊숙한 곳에 숨겨져 있는 핵심이며 사실을 있는 그대로 나타나게 하여 현재와 장래의 길잡이로 삼기 위한, 진정한 과학의 최초이자 최후의 목적이다. 이렇게 함으로써 역사를 의식적으로 창조하려는 인류 최고의 문제에 하나의 길이 열리게 된다. 이것은 결코 하찮은 일이 아니다. 하찮기는커녕 자신의 역사를 의식적으로 창조하는 것이 가능한 것처럼, 인류를 인도한다는 것은 단적으로 말해서 인류가 최고의 이상으로서의 진화의 어떤 고지를 목표로 하여 점점 빠른 속도로 당당하게 전진한다는 숭고한 희망에 대한 원칙이다.

　사물을 역사적으로 관찰하기 위해서는, 결국 모럴의 기준이 끊임없이 변하기 때문에, "무엇이 도덕적인가"에 대한 기준도 시대에 따라서 다르게 비판을 받아야 한다는 점을 먼저 인식해야 한다. 따라서 풍속의 역사에 대한 연구에서 발생하는 문제를 해결하기 위해서는 일차적으로 두 가지의 임무가 요구된다. 그중 하나는 도덕적 행동, 즉 그 시대에 가장 지배적이었던 도덕 혹은 관념과 일반 사회생활과 그것과의 연관을 연구하여 밝히는 일이며, 또 하나는 각 시대의 도덕적 행동을 지배했던 법칙을 다시 구성하는 작업이다. 즉 각 시대의 도덕적 관념을 만들었거나 그것을 변화시켰던 요인들을 다시 구성해야 한다.

　과거를 옛날의 모습 그대로 마치 부조처럼 정확하게 재구성하는 것은 단순히 —— 따라서 체계도 없이 —— 사실을 긁어모으는 것만으로는 불가능하다. 역사의 전체적인 틀을 파악하는 확고한 토대가 없이는 사실들의 정확한 의미를 되새길 수가 없다. 개별적인 사실들의 가치는 그 사실 속에 그 시대의 밑바탕의 흐름이 어느 정도 반영되어 있는가에 의해서만 결정될 수 있기 때문이다. 그러므로 연구가의 임무는 다음과 같은 것이라고 할 수도 있다. 즉 모든 사실을 과학적인 연구를 통하여 면밀하게 조사하고 분류하여 이러한 사실들을 역사의 틀 속에서 결합시키고 그 전체적인 틀 속에서 그러한 사실을 만든 법칙을 도출해야 한다. 그리고 또한 이러한 법칙을 발견함으로써 비로소 체계적인 사실만이 아니라 뿔뿔이 흩어져 있는 사실까지도 역사를 원래의 모습 그대로 재구성하는 데에 아주 중요하다는 것을 알 수 있게 된다. 제멋대로 나열해놓은 사실들은 하나하나 떼어놓고 볼 때는 흥미롭고 또 유익한 것이 될 수도 있지만, 나열만으로는 결코 부조와 같이 생생하면서도 올바른 과거의 모습이 드러나게 할 수는 없다. 이것은 마치 예술적으로 다듬어진 훌륭한 돌을 아무리 많이 쌓아올려도 그것만으로는 건물이 될 수 없는 것과 같은 이치이며 수레바퀴나 지렛대, 축 등을 모으는 것만으로는 기계가 되지 않는 것과 같은 이치이다. 따라서 우리는 뿔뿔이 흩어져 있는 사실들의 특수한 형태, 특수한 위치를 각각의 법칙에 비추어보아 다시 한번 추려내고 열거하여 유기적으로 결합시켜야 한다.

그러므로 이러한 가운데서 연관성을 파악하고 나아가서는 인류의 각 시대의 도덕적 행동을 형성하고 변화시킨 요인을 파악하는 것은 항상 체계적으로 구성되는 풍속의 역사의 출발점이어야 한다. 따라서 이러한 「풍속의 역사」는 흥미본위의 역사책 이상의 것이 될 것이다. 내가 이 책의 서두에서 이상과 같은 연구방법을 논하는 것은 나의 연구에 확실한 토대를 마련하기 위한 것이지만 또 한편으로는 역사이해에 필수적인 길잡이를 이 책을 통하여 독자에게도 마련해주고 싶기 때문이다. 여기서 또 하나 부연해두고 싶은 것은 이 책의 목적이 이론적 분석에 있지 않고 사실을 부조처럼 생생하게 드러내는 데에 있기 때문에, 이 책의 이러한 성격을 위하여 아주 중요한 골격만을 설명하기로 했다는 점이다. 따라서 이 책에서는 대강의 골격만이 묘사될 뿐이다. 그러나 나는 이론적인 문제를 해결할 만한 힘이 있다고 할 수 없을 것이다. 이러한 것은 이론적인 역사연구가에게 맡기기로 한다. 나는 나의 이론적인 설명이 매우 유치하다는 것을 조금도 숨기고 싶지 않다. 앞으로 내가 언급하는 설명은 체계적인 이론이라기보다는 길잡이나 간단한 설명을 붙인 안내서 정도의 것이라고 하고 싶다.

여기에서 각 시대의 민족, 계급, 민중의 도덕적 행동을 부조처럼 생생하게 재구성하는 문제를 해결하는 데서 간과해버리기 쉬운 또 하나의 참고자료를 생각하지 않을 수 없다.

이러한 목적을 달성하기 위해서 우리들은 그 시대의 기록을 가능한 한 광범위하게 이용해야만 한다. 그러한 기록은 그 시대의 다양한 문학에서만이 아니라 인물과 사물, 사건을 묘사한 그 시대의 그림에서도 많이 찾을 수 있다. 이와 같이 시대가 자기 스스로를 그 시대의 언어, 곧 그 시대 속에서 만들어진 은어나 비유 등으로 가능한 한 상세하게 또 자주 표현하는 것, 바로 이러한 것에 의하여 시대는 비로소 생명을 가지고 되살아난다. 그렇게 함으로써 우리는 그 시대의 한복판에 살고 있는 것처럼 그 시대를 생생하게 느낄 수 있을 뿐만 아니라 우리들의 역사관을 통해서 마치 높은 단상에 서 있는 것처럼 생명 전체를 내려다볼 수도 있고 나아가서는 개별적인 모습과 더불어 전체와의 연관도 더욱더 확실하게 알 수 있게 된다.

따라서 문헌과 회화라는 두 종류의 기록 중에서 각 시대, 각 계급의 도덕관이 어느 부분에서 가장 잘 드러나고 있고 어떠한 것이 그러한 도덕관을 가장 확실하게 반영하고 있는가에 대해서는 이 모든 것을 참고로 해야 할 것이다. 물론 문헌이란 모든 종류의 기록, 포고문, 금령, 풍기단속령은 물론이고 풍습, 유희, 제사에 대한 묘사 그리고 시가, 만담, 소설, 종교적이거나 세속적인 연극 등 각 시대의 예술작품들을 망라한 것이다. 우리는 앞에서도 잠깐 언급했듯이 그러한 기록을 분리해서가 아니라 그 독특한 표현을 파악하고 천착하거나 강조하기 위해서 통합해야 할 것이다.

로마 순례자들의 캐리커처

그 시대의 회화도 마찬가지이다. 역사를 서술하는 데에 참고자료로서 회화가 가진 의의는 문헌기록에 필적함은 물론이고 어떤 면에서는 문헌기록보다 훨씬 뛰어날 경우도 있다. 우리는 회화가 과거를 참으로 부조처럼 생생하게 재구성하기 위한 가장 확실하고 따라서 가장 중요한 보조자료임을 알고 있다. 게다가 여기에서 한걸음 더 나아가 각 시대의 회화는 문헌 묘사에 대한 유일하고도 가장 뛰어난 보조자료이기도 한다. 회화는 역사의 가장 선명하고도 간단한 자료인 것이다. 이것은 세세한 부분까지 묘사한 회화를 예로 들면 금방 알 수 있다. 어떤 간단한 복장의 형태도 글로 묘사하여 그 정확한 모습을 독자의 머리 속에 떠오르게 하려면 구차한 일이 될 뿐만 아니라 매우 어려운 일이다. 이러한 문헌기록과 회화를 비교해보면, 문헌기록은 실제의 모습과는 전혀 다른 모습을 떠오르게 하기 쉽다는 것을 금방 알 수 있다. 복잡한 구조를 가진 복장을 설명하는 경우에는 글이 아주 복잡하게 길어질 뿐만 아니라 적절한 말로 표현한다고 해도 결코 만족스러운 결과를 얻을 수 없다. 복장뿐만이 아니라 그밖의 모든 사실, 예를 들면 주거생활, 제사, 연애 등에 대한 묘사의 경우도 마찬가지이다. 이것은 동일한 사실을 묘사한 문헌기록과 회화를 대조해보면 그 차이를 쉽게 알 수 있을 것이다.

회화의 해설상의 가치는 그 묘사가 편집자에게 도움이 된다는 데에서 그치지 않을 것이다. 회화에는 그 이상의 중요한 특징이 있다. 즉 각 시대의 모든 회화는 주의 깊은 관찰자에게 무수한 연상을 불러일으킨다. 그러한 연상은 그 회화를 직접 그린 화가도 미처 생각지 못했던 것일 수도 있고 그것이 모두 증거가 되리라는 점이 작가가 내놓은 작품의 묘사 목적이 결코 아니었던 경우도 많다. 수많은 회화는 묘사된 각 시대의 모습을 통하여 우리에게 그 시대의 세부적 특색과 현상을 보여줄 뿐만 아니라 그 자체 속에 세계 전체를, 곧 상호 관련된 사실의 총체를 담고 있다. 그러므로 때로는 회화 하나만으로도 훌륭한 풍속의 역사가 되며, 안목을 가진 사람이라면 그 속에서 항상 새로운 지식을 흡수할 수 있다. 마르지 않는 샘과 같은 이 보고(寶庫)는 보면 볼수록 사실의 살아 있는 현실 바로 그것일 것이다.

이와 같은 사실의 당연한 귀결로서 다음과 같이 말할 수도 있을 것이다. 즉 사물과 세계의 외관이 도대체 과거에는 어떠한 모습이었는가를 밝혀내는 것을 첫째의 목표로 하는 「풍속의 역사」는 가능한 한 치우침이 없고 정확한 시각 위에 서기 위한 방편으로서, 어찌 되었든 각 시대의 회화자료를 필요로 하게 되었을 뿐만 아니라 회화를 외면하는 일은 있을 수 없었다. 이러한 이유 때문에 중요한 견해는 모두 가능한 한 회화를 들어서 증명할 수밖에 없다는 것이 나의 주장이다. 따라서 나는 나의 목표인 과거를 재구성하는 작업에 각 시대의 문헌기록 이외에 모든 형태의 회화, 즉 책 속의 삽화, 팸플릿, 복장화, 예술품, 초상화, 과학적인 도안화, 특히 풍속화를 이용하고 싶다.

앞에서도 잠깐 언급했듯이 풍속화는 그중에서도 특히 중요하다. 주의 깊은 사람은 —— 이것은 나의 입장을 가장 확실하게 할 수 있는 다시 없는 기회이므로 한마디 언급하지 않고는 넘어갈 수 없다 —— 각 시대의 풍속화란 현재도 그러하듯이, 소극적인 면이든 적극적인 면이든, 붓으로 그리든 연필로 그리든, 극히 과장되어 있기 때문에 각 시대의 기록은 그것이 풍속의 묘사에 관한 한 매우 한정된 증명밖에 할 수 없다고 항의한다. 그러나 그렇게 말한다고 하더라도 풍속화는 역시 중요한 역할을 수행할 것이고 또 그렇게 중요한 역할을 하지 않을 수 없다. 또한 사회적인 규제가 심해짐에 따라서 회화도 인생의 단면을 점점 조심스럽게 기록하게 되기 때문에 풍속화가 묘사한 그 시대의 회화는 전혀 현실 상황에 맞지 않는다고 항의하는 경우도 있다. 이러한 항의는 분명히 타당한 것으로서 문학이나 회화에 그대로 적용될 수 있다. 그렇지만 나는 이러한 항의에 대해서는 앞서 언급한 역사에서의 풍속화의 의의를 주장할 때 한 말, 즉 진리는 중간이 아니라 극단 속에 있다고 했던 말을 되풀이해두고 싶다. 사물이나 인간은 극단으로까지 과장됨으로써 클로즈업된다.

그러므로 과장이란 그 과장된 것이, 좋은 면이든 나쁜 면이든, 단점이 아니라 장점이며 각 시대의 기록의 경우 문제의 핵심이 되는 중요한 요소이다.

그리고 나는 이 책을 위해서도 의도적으로, 아니 당연히 캐리커처에 대한 이야기를 여기에서 다시 한번 끄집어낼 수밖에 없다. 캐리커처야말로 과장이라는 경향의 진수를 구체적으로 묘사하는 기록이기 때문이다. 그러나 나는 독자 여러분이 이러한 풍자정신이 담긴 작품을 비판할 경우 흔히 볼 수 있는 일방적인 입장에 서서 번잡한 수다를 떨지 말기를 부탁하고 싶다. 이러한 일방적인 입장에 서 있는 사람들은 캐리커처에 대해서 매우 큰 제한을 가하게 되며 "그 좋은 옛 시절의 도덕적 상황은 그 시대의 윤리학자나 풍자화가가 즐겨 회화로 묘사할 정도로 타락하지는 않았다"라는 투의 말밖에 내뱉을 수 없다. 또한 이러한 회화 —— 이 작은 빛은 언제까지나 점점 커져가는 법이다 —— 는 어느 면으로 보더라도 크게 과장되어 있고, 살아 있는 생활 그 자체의 증거물이기보다는 오히려 14세기, 15세기, 16세기에 특히 유행했던 저속한 익살을 즐긴 증거물이라고 하는 사람들도 있다. 이러한 객관적인 의견, 이러한 복잡한 비판은 아무래도 훌륭하게 들릴 것이다. 그러나 유감스럽게도 나는 이에 대해서는 다음과 같이 반박할 수밖에 없다. 이러한 진부한 입장은 하나의 의미밖에 가지지 않는다. 이러한 입장에 서 있는 하나하나의 주장들은 그렇게 정직한 사람들이 캐리커처의 본질, 즉 캐리커처가 무엇을 묘사하려고 하는가에 대해서는 어쩌면 그렇게도 무지할 수 있는가를 말해주고 있다. 그것의 본질은 분명히 과장이다. 고전의 실례를 들면, 가장 대담한 역사적 캐리커처인 루브르 박물관의 루벤스의 명화 "플랑드르의 축제"에서 생생하게 묘사되어 있는 것처럼 농민의 교회 헌당 축제가 그렇게 고주망태가 되어 무서울 정도로 애욕적 광란에 빠져서 행해진 경우는 없었다. 그런데도 이 작품에는 실로 훌륭한 진실이 담겨 있다. 과장되었음에도 불구하고 훌륭한 것이 아니라 오히려 그 과장 때문에 더욱 훌륭하다. 과장됨으로써 사물의 핵심이 드러나고, 그것을 은폐시키려는 가식은 제거된다. 그림을 보는 사람의 눈은 그 본래의 의미, 즉 가장 중요한 내용이 양적, 질적으로 혼연일체가 되어 있기 때문에 그것이 더욱더 살아움직이고 있음을 쉽게 알 수 있다. 이미 사람들이 그것을 보지 않을 수 없을 정도로 가식이 없는 본질적인 내용이 거기에 드러나 있다. 모든 것이 극단적으로 묘사되어 있기 때문에 아무리 침침한 눈을 가진 사람이더라도 이 그림이 대체 어떠한 것을 테마로 삼고 있는가를 알 수 있을 것이며 아무리 둔한 머리를 가진 사람이더라도 사물 속에 감추어진 비밀을 파악할 수 있을 것이다. 우리들은 그러한 것에서 거죽의 진리가 아니라 핵심적인 진리를 발견하게 된다. 시대는 언제나 사물의 본질을 드러내려고 했다. 시대는 캐리커처라는 방법을 통하여 그 본질을 드러내었다. 이론을 찾고 이론을 만들기 전에 시대는 이론의 결론을 정확히 응용했던 것이다. 이것은 문학적인 풍자에도 그대로 적용된다. 그렇기 때문에 언어와 회화에 의한 풍자는 풍속의 역사에서 사정이 어떻든 항상 훌륭한 위치를 차지한다.

만약 독자 여러분이 지금까지 내가 각 시대의 기록의 가치에 대해서 서술해온 것들을 인정한다면, 여러분은 마지막으로 또 하나의 결론, 즉 각 시대는 제각기 스스로 풍속의 역사를 훌륭하게 썼다는 결론에 도달할 것이다. 시대는 자신을 창조적으로 드러내는 수천 가지의 형태를 빌려서 스스로의 풍속의 역사를 써두었다. 그러므로 시대가 종교라는 탈을 쓰고 나타나든, 인생의 한없는 즐거움이라는 화려함으로 나타나든, 그것은 어떤 것이라도 좋다. 그 속에 숨겨져 있고 그 속에서 살아움직이고 있는 것은 언제나 시대 그 자체이다. 그 시대 특유의 인간성은 오히려 그 뒤에 숨겨져왔다. 그렇기 때문에 각 시대가 만들었던 그림 문자, 즉 각 시대가 자신의 역사를 변장시켜 숨겨놓은 그림 문자를 올바르게 풀이하고 해석하는 것만이 나의 임무이다. 나는 지금부터 더욱더 그 해석에 전념하려고 한다.

1. 모럴의 기원과 본질

1) 일부일처제의 기원과 그 토대

눈부신 발전을 거듭한 오늘날의 모든 문명의 토대는 사유재산제이다. 모든 것은 사유재산제 위에 구축되어 있다. 인간정신의 가장 뛰어난 모습도 일상생활의 너절하고 자질구레한 모습도 그 모두가 역시 사유재산제와 결부되어 있다. 따라서 사유재산제의 힘은 성 모럴 분야에서도 그 토대의 형태를 결정하고 형성했다. 이 토대의 형태가 바로 일부일처제이다.

일부일처제는 개인적인 성적 사랑의 결과라는 주장이 예부터 지금까지 일반적으로 통용되고 있지만 그것은 매우 잘못된 견해이다. 일부일처제는 그 주의주장에 비추어볼 때, 또한 그것이 수행할 수밖에 없었고 수행해왔던 목적에 비추어볼 때 어느 시대에서도 개인적인 성적 사랑의 결과와는 아무런 관계가 없었기 때문이다. 개인적인 성적 사랑을 일부일처제의 토대라고 하는 것은 기껏해야 제도로서의 일부일처제가 추구하는 이상에 불과하다. 일부일처제는 그러한 이상에 의해서 전혀 질적 발전도 없었고 오늘에 이르기까지 그러한 이상에 도달했던 적도 거의 없었으며 나아가서는 어

연인들(동판화, 15세기)

남의 부인을 탐하지 말라(목판화, 16세기)

느 특정한 계급이나 그외의 다른 계급에서도 결코 그 이상을 찾아볼 수 없었다. 일부일처제는 개인적인 성적 사랑과는 전혀 다른 문명의 결과로서, 그것과는 전혀 다른 사회적 요구에서 발생한 것이다. 모건이 가족의 진화사(곧 그의 주저 「고대사회」/역주)에서 상세하게 증명했던 것처럼 일부일처제는 점점 커져가는 부(富)가 한 사람의 수중에 —— 즉 남자의 수중에 —— 집중되고 따라서 그 부를 그 남자의 자식들에게 상속시킴으로써 타인에게 넘겨주지 않으려는 요구에서 발생했다. 일부일처제는 적자상속이 최초이자 최후의 목적이었으며 이는 수백 년에 걸친 유일한 목적이었다. 아내는 아무런 이의도 제기하지 못한 채 오직 정해진 남편과의 사이에서 잉태된 자식들을 생산할 수밖에 없었다. 일부일처제를 최초로 발전시켰던 그리스인도 그러한 자식을 낳는 것을 일부일처제의 유일한 목적이라고 공식적으로 인정했다. 이 때문에 그리스인은 일부일처제를 남녀의 화해의 결과라든가 결혼의 최고 형태라고 생각하지는 않았다. 그렇기는커녕 그들은 일부일처제를 "그 이전에는 (인간의) 역사에서 한번도 알려진 적이 없는, 남녀의 투쟁의 선언"이라고 했다.

이것이 일부일처제의 토대이며 또한 최후의 목적이었다. 즉 이러한 성적 행동의 내적 구성논리가 결국은 이러한 것을 요구했던 것이다. 상호간의 성관계는 한 남자와 한 여자 사이의 관계, 한 여자와 한 남자 사이의 관계, 나아가서는 두 사람이 결합된 결혼생활 속에서만의 관계에 한정될 수밖에 없었다. 그 결과 혼전 남녀의 절대적인 순결, 결혼 후 남녀의 절대적인 순결이 필요하게 되었다. 바로 이것이 일부일처제가 인간에게 요구한 논리의 궁극적인 결론이었다. 이 법칙은 분명히 정식으로 공포된 것이었지만 어디까지나 항상 여자에게만 완고하게 요구되는 짐이었고 남자에게는 어느 시대를 불문하고 대개는 입으로만 떠드는 구호에 그칠 뿐, 실제로는 적용

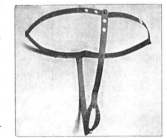

철제 정조대(15세기)

유곽에서 술 마시고 싸우는 융커들

되지 않았다.

이것은 누가 보더라도 분명한 모순이지만 단지 표면상의 모순에 지나지 않는다. 그것은 결코 해결할 수 있는 모순이 아니라 "사물의 자연스러운 질서"가 되었다. 일부일처제는 개인적인 성적 사랑에서 생긴 것이 아니라 인습 위에 구축된 것이며 자연적인 조건 위에 세워진 것이 아니라 경제적인 조건 위에 세워진 가족형태였다. 그런데 이 경제적인 조건은 오로지 남자의 경제적인 이익을 위한 것이기 때문에 —— 오늘날에도 그것은 마찬가지이다 —— 일부일처제 역시 원래 한쪽의 성(性)에 의한 다른 성의 억압, 즉 결혼에서는 남자의 지배와 그 상대인 여자의 억압이라는 결과를 초래할 수밖에 없었다. 따라서 사유재산제의 발생은 여자에게만 일부일처제를 요구했다. 왜냐하면 그렇게 함으로써 적자(嫡子) 상속인을 확보하려는 목적이 달성될 수 있었기 때문이다. 이와 반대로 남자 쪽은 노골적이든 은연중이든 일부다처제를 도모해도 전혀 거칠 것이 없었다. 결혼생활에서 남자는 지배계급의 위치에 있었고 여자는 피압박 계급 및 피착취 계급의 위치에 있었기 때문에 언제나 남자만이 입법자였다. 이 입법자는 오로지 자신의 이익만을 위한 법률을 만들었다. 그렇기 때문에 지아비는 항상 지어미의 순결을 엄격하게 요구하고 지어미의 부정에 대해서는 최대의 범죄라는 낙인을 찍었지만 자신의 성욕에 대해서는 언제나 미온적이고 원시적인 제한만을 두어 의연한 체하는 표정을 짓고 있었다. 이와 같은 논리는 모두 앞에서도 설명한 것처럼 사물 자체의 필연성, 즉 "사물의 자연스러운 질서"에 불과했다.

그런데 이 모순을 토대로 하여 생각지도 못했던 다른 문제, 즉 사물의 "자연스러운" 질서에 압박받은 자연의 복수가 나타났다. 이 자연의 복수는 피할 수도 없고 또한 우리들의 문명과는 분리시킬 수도 없는 두 가지의 사회제도 속에서 그 모습을 드러냈다. 첫째는 피할 수 없는 사회구조로서의 간통이며, 둘째는 피할 수 없는 사회구조로서의 매춘이다.

노예는 항상 자신이 정복되어 노예가 되었던 방식과 완전히 똑같은 방식으로 복수를 한다. 교회, 국가, 사회가 여성들에게 온갖 언어와 형식을 통하여 처녀시절부터 전생애에 걸쳐서 누누이 강조한 훈계의 요지는 지아비 이외의 어떠한 남자도 지어미의 침대에서 자게 해서는 안 되며 지아비 이외의 어떠한 남자에게도 지어미의 몸을 바쳐서는 안 된다는 것이었다. 그런데도 지아비 이외의 남자가 실제로 지어미와 동침했고 지어미의 육체를 소유했으며, 확실한 부자관계란 기껏해야 지어미의 정조를 믿는가 믿지 않는가에 달려 있게 되었다. 사태가 이 지경에 이르게 된 것은 모든 시대와 민족에 걸쳐서 여성의 복수행위가 구체적으로 실현되었다는 증거이다. 간통이 탄로날 경우 받게 되는 여러 가지 사회적 비난에도 불구하고, 또한 여성의 복수를 부단히 위협하는 잔혹하고도 야만적인 형벌에도 불구하고 이러한 복수는 전혀 수그러들지 않았다. 결국 간통이라는 복수가 근절될 수 없었던 까닭은 결혼이 인습에 토대를 두고 있는 한, 그것이 자연을 거역하고 있기 때문이다. 이것은 결혼의 대용품으로서의 매춘에도 그대로 적용된다. 지금까지 어떠한 법률도 매춘을 완전히 없앨 수는 없었으며 무자비한 공권력의 박해가 가해졌음에도 불구하고 매춘부가 사회에서 일소된 적은 결코 없었다. 매춘부는 여기저기 몸을 숨기고 다닐 수밖에 없었지만 매춘부가 숨어 있는 집은 항상 손님을 향하여 열려 있었다. 매춘이 근절될 수 없었던 것은 완전히 도리에 어긋난 것이었다. 상품경제의 발전을 토대로 하는 사유재산제는 모든 것에 상품성을 부여했고 모든 것을 금전관계로 변화시켰다. 이 때문에 연애는 속옷과도 같은 상품이 되어버렸다. 대부분의 결혼이 상거래의 성격을 떨쳐버릴 수 없는 것은 마치 일부일처제가 매춘을 떨쳐버릴 수 없는 것과 마찬가지의 이치이다. 이것은 그리스의 견유학파(犬儒學派, Cynics : 사회관습

간통현장 급습(프랑스의 동판화, 17세기)

과 문화생활을 무시한 철학파/역주)가 결혼과 매춘의 차이를, 차마 입에 담을 수 없는 말이지만, 결혼은 청부업이고 매춘은 임대업이라고 말한, 정곡을 찌르는 표현 그대로이다. 매춘은 일부일처제 덕분에 일취월장 새롭게 조직적으로 배양되어갔다. 이것은 마치 매춘이 일부일처제의 찬미자를 지옥으로 떠밀어버린 것과도 같다. 매춘이란 결국 일부일처제의 중요한 목적인, 혈통이 바른 상속인을 어느 정도까지 유지시키기 위하여 일부일처제가 어쩔 수 없이 필요로 하는 보호막이었기 때문이다. 인간은 원하는 대로 행동할 수 있었지만 결국 그것은 운명적이었으며 또한 비극적이었다. 왜냐하면 간통과 매춘은 피할 수 없는 사회의 구조이며 지어미의 정부, 오쟁이진 지아비, 매춘부는 어느 시대에서도 없어지지 않는 사회의 구조적 특징이기 때문이다. 한마디로 이것은 바로 "사물의 자연스러운 질서"였던 것이다.

2) 성 모럴의 여러 가지 변화

경박스러운 비판자는 틀림없이 이렇게 말한다. "당신이 말한 것이 옳다고 한다면 당신의 주장으로부터는 두 가지 논의가 생길 것이다. 첫째는 이 세계가 영구히 같은 모습으로 존재한다는 것이며, 둘째는 따라서 이 세계가 존재하는 한 이 세계의

Divitię turyes, et quos opulenta iungit,
Falluntur miseri vafro cacodęmonis astu.

금전결혼(헨드리크 골치우스, 동판화)

사건도 영원히 같은 형태라는 것이다. 세간에서 말하는 것처럼 그것은 세계가 생길 때부터 있었던 악이며 업(業)이기 때문이다." 이와 같은 말은 내가 임의로 꾸며낸 말이 아니라 실제로 인구에 회자되는 말이며 이른바 그러한 말의 전형이다.

조잡한 의견이란 매우 하잘것없는 것이기 때문에 그러한 의견에는 항상 잘못된 점이 많다.

그런데 여기에서 간통이나 매춘이 과연 앞으로 변모할 것인가 하는 것이 또 하나의 의문점이 된다. 요컨대 이 의문은 이러한 상태가 어떠한 경우에도 지금까지 정말로 한번도 변하지 않았는가 변했는가라는 질문에 대한 대답으로부터 저절로 나오는 결론이다. 이러한 이유에서 나는 여하튼 이 두번째의 의문을 조사하여 이 문제를 해결하고 그 다음에 처음의 의문, 즉 세계는 영구히 변하지 않는가라는 의문에 대답함으로써 그것으로부터 도출되는 이치를 증명해보고자 한다.

확실히 이 세계는 항상 같은 모습이었다. 그런데 만약 우리가 이러한 진술에 대해서 음미하고 비교하여 생각해보면 세계가 항상 같은 모습이었다는 진술 가운데서의 아주 다른 차이, 즉 상수 속에서 끊임없이 변하는 변수를 증명하지 않으면 안 된다는 사실을 알게 된다. 그것은 일반적인 행동에서의 차이만은 아니다. 즉 일반인들이 일부일처제에서 발생한 성 모럴의 원칙을 어기고 그 원칙으로부터 이탈해가는 특징과 그 차이점, 그리고 그러한 행동의 증감 추세는 하나의 종합된 대중현상 속에 나타난다. 그 결과 그 대중현상으로부터 항상 각 시대의 대표적인 모습이 발생하고 그것이 각 시대를 명확히 구별하는 기준이 된다.

그런데 앞의 사실은 계통적인 풍속의 역사의 출발점이기 때문에 먼저 성 모럴의 여러 분야에 걸친 특징적인 사례, 즉 결혼생활의 정절, 혼전 여성의 순결, 매춘, 가장 특징적인 의례의 개념 등에 대한 갖가지의 견해에 관한 나의 의견을 하나하나 예를 들어 설명하는 것에서부터 시작하지 않으면 안 된다. 물론 그러한 것은 여기에서는 개략적인 것에 불과하며 상세한 것은 「풍속의 역사」 전체의 각 장들에서 설명될 것이다.

그런데 우리들은 결혼생활의 정절에 관한 여러 가지 가치에 대하여 다음과 같이 주장할 수 있다. 즉 일부일처제의 최고의 원칙인 부부 사이의 정절이 사회 전체에서 상당히 압도적으로 관철되고 있으므로 이런 요구가 세상에서 진지하게 주장된 시대와 민족이 있었고, 이와는 반대로 대중이 결혼의 성 모럴 원칙을 완전히 파기하여 남자가 일부다처제를 행하는 것과 똑같이 기혼녀가 일처다부제를 행해도 좋은 시대와 민족도 있었다고 주장할 수 있다. 전자의 경향은 남녀가 비록 공공연하게 죄를 범하는 것이 아니라 머릿속에서 죄를 범하는 것만으로도 양심에 대한 부정이라고 간주하고 아내가 외간 남자와 은밀히 말하는 것만으로도 부정하다고 여기는 극단으로 흐른 반면, 후자의 경향에서는 예를 들면 아내의 장롱 속에 정조대가 있는 경우에도 실제로는 난봉꾼에게까지 매우 대담한 공격을 허용했고 그리고 아내의 정조는 성행위만 하지 않으면 훼손되지 않기 때문에 난봉꾼에게까지 노골적으로 성적 도발을 하더라도 부부의 정절은 별로 손상당하지 않는다는 식의 극단으로 흘렀다. 또 어떤 시대에는 남편이 아주 열성적인 뚜쟁이가 되어 매일 자신의 아내를 시장에 팔려고 내놓는다거나, 기혼녀가 아주 부지런하고도 빈틈없는 매춘부가 되어 자신의 침실에서까지 매춘행위를 하여 남편의 입신출세를 뒷바라지하고 남편의 경쟁상대를 회유하며 남편의 재판을 유리하게 이끌어 그의 재산을 수십 배로 늘리기도 했다. 연애결혼이 가장 이상적이라고 간주되었던 시대와 계급이 있었던 반면, 연애는 아무래도 결혼을 위하여 그다지 필요하지 않으며 연애와 결혼은 전혀 별개의 것으로 간주되어 아주 타산적인 입장에서 노골적으로 "자식을 낳는 암말"로서 아내를 취했던 시대와 계급도 있었다. 예를 들면 고대 그리스인들은 결혼에서 이러한 득실만을 생각한 나머지 그밖의 것들은 하나도 염두에 두지 않았다. 이 때문에 그리스에서는 여자가 한 사람의 아내가 되기를 원한다면 우선 매춘부가 되지 않으면 안 되었다. 또한 어떤 시대와 계급에서는 아내는 가축이자 노동하는 동물이었으며 평생 동안 속박된 가내노예로서 자신의 의지란 전혀 없는 오직 참고 견디는 분만도구에 지나지 않았다. 어떤 시대에는 아내가 눈에 넣고 싶을 정도로 사랑스러운 인형 혹은 응석부리는 사치품이었거나, 남편의 첩들 —— 자신의 선배인 —— 이 남편을 즐겁게 하여 그를 사로잡았던 것과 마찬가지의 노력을 침실에서 남편에게 바치는 것을 유일한 임무로 부여받은 세련된 향락도구로까지 여겨졌다. 마지막으로 부부는 같이 손을 잡고 인생의 험한 비탈길을 기어올라 자신들의 높은 이상을 향하여 전진하는 믿을 만한 동지라고 생각한 시대나 계급도 있었다.

미혼여성의 처녀성에 대한 가치에도 역시 다양한 원칙적인 차이가 있었다. 미혼여성의 처녀성을 최고로 여겼던 계급과 시대가 있었던 반면, 처녀성 따위는 신부에게조차도 전혀 자랑할 만한 것이 되지 못하는 것으로 여기고 초야에 신부가 아직도 처녀라는 사실을 신랑에게 알리는 것을 가장 치욕스럽게 여겼던 시대와 계급도 있었다. 그러한 시대에는 결혼 전에 한 사람의 남자도 상대하지 못했다는 사실이 처녀에게는 최대의 치욕으로 여겨졌다. 사정이 정녕 이럴진대 사생아를 낳는 것도 처녀의 가치를 전혀 떨어뜨리지 못했다. 어떤 시대와 계급에서는 남자와 단둘이 있는 것을 사람들에게 목격당한 것만으로도 혹은 부모와 동행하지 않고 혼자 제멋대로 공개석상에 나갔다는 사실만으로도 젊은 처녀의 평판이 손상되었던 반면, 다른 시대와 계급에서는 혼기에 든 처녀가 매일 밤 자기 방으로 애인을 수년 동안 초대하는 프로베네흐테(Probenächte)나 콤네흐테(Kommnächte) 등 이른바 시험혼(제II권, pp. 164-178 참조/역주)이 공인되기도 했다. 이 경우 한 애인에게만 한정된 것도 아니었다. 처녀가 자신의 기대와 요구가 채워지지 않을 때는 뭇 사람들이 부러워하는 애인까지 곧바로 퇴짜를 놓고 제2, 제3,

연애결혼(헨드리크 골치우스)

제4의 애인을 순서대로 초대하더라도 전혀 평판에 손상을 입지 않았다. 처녀가 장래의 지아비로 맞아들이고 싶다고 생각하는 자격에 상대편 남자가 과연 적당한가 않은가를 여러 애인을 놓고 수개월에 걸쳐서 시험해보더라도 그것은 결코 처녀의 평판이나 장래의 결혼의 행복을 손상시키지 못했다. 이와 똑같은 사고방식에서 결혼 적령기의 남자가 자신이 사랑하는 처녀의 육체에 대해서 구석구석 아는 것도 허용되었다. 그리고 그 젊은이가 그 처녀와 결혼하는가 않는가는 결국 철저한 감정(鑑定)에 의존할 수밖에 없었다. 청년은 여러 여자들과 돌아가며 잠을 자볼 수 있는 권리를 가졌고, 이러한 성관계를 가졌다고 해서 그 청년이 상대 여자에게 속박되는 것은 아니었다. 일부 낭만주의자들은 이러한 관습 속에 참으로 이상적인 그 무엇이 숨어 있음을 인정했다. 그것은 확실히 정확한 말이다. 다만 이 경우 낭만주의자들이 그 속에서 건강한 개인적인 성적 사랑의 토대만을 인정하고 이 경우의 남녀관계가 순수하게 영적이고 정신적인 것 이상으로는 나아가지 않았다는 데에 암묵적으로 동의하고 있을 때에만 그들의 말은 타당하다. 이러한 노골적인 관습을 장식하는 절차들이 청년에게 방해가 되는 것도 있었지만 그럼에도 불구하고 총각 처녀들이 일로매진했던 유일한 목적은 성행위였다. 이와 반대의 것은 농민계급의 소박한 인생철학에서 보자면 이치에 어긋나는 것이었다.

사회생활에서의 매춘부의 공적인 지위는 원칙적으로는 상당히 다양했다. 앞에서도 언급한 바와 같이 창녀는 어떤 시대에는 온갖 증오와 멸시를 한몸에 받게 되어 창녀가 토해내는 한숨을 받는 것만으로도 몸이 더럽혀진다고 생각되었고 "성실한" 사람은 누구도 가까이하려고 하지 않는 문둥이처럼 취급되어 어두컴컴한 은신처로 내쫓겼다. 그리고 색에 굶주린 남자만이 세상의 눈을 피해서 은밀히 창녀의 집을 찾아가는 것이 허락되었다. 이와는 반대로 또다른 시대에는 창녀가 인생이라는 축제의 가장 화려한 장식물로 떠받들여졌다. 고대 그리스에서는 여자에 대한 모든 숭배는 창녀에게 집중되었다. 당시의 창녀는 남자들에게는 함께 철학적인 논의를 하는 여자친구들이었다. 남자들은 창녀를 아름다운 옷과 장식품으로 치장시켰고 창녀의 우정과 총애를 받는 것을 더할 나위 없는 영광으로 여겼으며 창녀의 아름다움에 대해서는 모든 시민이 마치 신을 숭배하듯이 떠받들었다. 반면에 아내는 없으면 곤란하지만 귀찮고도 거추장스러운 존재로 여겨져서 남편의 색욕이 남아돌기만을 정숙하게 기다리면서 번잡한 세상과는 동떨어진 안방에서 끈기 있게 독수공방해야만 했다. 그것은 르네상스 시대에도 마찬가지였다. 르네상스 시대에는 창녀가 더이상 여신으로까지 떠받들어지지는 않았지만 그래도 그리스 시대와 마찬가지로 때때로 각별한 여자친구가 되기도 했고 축제, 향연 등을 빛내기 위한 장식물로 초대되기도 했다. 고귀한 군주가 방문할 때면, 창녀는 가장 아름다운 옷조차 벗어던진 채 가장 값비싼 경치로서 완전한 나체가 되어 도시의 입구에까지 나가 군주인 손님을 맞이했다. 절대주의 시대에는 창녀가 옥좌에 앉아 국가와 사회의 최고 법률까지 제멋대로 주물렀다. 국민은 절대군주의 애첩에게 최고의 존경과 경의를 표했다. 설령 이 여자가 진흙구덩이와도 같은 하층계급의 비천한 신분에서 꽃가마를 타게 되었을지라도.……

성 모럴의 근본 문제에 관한 각 시대의 대표적인 차이에 대하여 몇 가지 사례를 살펴보았는데 그러한 것은 수없이 많다. 그러나 여기에서는 이것만으로도 충분하다. 그런데 이 몇 가지의 사례에는 성 모럴의 하부구조에 관한 참으로 수많은 사례가 연결되어 있고 또 뒷받침되어 있다. 그러한 사례를 보면 이 차이가 아주 명확하게 드러난다. 즉 언어, 복장, 수치심, 교육, 예술, 법률 등에서의 모럴의 변천을 쉽게 살펴볼 수 있다. 이와 같이 변하기 쉬운 것과 필연적인 변천을, 가장 특징적이면서도 모든 사람들이 쉽게 검토할 수 있는 사실을 통하여 설명하는 것으로 일단 만족하기로 하자. 이 책이 변하기 쉬운 것과 필연적인 변천에 대해서 하나의 일관성 있는 서술이 될 것이라는 점은 이 경우에도 마찬가지이다.

남자끼리의 교제와 남녀의 교제시에 가장 중심이 되는 화제가 어떻게 다른가에 관한 다음과 같은 설명도 빼놓을 수 없다.

어떤 시대에는 남자끼리 모인 경우 가장 흔한 화제로 노골적인 연애 이야기, 자신이 체험했거나 남에게서 전해들은 누구라도 수긍할 수 있는 연애모험에 대한 잡담, 비너스 여신과의 싸움에서의 승부에 관한 사소한 영웅담 등이 중심이 되었으며 이 또한 당연하게 받아들여졌다. 그 실례로 포조(1380-1459)의 300개에 달하는 만담을 들 수 있다. 이 만담들은 거의 대부분이 그러한 주제가 중심이었으며 교황 마르티누스 5세(재위 1417-31)의 궁정의 사제와 추기경들도 날마다 그것을 화제로 삼았다. 그들은 오직 이러한 이야기들을 나누기 위해서 매일 교황청의 한 방에 모였다. 그러한 만담의 제목이 항상 외설적인 익살이었음에도 불구하고 교황 자신도 종종 이 모임에 참석하곤 했다. 또한 어떤 시대에는 아주 노골적인 음담을 스스럼 없이 나누고 있는 좌중에 여자들이 끼어드는 것이 예삿일로 받아들여지기도 했다. 오늘날의 기준으로 본다면 세속적인 외설극이라고밖에 할 수 없는 14-15세기의 독일의 사육제 연극은 그 시대의 남자들의 귀에만이 아니라 여자들의 귀에까지 메아리쳤다. 여자들은 보고 듣는 것만으로 끝내지 않고 스스로 자진하여 이러한 즐거운 무리에 뛰어들었고 남자들처럼 외설적인 익살과 대화를 겁없이 즐기게 되었다. 여자들도 음란한 이야기를 입에 담고 유혹이나 연애행위의 기술, 침실에서의 부부의 값진 체험 등을 논의하는 것을 꺼리지 않았다. 이런 실례로는 보카치오의 이야기, 나바라의 쾌락적인 여왕(프랑스의 왕비 마르그리트/역주)의 수백 가지 이야기 그리고 그외에도 이와 유사한 기록들을 들 수 있다. 또한 창부들을 끼고 질펀하게 술을 마셔대는 에로틱한 장면들만 나오는 궁중의 연극 공연에 여자들이 참석해도 괜찮은 시대가 있었다. 예를 들면 알렉산데르 6세의 교황청에서 행해졌던 연극에서는 아름다운 육체를 가진 나체의 창부와 체구가 좋은 남자가 정사하는 장면이나 한창 달아오른 수말과 암말의 교미장면 등이 공연되었다. 이러한 교미장면은 프랑스 궁정, 영국 궁정, 독일 영방들의 소궁정에서도 공연되어 궁정 남녀들이 함께 보았다. 이와 비견할 만한 민중오락은 바보제(Narrensfest)나 당나귀제(Eselsfest)라고 부르던 것으로서 이러한 축제에서는 남근의 위장이나 남근에 대한 익살이 중심이었다.

이와 같은 시대에는 남녀가 서로의 풍류를 위해서 아주 노골적인 음담이나 그에 대한 비유를 지껄이는 것이 유행했다. 또다른 시대, 예컨대 슐레지엔파 시인들이 득

음담패설을 즐기는 자리(스페인의 동판화, 1545)

Oo. ſic fucata tap baſia ſtultʼ amans

영양의 교미장면(파울 플린트, 동판화)

세했던 17세기 독일에서는 사교계에서 어느 정도는 춘화를 연상시키는 내용이 주된 화젯거리가 되었다. 어떤 말이나 문구에도 춘화를 암시하는 의미가 담겨 있었다. 그리고 하나의 말이 담고 있는 여러 가지의 의미가 그 방면을 적절하게 암시하면 할수록 —— 아주 평범한 말에 매우 비천한 의미가 내포되어 있을 정도로까지 세련된 말일 때 —— 그 말은 아주 열광적인 갈채를 받아 살롱에서 살롱으로 돌고 돌았다. 특히 18세기 및 프랑스 제2제정 시대의 사교계에서는 그러한 기교가 놀라울 정도로 극에 달했다. 제2제정 시대의 전성기 때는 여자들이 일상의 대화에서도 외설적인 말을 즐겁게 지껄여댔다. 게다가 그 시대에는 여자들이 비천한 말을 노골적으로 입에 담는 실력이 높으면 높을수록 그리고 그러한 말이 외설적이면 외설적일수록 그 여자는 사교계의 훌륭한 스타로 떠받들어졌다.

이러한 시대와 계급이 있었던 반면, 사교계에서 무례한 말을 서슴지 않는 남자는 가차없이 추방시켰을 뿐만 아니라 또 그러한 말이 악의 없이 자연스럽게 나왔을 경우라도 여자들에게 무조건 사과하지 않으면 안 되었던 시대와 계급도 있었다. 이러한 시대의 절정기는 여자들이 의복의 어떤 명칭이나 몸의 한 부분의 이름을 입에 담는 것조차 금지당했던 답답한 시대였다. 이 시대의 사교계에서는 남자나 여자에게 어떤 종류의 악의 없는 말이나 문구도 함부로 지껄여서는 안 되었다. 왜냐하면 세련의 결과로, 에로틱한 의미를 내포한 말은 추방되었으나 그 대신 세상은 아주 악의 없는 말 가운데에서조차 항상 그 속에 숨겨진 에로틱한 의미를 찾아냈기 때문이다.

목욕(15세기)

풍속에 관한 법률은 수백 가지에 달하는데 그것은 매우 특징적인 모순을 드러내고 있다. 어떤 시대에는 아내가 잠옷차림으로 외간남자 앞에 서는 것을 법률로써 철저히 금했다. 그 이전까지는 잠옷차림으로 나가는 것이 아주 예의바른 것으로 여겨졌고 한술 더 떠서 그 여자가 외간남자의 방문을 자신의 침실에서 받아들여, 화장을 하고 있을 때 방문객이 그 옆에서 기다려도 상관이 없었다. 또다른 시대에 여자는 정식예복으로서 가장 내밀스러운 잠옷을 걸치고 방문객을 모조리 침대 —— 17세기 무렵에는 침대의 모서리 통로가 남자친구나 구애자의 대기장소였다 —— 에서 맞아들여 친구나 방문자는 그녀가 화장하는 동안 그 옆에 서서 화장하는 모습을 바라보면서 에로틱한 호기심을 노골적으로 드러내어도 전혀 개의할 것이 없었다. 또다른 시대에는 남녀가 함께 탕 안에 들어가 목욕하면서 유쾌한 얘기로 흥을 돋우는 것이 법률적으로 허용되었다. 그러나 어떻든 각 시대는 내부에 거대한 모순을 내포하고 있었다. 어떤 계급에 대해서는 당연한 것으로 인정했던 것을 그외의 계급에 대해서는 아주 엄격하게 제한했다. 또한 이와 정반대의 경우도 있었다. 어느 시대의 경우 가장 특징적인 모순 —— 물론 표면적인 모순에 불과하지만 —— 은 다음과 같은 식으로 드러났다. 즉 얼마 전까지 남자를 응접하는 가장 예의바른 옷차림이었던 잠옷차림을 금지한 시대에 세간에서는 여자가 담소를 나누거나 특히 무도회에서 춤을 출 때 가슴 부분에 "창"이 있는 옷을 입고 나타나서 아름다운 유방을 과시하여 상대 남자에게 그 유방이 얼마나 아름다운가를 스스로의 눈으로 확실히 확인하게 하려는 듯한 무도복을 만들어 입는 것을 허용했고 또 그렇게 만들어 입도록 강제하기까지 했다. 게다가 여자가 목욕하는 모습 그대로, 즉 알몸으로 남자 앞에 나타나는 것도 허용되었다.

어떤 시대가 성적인 것은 모두 부부의 침실 이외의 곳에서는 보여서는 안 되는 신성한 것으로 선언하는 동시에 여자에게는 복장이나 걸음걸이, 자세, 표정을 통해

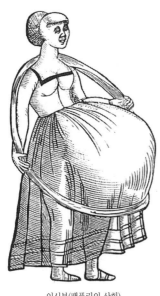

임신부(팸플릿의 삽화)

서만 세상 사람들과 음란한 신호를 주고받게 하고 남자에게는 공상 속에서 여자를 나체로 만듦으로써 스스로 도취할 수 있게 했을 때 그 시대에도 많은 형태의 모순이 있었다고 할 수 있다. 그 것에 관한 실례를 현대에서 찾아보자. 현대의 여성의 옷은 목 윗부분까지만 드러내게 하고 있지만 상의에 "부채꼴의 창"을 낸 옷을 고급품으로 친다. 어떤 시대에도 임신부가 풍만한 배를 하고 공개석상에 나타나는 것 정도는 수치스럽게 여기지 않았다. 그러나 미혼녀가 임신했을 때는 그 풍만한 배로 인해서 직접적으로 모욕을 당했고 세상으로부터도 경멸을 받았다. 한때는 성적인 것이 행동으로 과시되었기 때문에 여자들은 대대적으로 임신부처럼 가장했고 이 때문에 임신 2개월, 3개월, 4개월의 배가 제조되어 상품으로 널리 판매되기도 했다.

여자들은 이러한 방법으로 에로틱한 모습을 보이기 위하여 때로는 완전 나체로 사람들 앞에 나서도 상관이 없었다. 16세기의 르네상스 시대, 18세기 말 프랑스 혁명의 총재정부 시대에는 여자가 자신의 몸을 완전 나체의 초상화로 그리게 하여 전시하는 것을 허용했다. 이 방면에서 유명한 것은 디안 드 푸아티에, 우르비노 공작 부인, 나폴레옹 황제의 여동생 레카미에 부인 등의 초상화이다. 시대는 때때로 "정사" 장면의 초상화까지도 허용했다. 오를레앙 공작 필리프의 섭정시대(프랑스 루이 15세의 치세 초기/역주)에는 침대의 커튼을 열어젖히고 아주 비밀스러운 연애장소에 증인을 초대하는 것이 허용되었다. 또 어떤 시대에는 아름다운 여자가 마돈나 상의 의상을 입고 외설적인 연극을 하는 것도 용인되었다. 동정녀 마리아로 표현된 "아녜스 소렐의 초상화", 이와 유사한 다른 마돈나 상들이 바로 그 증거이다. 시대는 현실의 모습을 변형시켜서 재현하는, 요컨대 현실을 영웅화하는 미술적인 방법만이 아니라 저질적이고 세속적인 방법을 통해서 에로틱한 흥행물에 일반 대중을 동원하는 것도 허용했다. 예를 들면 현대에는 모든 배우들을 유디트, 살로메, 몬나반나로 분장시켜서 갖가지 모습의 나체 사진을 찍어 미술품 상점에 공공연하게 진

우르비노 공작부인(티치아노)

열하고 소매점에서 판매하는 것을 허용한다(제IV권, 제5장 참조/역주). 여배우들이 무대에 설 때는 살색 타이즈를 신어야만 했지만 카메라 앞에서는 그것마저 벗어던져도 상관이 없었다. 그리고 각국의 무수한 일류 여배우들이 그토록 아름답다고 칭송받는 육체, 그중에서도 특히 탐스럽게 발달한, 여전히 팽팽하게 부풀어오른 싱싱한 유방을 자랑했으며, 이 역을 맡기 위해서 카메라 앞에 쇄도하고 공개시장이나 일반인들 혹은 수많은 호색한들의 관심을 끌기 위해서 자신의 나체를 도발적으로 과시하고 부자연스러운 관능적인 포즈까지 취하고 있다.

　복장의 역사는 어느 면에서 보나 언어나 예의범절의 역사와 완전히 동일한 변천양상을 보인다. 복장의 역사는 분명히 가장 중요하다. 복장은 시대에 따라서 변화한다. 어떤 시대에는 머리부터 발끝까지 사제복과 같은 옷으로 감싸고 다니는 것이 모든 여자의 도덕적 의무였고 그 때문에 아담 선생과 이브 부인의 구별조차 어려울 정도였지만 시대가 바뀌자 여자는 자신의 아름다운 육체를 세상에 과시하는 일에 몰두했다. 어떤 시대에는 복장에 대해서 "여자에게는 만족이란 없다"고까지 말했다. 또다른 시대에는 여자들이 르트루세(retroussé), 즉 걷어올리기를 공공연하게 발전시키고 개량했으며 스스로 이 노출로 인해서 더욱더 도발적으로 자신의 몸에 남자들의 시선을 집중시키려고 했다. 이 시대에는 모든 여자들이 좋든 싫든 끊임없이 걷어올리는 복장을 고안해냈다. 또한 어떤 시대에는 베누스 칼리피고스(Venus Callipygos), 즉 커다란 엉덩이를 가진 비너스의 아름다움을 그대로 흉내내어 허벅지나 유방의 모습을 부조처럼 드러나게 하는 복장을 만들었다. 이 목적에 부합하도록 시대는 생생한 육체를 대담하게 드러내기 위해서 코르셋이나 스커트까지 벗어던졌다. 중세 말기부터 르네상스 시대에 이르기까지 남자는 계속 바지의 허벅지 부분에 큰 주머니(라츠)를 붙인 옷을 입고 그것을 통해서 남자다움을 세상에 과시했다 (제II권, p. 69). 이 주머니는 그로테스크할 정도로 크게 만들어졌기 때문에 아무래도 사람들의 시선은 그것에 쏠릴 수밖에 없었고 그 결과 그것은 마치 남자의 모습 중에서 가장 중요한 부분인 것처럼 여겨지게 되었다. 이와 동시대의 여자들은 옷의 전면, 즉 가슴 부분을 아주 깊게 파내려갔기 때문에 유방이 그대로 드러나게 되어 마치 상품처럼 진열되었고 세상 사람들의 눈은 그곳에 집중되었다. 때로는 그러한 모습이 더욱더 세련된 결과 유방만을 노출하게 되었고 윗옷 중 정확히 유방이 있는 부분에 두 개의 둥그런 창을 내고 그 창으로 좌우 양쪽의 유방만을 자랑스럽게 내놓았으며 그렇게 노출된 유방은 얼굴이나 손과 같이 완전히 맨살이었다. 프랑스 혁명의 총재정부 시대의 복장은 남녀 모두 거의 몸의 윤곽을 그대로 드러내 보여주었다. 남자는 몸에 착 달라붙는 바지를 입어서 근육은 물론 육체의 모든 부분을 구석구석 그대로 드러나게 했다. 여자들은 옷을 홀랑 벗어던지고 대개는 투명한 거즈로 된 셔츠 하나만을 입었다. 그리고 또다른 시대, 예를 들면 중세의 기사 시대에도 동일한 목적과 효과를 노리는 그와 같은 복장이 유행했다.

여기에서 마지막 결론으로 특히 강조해두고 싶은 점은 나라마다 시대에 따라서는 종종 공적이나 사적인 도덕의 규제와 요구가 모조리 묵살되곤 했는데 그것이 개인에 의해서만이 아니라 전체 계급 및 그들 계급을 구성하는 서민층에 의해서 묵살되었다는 사실이다. 이러한 경향이 도처에서 기승을 부리고 있던 시대에는 사람들이 그때까지 공식적으로 인정되고 있던 도덕률을 의식적이고도 계획적으로 파기하면서도 수치심을 느끼지 않았고 그렇기는커녕 자연법을 철저하게 파괴하며 짓밟는 가운데 모든 야성의 해방과 자학적인 쾌감을 맛보았다. 영국의 찰스 2세의 궁정과 프랑스의 앙시앵 레짐의 붕괴기인 18세기 섭정시대는 역사상 가장 유명한 공공연하고도 조직적인 방탕시대였다.

지금까지 열거한 상수 속의 변수에 의해서 상호 모순적인 많은 풍속화가 확실하게 떠오른다고 말하고 싶지만 여기에서 지적해두고 싶은 것은 첫째 여러 방면에 걸쳐서 조사해보면 지금까지 고찰해본 것은 아주 미미한 부분만을 선택한 것에 불과하며, 둘째 이러한 방법으로는 더욱더 많은 사실이 사장되어버릴 수 있고, 셋째 따라서 여기에서는 어느 풍속화도 극히 대략적인 윤곽밖에 드러나 있지 않기 때문에 각론이 되는 다음 책들에서 더욱 새롭고 특징적인 모습을 많이 모아서 그것들을 다시 파헤쳐볼 것이라는 점이다.

정부(동판화, 15세기)

그런데 여기에서 문제가 되는 것은 풍속을 비판할 경우 가장 중요하고도 결정적인 근거가 되는 것, 요컨대 일부일처제 위에서 구축된 성 모럴의 근본적인 변화, 성 모럴 원칙의 강함과 약함이 각 시대의 어떤 경우에서든 일부 민중 그리고 때로는 광범위한 민중에 의해서 부도덕하다고 생각되지 않았을 뿐만 아니라 오히려 도덕적인 것으로 여겨졌다는 사실이다. 그러므로 이러한 변화는 용인되었을 뿐만 아니라 어떤 특수한 변화는 도덕적인 것으로까지 간주되어 그 시대 모럴의 성문율이나 불문율 속에 그대로 반영되어 결국은 법률적, 철학적, 사회적 측면에서 승인되었다. 따라서 이로부터 다음과 같은 유일한 논리적 결론이 명확하게 도출된다. 요컨대 어떤 시대에 도덕적인 것으로 간주되고 모든 사람들에 의해서 공개적인 도덕률로 요구되던 것도 다음 시대에 들어서면 종종 부도덕한 것으로 간주된다는 것이다. 나는 이를 역사적인 실례를 통해서 설명해보고 싶다. 예를 들면 다음과 같은 두 나라의 도덕률은 서로 대립하고 있다. 17세기 후반의 독일에서는 결혼은 아이를 낳기 위한 것으로 도덕적인 것이었고 따라서 이러한 도덕적인 이상에 대하여 결혼 그 자체는 부차적인 것이 되어버렸다. 이 나라에서는 임신부나 젖을 빨고 있는 갓난아이를 품에 안고 있는 여자만이 진정한 여자로 보였고 태어난 아이가 아직 젖을 떼기도 전에 또다시 아이를 배는 것이 도덕적인 이상이었다. 그런데 18세기의 프랑스에서는 —— 물론 프랑스에만 한정된 것도 아니고 또 특히 이 시대에만 한정된 것은 아니지만 —— 결혼 및 여자에 대한 이와 같

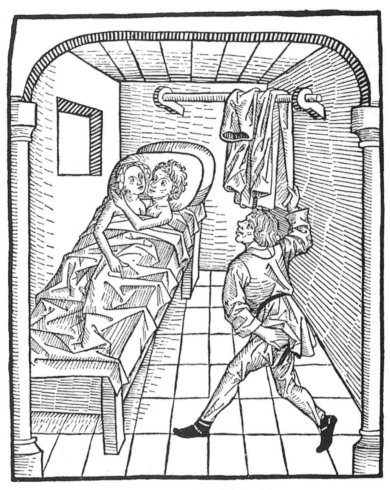

정부가 외투를 훔쳐가다(소극의 삽화, 15세기)

은 견해는 부도덕한 것으로 보였고 이 시대의 일부 사회계층의 여자들에게는 결혼 후 적어도 1년간은 아이를 가지지 말자고 남편에게 요구하는 것이 사회적으로 공인 된 권리였다. 즉 적어도 이 시대에는 "아이들이 우글대는 마구간"을 만드는 결혼은 가장 부도덕한 것으로 간주되었다. 이와 같은 정의를 역으로 말하면 한 시대에는 기 존의 도덕에 의해서 부도덕한 것으로 간주되던 것이 다음 시대에는 도덕적인 것이 된 것이다. 비교는 이것만으로 그치지 않는다. 앞에서 열거한 대표적인 현상은 모두 이와 같이 비교연구하여 비판할 수 있으며 또 그렇게 비판해야 한다. 어느 때는 도

정부(목판화, 16세기)

덕적인 것이 또다른 때는 부도덕한 것이 될 수도 있고 또 그 반대가 될 수도 있다.

그 실례로서 가장 극단적인 것을 고찰해보기로 하자. 어느 시대를 살펴보더라도 일처다부제나 간통의 권리가 법률로써 표현된 적은 없었고 또한 법률로써 보장되지도 않았다. 그러나 어느 시대를 살펴보더라도 남자에게 남의 아내를 유혹해도 좋다는 확실한 권리를 부여한 법률이 없었음에도 불구하고 남자들은 모든 시대를 통하여 이 권리를 열심히 추구했다. 따라서 공공도덕의 규칙이라는 것은 어느 시대를 막론하고 그 모든 것을 조문으로 못박아 입법자로부터 인정받은 법전 가운데 실어놓은 것만은 아니라는 점을 명심해야 한다. 그러한 공공도덕의 규칙은 항상 각 시대의 사회도덕의 의견과 요구로 이루어져 있다. 그러한 의견과 요구는 명문화되어 있지는 않지만 상당히 확실하고도 강제적인 것이었다. 여기에서 말하는 사회도덕이란 어떠한 사실을 판단할 때 그것이 도덕적인가 부도덕적인가를 결정해주는 아주 커다란 힘을 가지고 있던 기준을 말한다.

이러한 사회도덕은 남편이 유혹이라는 행위에 노골적으로 빠져드는가 아니면 은밀하게 그것을 즐기는가에 따라서, 또는 여자가 사회의 존경을 받기 위해서 방정하게 행동하는가 아니면 요염하게 행동하는가에 따라서 그것이 도덕적인가 부도덕적인가를 결정한다. 어떤 시대의 사회도덕은 한 아름다운 아내가 남편에 대한 정절을 내세워 다른 남자의 요구를 단호하게 거절해도 그것은 그 여자에게 은밀한 결함이 있기 때문이라고 제멋대로 결정해버린다. 어떤 시대의 사회도덕은 남녀가 청교도적인 도덕이 요구하는 엄격한 선을 조금만 넘어서도 냉혹한 사회적 경멸을 보냄으로써 그것을 벌했다. 어떤 시대의 사회도덕은 조심성 있는 아내가 비록 자신의 나체를 남자에게 보일지라도 자신의 "정숙" 그 자체에 손상이 가지 않도록 하기 위해서는 상의를 어떻게 입어야 할까라는 문제를 놓고 진지한 얼굴로 고민하게 하기도 했다. 어떤 시대의 사회도덕은 남자가 여자 앞에서 바지라는 말만 꺼내도 그것은 그 여자에 대한 모욕이라고 규정했다. 어떤 시대의 사회도덕은 남녀간의 대화내용을 항상 신성한 수수께끼에 한정시켰지만 대화방법은 가능한 한 신성하지 않게 했다. 어떤 시대의 사회도덕은 남자가 상대 여자에게 "당신은 내 마음을 온통 흔들어놓았습니다. 나는 당신을 못 견디게 유혹하고 싶습니다"라고 말하고 여자는 상대 남자에게 "나는 당신의 마음을 휘저어놓고 싶어요. 보세요. 당신은 내게 동하고 있군요. 나는 당신의 공상 속에서는 맛있는 음식으로 보이겠지요"라고 말해도 별로 대수롭지 않은 것으로 받아들였다. 사회도덕은 점점 제한 없이 많은 것들을 재가했다. 왜냐하면 거기에는 한도 끝도 없었기 때문이다.

그런데 앞에서도 설명한 바와 같이 이 모든 것, 그 속의 특수한 것, 이전과는 전혀 정반대의 것이 각각 특정 시대에 의해서 도덕적인 것으로 간주되었다는 것이 가장 중요하고도 결정적인 사실이다. 사물을 과학적으로 고찰하기 위해서 그 다음으로 중요한 것은 왜 그랬는가라는 문제이다. 도대체 왜 그렇게 되었을까? 요컨대 사회도덕의 전체적인 차이는 시대와는 관계없는 우연의 소치가 아니며, 시대의 모습으로부터 제멋대로 배제해버릴 수 있는 우연도 아니다. 우리는 오히려 그 차이 속에서 일반 사회생활의 저류를 형성하고 있는 하나의 흐름과 그 저류의 필연적인 결과를 발견한다. 그렇기 때문에 극히 모순된 여러 현상의 소용돌이 속에도 매우 정연한 질서가 있다. 거기에는 무의식적이고 상상할 수 없는 혼돈이 존재할 수 없다. 그렇기는커녕 전사회적으로 관철되는 경향 가운데서 언제나 그리고 도처에서 하나의 엄격한 법칙이 그 얼굴을 내밀고 있다.

이상의 사실로부터 우리는 과학적인 원칙 위에서 도출되어야만 하는 풍속의 역사의 가장 중요한 전제, 즉 그것을 위해서 인정해야만 하는 유일한 토대로서 풍속의 역사가 왜 그렇게 될 수밖에 없었는가를 증명해야 한다. 즉 어떠한 사회도덕이 어떻게 하여 생겨났는가, 그러한 사회도덕이 어디에서 그렇게 강제적인 힘을 가지게 되었는가, 그러한 영구한 변화와 새로운 모습을 만드는 요인은 무엇인가, 한마디로 성 모럴의 모든 상수 중에서 끊임없이 현상을 변화시키는 필연적인 변수가 왜 만들어졌는가에 대한 법칙을 발견하지 않으면 안 된다.

3) 변혁의 법칙

이러한 변천의 법칙을 명확하게 인식하고 무엇보다도 먼저 이 법칙을 발견하기 위해서는 각 시대의 도덕의 표준을 그 이론과 실천의 면에서 항상 각 시대의 사회생활과 결부시켜 다시 조사하는 데서부터 시작하지 않으면 안 된다.

이러한 방식으로 조사해보면 역사적인 안목이 있는 사람은 앞에서도 서술한 다음과 같은 사실, 즉 지배적인 도덕관 속에는 아직도 많은 윤리학자들이 소위 변덕스러운 관념이라고 생각하는 무의미한 것이 실은 하나도 없다는 것을 곧바로 명확히 알게 된다. 여기에서 윤리학자들의 그와 같은 거창한 의견, 즉 이 세상에 영원불변의 도덕의 표준 따위가 존재한다는 사실은 결코 증명할 수 없기 때문에 도덕이라는 관념에서는 항상 순수한 우연이나 변덕이 문제의 중심이 되며 이 때문에 줏대 없는 천민만이 이러한 우연이나 변덕에 빠져들 뿐, 고귀한 인간은 결코 시시하게 여기에 빠져들지 않을 뿐만 아니라 이러한 세계사의 어릿광대짓에 대하여 초연하게 존재한다는 의견을 한번 고찰해보기로 하자. 프록코트를 입은 기독교 신자에 대해서와 같이 앞치마를 두른 브라질의 보토쿠도족(Botocudos)에게도 똑같은 논리를 펴서 영구히 변하지 않는 도덕관을 주장하는 잠꼬대와 같은 논리에 비하면 이 논리는 그렇게 사리에 어긋나거나 기괴한 것은 아니다. 그러나 이 의견에 나타난 모순은 누구라도 쉽게 알 수 있다. 왜냐하면 아주 피상적인 검토, 아주 유치한 과학적 방법을 통한 검토에서까지도 모든 현상이 역사와 확실한 연관관계를 맺고 있음이 드러나기 때문이다. 바꾸어 말하면 역사에서는 전혀 연관관계가 없는 개별적으로 분리된 변칙이 돌연변이 격으로 나타나기도 하지만, 만약 그 시대 인간의 품행을 문제로 삼는다면, 역사와 연관관계가 없는 대중현상이란 있을 수가 없다. 18세기에 행해졌던 방탕, 아무래도 음란하다고 할 수밖에 없는 복장 그리고 음란한 언어 등 이 모든 것이 대중의 사회생활과 아무런 관계도 없었다고 말할 수 있을까? 17세기 영국의 원두당(圓頭黨 : Roundheads)의 도덕적 엄격성, 음산하다고 할 수 있을 정도로 간소했던 복장, 청교도들의 성서 그대로의 언어 등과 그들의 생활의 사회적, 경제적, 정치적 조건 사이에는 아무런 연관관계도 없었다고 말할 수 있을까? 바꾸어 말하면 그 역이 진실은 아니었을까? 예컨대 18세기에는 유방의 에로틱한 기능이 왜 부차적인 것, 즉 하찮은 것이 되었을까? 그리고 17세기의 영국 청교도들에게는 왜 육체적 향락에 대한 세련된 숭배와 에로틱한 나체에 대한 숭배가 이루어질 수 없었을까? 풍속과 역사가 연관관계가 없다는 논리는 정신병자의 이론에 불과하다는 주장에 아무도 반대하지 않을 것이다. 따라서 이러한 논리는 정신병원에나 가야 할 도덕군자들의 머리만을 지배할 수 있는 것이다. 마치 "영구히 변치 않는 도덕관념"이 시대현실과 유리되어 있었던 것처럼 그들의 논리는 시대의 이성과 유리되어 있었다고 할 수 있다. 앞에서도 서술한 것처럼 거기에는 아주 엄격한 조화, 한치도 양보하려고 하지 않는 논리가 지배한다. 수백 개의 고리와 다리가 원인과 결과 사이에 그리고 작용과 반작용 사이에 서로 얽혀 있는 것이다.

　실제로 사실을 역사적으로 고찰할 때는 그것과 그 시대 사회생활과의 관계가 상당히 분명하기 때문에, 그것을 그냥 간과하게 되고 또 이 사실을 더 자세하게 증명하려고 하지 않으면 모두가 마치 이 사실이 이미 증명된 것처럼 무조건 인정한다. 그렇지만 나는 이것에 대해서 의문을 품고 있는 사람을 위해서 뒤에서 다른 분야를 논할 때에 가능한 한 분명하게 증명할 작정이다. 이에 반하여 지배적인 도덕관 및 그것에 관계된 도덕활동 가운데 소위 그 시대 인간의 사회생활의 모든 것이 숨겨져 있다는 것을 알기 위해서는 어느 정도 숙련된 안목을 배양할 수 있도록 철저한 연

부자들의 식도락(한스 베르크마이어)

구가 필요하다. 그리고 우리가 결정적인 법칙이라고 생각하는 것, 즉 모든 것을 지
탱해주는 결정적인 토대라고 생각하는 그 무엇을 알기 위해서는 더욱더 철저한 연
구가 필요하다.

　여기에서 이 의문에 대한 해답을 먼저 찾아보고 그것을 증명해보기로 하자. 어떤
시대의 어떠한 도덕활동 및 그 도덕활동에 관한 법률에서도 마치 법사상, 종교, 예
술적 표현 등의 경우에서처럼 그 시대 경제적 토대의 사회적 특질이 발견된다. 더
욱 명확하게 말하면 사고방식이라는 것은 예외 없이 생산관계를 축으로 하여 발전
해가고 그 발전단계의 정도를 그대로 반영한다. 생산관계에는 사회적 분업의 발전
정도, 계급구성의 폭, 재산의 분배와 재산상태 등 간단히 말해서 "시대의 경제적인
토대"라는 정의 속에 총괄되는 모든 것이 포함된다. 따라서 사유재산제, 즉 물질적
인 이해관계가 성 모럴의 모든 토대를 결정하고 또 싫든 좋든 끊임없이 성 모럴의
하부구조를 결정한다. 바꾸어 말하면 사유재산제라는 것이 모럴 전체의 토대이기
때문에 성 모럴은 그 커다란 틀 속에서 조금씩 변화하고 또 성 모럴을 지배하는 사
유재산제가 겪게 되는 변화와 발전에 따라서 변화해간다.

　분명히 성욕 그 자체가 경제적인 동력이라고 할 수는 없지만 성욕의 배출구는 역
시 사회의 경제적인 토대에 의해서 결정된다. 따라서 성욕 ── 대중현상으로 간주
되고 인정되는 모든 성욕 ── 이 남녀를 일찍 결혼하도록 하는가 늦게 결혼하도록

하는가, 결혼의 대용품으로 첩을 두는가 매춘부를 찾는가, 상류의 유한 마담을 구하는가 타락한 타이피스트를 구하는가는 경제적인 토대에 의해서 결정된다. 처녀가 결혼하여 주부가 되는가 어머니가 되는가 귀부인이 되는가, 처녀를 고르는 기준이 애를 잘 낳을 수 있는 체격이 되는가 아니면 아름다움이 되는가, 처녀가 애완물로 교육되는가 아니면 필수품으로 교육되는가 역시 경제적인 토대에 의해서 결정된다. 부부의 순결이 가장 중요한가 아니면 성생활의 자극적인 향락이 가장 중요한가 또한 경제적인 토대에 의해서 결정된다. 남자를 손에 넣으려는 경쟁 혹은 여자를 손에 넣으려는 경쟁이 어느 정도로 벌어지는가, 수많은 여자가 원만한 성생활을 추구했으나 욕구를 충족시키지 못한 나머지 설교책의 상투적인 문구처럼 "타락 속에 몸을 던지는가" 어떤가는 경제적인 토대에 의해서 결정된다. 이상의 것은 기본적인 경우이지만 모든 성행동의 하부구조, 즉 복장, 사교에서의 예절 등도 경제적인 토대와 결부된다. 그리고 이것들은 항상 그 기본적인 케이스에서 유래하는 것, 즉 정신과 물질 가운데 나타나는 부차적인 현상이다.

물질적인 이익이 그 토대이며 그 결정요소라는 점이 문제의 초점이다. 그러므로 무엇보다도 이러한 법칙이 옳다는 것을 먼저 증명하지 않으면 안 된다. 물론 우리는 이러한 견해의 중요함을 모든 면에서 인정하고 있지만 그래도 이 책에서 말하는 문제점은 몇 가지의 대표적인 실례를 통해서 충분하고 확실하게 알아두지 않으면 안 된다. 소수에 불과하지만 대표적인 실례만 증명된다면 나머지 것들도 증명할 수 있을 것이다. 그래서 나는 우선 성 모럴과 사회의 경제적인 토대의 연관관계가 극히 확실한 몇 가지의 실례를 들어보고자 한다.

17세기 중반 무렵 독일의 한 지방에서는 "일부이처제"가 옛날보다 더욱더 철저하게 시행되었다. 그것도 한 남자가 두 명의 본처를 두고 그 두 본처가 같은 방에서 함께 기거하는 형태를 취했다. 즉 이것은 완전한 일부다처제 현상이다. 그런데 이 일부다처제를 살펴볼 때 중요한 것은 이 세 사람 사이의 결혼이 비밀스러운 것으로서, 즉 당사자끼리의 개인적인 약속이나 비밀로서 이웃사람들이 알세라 쉬쉬했던 것이 아니라 오히려 세상 사람들에게 공공연하게 알리는, 즉 세상 사람들 앞에서 혼약을 맺고 당국으로부터도 공인받고 권장되기까지 했다는 사실이다. 따라서 이 시대에 두 명의 본처를 두는 것은 이 지방에서는 범죄가 아니었고 부도덕한 것으로 간주되기는커녕 훌륭한 것이었고 따라서 도덕적인 것이었다. 오늘날의 사람들은 이러한 상황을 절대로 믿으려고 하지도 않을 것이고 대개는 그것을 황당하고 형편없는 짓이라고 생각할 것이다. 그러나 이러한 상황은 터무니없는 거짓말이 아니라 아주 자연스러운 것이었다. 왜냐하면 이것은 그 당시 독일이 처해 있던 역사적 상황을 극명하게 보여주는 것에 불과하기 때문이다. 독일은 그 바로 전에 30년전쟁을 경험했다. 이 30년전쟁의 참혹한 고난의 시대에 독일의 전국토는 철저히 황폐화되어 완전히 물자가 바닥났을 뿐만 아니라 인구마저도 크게 줄었다. 수백만의 사람이 전쟁에서 살육되거나 방방곡곡에서 봉기한 약탈군인에게 학살당했고 마침내는 그 끝없는 학살에 뒤이어 전국을 휩쓴 전염병 때문에 전쟁에서보다 더 많은 사람이 죽어갔다. 전쟁이 끝나갈 무렵에는 수천 개의 촌락과 도시가 거의 없어져버렸다. 이 불행한 30년전쟁 전에 독일의 인구는 1,600만에서 1,700만을 헤아렸는데 전쟁이 끝난 후인 1648년의 총인구는 400만에 지나지 않았다. 게다가 그 400만의 인구 중에서도 남자의 수는 놀라울 정도로 적었다. 남자의 수는 여자 2.5명에 대하여 1.5명의 비율이었다. 이것은 전쟁의 비참한 결과였다. 그런데 어느 시대에서든 가장 중요한 자본은 인간, 즉 노동력이다. 따라서 이 시대에는 이 인간이라는 자본이 역사상 유례 없이 부족했고 또 그 때문에 인간이라는 자본 이외의 것은 점점 돌보지 않게 되었으므로 무엇보다도 이 가장 중요한 자본을 창출하지 않으면 안 되었다. 자식의 생산, 즉 가능한 한 많은 아이들을 생산하는 것이 이 시대의 가장 커다란 경제적 요구였고 따라서 그것이 생식능력이 있는 모든 남자의 가장 고귀한 도덕적인 의무였다. 그러나 이러한 것은 당시까지의 근본적인 도덕관과 모순된 것이었으므로 이번에는 정부가 나서서 남자는 모두 이 방면에 전력을 기울일 것이며 무조건 이 의무를 이행할 것을 공개적으로 엄명했다.

그것에 대한 증거가 있는가에 대해서 의문을 가진 사람이 있을지도 모르지만 그러한 증거는 분명히 있다. 이 시대의 얼마 되지 않는 공문서 속에서 우리는 이 증거를 명확히 찾아볼 수 있다. 1650년 2월 14일 뉘른베르크 지방의회는 다음과 같은 결의를 했다.

그러므로 신성 로마 제국에 절대적으로 필요한 것은 이 피비린내 나는 30년전쟁 시기에 전쟁과 전염병과 기아로 잃어버린 군사를 다시 보충하고……하는 것을 요구한다. 금후 10년간 모든 남자는 두 사람의 아내를 거느릴 수 있도록 허용한다.

농부 부부의 향락

만약 당시까지의 도덕을 뒤집어엎는 경제적 토대가 형성되지 않았더라면 이 공인된 목표가 이와 같은 간단한 문장으로 나타났을 리가 없다.

그런데 세상을 알지 못하는 관념론자는 "이것은 30년전쟁의 비참한 유산이라고 할 수 있는 철저한 풍기문란으로 설명할 수밖에 없으며 오직 그것 하나로밖에 설명할 수 없는 특수한 상황"이라고 말할 것이다. 이러한 사람은 성행동이 나타난 형태나 도덕수준 모두를 인간의 도덕감정의 발달의 고저에 의해서 설명하는 데에 자신이 있을 것이다. 그리고 그뿐만이 아니라 역사과학에서 이와 같은 불유쾌한 현상에 대해서 대개는 이러한 논의나 이와 유사한 논의로 설명하려고 한다. 그러나 우리는 이러한 설명에 대하여 다음과 같이 대답하지 않으면 안 된다. "이러한 현상은 이상하게 결합되는 예외적인 것도 아니며 또한 기껏해야 이와 유사한 역사적 현상의 특수한 일면과 결부되는 예외적인 것도 아니다." 그러므로 독자 여러분은 그러한 각도에서 농민도덕을 한번 살펴보고 특히 대표적인 농민의 고대법인 바이스튀머 (Weistümer : 중세 독일의 관습법 총람/역주)를 다시 읽어보기 바란다. 그러면 이와 동일한 것을 많이 발견할 것이다. 끈기 있게 찾아보면 바이스튀머에서 많은 기록을 발견할 수 있을 것이다. 여기에 보쿰 국법 중의 한 기록을 원문 그대로 소개해 보겠다.

더구나 진실한 아내를 둔 남편이 그의 아내의 여자로서의 권리를 충분히 확보해줄 수 없을 때에는 아내를 이웃사람에게 데리고 가지 않으면 안 된다. 그 이웃사람이 그녀를 충분히 도와줄 수 없을 경우에는 그도 그 여자를 다정스럽게 보듬고 고통을 주지 말고, 자식을 줄 수 있는 아홉 남자에게 차례로 데리고 가서 부드럽게 내려놓고 고통을 주지 말고 5시간 동안 거기에 둔 다음 그녀로 하여금 사람들에게 자신을 도와달라고 큰 소리로 외치게 해야 한다. 그래도 그 여자의 문제가 전혀 해결되지 못할 경우에는 그 이웃사람은 그 여자를 다정스럽게 껴안은 다음 천천히 내려놓고 고통을 주지 말고 그 여자에게 새 옷과 여비가 든 돈지갑을 주어 대목 장으로 보내야만 한다. 이렇게 해도 다른 사람들이 그 여자를 도울 수가 없을 경우에는 수천의 악마만이 그 여자를 도울 수 있을 것이다.

이 말을 오늘날의 말로 해석해보면 다음과 같은 의미일 것이다. 건강하지만 애를 낳지 못하는 아내를 가진 남편은 자신의 아내에게 대를 이을 아이를 잉태하게 해줄 가능성이 있는 남자의 침대에 자신의 아내를 보내야 하며 그 사람의 힘으로도 애를 가지게 할 수 없을 경우에는 제2, 제3의 이웃사람에게도 시험해보아야 하고 모두 실패할 경우에는 수천의 악마가 아내를 돕게 하지 않으면 안 된다는 것이다. 바꾸어 말하면 그러한 경우에는 결국 초자연의 힘을 빌리지 않을 수 없을

임신부(암만의 의상서적에서, 16세기)

것이며 이 초자연의 힘만이 여자가 의무를 수행할 수 있도록 해준다는 뜻이다. 애를 낳는 것은 확실히 여자의 의무였다. 자식을 낳는다는 것, 즉 가능한 한 많은 아이를 낳는 분만도구가 되는 것은 모든 여성의 가장 중요한 의무였던 것이다. 이러한 사고방식과 성 모럴은 어디까지나 농촌경제, 즉 농촌의 물질적인 이해관계와 결합되었다. 농민에게는 어느 계급보다도 자식이 중요한 자본이었다. 왜냐하면 자식은 가장 값싸고 또 가장 필요한 노동력이었기 때문이다. 이와 동시에 자식은 미개시대에는 농민이 자기소유라고 주장할 수 있고 또 오랜 기간 동안 자신을 위해서 일해줄 수 있는 유일한 존재였다. 그래서 자식의 혈통 그 자체는 문제가 되지 않았다. 아내가 자식을 낳는 것, 그 자체가 가장 중요했기 때문에 남편은 자신과의 사이에서 자식이 생기기 않을 때에는 아내에게 자식을 줄 수 있는 가능성이 있는 남자를 차례로 그의 침대에 불러들이지 않을 수 없었다. 이미 상술한 바와 같이 이 경우 개인적인 애정 따위는 문제가 되지 않았고 오직 남자의 생식능력이 중요했으며 이 때문에 아내는 자식을 낳는 동물로 취급되었고 자식을 낳지 못할 경우에는 오늘은 이 남자에게로 내일은 저 남자에게로 보내졌다.

오늘날에도 농촌경제에서는 자식을 많이 가지는 것이 극히 중요하다. 따라서 결과적으로 농민들 사이에서는 간통에 대해서는 으레 관대하게 생각하는 사고방식도 나타난다. 농민의 아내가 남편 대신에 비천한 농노나 애인을 사귀어 중요한 가족을 증산하여 남편을 도와줄 경우, 그 남편은 오늘날에도 어느 다른 계급에서 볼 수 있는 경우보다도 더 그것을 보고도 못 본 체하는 경향이 있다.

이와 똑같은 경제적인 토대에 기초하여 앞에서도 언급한 바 있는 "시험혼"이라는 관습이 생겼다. 시험혼은 각 나라마다 여러 가지 이름으로 불린다. "남자(또는 여자)가 연애할 자격이 있는가 없는가", 즉 자식을 낳아줄 수 있는가 없는가를 시험해 보는 것은 농촌의 도덕관에 의하면 훌륭한 도덕으로 인정되었다.

이것과 아주 독특한 대조를 이루는 것이 불임률이 높은 민족에게서 볼 수 있는 대중 현상이다. 이러한 민족에게는 농민과 마찬가지로 자식이 가장 중요한 자본이기 때문에 "남자 씨받이"가 언제나 필요했고 일의 중대성에 비추어볼 때 자식을 낳게 해주는 행위는 대개는 신, 즉 예언자의 직업에 속하는 것이었다. 에스키모인은 이러한 민족의 한 예이다. 에스키모인들은 최고의 신이 예언자의 중개를 통하여 자식을 보내준다고 믿고 있다. 프리트요프 난센은 「북극탐험」이라는 책에서 이에 대한 중요한 보고를 했는데 동시에 이 보고를 통해서 사실의 본질을 파악하고 있었다. 난센은 다음과 같이 썼다.

그린란드인이 가장 범하기 쉬운 계율은 10계명 중에서 제7계명이다.······정조와 정숙은 그린란드인들에게는 거의 무시되고 있다.······미혼의 처녀가 아이를 낳아도 (서부 해안의) 사람들은 대체로 그것을 커다란 수치로 여기지 않는다.······우리가 고트호브에 머물 때 그 근처의 처녀가 두 명이나 임신하고 있었지만 그 여자들은 임신한 사실을 조금도 감추려고 하지 않았다.······처녀가 남자에게 사랑을 받는다는 이 훌륭한 증거를 아주 큰 자랑거리로 여기는 것처럼 보였다. 홀름도 동부 해안에 대해서 설명하면서 그 지방에서도 사생아를 낳는 것을 별로 수치스럽게 생각하지 않는다고 쓰고 있다.······

에게데도 이 지방의 여자는 앙게코크, 즉 예언자와 친한 관계를 맺고 있는 것을 아주 커다란 행복이며 명예로 삼고 있다고 말하고 그것에 덧붙여서 남편들은 대개 이를 흡족하게 생각하며 특히 부부간에 자식이 없는 경우에는 앙게코크에게 아내와 동침해주도록 돈을 지불할 정도라고 말하고 있다.

따라서 에스키모인 여자의 자유는 게르만 민족의 여자에게 허용되는 자유와는 매우 다르다. 그 이유는 이러하다. 게르만 민족에게는 언제나 상속, 혈통, 족보의 유지가 중요했지만, 에스키모인에게는 그런 것들이 의미가 없다. 그네들에게는 상속할 것이 거의 없거나 전혀 없고 가장 중요한 것은 자식뿐이기 때문이다.······

자식이 있다는 혹은 자식은 가져야만 한다는 이해관계는 비밀스러운 방법을 통하여 항상 동일한 탈출구를 마련하게 되었다. 많은 귀족의 혈통이나 상당수의 군주의 가문은 이러한 방법을 통하여 그들의 "족보"에 정통성을 확보했다. 통치군주의 가문에 대해서 말하자면 이러한 식으로 가계를 유지한 경우로 로마노프가(家)가 가장 좋은 예이다. 로마노프가는 어느 면으로 보나 정통이라고는 할 수 없다. 독일의 안할트-체르프스트가 출신의 유달리 억척스러웠던 예카테리나 2세는 그녀 스스로가 고백했듯이 성불구였던 남편 표트르 3세와의 접촉을 거부하고 남편의 충실한 하인이자 총신이었던 세르기우스 살티코프에게 쾌락의 임무를 분부하여 한 사람의 후계자를 얻어 러시아를 구했다. 그러나 제왕가의 역사에서 아우구스투스의 황비인 로마 여인 리비아의 예는 더욱더 무절제한 것이었다. "배(船)가 가득 찬 때가 아니면 나는 한 사람도 손님을 태울 수가 없어요"라는 말은 황비가 그녀의 남편으로부터 임신했다고 생각한 시기에만 자신의 애인들에게 최후의 총애를 베풀었다는 의미이다. 이 원칙은 대개 신분은 천하지만 체격이 좋은 구원자가 원기왕성한 씨를 제공하여 확실히 임신했다는 증거가 나타난 후에야 비로소 몸이 약한 남편에게 동침할 권리를 허용하는 상황의 정반대이다. 이것에 관해서도 확실한 증거가 있다. 그러나 이러한 것은 모두 항상 개인적인 이해와 함께 사라져버리게 되는 개인적인 도덕현상에 지나지 않는다.

지금까지 대중 현상으로서의 매춘이 사회적인 조건에 의해서, 즉 무엇보다도 사회의 경제적인 토대에 의해서 발전되어왔다는 사실은 수차례에 걸쳐서 자세하게 증명했기 때문에 여기에서는 그 사실을 다시 증명하기 위해서 특별히 유명한 기록을 들추어낼 필요가 없다고 생각한다. 사회적인 대중 현상으로서의 매춘을 단지 병리학적인 문제, 즉 선천성 창녀의 문제로 한정시켜버리는 것도 하나의 역사적인 해석방법이겠지만 그러한 해석방법은 잘 알지도 못하면서 아는 체하는 사람들이 신소리를 늘어놓기 위한 구실에 불과하다. 이러한 성심리학자는 대부분 자신들이 사회현상으로서의 매춘이라는 개념의 특수한 정체를 확실히 파악하지 못하고 여러 가지를 뒤섞어 나열해놓고 있음에 불과하다는 것을 감추고 있다.

앞에서도 언급했듯이 성행동, 즉 도덕의 표준과 물질적인 이해관계의 직접적인 관계에 대하여 지금까지 들어왔던 실례는 이러한 성심리학설을 뒤엎는 아주 대표적인 실례라고 해도 좋다. 우리는 17세기에 법률에 의해서까지 공인되었던 일부이처제의 경우로 미루어보아, 경제적인 요구가 매우 강할 때에는 그 경제적 요구가 성모럴의 가장 중요한 요구나 도덕의 근본적인 요구, 즉 일부일처제까지도 유린해버린다는 사실을 살펴보았다.

　물질적인 이해관계는 중요한 사실뿐만이 아니라 아주 작은 사실에까지도 영향을 미친다. 만약 여러 현상이 인간의 눈앞에 나타날 때 혹은 인간의 의식에 그러한 현상이 나타날 때 본질을 가리고 있는 외피를 벗겨버린다면 우리는 위와 같은 사실을 수없이 많은 다른 현상 속에서도 재확인할 수 있다. 다음의 실례가 이것을 증명해 준다. 16세기의 동업조합 조직이었던 춘프트*는 직장에 도제를 고용할 때 도제 지원자들에게 "자유인이며 명예로운 혈통"에 대한 증거를 요구했다. 이 때문에 도제 지원자들은 확실한 적자 출신이어야만 했다. 우리는 춘프트 제도에 관한 묘사나 16세기 도시의 번영을 주제로 한 많은 묘사에서 당시 존경받는 직업이었던 수공업 속에서 출렁이던 "기품 있는 도덕의식"이 그러한 조합의 규약 속에서 얼마나 장중하게 찬미되어 나타났는가를 찾아볼 수 있다. 이러한 조합규약은 "진보적인, 따라서 생기가 넘치는 인간을 창조하는 도덕감정의 발로"라든가 "종교개혁에 의해서 세계에 등장한 도덕적 정화(淨化)의 고귀한 결정"이라는 식으로 절찬을 받았다. 이와 같은 표현은 이외에도 많이 찾아볼 수 있다. 그런데 이러한 것은 모두 어리석은 것이라고 할 수도 있다. 이것이 왜 어리석은 것인가에 대해서 살펴보기로 하자. 만약 우리가 그 시대의 동업조합 조직을 자세히 조사하여 춘프트 규약을 작성할 때, 그 초안자에게 그 규약을 그렇게 만들도록 한 근본 입장을 찾아낸다면 그것이 그렇게 작성될 수밖에 없었던 결정적인 원인은 여러 가지였음을 알 수 있을 것이다. 바꾸어 말하면 "도덕적 정화"라든가 "도덕적 의식"이라는 것이 유일한 결정적 원인은 아니었다. 여기에서 크게 문제가 되는 규약에 대해서 살펴보면 이러한 도덕적인 요구는 결코 도덕 따위에 의존하고 있었던 것이 아니라 그 원인이 어디까지나 금전욕에 있었던 것이 분명해진다. 16세기에 동업조합이 도제를 고용할 때 "자유인이며 명예로운 혈통"을 문제로 삼아서 대부분의 도시에서 적출이라는, 즉 사생아가 아니라는 증명까지 요구했던 것은 결코 춘프트라는 계급을 도덕적으로 향상시키기 위해서가 아니라 오히려 춘프트의 독점력을 보존하기 위한 것이었다. 16세기 초기에 가

＊ 수공업자 동업조합(craft guild)을 독일에서는 춘프트(Zunft) 혹은 암트(Amt)라고 한다. 춘프트를 구성하는 마스터(master, 都匠人)는 한두 명의 도제(徒弟, apprentice)를 거느리고 춘프트 내부적으로는 성원간에 평등했으나 외부에 대해서는 영업의 독점을 요구했으며 점점 배타적이 되어 저니맨(journeyman, 職人)이 마스터가 되는 것을 방해했다/역주.

난한 젊은이들이 수공업 기술을 배우려고 우르르 몰려들었을 때에 춘프트 성원들은 이 규약을 방패로 삼아 그들을 쫓아낼 수 있었던 것이다. 그리고 나아가서는 이 규약을 방패로 삼아 목전에 임박하고 있는 경쟁을 물리칠 수가 있었다. 그들 성원은 오로지 이러한 이유에서 도덕적이 되었고 이 우회적인 방법을 통해서 결혼의 신성함을 선언하고 결혼을 명예의 초석이라는 보증서로 삼았던 것이다. 실제로 시시각각 다가오는 경쟁에 대해서 이보다 더 훌륭한 방파제는 없었다. 물론 그 시대에는 자신이 사생아가 아니라 명예로운 혈통을 가졌음을 증명하는 것은 상당히 어려운 일이었고 먼 지방에서 온 지원자의 경우에는 더욱 힘든 일이었다. 장사에 빈틈이 없던 동업조합의 지도자들은 자신들의 도덕을 토대로 하여, 자신들이 조합의 규칙을 작성할 때 품었던 바와 같은 물질적인 이기심에서 동업조합에 속하지 않는 많은 직업에 "비천한 직업"이라는 낙인을 찍었다. 따라서 비천한 직업 출신은 그 누구도 "명예로운 수공업"에 발을 들여놓을 수 없었다. 이것은 마치 "명예로운" 직업에 당연히 주어져야 할 경제적인 특권마저 동업조합에 속하지 않는 직업에는 주지 않았던 것과 같다. 우리는 이것을 경제적인 원인에서 찾을 수 있을 것이다. 물론 앞에서 언급했던 춘프트의 도덕적인 의무나 그밖의 사항에 관한 말이 이러한 사람들의 입을 통하여 주장되었다고 해서, 사태가 그 주장 그대로 진전되지 않았다는 것은 말할 필요도 없다. 그들이 그러한 말을 입에 담고 있었던 것은 그들이 경쟁하는 가운데 추구하던 이익이 규칙 초안자의 의식에 있는 그대로 나타나지 않고 도덕이라는 전화된 의미로 나타났던 것을 증명해준다.

16세기에 들어서 점차 여러 나라에서 유행하기 시작했던, 목욕탕 출입을 부도덕한 것으로 규정했던 경우도 사정은 마찬가지였다. 16세기까지는 목욕탕에 가는 것이 별로 나쁜 일이 아니었다. 남자는 완전한 나체로, 여자는 목욕용의 특별한 옷을 입은 거의 벌거벗은 상태로 혼욕을 하고 목욕탕에서 화끈하게 서로 농담을 주고받고 희롱했다. 그것은 청교도적인 정신으로는 도저히 용인할 수 없는 광경이었지만 그것 때문에 풍속이 특별히 문란해진 경우는 없었다. 그런데 16세기에 들어서자 갑자기 사정이 일변하여 혼욕을 반대하는 주장이 우세한 위치를 차지하게 되었다. 그 결과 목욕탕에 가는 것에 대해서 트집을 잡게 되고 목욕탕에 가는 것은 음란한 짓이라고 평가되어 목욕탕을 죄악의 연못처럼 묘사했고 결국은 하나둘 폐쇄시켜버렸다. 목욕탕에 대한 열기가 식어감에 따라서 그 장사도 점차 빛을 잃게 되었고 이 때문에 목욕탕은 점차 영업을 중지할 수밖에 없었다. 세상 인심이 왜 이토록 급변했는가? 그 관념의 역사를 구석구석 조사할 때 우리는 앞에서 설명했던 것과 똑같은 설명을 듣게 될 것이다. 즉 춘프트 조합조직에 대한 설명과 똑같이 목욕탕에 대해서도 드높여진 도덕감정, 종교개혁의 정화의 영향 그리고 나아가서는 이와 유사한 도덕적인 힘이 세태를 그렇게 움직였다는 설명을 할 수 있을 것이다. 그러나 이러한 신소리는 목욕탕의 경우에도 새빨간 거짓말이었다. 15세기를 경계로 하는, 매독에 대한 공포의 확산이 이 사정을 명확하게 설명해준다. 뒤에서 설명할, 이와 유사한 다른 원인과 더불어 매독은 인간의 품행을 바로잡는 원인의 하나가 되었다. 즉 이 때문에 당대의 사람들은 그때까지 매우 인기가 있었던 목욕탕을 마치 지옥처럼 생각하게 되었던 것이다. 이것은 누구라도 쉽게 알 수 있다. 사람들이 목욕탕에서 즐기던 사교적인 오락 가운데서 가장 좋아했던 것은 음란한 짓이었기 때문에 당연히 창녀가 항상 여자 손님의 대부분을 차지하고 있었다. 게다가 목욕탕의 욕조 옆에는 작은 방이 붙어 있었다. 욕정에 불타는 남자 손님은 언제나 같은 기분을 가진 여자 손님과 함께 그 작은 방에 들어갈 수 있었다. 이로 인하여 목욕탕은 계집년들이 북적대는 무릉도원으로 변해버렸고 따라서 당연히 악귀처럼 등장한 새로운 프랑스 병(매독)을 감염시키기에 가장 알맞은 장소가 될 수밖에 없었다. 인간에게 이 시대만큼 목욕탕 행차가 "가장 부도덕하다"는 변증법을 뇌리에 심어준 시대는 없었다. 나는 이것에도 경제적인 원인이라는 라벨을 붙여둔다.

결혼횟수의 변화, 매춘이용의 광범위함 그리고 그밖에 이와 유사한 종류의 사정 등 이러한 중대한 문제는 어느 정도 경제적인 이해관계에 크게 영향을 받을지도 모르지만 예의범절, 유행복, 여자 옷의 가슴 노출의 정도 등과 같은 문제나 규범 그리고 육체미의 개념에 대한 기호의 변천이라는 부차적인 사항까지도 경제적인 이익과 결합될 리는 없다고 주장하는 사람이 있을 것이다. 그러나 나는 이러한 주장은 잘못된 것이라고 생각한다. 외견상 부차적인 것에 불과한 것으로 보이는 사항도 역시 경제적인 이익과 밀접한 관계를 가지고 있다. 그러한 사항도 예외 없이 인류 및 민족의 사회생활의 경제적인 토대의 반영에 불과하다. 물론 그것은 간접적인 의미에서 그렇기 때문에 상당히 변형된 모습으로 나타난다. 그러므로 우리는 무엇보다도 사실의 핵심을 말하기 전에 먼저 많은 현상에 대하여 하나하나 끈기 있게 그 내용을 찾아내지 않으면 안 된다.

나는 지금부터 몇 가지 현상을 분석해가면서 이것을 증명해보고자 한다. 왜냐하면 이것만 증명한다면 지금부터 서술하려고 하는 또다른 중요한 결론에도 도달할 수 있기 때문이다.

그런데 이와 같은 논의는 출발점이면서 동시에 그 논의 자체가 또 하나의 중요한 결론이 된다. 지금까지 증명해온 실례들을 살펴보았다면, 도덕적인 요구나 규칙, 사고방식은 결코 도덕감정의 강한 또는 약한 발현이 아니며 그것들의 결정적인 원인들을 알기 위해서는 각각의 경우 목적이 되는 진정한 동기를 찾아내야만 한다는 것을 이미 증명된 사실로 인정해야 할 것이다. 이것이 인정되면 여기에서 문제의 테마가 나타나게 된다. 이 테마는 바로 "모든 도덕활동은 그 이론과 실천에서 특정한 사회적 요구와 일치한다"는 것이며 이것이 바로 내가 내용의 법칙이라는 이름을 붙였던 진실되고도 결정적인 사실이다. 이러한 사실을 명확하게 인식한다면 우리는 새롭게 체득한 역사관에 의해서 곧바로 다음과 같은 사실도 명확하게 알 수 있게 될 것이다. 즉 성 모럴의 중요한 요구는 사회의 물질적 이해관계에 의해서 결정되고 지배받는다. 따라서 그것뿐만이 아니라 부차적인 분야 및 특수한 분야의 모든 요구도 어디까지나 사회적인 요구일 수밖에 없다. 바꾸어 말하면 우리는 앞에서 설명했던, 성행동에서의 모든 현상이나 반영을 사회적 요구라는 시금석을 기준으로 하여 다시 조사하지 않을 수 없다.

그런데 그렇게 조사해가다보면 다음과 같은 문제, 즉 사회적인 요구는 시대마다 다를 뿐만 아니라 같은 시대에도 많은 차이가 있다는 아주 중요한 사태에 직면하게 된다.

문명이라는 사다리를 오르기 시작하고서부터는 같은 민족이라고 해서 이미 같은 무리는 아니었다. 민족은 언어라는 외적 현상만으로는 같은 무리처럼 보였지만 그 내부는 항상 여러 계급으로 분열되어 있었다. 문명의 토대가 되었던 사유재산제가 발전함에 따라서 좋든 싫든 도처에서 계급분열이 나타났다. 이러한 계급분열에 의해서 맨 먼저 유산계급과 무산계급이 나타났다. 그리고 이 계급분열은 모든 시대에 걸쳐서 바로 정치형태에 그대로 반영되었다. 대체로 이 계급구성은 지배계급과 피압박계급 및 소멸해가는 계급으로 나눌 수 있다. 그런데 이들 계급은 각각 다른 이해관계, 즉 시대 전체가 의지하는 가장 중요한 이해관계 외에 각각의 계급에만 적용되는 특수한 삶의 이해관계를 가지고 있다. 이러한 이해관계는 상이한 계급에만 적용되는 이해관계와는 다른 것일 뿐만 아니라 대개의 경우 그것과 정면으로 대립하고 따라서 서로 그것을 주시하게 되었다.

그런데 모든 시대에는 이러한 이해관계의 차이로부터 성행동이나 도덕의 관념과 규범의 차이가 생긴다. 바꾸어 말하면 성 모럴이라는 것은 어느 시대에서나 하나가 아니라 각 계급에 따라서 여러 가지 다른 형태로 나타난다. 즉 도덕은 각 계급에 따라서 때로는 완전히 다를 수도 있고 나아가서는 각 계급끼리 정면으로 대립할 수도 있다.

우리가 계급분열을 쉽게 이해하기 위해서는 계급의 차이가 성 모럴 속에서 더욱 분명하게 드러나게 되며 경제적인 이해관계가 무엇보다도 강하게 성 모럴을 지배한다는 두 가지 사실을 더욱 자세히 증명하지 않으면 안 된다. 이와 관련된 역사적인 실례로는 16세기의 수공업 마스터들과 상인들 간의 결혼관의 차이를 들 수 있다. 수공업 마스터들에게 아내는 가정의 충실한 고문이었고 집안을 정돈하고 부엌이나 술창고를 돌보는 엄격하면서도 정숙한 주부였지만, 돈 많은 상인들에게 아내는 주부이자 관능적인 향락에만 이용되는 시녀였다. 이 두 가지 사고방식은 두 계급의 전혀 다른 경제적인 틀 속에 뿌리를 둔다. 수공업 마스터들의 가정은 깨끗이 정돈되어 있어야만 했고 아내는 엄격한 생활자세를 보여 고용인들에게도 위엄을 보여야만 했으며 언제나 검소함을 첫째로 해야만 했고 아침에는 가장 먼저 일어나고 저녁에는 마지막까지 혼자 남아서 집안을 돌보고 모든 것이 정리되어 있는가, 문단속은 잘 되어 있는가, 화재나 도둑에 대한 예방도 잘 되어 있는가를 빈틈없이 확인해야만 했다. 이렇게 미세한 부분에까지 신경을 쓰고 빈틈없이 정돈하고 검소하게 생활함으로써만이 영세 수공업 경제의 모든 생활과 행복이 보장되었다. 만약 이러한 정리정돈과 검소함이 무시되고 여자들이 약속이나 한 듯이 모두 이러한 일을 등한시한다면 생활은 뿌리째 흔들리게 되었을 것이다. 그런데 이와 같은 생활조건은 주부의 권리와 의무에 관한 모든 사고방식에 그대로 반영되었다. 즉 주부의 모든 행동거지, 전혀 교만하지 않은 태도나 복장 등 그들의 모든 것은 이 생활조건에 의해서 지배된 것이었다. 이 정신으로 말미암아 자녀교육도 주부가 날마다 신경을 쓰는 일 중의 하나가 되었음은 물론이다. 좋은 면이든 나쁜 면이든 모두가 이런 식이었다. 따라서 수공업 마스터들의 아내들은 사람들에게 이와 정반대의 인상을 주는 것을 자신들의 수치라고 생각했다. 아내들은 자신에게 나쁜 평판이 생기지 않도록 눈을 내리깔고 조심스럽게 마을을 걸어다녔다. 아내들은 신분에 맞지 않는 사치스러운 옷을 입고 싶어도 그러한 허영심을 꾹 참을 수밖에 없었다. 이리하여 수공업 마스터들의 아내들은 "정숙하고 명예로운" 생활을 하는 조심성 있는 주부의 전형이 되었다. 따라서 그것은 아내들이 지키는 도덕률에도 그대로 적용되었다. 그것을 거역하면 평판을 망치는 것이었기 때문에 아내들은 그러한 도덕률에 맹종할 수밖에 없었다. 아내가 춤을 추러 간다거나 짬을 내서 이웃집 아내와 이것저것 재잘대고 있으면 하녀는 게으름을 피우고 제멋대로 굴게 될 것이다. 아내가 호색한에 대한 공상에 빠져서 제정신을 잃기라도 하면 젊은 도제들은 마스터가 집에 있든지 없든지 개의치 않고 일을 내팽개치고 마스터가 자리를 비울세라 곧장 여주인의 침실에 스며들 것이다. 그때 그녀가 침대에 함께 들어가지는 않는다고 해도 호색한은 항상 자기의 몸으로 욕망을 채워줄 수 있다는 공상으로 자신도 모르는 사이에 욕정이 머리 속에 가득 차버린다. 미인처럼 보이고 싶은 허영심은 아내들을 가능한 한 화려하게 치장하도록 유혹한다. 이와 같이, 아내가 잘할 경우에는 가족의 생활 전체를 지탱하는 지주가 되지만 잘못하면 가족의 생활 전체를 파괴해버릴 수도 있었다. 이러한 의미에서 아내를 지배하는 도덕률, 즉 정숙한 주부인가 음란한 주부인가를 결정하는 도덕률은 결국 수공업자의 생계와 번영을 유지시켜주는 경제적인 토대에 대한 이데올로기의 표현에 지나지 않았다. 이러한 것은 이 계급의 상층에도 그대로 적용되었다.

돈 많은 상인들의 결혼과 가정을 지탱해주는 경제적인 토대는 이 계급의 도덕적 행위를 완전히 다른 모습으로 변화시켰다. 아내는 재산 덕에 가사노동에서 해방되었고 이것이 가장 큰 수확이었다. 이제는 아내가 손수 일을 하지 않고 가정의 감독이나 자녀교육을 다른 사람에게 맡겨두어도 가정생활이 잘 유지되었다. 아내가 아무리 낭비를 해도 그것이 가족생활에 대한 위협요소가 되지 않았고 내키는 대로 돈을 써도 걱정할 것이 없게 되자 아내는 점점 사치품이 되어갔다. 아내가 사치품이 된다는 것은 언제 어디서나 여성해방의 단초였다. 우선 점점 더 늘어가는 재산 덕으로 남편은 아내를 사치품으로 여기게 되었다. 그리고 다음으로 아내가 사치품이 되어감으로써 주부로서의 권리와 의무에 대하여 당시까지와는 완전히 다른 규칙이 아내에게 적용되었다. 아내는 남편의 생활을 장식하고 남편의 쾌락의 횟수를 증가

뉘른베르크의 상류층 젊은 부인의 의상(암만의 의상서적에서, 16세기)

시키는 최상의 도구가 될 수밖에 없었다. 그런데 전혀 다른 생활목표를 가지게 됨으로써 상인의 아내로서의 임무는 아내에게 전혀 다른 생활형태를 강요했고 따라서 전혀 다른 도덕을 강요했다. 수공업 마스터의 아내에게는 부차적인 것이었던, 남편에 대한 향락봉사가 상인의 아내에게는 전적인 목표가 되어서 그것이 아내의 가장 중요한 의무가 되었다. 아내는 최상의 사치품이었고 최상의 향락도구였다. 아내는 매일 향락을 준비하고 그것을 신선하게 해야만 했다. 아내가 오랜 기간 그러한 임무를 훌륭하게 해내면 해낼수록 그만큼 아내의 지위는 강화되었다. 사치의 정도는 분명히 재산의 크기를 과시하는 것이었다. 이것은 자본이 처음으로 형성되기 시작하던 당시에는 오늘날과 비교도 할 수 없을 정도였다. 아내는 가장 사랑받는 사치품으로서 이 임무를 가장 잘 수행하지 않으면 안 되었고 또 가장 잘 수행할 수 있었다. 그러나 아내가 수행하는 가장 중요한 역할이 사치품으로서의 역할이었기 때문에 그 역할은 항상 자신들의 계급 내에서만 수행되었고 아내는 항상 그들의 계급을 "대표하지" 않으면 안 되었다.

앞에서 말한 모든 것이 상인 아내의 모든 사고 방식을 형성하는 토대가 되었다. 그것은 상인 아내들의 언어, 사교의 형식, 사상과 복장까지도 만들었다. 아내들은 무엇보다도 자신들의 남편과

바젤의 귀부인 의상(한스 홀바인, 15세기)

모든 남자들의 향락도구였으며 또한 향락도구를 대표하지 않으면 안 되었다. 따라서 아내들은 자신들의 남편에게만 향락도구로 보였던 것이 아니라 모든 남자들에게도 향락도구로 보일 수밖에 없었다. "이것이 나에게 어울릴까요?"라는 말은 아내들이 옷을 만들 때 아무에게나 물어볼 수 있는 말이었다. 그리고 이것은 질문만으로 끝나지 않았다. 연애를 위하여 다듬어진 육체를 자랑스럽게 과시하고 탐스러운 유방을 어떤 빌미를 만들어서라도 가능한 한 많이 노출시켜서 자신의 연애의 고상함, 영원히 늙지 않는 자신의 도발적인 청춘 등을 복장을 통하여 최대한 훌륭하게 드러냄으로써 아내들은 모든 사람들에게 향락도구로서의 자신의 가치를 과시했다. 그리고 아내가 이렇게 행동하는 것은 단적으로 말해서 예의범절을 지키는 것, 즉 아내가 속해 있는 계급이 요구하는 특별한 예의범절을 지키는 것이었다. 아내들은 언어를 고상하게 사용함으로써 그들의 특별한 예의범절 전체를 향상시켰다. 아내들에게는 인생이 영원한 축제일 수밖에 없었으며 그러한 것은 남아도는 재산으로부터 저절로 발생한 논리였고 또 요구였다. 따라서 아내들이 보기에는 하루하루가 아침 일찍부터 저녁 늦게까지 마치 축제날과 다름이 없었다. 그것은 정말로 축제 속의 인생 그것이었다. 상인의 아내에게 생계나 노고, 쓰레기 등을 생각하게 하는 것은

하나도 없었다. 그러한 생각이 들게 하는 것들은 모두 아내의 주변으로부터 추방되어버렸다. 아내는 언제나 눈부실 정도로 찬란한 모습으로 축제의 후광 속에 서 있었다. 아내를 이러한 모습으로 만들기 위하여 남편은 축제기분을 망치는 모든 것을 부인의 생활과 격리시켰다. 이러한 것 속에는 인생의 가장 신성한 임무인 어머니로서의 임무까지도 포함되었다. 잘먹고 잘살게 된 덕에 아내가 완전히 향락도구로 바뀐 그 순간부터 모성은 저절로 제한되었고 무시되어버렸다. 자식을 낳는다는 것은 아내에게서 사교를 빼앗고 축제기분을 오랜 기간 동안 망쳐놓는다. 그리고 그것은 특히 육체의 아름다움을 손상시키는 것이기도 했다. 출산은 젊은 아내를 늙게 만들고 또 어린애에게 젖을 먹이는 동안 유방은 남자를 유혹하는 아름다움을 잃어버린다. 따라서 결혼의 목적으로서의 모성이라는 하늘이 준 임무는 부차적인 것으로 밀려나서 결국은 불가피한 불행이라는 의미로까지 격하되어버렸다. 그러한 이데올로기의 출현으로 어린애에게 젖을 먹이는 것은 그 계급관 속에도 나타나 있듯이 점차 "무례한" 것이 되었고, 나아가서는 아이를 많이 낳는 것까지도 무례한 것이 되었다.

이것과는 다른 성행동을 보더라도 그러한 사고방식은 마찬가지로 나타난다. 간통도 사회적인 위험성을 잃어버리고 말았다. 왜냐하면 무엇보다도 향락도구로 여겨졌고 연애하는 가운데서만 향락의 가장 감미로운 대접을 받았던 부인은 술에 취한 기분으로 자연의 법칙을 끝까지 지키지 않았던 것이 아니라 오히려 기예가로서, 즉 아주 대담한 유희에서까지도 유희의 규칙을 한시도 잊지 않고 또 모든 것을 허용하더라도 그 유희가 범죄가 되는 상황만은 피한다는 기예가로서 자연의 법칙을 끝까지 지켰기 때문이다.

그런데 그 사회적인 위험성을 상실해버렸기 때문에 관념상으로도 이미 간통은 커다란 죄악으로 여겨지지 않게 되었고 오히려 간통에 대한 모든 것은 높은 덕성이 되었다. 찬바람이 일게 할 정도로 도덕적으로 엄격하게 집을 지키기보다는 집에 손님을 끌어들이는 기교가 사교적으로 크게 환영받았다. 일반적으로 그것은 어떠한 사람과도 놀 수 있다는 재능을 의미한다. 다만 문화의 발전이 그 노는 방식을 변화시켰을 뿐이었다. 미개시대에는 난폭한 싸움이 유희의 규칙이었지만 바로 그와 반대의 극단으로 이때의 규칙은 공상의 탕음난무(Orgie)에 지나지 않는 세련된 플러트(Flirt)로 바뀌어버렸다.……

이러한 것이 16세기 수공업 마스터들과 돈 많은 상인들의 결혼관이다. 각 계급의 성행동 및 그 규칙이 각각 다르다는 것은 각 계급의 요구들이 상이한 물질적인 토대에 의해서 변화하는 것을 의미한다. 귀족, 궁정인, 군주 —— 군주도 역시 특수한 계급이익과 요구를 가진 계급을 대표한다 —— 그리고 농민, 성직자, 프롤레타리아 등의 각 계급의 예의범절이나 도덕관도 지금 설명한 바와 같은 방식으로 형성된다. 물론 어느 계층에서도 남편이 아내에 대한 자신의 지위에 대해서 가지는 의견은 남편에 대해서 아내가 가지는 의견과 완전히 동일했다.

계급도덕의 이러한 차이는 저절로 생겨나지만 이 차이가 그 계급의 독립과 걸음을 맞추어서 완성되면 그것은 그 나름대로 각 계급 내에서 공인되고 그와 동시에 종종 신성하고도 범할 수 없는 계급적인 이데올로기로까지 발전된다. 이러한 흐름은 두 가지의 매우 중요한 요소, 즉 계급차별에 대한 강한 충동과 계급연대에 대한 강한 충동에 의해서 더욱더 나아가게 된다. 계급차별에 대한 강력한 움직임은 항상 지배계급 속에서 가장 분명하게 나타났다. 국가 내에서 자신의 재산으로 말미암아 정치적, 사회적 특권을 획득했고 따라서 지배계급이 된 계급은 항상 다른 계급에 대하여 자신을 훨씬 돋보이게 하고 싶은 욕망을 느낀다. 지배계급은 대중이 자신들을 아주 높은 곳에 있는 조직으로 생각하게 하려고 하며 자신들의 대표자를 아주 높은 곳에 있는 질서의 인물로 감쪽같이 속이려고 한다. 그리고 그들은 그것은 누구라도 알 수 있는 것이며 또 알아야 한다고 말한다. 그래서 세상 사람들은 결국 지배계급이란 인류진화의 질서 가운데에서 자신들보다 훨씬 높은 곳에 계신 분들이라고 믿을 수밖에 없게 된다. 물론 이러한 믿음이 하나의 강한 충동이 없이 행해지는 것은 아니다. 지배계급은 자신들의 높은 신분을 이용하여 특별한 기득권을 손에 넣고 특히 대중으로부터 이른바 지배권을 편취하기 위하여 이와 같은 상징조작을 행한다. 따라서 그것은 그들의 지배계급으로서의 역사적인 지위에서 생긴 특수한 사회적인 요구였다.

도덕의 표준은 어느 시대에서나 명백한 계급차별을 발생시키는 이해관계에 맞도록 자의적으로 만들어졌다. 그리고 항상 이 도덕의 표준을 기초로 하여 특수한 성행동에 관한 표준이 결정되었다. 한 계급의 특수한 성행동 및 그것에 적합한 도덕률은 언제나 가장 중요한 계급차별 수단 중의 하나였다. 그런데 지배계급은 자신들의 재산에 의해서 보장되어 있는 그 특수한 요구, 즉 자신들의 향락을 충족시켜주는 모든 것을 공인된 것, 따라서 도덕적인 것으로 선언함과 동시에 자신들에게 허

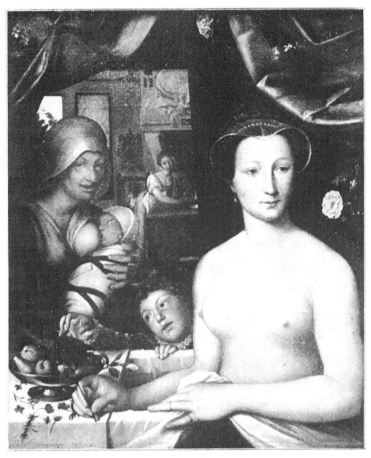

디안 드 푸아티에

용된 것을 피지배계급에게는 허용할 수 없는 것 또는 부도덕한 것으로 선언했다. 이렇게 하여 특수한 도덕도 지배계급의 수중에 들어가면 동시에 다른 계급에 대한 자신들의 지배를 강화하기 위한 하나의 무기로 변해버린다. 그것은 지배의 무기임과 동시에 억압의 무기이다. 요컨대 특권계급의 지배이익에 도움이 되는 것은 모두 다른 계급에게는 도덕률로 강요되었다. 수백 가지 실례를 통해서 역사적으로 증명되었듯이 농민, 수공업자, 장인 등에 대해서는 계급차별에 방해가 되는 것은 모두 부도덕한 것이나 허용될 수 없는 것으로 여겨졌다. 이러한 행동이 지배계급의 권력을 위협할 경우에는 그것은 왕왕 도덕에 대한 범죄라고 호된 비판을 받았다. 예를 들면 귀족의 도덕법전은 귀족의 아내에게는 가슴을 드러내는 옷을 입는 것을 허용했을 뿐만 아니라 공식적인 경우에는 반드시 그러한 복장을 착용해야 한다고 명령하고 있음에도 불구하고 마스터의 아내가 가슴을 드러낸 복장을 할 경우 어느 시대에나 부도덕한 것이라는 비난을 받았고 따라서 그러한 옷은 마스터의 아내에게는 엄격한 복장규정에 의하여 금지되었다. 못생긴 귀족 노파가 쭈글쭈글한 유방을 드러내놓아 보는 사람들을 소름끼치게 하거나 구역질나게 하더라도 이 노파는 "예의범절을 지키는" 것이었지만, 아름다운 시민계급의 여자가 코르셋 속의 보물을 과시하여 보는 사람에게 즐거움을 주어도 그것은 "풍속을 어지럽히는" 것이 되었다. 만약 시민계급의 여자

유모(크리스팽 드 파스, 동판화, 17세기)

가 허영심에 사로잡혀서 상의의 목덜미 부분을 규정 이상으로 깊게 파서 손가락 하나 정도의 길이만큼 더 내려갔을 경우에도 무자비한 처벌을 받았다. 소시민 수공업자가 16세기에 들어와서 점점 계급의식에 눈을 뜨고, 그 시대의 욕탕생활이 인간생활에서 맡았던 훌륭한 역할대로 매일 많은 사람들이 그곳에서 얼굴을 맞대고 논의할 수 있게 되자 그 결과 목욕탕이 주제넘은 귀족이나 도시귀족의 지배에 대한 반항의 중심지로 변하게 되었다. 그러자 항상 자신들의 지배권을 내세워 시민계급을 위협하던 지배계급은 기다렸다는 듯이 목욕탕이 풍기를 문란하게 하는 장소라고 선언했고 권력이 흔들릴 경우에는 즉시 목욕탕을 폐쇄해버렸다. 바로 이것이 매독에 이어서 16세기에 욕탕생활에 종지부를 찍게 한 제2의 원인이었다. 그런데 농업노동자나 공장노동자의 남녀가 직장이나 가정에서 항상 어쩔 수 없이 육체를 맞부딪치는 상황이나 부모와 어린이들, 동숙하는 청년이나 처녀, 성년자나 미성년자가 좁은 침실에서 뒤섞여 잠을 잠으로써 어른들의 성생활이 매일 어린이나 젊은이들에게 현장교육을 제공하게 되는 상황에 대해서 지배계급은 수세기 이래로 한번도 그것이 풍기를 문란하게 하기 때문에 처벌을 받아야 한다고 말하지 않았다. 지배계급은 자신들의 계급 내부에서만은 남녀가 몸을 밀착시키지 않도록 강제했지만 하층계급에

대해서는 이러한 상태가 아무리 악화되더라도 적절한 방법을 통해서 개선시켜주려고 하지 않았다. 그러나 이러한 모순도 또한 그들에게는 이치에 맞는 것이었다. 왜냐하면 이러한 상태가 자신들의 지배이익과 경제적 이익에 적합했고 따라서 그것은 자신들을 위한 사회적 요구였기 때문이다.

이것이야말로 특수한 계급도덕을 발전시키는 중요한 추진력이 되었던 제1의 요소이다. 다음으로 제2의 요소, 즉 계급연대 수단으로서의 계급연대감을 강화하기 위한 특수한 도덕관도 앞서의 계급차별의 수단이 가진 본질과 마찬가지로 중요하다. 특정 계급의 특수한 도덕관은 그 계급의 사회적인 연대를 강화하기 위한 수단으로서 만들어진다. 즉 차별이라는 것 자체가 항상 다른 계급으로부터 이미 자신들을 차별화하고 있고 또 동시에 자연히 차별하려고 하는 사람들을 단결시킨다. 그들이 사회적으로 낮은 계급이든 또는 적대적인 계급이든 자신들이 다른 계급으로부터 차별받고 있다고 느끼게 되면 자신들은 항상 단결하고 있다고 느낀다. 그것은 공동의 제복이나 견장과도 같은 것이며 또한 하나의 슬로건 아래 모이는 것과도 같은 것이다. 그리고 이러한 슬로건은 무서운 기세로 확산된다. 바꾸어 말하면 이 특수한 본질은 점차로 배양된다. 차별은 강화되며 목적과 의식에 의해서 확실한 것으로 만들어진다. 이러한 차별을 받을 때 인간은 우선적으로 이 차별이 자신들을 단결시켜주고 있다는 것을 느끼며 또 그럴 수밖에 없다. 왜냐하면 차별함으로써 사회적인 연대관계가 비로소 확실해지고 그 때문에 기쁨과 증오 등 모든 것이 의식에 나타나기 때문이다. 따라서 만약 개인이 이러한 차별을 적대시할 경우에는 그것은 자신의 계급에 대한 범죄로 간주된다. 이것은 모든 도덕분야에도 그대로 적용된다. 파업을 거부하는 노동자는 자신의 전투적인 동지의 진영에서 최대의 범죄자이고, 항상 노동자의 요구를 무시하는 자본가는 그의 동료들로부터 욕심이 많다는 말을 듣지 않는다. 이러한 사정은 성 모럴 분야에서 특수한 사고방식의 미세한 부분에까지 그대로 적용된다. 이러한 이치에 따라서 그리고 이러한 방법을 통하여 특수한 도덕의 규칙이나 특수한 예의범절의 사고방식이 형성된다. 물론 인습적인 윤리는 이러한 주장을 인정하지 않을지도 모른다. 칼 카우츠키는 윤리에 관한 그의 뛰어난 저술에서 이렇게 말하고 있다.

인습적인 윤리는 도덕률 속에서 인간과 인간 사이의 관계를 지배하는 힘을 발견한다.

귀부인의 호색(야코브 헤이덴, 동판화, 1636)

인습적인 윤리는 사회로부터 출발하지 않고 개인으로부터 출발하고 있기 때문에 도덕률이라는 것이 인간과 다른 모든 인간과의 교섭을 지배하지 않고 동일한 사회의 인간과 인간 사이의 교섭을 지배하고 있다는 것을 완전히 간과하고 있다.

이 경우 동일한 사회의 인간이라는 것은 동일한 계급에 속한 인간을 의미한다. 이러한 지배의 결과를 평범한 실례로 설명하기 위해서 유산계급의 비합법적인 연애관계에 대한 규정을 여기에 소개해보겠다. 귀족계급이나 시민계급의 청년이 숨겨놓은 여자가 있으면서도 이 살롱 저 살롱에서 많은 중매인들의 주선으로 부자나 귀족의 딸과 선을 보더라도 이 청년은 그 계급의 사고방식으로는 결코 부도덕한 사람이 아니다. 그리고 더 나아가서는 이 청년이 앞서의 혼담이 순조롭게 진척되어 바야흐로 결혼식을 올리는 당일에 수년 동안 동거했고 그 청년의 어떠한 욕망에도 순순히 따랐던 시녀와 같은 그 감추어놓은 여자를 잠깐 짬을 내서 만나더라도 이 청년의 행동은 어디까지나 올바른 것이라고들 한다. 만약 이 청년이 그 감추어놓은 여자에게 약간의 위자료로 위로하여 문제를 해결하려고 한다면 이러한 행동은 꽤 세상물정에 밝은 행동이라고 칭찬을 받게 될 것이다. 그리고 버린 여자의 후임자로

집에 들어앉히려고 하는 "행복한 새색시"가 자신과 결혼하기 이전에 수년 동안 이 지아비가 이 여자 저 여자와 관계를 가져왔다는 것은 물론 많은 창녀들과 관계하고 거기에다가 유부녀를 차례로 유혹했다는 것을 알고 있을 때에도, 그 남편이 뻔뻔스럽게 신부의 육체적 순결을 기대하거나 또는 신부가 신랑에게 허용할 수밖에 없는 최초의 성교에서 신부가 처녀라는 증거를 확보하는 것이 신랑에게 제일 중요한 것이라고 하더라도 그것은 신부에게는 당연한 것이 계급도덕이다. 다른 남자가 이전에 아내의 총애를 받았다는 것, 즉 아내에게 "과거"가 있다는 것을 결혼 후에 남편이 알았을 경우, 이와 동일한 계급도덕은 남편에게 그러한 아내는 부정한 아내이기 때문에 지체 없이 쫓아내도 괜찮다는 권리를 주었다. 그리고 또 처녀가 어떤 남자로부터 유혹을 받아 임신했을 경우에도 그 남자는 그 처녀를 버려도 괜찮았다. 자신들의 계급도덕의 관점에서 남자는 그 상대가 사생아를 낳고 자신이 그 아이의 정당한 부친이라고 하더라도 그 처녀와 꼭 결혼해야만 할 책임을 지지 않았다.

어떤 시대의 일반적인 성행동에 관하여, 그리고 나아가서는 줄기를 아주 잘게 나누어서 그 영향력 범위를 때로는 전민족에까지 넓히고 때로는 특정 계급이나 한정된 계급으로 좁히는 여러 가지 특수한 도덕규범이나 요구가 어떻게 하여 발생했는가에 관하여 나는 지금까지 상세하게 서술해왔는데, 이를 간단하게 결론지어서 하나의 법칙이라고 해도 좋을 간단한 공식으로 요약 정리한다면, 지금까지 설명해온 역사관은 결국 다음과 같이 공식화할 수 있을 것이다.

첫째, 사회의 모든 질서는 그 사회현상 자체를 도덕률로서 제시하든가 아니면 사회를 유지하고 나아가서는 그것에 의해서 사회의 성립조건을 강화하고 또는 완전히 지키는 것을 도덕적인 것으로 공식화한다. 그러므로 모든 사회는 그 특수한 삶의 이해관계에 대립하는 것, 사회의 토대로서의 제도를 위태롭게 하는 것은 모두 부도덕한 것이며 부당한 것이라고 선언한다.

둘째, 일반적으로 적용되는 것은 각각의 미세한 것에까지도 그대로 적용된다. 앞에서도 설명했듯이 사회조직이라는 것은 결코 동질의 단일한 것이 아니라 항상 서로 모순된 여러 가지 이해관계를 가진 계급으로 나누어져 있기 때문에 각 계급은 자신의 특수한 계급이익에 따라서 모든 도덕규범을 다양하게 변경하거나 개정한다. 바꾸어 말하면 각 계급은 자신의 특수한 이익에 기초한 사고방식에 의해서 나타난 것은 모두 도덕적인 것으로 간주하고 그것에 반하는 것은 모조리 부도덕한 것으로 간주한다.

그런데 이러한 인식을 하나의 정의로 종합해보면 도덕이란 결국 각각의 특수한 계급이익에 따라서 다양하게 변화하는 시대의 모든 삶의 이해관계에 기초를 둔 사고방식이라고 할 수 있다.

다양한 현상 속에서 가장 중요한 내용을 간추려보면 앞의 것들을 실로 법칙 그것이라고 해도 좋다. 이제 우리들은 도덕률이 한 사람의 인물이나 의회에 의해서, 예컨대 마르틴 루터, 장-자크 루

용병과 창녀(한스 굴덴문트, 뉘른베르크의 목판화)

소, 임마누엘 칸트에 의해서 그리고 교회군주나 도덕이라는 가면을 쓴 장로회, 제국의회에 의해서 제멋대로 만들어진 것이 아니라는 사실도 확실하게 알 수 있을 것이다. 어떤 인물이라든가 비밀의회라는 것은 기껏해야 이미 형성되어 있는 것을 하느님의 계시라는 형태로 과장하여 공표하든가 아니면 형식적으로 또 법률적으로 비준할 뿐이다. 그러므로 "루터 이래로", "루소 이래로", "칸트 이래로", "어떠어떠한 결의 이래로"라고 말하는 경우 세상 사람들이 그 인물이 공표한 것이나 의회가 비준한 것 속에서 어떠한 역사적인 경향의 출현 또는 시작을 발견하는 한 그 견해는 올바른 것이라고 할 수 있다. 그러나 그것은 결과이지 결코 원인은 아니다.

도덕에 대한 특정한 견해나 그것에 따른 사회상태의 연관관계, 성행동의 특수한 현상과 그것에 따른 사치현상의 연관관계를 손쉽게 증명하는 것은 하나하나의 경우에 대하여 말하자면 결코 용이한 것이 아니라고 정직하게 말할 수밖에 없다. 작용이라는 것은 언제나 분명하게 그 모습을 드러내고 있는 것이 아니다. 그렇기는커녕 사회와의 연관관계는 대개의 경우 은폐되어 있다. 그러므로 우리는 때로는 아주 우회적인 방법을 통해서 진정한 원인을 찾아내지 않으면 안 된다. 이와 마찬가지로 다양한 견해나 사고방식은 하나의 관습이 된다. 그리고 그러한 견해나 사고방식을 형성시켰던 당대 사회의 토대가 오래 전에 사라지고 새로운 토대가 또다른 도덕적인 기준이나 요구를 필요로 하고 있는데도 관습만은 여전히 그대로 남아 있는 경우도 있다. 또한 삶의 이해관계를 이렇게 소위 법률적으로 공식화하는 것은 사실의

작용과 본질에 대한 사회의 인식 정도, 즉 세상 사람들의 인식 정도에 의해서 좌우되기도 하기 때문에 특정한 민족이나 계급의 요구에서 발생한 견해나 사고방식이 관습 속에 그대로 편입되어 있지 않은 경우도 있다는 사실을 생각해두지 않으면 안 된다. 이러한 견해와 사고방식은 전통에 의해서 또는 사회라는 유기체를 관통하고 있는 각 시대의 동력의 크기에 의해서 —— 때로는 빨리, 때로는 늦게 —— 커다란 영향을 받는다. 인간이 정체된 시대를 살고 있었는가, 즉 어려운 시대를 살고 있었는가, 아니면 모든 분야에서 인류를 혁신적으로 변혁시켜가는 혁명적인 정열에 가득 찬 시대를 살고 있었는가도 중요한 점이다.

물론 이러한 모든 사정이 이론적으로나 실천적으로나 일반적인 성행동과 사회적인 요구 사이에 긴밀한 연관관계가 전혀 없었다는 것을 뜻하는 것은 아니다. 이러한 사정은 사회적 요구에서 성행동에 이르는 다리, 이 두 가지를 밀접하게 연결시키는 다리의 발견을 방해하고 있을 뿐이다. 마지막으로 다음과 같은 사항도 명심해야 한다. 도덕률이란 특정한 사회적인 요구에 입각한 사고방식, 즉 사회를 지탱하는 경제적인 토대의 상부구조를 드러내주는 것에 불과하다. 이것은 우리가 결정적인 주요 문제에 대해서 이 연관관계를 증명할 수 있다는 것, 그리고 우리는 이 증명을 확실히 할 수 있다고 주장하지 않으면 안 된다는 것, 이 두 가지만으로도 뒷받침된다.

그런데 여기에서 나는 두 가지 요점을 특히 분명히 해두고 싶다. 세간에서는 대개 일반적인 도덕률과 단순한 예의범절을 구별한다. 세상 사람들의 예의범절이란 대개 이치에 어긋나는 관습의 결과에 불과하다고 말한다. 예를 들면 귀부인이 셔츠 하나만 걸친 차림으로 남자들 앞에 서는 것은 무례하고 아주 수치스러운 행위였지만, 바로 그 귀부인이 나체 아닌 나체, 즉 자신의 몸의 골격을 정교하게 드러내는 복장이나 가슴 전체를 노출시키는 상의, 몸에 착 달라붙는 끈적거리는 욕의 차림으로 수많은 호색한들 앞에 나서더라도 그것은 전혀 무례한 것이 아니었다. 이 두 가지 사실이 보여주는 모순을 세상 사람들은 이치에 어긋난 관습으로 생각한다. 세상 사람들은 여기에서 하나의 모순을 발견한다. 확실히 거기에는 모순이 존재한다. 그러나 이것은 표면적인 모순에 불과하다. 이와 유사한 사실 가운데서 이치에 어긋나는 모순을 발견하는 사람이나 이러한 "관습"을 단지 우연하게 일시적으로 유행했던

Am Scheidwäg nit verfehl, die rechte Straß erwehl.

Con Meyer fecit

O, es wöll, es wöll der Himmel! daß, zu diser Zweifelzeit,
die bald heurafreiffe Jugend von dem Scheideweg nicht weit
nicht verfehl der Tugendstraß, die zwar rüher wird geschetzet
alß die sanfte Wollustbahn; aber nicht wie selbe letzet.
Tugendstraß zum Leben führet, in des Abrahamen Schoß
da, wie Lazarus zuwerden höchster Freuden mitgenoß.
Aber jener Wollustwäg, wie gebahnet er gepreiset,
mit dem Schlämmer in den Teich, ach! in Schafelteich verweiset.

Einer Tugendliebenden Jugend in
Zürich, ab der Bürgerbibliothec
für das 1652. Jahr, verehrt.

"갈림길에서"(콘라트 마이어, 스위스의 동판화)

복장이라는 식으로 설명하는 사람은 자신이 이 속에서 움직이고 있는 법칙의 깊은 비밀을 꿰뚫어보지 못하고 있음을 스스로 드러내고 있다. 이러한 특징에서 문제가 되는 것은 서로 모순된 현상이 아니라 그 현상 속에 있는 경향의, 논리적으로 결합되어 있는 다양한 요소이다. 나는 이것을 「캐리커처에 나타난 여성」이라는 책의 "복장"이라는 장에서 상세하게 설명한 바 있다. 서로 모순된 두 가지의 것은 전체 속에서 조화를 이루고 있다. 이것은 이른바 "관습"과 일반적인 도덕률 사이의 관계에도 그대로 적용된다. 하나하나의 예의범절이라는 것은 결국 조화를 이루어 전체를 구성하는 일반적인 도덕률의 한 구성분자이다. 도덕관의 기원에 관한 나의 정의는 두 가지 사실의 상호관계가 특수한 본질을 확실하게 설명해준다. 즉 모든 시대에 발견되는 다양한 예의범절의 개념 속에는 소위 거대한 일반 도덕률이 특수한 계급도덕으로 자세히 표현되어 있음을 알 수 있다. 앞에서도 설명했듯이 각 계급은 당연히 그것을 각각 다르게 표현한다. 계급에 따라서 항상 그것은 잘게 나누어지거나 세부적으로 정정될 뿐만 아니라 때로는 근본적으로 바뀌어버리는 경우도 있다. 이것에 대해서는 뒤에서 설명하기로 한다.

이상의 것이 두 가지 요점 중의 하나이다. 이 점은 어느 정도 확실하게 설명했다고 생각한다. 또 하나의 요점은 다음과 같은 것이다. 즉 그것은 여러 가지 도덕률은 일반적으로 적용되지만 자세한 조사에서도 알 수 있듯이 그러한 도덕률은 모든 계급의 이익을 대표하는 것이 아님을 증명할 수 있다는 점이다. 그러나 그렇다고 해서 위와 같은 사실로부터 모든 계급의 이익을 초월하여 일반적으로 적용되는 도덕의 원칙이 있다거나 시간과 공간을 초월한 도덕의 표준이 있다는 결론을 끌어내는 것은 말할 것도 없이 오류이다. 우리는 그 사실로부터 바로 앞에서 말한 것과는 정반대의 것을 인정하지 않으면 안 된다. 즉 특정 계급의 특수한 도덕률은 계급연대나 계급차별의 수단일 뿐만 아니라 어느 정도까지는 계급지배를 위한 중요한 수단이며 따라서 그것은 대대로 내려오는 보도(寶刀)로서 항상 휘둘러지는 수단이다. 각 시대의 지배계급은 여타의 계급을 향해서 자신들의 특수한 지배이익을 대표하는 이데올로기의 일부를 일반적이며 보편적인 이데올로기라고 강제했다. 그리고 모든 시대의 지배계급은 일반적이며 보편적인 이데올로기로서 이러한 것들의 표준을 제시했다. 이러한 강제의 행사는 기묘하게 보일지도 모르지만 그것은 결코 기묘한 것이 아니다. 지배계급은 다른 계급들을 육체적으로, 다시 말하면 사회적, 정치적으

수음하고 있는 농부(독일의 목조품, 16세기)

로 지배할 뿐만 아니라 언제나 정신적으로도 지배한다는 것, 따라서 지배계급은 모든 정신분야에서도 다른 계급들에게 자신들의 이익을 대표하는 의견을 강요한다는 것을 여기서 분명히 해두지 않으면 안 된다. 계급의식이 아직 충분하게 발달하지 않고 따라서 사실이 조작되고 있다는 것을 모두가 아직 확실하게 이해하지 못할 때는 오직 지배계급의 이익에 도움이 되는 것만이 일반적인 규칙이자 당위적 규칙으로 간주되는 상황이 되어버린다. 예를 들면 어떤 시대에는 일반적으로 아이들을 많

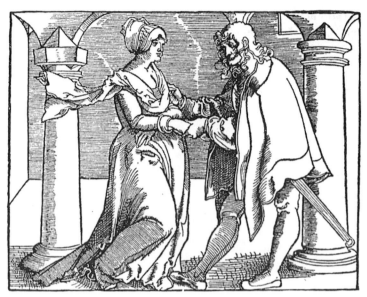

십계명(목판화, 16세기)

이 가지는 것이 미풍양속으로 여겨지고 영원불변의 고귀한 도덕으로 여겨졌다. 그러나 이와 같은 미풍양속은 어떤 시대에는 —— 그것도 그것이 널리 권장되던 시대에는 이상하게도 항상 —— 노동력이나 병사, 납세자 등을 필요로 하는 지배계급에게만 가장 중요한 경제적 이익이 되었다. 물론 지배계급 자신들만은 아이들이 많아야 한다는 규칙에 별로 속박되지 않아도 좋았다. 지배계급은 자신들의 계급에게만은 "아이들이 많다"는 것은 무례한 요구라는 식으로 뻔뻔스럽게 그것을 거부했다.

그런데 이러한 설명에서 한걸음 더 나아가 성 모럴의 규칙이 왜 남자와 여자에게 서로 다르게 만들어졌는가도 설명해야 할 것이다. 이 세상에는 여러 계급의 다양한 이데올로기가 있는데 이와 같이 경제적인 원인을 토대로 하여 성에 따라서 완전히 다른 이데올로기, 즉 남자나 여자 한쪽에만 특수하게 적용되는 이데올로기 혹은 더 자세히 말하자면 주요한 점에서 특수화된 성의 이데올로기도 존재한다. 그래서 남자에게는 일부다처제의 생활이 허용되는데도 여자 쪽은 일부일처제의 생활을 할 수밖에 없는 상황이 존재한다. 이러한 상황이 왜 발생했는가에 대해서는 내가 앞에서 전개했던 법칙이 준비되어 있다. 그리고 이 법칙은 이러한 상황의 역사적인 틀도 설명해준다. 왜냐하면 사유재산제를 토대로 하고 있는 일부일처제의 출현과 동시에 남녀라는 계급차별 —— 역사에서 계급차별의 최초의 형태 —— 이 나타났기 때문이다. 이러한 것은 어느 시대 어느 나라에서나 그리고 오늘날에 이르기까지도 권리와 의무가 남녀에게 평등하게 나누어져 있지 않는 것을 여자 자신이 "자연의 질서"로 여기고 또 사물의 당연한 상태로 여기고 있는, 이 이해할 수 없는 사실을 설명해준다. 이것은 결국 지배계급으로서의 "남자"가 사회적으로나 육체적으로뿐만 아니라 정신적으로도 지배하고 있는, 즉 계급으로서의 "여자"에 대하여 일반적으로 적용되는 사고방식을 강요하는, 남자라는 지배계급의 이데올로기에 지나지 않는다. 그리고 여자가 아직 계급의식에 눈을 뜨지 않는 한, 이 이데올로기는 일반적으로 적용되어 여자들로부터도 인정된다. 일반적으로 알려진 바와 같이 여자들은 19세기 말 무렵에 와서야 비로소 계급의식에 본격적으로 눈을 뜨기 시작했다. 따라서 그 이후로 사물의 자연스러운 질서의 발현으로서의, 성 모럴 분야에서의 남자만의 권리와 여자만의 권리라는 두 가지 권리의 법칙도 비로소 철저한 비판을 받게 되었다.

그러나 이러한 비판이 가해지기 시작하고부터 30-40년이 지난 오늘날에도 아직까지 이러한 비판에 반발하여 지금까지의 상태를 사물의 "자연스러운" 그리고 "영원불변의" 제도로 보는 남자가 많이 있을 뿐만 아니라 그렇게 생각하는 여자도 많은 것이 현실이다. 이것은 바로 남자의 계급지배가 얼마나 튼튼한가를, 즉 남자의 계급지배의 논리가 지금도 그 근저에서부터 뒤집어지지 않고 있다는 사실을 단적으로 증명하고 있을 뿐이다.

그런데 앞에서 법칙 그대로이다라고 했던 것에는 내가 제시했던 제1의 요소와 제2의 요소를 토대로 하여 제3의 결론, 즉 내가 "서론"의 출발점으로 삼았던 다음과 같은 논의가 연결되어 있다. 요컨대 사회의 경제적인 토대는 끊임없이 변화해가고 발전해가며 또 경제조직이 변화해감에 따라서 계급이익과 사회적 요구와 더불어 계급구성도 변화해가기 때문에 각 시대는 다른 도덕률을 받아들이고 다른 도덕의 표준을 요구한다. 바꾸어 말하면 사회의 변화는 성 모럴의 규칙을 변화시킬 수밖에 없다. 이것은 당연한 것이며 이것과 정반대의 것은 생각할 수도 없다. 또한 이 사실은 앞에서도 설명했듯이 내가 서론에서도 밝혔고 그 후에도 여러 번 언급했던 말, 즉 시간과 공간을 초월하여 영원히 변치 않는 도덕관은 이 세상에 존재하지 않는다는 것을 확실히 증명해주고 있다.

사회의 경제적인 토대와 도덕의 표준 사이의 이러한 관계로부터 다음과 같은 사실이 확실해진다. 즉 사회토대의 변혁이 근본적이고 혁명적일수록 공적인 도덕률의 변혁도 근본적일 수밖에 없다. 예컨대 15세기, 18세기, 19세기에서처럼 완전히 새로운 경제원칙이 인간의 역사에 등장하자 일체의 도덕률은 그와 동시에 송두리째 변혁될 수밖에 없었다. 이것은 어느 시대에서도 마찬가지였다.

앞에서 살펴보았던 군주의 "씨받이 남자"의 실례에서도 드러났듯이 어느 시대에나 예외적인 욕망에서 발생한 개인적인 요구도 있다는 것을 여기에서 귀띔해두고 싶다. 그러나 이러한 개인적인 요구는 그 개인적인 필요가 없어짐과 동시에 사라져버린다. 그런데 성 모럴의 표준은 특정한 시대의 사회상태를 토대로 하는 욕망에서 발생한 것이기 때문에 그 사회상태가 지속되는 한 이러한 욕망은 결코 사라지지 않는다. 먼 옛날은 풍기가 매우 안정된 상태였다고 할 수 있지만 그 열쇠도 분명히 이 안정이라는 사실 속에 숨겨져 있다. 옛날에는 생산관계의 변화의 속도가 매우 느렸기 때문에 사회생활 그 자체도 상당히 오랜 기간 동안 동일한 상태를 유지했다. 따라서 특정 시대에는 소시민 계급의 "방정한 품행"도 오랜 기간 동안 지속되었다. 그와 같이 장기간 소시민 계급의 품행이 방정하게 유지되었던 것도 역시 역사적인 필연이었다. 각 시대에 도덕의 부패가 아주 장기간 계속되었다는 것도 이러한 맥락에서 설명될 수 있다.

그런데 우리는 이제 사물 —— 이 경우에는 도덕의 표준 —— 도 역시 스스로의 논리를 가지고 때로는 스스로의 길을 제멋대로 달려감으로써 인간의 사회생활에서 바로 전에 일어났던 변혁 따위에는 전혀 개의치 않는다는 사실에서 나타나는 논의도 해결하지 않으면 안 된다. 이와 같은 사실에서 일반적으로 나타나는 논의는 결국 당시의 풍속의 역사에서는 원인과 결과가 정반대로 나타나고 이 때문에 결과가 오히려 여러 가지의 원인이 된다는 주장, 다시 바꾸어 말하면 옛날에는 경제가 정신을 규정했지만 오늘날에는 정신이 경제를 규정한다는 주장이다. 비판적으로 검토해보면 이러한 가설은 참으로 잘못된 의견이다. 우리는 이러한 경우 바로 또다른 사실, 즉 도덕의 이상이 사회의 발전에 미치는 커다란 영향이라는 것도 현실에서는 의외로 작은 것이라는 사실에 맞부딪치게 된다. 현실은 언제나 다음과 같은 모습을 보여준다. 성행동의 안정기에 점차 성장해온 도덕의 표준은 경제상태가 안정됨에 따라서 사실로 굳어져간다. 이 때문에 도덕은 일반적인 법칙처럼 보이는 관습으로까지 발전한다. 즉 도덕은 관습을 뒷받침하는 견해와 사고방식으로부터 독립함으로써 이제는 경제적 발전에 의해서 야기된 사회의 끊임없는 진보를 좇아가지 않게되고 자신만의 독립된 터전을 영위하게 된다. 사회의 토대가 오래 전에 변해버렸음에도 불구하고 이러한 자신만의 터전은 대개 오롯이 지속된다. 그 때문에 전혀 다른 사회의 토대에 뿌리를 두고 있는 도덕의 많은 유물들이 각 시대 속에 여전히 남아 있게 되는 것이다. 그러한 전형적인 예는 현대에 특히 쉽게 찾아볼 수 있다. 그러나 이러한 시기에 들어가면 사회를 비옥하게 하는 도덕의 힘은 언제나 소멸해버린다. 도덕은 스스로 시대의 커다란 경제적인 흐름과 같은 방향으로 움직여가는 동안에만, 즉 도덕이 사회의 진정한 삶의 이해관계를 유지하게 해주는 동안에만 사회를 비옥하게 하는 힘이 있는 것이다. 그러나 이미 도덕이 그러한 힘을 잃어버리고사회의 진정한 삶의 이익에 배치된다면, 그 도덕은 더 이상 사회를 개혁하지 못할뿐만 아니라, 바꾸어 말하면 앞에서 역설한 대로 경제, 즉 지금까지와는 다른 도덕률을 요구하는 생산의 발전에 어울리지 않게 될 뿐만 아니라 결국 사회발전의 지렛대 역할을 저버리게 될 것이다. 이 모순된 상태는 역사에서 계속해서 유지되어 마침내 변화된 삶의 내용이 거대한 모순에 부딪히면 사회는 자신을 유지하기 위하여끝까지 투쟁할 것을 강요받게 된다. 바꾸어 말하면 이 대립은 혁명기에 달할 때까지 계속 역사 위에서 유지된다. 이 혁명기야말로 모든 시대에서 낡고 생명력이 없는 도덕관을 송두리째 뒤집어엎는 시기이다. 이 시기는 완전히 새로운 도덕이 탄생하는 시기라고는 할 수 없어도 점진적으로 요구되는 도덕의 필연성이 현실 속에서확실하게 뿌리를 내리고 법률상의 비준을 요구하는 시기이다. 이 혁명기를 계기로하여 똑같은 상황이 다시 시작되는 것이다. 이것이 현실이 가르쳐주는 모습이다.나의 견해는 사회에서의 이상적인 도덕의 힘을 인정하지 않는 것이 아니라 이 힘을올바른 길로 되돌려놓는 것일 뿐이다.

그런데 가장 뒤에 설명한 것으로부터 우리는 변혁기가 인간의 역사에서 얼마나커다란 의의를 가지는가를 알게 된다. 그러나 이러한 탐구로부터는 여기에서 더욱더 추구해야 할 문제를 지향하는 여러 가지 중요한 인식의 열쇠가 나타난다.

사회의 경제적인 토대가 크게 동요하고 그 때문에 모든 것이 새롭게 발효(發效)하고 도처에서 새로운 것이 준비되기 시작할 때야말로 변하지 않는 도덕관 따위란 결코 발붙일 수 없는 때이다. 따라서 이러한 시대에는 성행동에서도 모든 것은 이른바 "북적거리게" 되고 전체 문명을 지탱하는, 보기에 따라서는 지렛대로도 움직일 수 없을 것으로 생각되는 근본율이 무시되어 그것에 대한 끝없는 모독이 맹렬히 시도된다. 간통의 급속한 증가나 그와 유사한 사건들은 물론이고 특히 육욕의 지나친 난무가 여기저기서 나타날 뿐만 아니라 대중적으로 확산되는데 이러한 것들이 모독의 내용들이다. 이 어지러운 난무에 의해서 사회적 본능이나 덕성은 모두 구겨지고 자연의 한계는 깨지게 되며, 거기다가 인간은 이 한계를 일부러 넘는 데에서 쾌감을 추구하고 또 쾌감을 발견한다. 물론 이러한 터무니없는 상황은 무엇보다도 개량 또는 혁신을 추구하는 계급에서 발견된다. 그러므로 이러한 일반적인 부패의 크기와 범위는 오로지 사회의 어느 계급이 그 시대에 개량 또는 혁신되는 추세에 있는가에 의해서 달라진다.

때로는 몸서리를 칠 정도로 우리를 압박하는 이 현상이 설명될 수 없는 것은 아니다. 그러한 현상은 계급지배가 신조로 삼고 있는 법칙으로 충분히 설명된다. 계급지배가 어느 발전단계에 이르면 그 내부에서 반드시 이러한 피할 수 없는 결과가 필연적으로 나타나게 된다. 즉 계급지배는 특정한 하나의 도덕관을 필사적으로 방어하게 된다. 왜냐하면 이미 설명했듯이 특정한 도덕관을 방어하는 것이 계급지배에는 매우 중요한 지배의 무기가 되기 때문이다. 사회적으로 이미 안정적이 된 경제적 방법을 대표하고 유구한 사회적 조건 위에서 자신들의 모든 생활을 유지하고 있는 보수계급도 마찬가지이다. 보수계급은 서로가 똑같은 이해관계 위에 서 있기 때문에 변화된 사회가 요구하는 모든 수정을 강인하고도 철저하게 거절한다.

그러나 주의해야 할 점은 그러한 것은 결국 다른 계급을 위한 것이며 이론적으로만 자신들을 위한 것이라는 사실이다. 보수계급도 개인적으로는 변화된 사회적 조건의 영향을 피할 수 없다. 왜냐하면 그들은 언제나 역사발전에서 생긴 거의 대부분의 수확의 달콤한 즙을 빨아먹는 계급이었기 때문이다. 그 필연적인 결과로서 마침내 특정한 발전단계에서는 역사의 상황 여하에 따라서 어떤 때는 위선적으로 또 어떤 때는 노골적인 철면피로 변하는 이중의 토대를 가진 유명한 도덕이 발생한다. 위선의 경우에 해당되는 고전적인 실례는 19세기 영국의 자본주의 발전에서 찾아볼 수 있다. 당시 그들은 뻔뻔스럽게도 점잔빼는 신사숙녀들의 유형을 공공도덕의 모범으로까지 치켜세웠다. 노골적인 철면피의 경우에 해당하는 고전적인 실례는 18세기 봉건제도의 붕괴과정이 보여준다. 모두가 알고 있듯이 그러한 상황은 프랑스에서는 소름 끼칠 정도로 절정에 이르렀다. 위선과 노골적인 뻔뻔스러움은 겉으로 드러나는 행동에서는 전혀 다른 모습이지만 결과야 어떻든 결국 완전히 동일한 현상이다. 왜냐하면 그것들은 완전히 동일한 전제의 결과, 즉 전통적인 도덕과 삶의 진정한 사회적 상태의 해결할 수 없는 모순의 결과이기 때문이다. 영국에서는 붕괴 일보직전에 이른 계급이 이렇게 신사숙녀인 체 점잔을 빼고 몰래 즐겼던 육욕적인 방탕은 앙시앵 레짐 시대에 난무했던 저 육욕의 쾌락과 마찬가지로 반사회적인 것이었고 무절제한 것이었다. 둘 모두 에로틱한 향락생활에서는 아주 똑같은 방탕한 기술과 장기를 발달시켰다. 근대 영국이 남긴 추잡한 연대기는 에로틱한 방탕의 장기를 수없이 되풀이했던 것이다. 이 경우 가장 즐거운 낙은 여자가 영원히 한 상대의 소유가 되는 것이 아니라 이 남자 저 남자를 전전하며 물실호기하는 가운데 모든 남자의 쾌락에 몸을 맡기는 것이었다. 앙시앵 레짐하에서는 프롱사크 공작이나 아르투아 백작 등이 던졌던 쾌락의 그물, 곧 탕음난무가 모든 탕아를 훌륭한 모범생으로 치켜세웠다. 그뿐만 아니라 이러한 탕음난무에서는 모두 자신의 정부(情婦)를 외간 남자의 공상에 넘겨주는 것이 고등인간인 귀족의 고상한 풍속이었다.

파멸 또는 붕괴 일보직전에 있는 계급에서 발견되는 일반적인 위선과 노골적인 뻔뻔스러움은 그 파멸이나 붕괴와 걸음을 같이하여 그 계급의 특수한 이익이 난폭하게 춤추는 퇴폐현상 중에서도 가장 대담한 형태를 취한다. 그것이 대담하면 할수록 그리고 다른 계급으로부터 자신들에게 가해지는 방해가 적으면 적을수록, 즉 국가와 사회에서 그들의 권력이 독재적일수록 사회적 덕성과 동일한 의미의 사회적 본능이라는 저항은 이러한 계급으로부터 점점 사라져간다. 신사숙녀연하면서 노골적인 뻔뻔스러움이 설치는 상황이 어느 시대와 나라에서 판을 치게 되는가는 대부분의 윤리학자들이 생각하고 있는 것처럼 우연이라는 것에 의해서 좌우되는 것이 아니라 앞에서도 설명했듯이 그러한 것의 출발점이 되는 다양한 역사의 상황에 의해서 좌우된다. 18세기의 프랑스에서와 같이 19세기의 영국에서도 —— 여전히 이두 나라의 흥미 있는 실례를 예로 들지만 —— 불로소득으로 얻은 거대한 부가 결국이 육욕적인 방탕의 토대였다. 그런데 영국에서 이 부는 어디까지나 거짓으로 얼버무린 위선이라는 외피를 걸칠 수밖에 없었다. 왜냐하면 이 나라 사회의 토대는 가

음란한 연애(목판화, 16세기)

장 발달된 근대적 입헌정체의 형태를 취하고 있었고 그 때문에 대중의 감시와 비판이 충분히 보장되고 있었기 때문이며 나아가서는 비판할 힘이 있는 계급은 이미 그 사회 내부에서 선거권을 획득할 정도로 성장해 있었기 때문이다. 앙시앵 레짐 하의 프랑스는 그 토대가 영국과는 정반대의 것이었다. 당시의 프랑스 사회의 토대는 극단적인 절대주의였기 때문에 일체의 진보적인 감시나 공개적인 비판은 허용되지 않았다. 한편 부르주아 계급은 겨우 그 맹아적인 형태를 보이고 있었을 뿐이기 때문에 당시의 프랑스에서는 은폐를 위한 외피 같은 것은 전혀 필요하지 않았다. 사회적 덕성을 닥치는 대로 짓밟아버렸던 특수 이익계급, 점점 새롭고도 파격적인 향락생활만을 추구하려고 했던 특수 이익계급은 대중의 면전에서 노골적으로 설쳐댔고 스스럼없는 뻔뻔스러움도 제멋대로 보여주었다.

그러나 이러한 계급과 시대가 보여주었던 도덕의 형편없는 모습에 대한 묘사는 여기에서 끝나지 않는다. 이것말고도 지배계급은 언제나 지배계급이 쥐어짜던 계급, 사회의 각 시대의 침전물, 동물화되어버렸던 대중 가운데서 자신들과 아주 비슷한 것을 발견하게 되었다. 즉 이처럼 억눌렸던 계급에서도 완전히 지배계급과 똑같이 일체의 향락을 누렸던 것이다. 왜냐하면 그들에게는 아직 조심성이라는 것이 발달해 있지 않기 때문이며 또한 생활고 때문에 일체의 인간다운 저항이 묵살되어버렸기 때문이다. 예를 들면 룸펜프롤레타리아트라는 가장 하층계급이 끊임없이 보여주었던 형편없는 도덕에 대한 기록을 들 수 있다. 또한 우리나라에만 있는 "미풍양속"이라든가 "우리나라의 순결"이라고 하는 것이 현실에서는 어떠한 모습인가를 살펴보는 것도 좋을 것이다. 이러한 것에 관해서는 수많은 실례가 있다. 바로 이 시기에 중부 독일의 어느 도시에서 거짓 맹세에 대한 배심재판이 열렸다. 당시의 일간신문은 이 공판기록을 다음과 같이 게재했다.

38세의 기혼자인 S촌의 L은 작년 여름에 R촌의 지주의 집에서 곡물수확 노동자로서 더부살이를 하고 있었다. 이 남자는 하녀 M과 그녀 방에서 정을 통했다. 그러나 임신을 한 하녀 M은 같이 더부살이를 하고 있는 하인 F에게 위자료를 요구했다.

F는 L에게도 공동의 책임이 있다고 우겨댔다. 그런데 L은 법정에서 선서를 한 뒤 이 사실을 부인했다. 사실심리에서 하녀는 L이 하인 K와 함께 자주 한밤중까지 자신의 옆에서 잠을 잤다고 증언했다. 그 하녀의 방에는 또 하나의 침대가 있어서 그 속에서 두 사람의 다른 하녀들이 역시 자신의 정부들과 동침을 하고 있었다. 이 22세의 하녀는 L과 K 외에 F와도 관계를 가졌던 것이다. 하녀 M은 그때까지 이미 여러 번 사생아를 낳은 적이 있다. 젊은 사람들이 처녀가 자는 방에 몰래 잠입하는 것은 농촌의 풍습인가라고 변호사가 물었을 때 이 하녀는 증인으로서 "그런 것은 어디서나 볼 수 있는 풍습인걸요. F로부터 위자료를 받을 수 있다는 꾀를 L이 나에게 처음으로 가르쳐주었어요"라고 대답했다. 하인 K도 L과 하녀 M과의 관계를 증언하고 자신도 L과 함께 하녀 M과 몇번이나 관계를 가졌다고 증언했다.

위의 기록이 공판에 관한 간단한 기사이다. 이 기사로부터도 알 수 있듯이 가장 고귀한 층과 가장 비천한 층은 결국은 동일한 짓, 즉 "정부를 서로 바꾸는 것"을 좋아하며, 둘의 차이란 세련됨의 정도일 뿐이라는 것이다.

독자 중에는 이와 같은 기사로 증명된 이러한 사건이 예외적인 것일 뿐이라고 주장하려는 사람이 있을지도 모르지만 그러한 사람은 무책임하기 짝이 없는 근시안일 것이다. 바로 하녀가 "그런 것은 어디서나 볼 수 있는 풍습"이라는 몇천 배 증빙능력이 있는 진실을 거리낌없이 말하고 있지 않은가? 그러한 것은 어디에서나 볼 수 있는 풍습이었다. 왜냐하면 18세기의 쾌락의 난무가 그 당시 프랑스의 역사적 상황의 필연적인 결과를 그대로 드러내고 있었던 바와 똑같이 이러한 성적인 문란은 농

담소 나누는 연인(N. W. 반 하프텐, 네덜란드의 동판화)

촌도덕을 지탱해주던 토대의 필연적인 결과로서 역사적으로 결정된 것이었기 때문이다.

　그런데 이 고귀함과 비천함이라는 두 가지 현상은 보기에 따라서는 동일한 것일 수도 있지만 내가 도덕의 표준의 기원에 대해서 설명할 때 펼쳤던 논의의 관점에서 보면 아주 정반대의 결과에 해당한다. 앙시앵 레짐 시대의 요란한 방종은 사멸해가는 계급의 부패현상이었지만 농촌의 룸펜프롤레타리아트에서 나타난 동일한 현상은, 결국 이 계급이 아직 계급의식에 눈도 뜨지 못하고 계급적인 사고방식이 손톱끝만큼도 형성되지 못하는 한, 어디에서나 볼 수 있는 부패현상의 하나에 불과했다.

여기에서는 계급의식이라는 말에 주의하지 않으면 안 된다. 나는 지금까지의 논의에서 계속 이 개념을 사용해왔다. 계급의식이라는 것이 사회발전에 어떠한 역할을 하는가를 연구해보면 우리는 이 방면에서도 지금부터 논의해야 할 의제의 결론에 도달할 수 있을 것이다.

나는 앞에서 특수한 계급도덕은 가장 중요한 계급연대 수단 중의 하나이며 명확한 연대성을 띤 슬로건, 즉 사람들을 그 밑에 모이게 하여 단결시키는 슬로건이라고 설명했다. 이 특수한 계급도덕은 새로운 계급의 탄생과 함께 점차 형성되어간다. 계급의 발전은 계급이 스스로를 계급으로 느끼기 시작하고 스스로의 특수한 이익을 깨달아 마침내는 스스로의 특수한 요구를 인식하기 시작하는 단계로까지 발전될 수밖에 없다. 한마디로 말해서 계급은 계급의식에 눈을 뜰 수밖에 없게 된다. 이 순간에 이르러서야 시대의 중요한 이익을 반영하는 이른바 일반적인 도덕의 표준이 비로소 계급도덕으로 구별된다. 이것은 완전히 논리적이다. 그런데 이 계급의식에 대한 자각이 더욱더 발전하면 계급투쟁이 발생하게 된다. 사회의 태내에 새롭게 탄생된 계급이 계급의식을 가지게 되면 이 새로운 계급은 항상 다른 모든 계급들에 대하여 의식적으로 대립하기 시작한다. 새로운 계급은 자신의 특수한 이익을 주장하고 그것을 실현시키기 위해서 노력한다. 이와 동시에 새로운 계급은 그렇게 노력함으로써 기존의 지배계급을 그 특권적 지위에서 추방하고 극단적인 경우에는 스스로 지배계급의 자리에 앉기 위해서 노력한다. 이리하여 항상 계급의식에 대한 자각과 함께 계급투쟁이 역사에 탄생하는 것이다.

그런데 역사를 창조하는 이와 같은 힘은 지금 설명한 이유로 말미암아 역사를 전진시키는 또 하나의 힘이 된다. 또한 계급의식에 대한 자각은 언제나 인간의 역사에서 아주 중요한 도덕의 지렛대이기도 하다. 그것은 자신의 계급도덕을 훌륭하게 향상시킨다. 역사적으로 볼 때 새로 발돋움하는 계급을 논의의 중심으로 삼는 한 그들의 계급의식에 대한 자각은 자신의 도덕뿐만 아니라 모든 계급, 나아가서는 지배계급의 도덕까지도 훌륭하게 향상시킨다. 그것은 무엇보다도 자신의 계급동료들의 도덕수준을 한층 높은 단계로 향상시키게 된다. 그것은 다음과 같은 이유 때문이다. 즉 신흥계급은 무엇보다도 먼저 자신들을 억압하고 또 지배하는 계급이 대표하는 지배의 정당성을 부도덕한 것으로 —— 물론 이것은 성 모럴에만 한정되지 않고 도덕 일반도 포함된다 —— 의식하고 이러한 시각에서 지배계급을 비판하고 공격한다. 또한 한편으로는 그들이 주장하는 모든 요구는 정의라고 주장한다. 이리하여 신흥계급은 도덕의 분야에서도 자신들을 지배하고 있는 계급과 대립하는 것이다. 이러한 명확한 대립은 대개의 경우 바로 의식상의 대립으로 발전한다. 이것이 의식상의 대립으로 발전하는 순간부터 신흥계급은 자연히 조직적인 비상을 시도하게 된다. 결국 그들은 도덕적인 부분에서도 한층 분명한 차이점을 드러내게 되어 자주 지배적인 도덕관에 노골적으로 반항한다. 이리하여 특수한 도덕은 최고의 강령 중의 하나가 된다. 그런데 신흥계급은 자신들을 지배하고 있는 계급의 지배를 부도덕한 지배라고 주장하고 자신들의 요구를 정의라고 주장함으로써 사회적 행위에서까지도 진정한 도덕을 대표하려고 한다. 그 결과 신흥계급은 자신들로서는 전혀 거리낄 것이 없는 청렴결백이야말로 최고의 조건이라고 모두에게 시위하게 되는 것이다.

따라서 사회에서의 한층 높은 도덕성은 항상 그 시대의 신흥계급, 즉 기존의 권력과 싸움으로써 낡은 사회의 지배로부터 독립하려고 하는 새로운 계급에 의해서 대표되기 마련이다. 그러나 이런 길을 밟는 데에는 또다른 이유가 있다. 즉 드높아진 정치의 이상은 항상 신흥계급의 편이기 때문에 그것은 하나의 역사적인 논리가 된다. 따라서 드높아진 정치의 이상은 언제나 드높아진 일반 도덕 속에서 자신을 드러내려고 노력할 수밖에 없다. 인간이 자유롭게 사용할 수 있는 에너지의 양은 순수하게 정신적인 분야에서는 놀랄 만한 정도의 크기로까지 방출될 수는 없을 것이다. 일체의 사상과 감정이 인간의 최고 목표로 내걸어지는 경우에는 그것은 항상 순수하게 되고 또 품위가 있게 된다.

이상에서 설명한 것에 대해서 역사적인 증명이 필요하다면 그 증명은 계급으로서의 근대 부르주아의 해방시대를 드는 것만으로도 충분할 것이다. 이 증명은 더할 나위 없이 훌륭한 것이다. 역사를 살펴보면, 즉 17세기의 영국, 18세기의 프랑스, 19세기의 독일을 비교해보면 우리는 계급의식에 눈을 뜨고 사멸해가는 봉건제도와 싸웠던 시민계급이 매우 높은 도덕성을 대표하고 있었음을 알 수 있다. 물론 이렇게 말한다고 해서 신흥계급이 성(性) 분야에서도 예컨대 금욕을 신봉하고 자유분방한 연애의 모든 형태를 엄금했다고 생각해서는 안 된다. 부르주아 계급은 그 해방시대에는 분명히 결혼과 가족에 대해서 근엄한 의견을 선양했다. 그리고 그러한 의견 가운데는 한층 향상된 도덕성이 일부 정확하게 포함되어 있었다. 그러나 이 세상에는 영원히 적용되는 도덕의 표준이란 있을 수 없기 때문에 그것은 모든 시대에 적용되는 기준은 아니었다. 이와 동일한 현상은 사회의 발흥과 몰락도 증명하게 된다. 이 점에 관한 하나의 예를 들어보자. 16세기에 임신부를 가장한 복장은 그 시대를 풍미한 창조력의 반영이었다. 그런데 프랑스 제2제정 시대의 복장과 이와 동일한 형태의 가장은 오히려 붕괴 일보직전에 있는 사회가 보여준 세련미의 반영이었다. 이것은 그 어떤 것이 어떤 계급에서는 부패한 도덕의 산물인 무질서한 성관계의 결정적인 수단이 되지만 반면에 다른 계급에서는 향상된 도덕의 성숙의 산물인 풍요로운 성관계의 결정적인 수단이 된다는 증거이다.

그런데 신흥계급이 사회에서 한층 향상된 도덕을 대표하는 것은 자신의 진영에서 자기 자신에 대한 교육활동을 해야 한다는 이유 때문만이 아니라 또 하나의 중요한 이유, 즉 신흥계급에서는 항상 어떤 사회적 요구를 극히 대담하게 선언한다는 이유 때문이기도 하다. 도덕활동이라는 것은 결국 언제나 사회의 경제적인 토대의 반영으로 볼 수밖에 없기 때문에 사회 재구성의 중심이 된 계급은 성행동에서도 그 시대 최고의 발전단계로서 필연적으로 도덕의 가장 진보된 모습을 보일 수밖에 없었다. 그러므로 신흥계급은 소위 고급 빵가루로 창조되었기 때문에 다른 계급보다 더 영리함과 동시에 더 도덕적이었던 것이 아니라 역사적인 논리가 그들의 편이었기 때문에, 즉 역사적인 논리에 최후의 결정이 걸려 있었기 때문에 도덕적이었던 것이다.

이 두 가지의 이유가 하나가 되어 신흥계급은 자신들만의 특수한 도덕을, 앞에서 설명했던 것처럼, 사회의 전체 도덕의 진보를 위한 지렛대로 만들었다.

4) 미래의 전망

나는 앞에서 인간의 문명사회의 일반적인 성행동은 "언제나 변하지 않는" 모습인가 그렇지 않은가 하는 의문, 즉 세상 사람이 일반적으로 생각하고 있듯이 그것이 본질적으로 과거에도 불변적이었고 앞으로도 계속 불변적일 것인가, 혹은 근본적인 차이가 증명될 수 있는가, 따라서 그것에 평행하는 변화가 일어날 것인가 어떤가에 대한 의문을 제기하여 먼저 그것을 해결하지 않으면 안 된다고 말했다. 나는

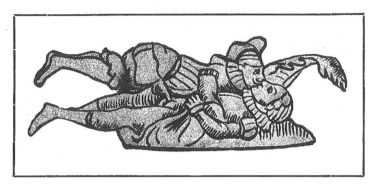

새벽녘의 정사(모사화)

이 의문에 대해서는 이 책이 허용한 범위에서도 충분히 대답할 수가 있다고 믿고 있다.

첫번째 의문이 해결되면 장래에도 그러한 원칙적이고도 근본적인 변화가 일어날 것인가라는 두번째 의문이 생기게 된다. 두번째 의문에 대해서는 첫번째 의문의 해결에 필요했던 페이지 수의 절반으로도 충분히 대답할 수 있다. 왜냐하면 그 대답은 첫번째 의문에 대한 대답 속에 확실하게 포함되어 있기 때문이다. 움직이지 않고 변하지 않는 상태 —— 동일한 내부법칙을 토대로 한 —— 가 과거에 거의 문제가 되지 않았던 것처럼 현대에도 새롭고 더 향상된 형태가 나타나지 않을 정도로 현대가 화석화된 것은 아니다. 생산관계의 발전단계, 즉 인간이 자신의 사회적인 요구를 어느 정도까지 충족시킬 수 있는가의 정도가 일반적인 사회생활을 결정하며 따라서 사회의 각 시대의 성 모럴도 결정한다는 것에 대해서 이미 증명한 바 있다. 그러므로 일반적인 도덕활동 및 각 시대에 적용되는 기준의 시시각각으로 변화하는 흐름은 경제발전에서 누구도 예측할 수 없는 먼 앞날의 흐름에도 적용될 수밖에 없다.

그러나 우리는 하나의 필연적인 흐름도 절대로 간과해서는 안 된다. 우리는 경제발전의 대략적인 미래상을 이미 알고 있기 때문에 경솔한 예언자의 희극에 구애받지 않고 미래의 도덕의 표준을 미세하게 변화시켜나갈 방향이 어떠한 것인가를, 즉 이 근본적인 변혁이 어떠한 방향으로 전개될 것인가를 설명할 수 있다. 현대의 발전이 한층 높은 도덕성을 향하여 나아감과 동시에 현대의 발전은 미래에, 즉 현대와 과거의 흐름이 자연법적인 필연성을 가지고 결국 실현될 수밖에 없는 미래에 비교할 수 없을 정도까지 높은 곳으로 나아갈 것이다.

시대의 발전은 한층 향상된 도덕성을 보이고 있다. 중세적 반동의 현상유지파들에 의해서 이러한 주장에 대한 완강한 거부가 있었음에도 불구하고 우리는 현대의 발전이 더욱 향상된 도덕성에 있다고 되풀이하여 주장하지 않으면 안 된다. 아무리 부정하려고 해도 이것은 진실이기 때문에 어쩔 수가 없다. 어떤 시대의 도덕수준의 수위를 비판할 경우에는 절대적인 "부도덕"이나 "도덕"을 수단으로 삼아서는 안 된다. 그것은 언제나 상대적인 것이다. 도덕수준의 수위를 비판하는 데에는 그러한 것보다는 오히려 시대 흐름의 방향과 중심을 생각하는 것이 훨씬 중요하다. 시대의 어두운 면을 묘사하는 사람이 현대 도덕의 부패상을 말할 때 극히 소수의 비교만을 끄집어내어, 프랑스 제2제정 시대라는 퇴폐한 시대에는 에로틱한 향락이나 방탕생활에서 오늘날에 비하여 덜 세련되어 있었다고 증명하는 것은 확실히 쉬운 일이다. 그러한 사람은 이에 대해서 모든 분야에서 수백 가지의 증거를 제시할 수 있다. 현대의 도덕성은 그러한 면에서도 역시 훨씬 높은 경지에 있다. 왜냐하면 앞에서도 설명했듯이 높다는 것은 도덕적 저항의 운동방향이나 그 범위를 결정하는 것이기 때문이다. 도덕적 저항의 운동방향은 과거에는 결코 현대처럼 도덕의 한층 높은 형태라는 방향을 향하여 의식적으로 나아가지 못했다. 최고의 사회도덕을 선전하는 여러 가지 저항은 사회적인 의무를 파괴하는 이기심을 현대와 같이 맹렬하게 드러내지 않았다. 오늘날의 민중은 일반교양과 정치도덕 수준으로 볼 때 과거의 역사에서 볼 수 없을 정도로 향상되어 있다. 과거에는 세계의 발전에 대한 민중의 인식이 오늘날처럼 깊지도 않았고 생활의 궁극적인 목적에 대한 민중의 요구가 오늘날처럼 진지하지도 못했다.

바로 이러한 사실 속에 미래에 대한 확실한 보장이 숨겨져 있다. 더구나 이 미래에는 일부일처제가 남자에게나 여자에게나 진리가 될 것이다. 사회 전반에 남자와 여자라는 두 인간을 결합시키는 수단으로서의 개인적인 사랑이 가장 추한 이해타산을 숨기기 위해서 꾸며낸 말이 아닌 것이 될 때, 인생의 올바르고 유일한 요구와 법칙으로 자리하는 사회조직이 탄생되기 시작함과 동시에 일부일처제라는 진리도 점점 현실화되어간다. 따라서 인간의 역사에 스며들어 있는 것을 논리적으로 밝혀낼 수 있는 것 중에서 가장 기품 있는 사실, 즉 인간은 역사의 끝에 서 있는 것이 아니라 실은 역사의 시작, 진실로 영광된 역사의 제1장 제1쪽에 서 있다는 결론이 나오게 된다.

5) 이 책의 분류에 대하여

　내가 사회생활의 흐름의 내부법칙으로서 제시했던 여러 가지 원인들로부터 앞에서 전개한 과학적인 관점에 선, 성 모럴에 관한 모든 관찰의 구조와 역사적 분류에 관한 여러 가지 조건, 따라서 각 시대의 도덕활동 및 도덕의 표준에 관한 여러 가지 조건이 저절로 드러난다. 이 조건들은 어떠한 분야를 서로 결합시키면 좋은가, 어떠한 분야를 일정한 역사관 아래에 결합시켜야만 하는가 그리고 어떠한 방법으로 나누면 좋은가를 가르쳐준다.

　각 시대와 사회의 생산력의 규모가 그 시대의 전체적인 생활의 흐름을 결정하고 따라서 또한 성적인 분야에서의 각 시대의 도덕의 표준을 결정하기 때문에 사회의 토대가 동일한 경제적 발전단계 위에 구축되어 있는 곳에서는 결국 도덕의 표준은 본질적으로는 항상 동일한 것이 될 수밖에 없다. 이것은 역으로 말하면 경제적인 토대가 변했기 때문에 사회의 토대도 변하게 된 곳에서는 도덕의 표준도 변할 수밖에 없으므로, 기후나 언어, 정치적인 국경 등이 도덕활동의 차이점을 만들거나 각 사회와 국가의 도덕활동을 동일하게 만드는 것이 아니고, 사회나 계급이 자신의 욕망을 충족시키는 발전의 정도가 도덕활동의 다른 모습이나 동일한 모습을 만드는 것이다. 따라서 동일한 도덕의 표준은 항상 동일한 경제적 발전의 정도를 나타낸다. 프랑스의 봉건제도에 적용되는 도덕의 표준은 독일의 봉건적 토대에 기초하고 있는 도덕의 표준과 본질적으로 동일한 것일 수밖에 없다. 독일의 수공업 시대의 도덕의 표준은 네덜란드의 수공업 시대에 지배적이었던 도덕의 표준과 본질적으로 동일한 것일 수밖에 없다. 그리고 이 동일한 모습은 실제 역사에서도 항상 찾아볼 수 있으며 그것도 참으로 명확히 드러나고 있기 때문에 어떤 나라에서의 각 계급의 도덕의 표준은 서로 커다란 차이를 보이고 있지만, 그것을 다른 나라의 동일한 계급과 비교해보면 그 차이는 그렇게 크지 않다. 계급구성이 동일한 것은 언제나 생산력의 크기가 동일한 결과이다. 어떤 경제원칙의 선이 분명하게 그어질수록 이 상태는 더욱 분명하게 드러난다. 따라서 그것은 현대에 가장 분명하게 나타나고 그 때문에 그것을 분석하는 일은 매우 쉽다. 오늘날의 영국의 부르주아 계급의 도덕의 표준은 독일, 프랑스, 이탈리아, 스칸디나비아, 러시아의 부르주아 계급의 도덕표준과 본질적으로 동일하며 따라서 각국간에 본질적인 차이가 없지만, 그 부르주아 계급의 도덕의 표준은 영국의 소시민 및 프롤레타리아의 성생활을 결정하는 도덕의 표준과는 원칙적으로 다르다. 그러나 후자는 각국의 소시민 및 프롤레타리아의 도덕의 표준과 원칙적으로 동일하다. 프랑스 소시민의 성 모럴과 프랑스 부르주아 계급의 성 모럴은 큰 차이를 보이고 있지만 생산관계의 발전단계가 동일한 경우에는 프랑스 소시민과 독일 소시민 간에는 커다란 차이가 발견되지 않는다.

기후나 언어, 정치적인 국경이 도덕의 표준을 다르게 만드는 것이 아니라 경제적인 생활조건만이 그 차이를 만든다는 것은 부정할 수 없는 사실이기 때문에 우리는 각국을 동일한 경제적 발전단계의 토대를 기준으로 서로 연결시켜서, 예컨대 봉건제도하의 프랑스와 봉건제도하의 독일, 자본주의하의 영국과 자본주의하의 프랑스, 독일, 네덜란드 식으로 각국의 도덕의 표준을 공통된 틀 속에 집어넣어 관찰하고 연구할 수 있다. 나는 항상 원칙적으로 독일, 프랑스, 영국 등으로 구별할 필요가 없다고 생각한다. 물론 각국을 비교하는 것은 어떤 의미에서는 아주 중요하다. 이러한 비교를 통해서 그 연관관계는 더욱 명확해진다. 만약 우리가 각국의 본질적인 것이 어떠한 종류의 것인가를 서로 비교할 수 있다면 실제로는 그때에야 비로소 본질적인 것이 명확히 드러난다는 것을 잊어서는 안 된다. 요컨대 각국에서의 본질적인 것이 어디에 있는가는 비교를 통해서 비로소 명확히 드러나게 된다.

우리는 각국의 각 시대의 도덕표준이란 언제나 각국의 전통, 발전의 속도, 경제원칙의 지배에 대한 통일의 강약 등 여러 가지 요소의 크기에 의해서 형성되거나 그 영향을 받는 합성물이라는 사실을 간과해서는 안 된다. 그리고 각국에서의 이러한 요소의 크기는 어디까지나 서로 다르며 따라서 서로 차이가 있기 때문에 그것을 정확히 살펴보면 그 합성물도 각 나라마다 서로 다르다는 것을 알 수 있다. 바꾸어 말하면 각 시대의 원칙이라는 것은 어느 나라에서든 처음부터 끝까지 순수하고 또 확실하게 관철되지는 않았다. 자본주의 영국은 절대주의 프랑스의 유산을 포함하고 자본주의 프랑스는 봉건 독일과 그 이상의 봉건 러시아의 유산을 포함한다. 그런데 이러한 모든 요소를 더욱 깊이 생각해보면 우리는 이러한 영향이 대개는 언제나 부차적인 것이며 항상 미세한 점에서의 차이에 불과하다는 것을 알 수 있다. 원칙적인 본질의 커다란 테두리는 언제나 거의 변하지 않는다.

이 두번째의 사실도 역시 부정할 수 없는 것이기 때문에 각국의 동일한 단계를 연결시키는 공통의 틀을 결코 역사관의 기계적인 공식이라고 할 수는 없으며 오히려 그 반대이다. 요컨대 우리는 오직 이러한 방법을 통해서만 비로소 발전의 생생한 윤곽의 성격을 더욱 확실하게 드러나게 할 수 있다. 과거를 생생하게 살아 있는 모습으로 재구성하려고 생각한다면 이러한 방법이야말로 최상의 조건이다. 우리는 여러 가지 모습을 하나로 연결시킴으로써 이러한 역사적 사건의 윤곽이 명확하게 드러나게 하지 않으면 안 된다. 중요한 것은 이 윤곽일 뿐 하나하나의 모습에 특유한 여러 가지 자질구레한 명암이 아니다. 그러한 부분은 전문적인 특수연구의 대상에 지나지 않는다.

그러므로 만약 지금까지 제시한 여러 가지 이유를 토대로 해서 우리에게 도덕활동의 역사를 유럽 문명세계의 여러 나라에 동시에 펼칠 수 있는 자격이 있다면 그것은 역시 이 방법을 따르는 것 이외에는 다른 수단이 없을 것이다. 물론 여기에서 주로 다루어진 범위는 독일어, 영어, 프랑스어를 사용하는 나라에만 한정했고 세르비아나 불가리아, 터키와 같은 반(半)아시아적 국가 및 헝가리와 그외의 농업국을 제외했음을 미리 밝혀둔다.

이상과 같이 각국을 하나의 공통된 시각에서 바라보게 되면 이러한 시각은 또한 논의의 출발점과 분리점을 결정해줄 것이다. 이 책의 내용을 근대에서부터 시작할 경우 맨 먼저 다루어야 할 내용은 근대 화폐경제의 탄생이기 때문에 그 다음의 내용은 이 새로운 경제원칙이 어떻게 유럽의 문명사를 관통하여 오늘에 이르렀는가에 대한 여러 가지 단계가 된다.

이 때문에 이 책의 자연스러운 구성은 다음과 같이 될 수밖에 없었다. 첫번째는 중세 자연경제의 붕괴기와 상업자본의 발흥기, 즉 춘프트 시대와 시민계급 지배의 시대이다. 두번째는 새로운 경제력과 옛 봉건세력의 투쟁시대로서 군주가 신흥계급의 도움을 받아 봉건 귀족계급을 압박하고 두 계급의 지배자가 되었던 절대주의 시대이다. 그리고 세번째는 근대 자본주의가 발전하고 경제력으로서의 봉건제도가 완전히 붕괴되었던 부르주아의 시대이다. 이 시대에는 자본가가 경제적인 지배력과 정치적인 지배력을 장악하게 된 나라도 있었지만 융커 계급이 자본가의 근위병으로서 정치적인 지배력을 가지게 된 나라도 있었다.

이와 같은 구분이 바로 화폐경제 발흥 이후 크게 세 부분으로 나누어지는 경제적 발전의 단계이며 또한 그것의 정치적 표현형태이다. 그러므로 나는 자료도 이러한 시기에 맞추어 분류되어야 한다고 생각한다. 이 책을 세 권(번역서로는 네 권)으로 나눈 것도 이러한 이유 때문이다. 세 개의 커다란 시대를 각각 한 권으로 묶었으며 세 개의 역사적인 발전단계를 구별하기 위하여 각 권은 그 자체로서 독립된 형태를 취하도록 구성했다. 따라서 각 권 제목도「르네상스」, 「색(色)의 시대」, 「부르주아의 시대」라는 명칭을 붙였다(번역서의 경우는 각 권의 "서론" 부분을 묶어서 총론 성격의「풍속과 사회」를 따로 만들었음/역주).

세 권은 각 권이 완결된, 따라서 독립된 것이기 때문에 앞에서 말한 세 경제시대의 하나하나는 또한 각각의 독자적인 주기 속에 포함되지 않으면 안 된다. 예를 들면 14세기에서부터 16세기, 17세기, 18세기, 19세기라는 식으로 확실한 연대 구분을 할 수 없으며 또한 연대별로 기술해서도 안 된다는 것을 여기에서 특히 강조해둔다.

연대별이라는 구분은 전적으로 기계적인 방법이기 때문에 그러한 방식으로 기술하는 것은 비역사적이다. 각 시대는 항상 서로 연결되어 있으며 때로는 전혀 다른 두 시대의 전성기가 공존하고 있는 경우까지도 있기 때문이다. 예를 들면 프랑스에서는 절대주의 시대가 이미 벌써부터 그 전성기의 내리막길에 있었을 때에 이웃 네덜란드에서는 북유럽의 르네상스가 이제 막 피어나기 시작하고 있었다. 네덜란드는 이처럼 분명히 시대의 흐름에 뒤져 있었다. 또한 영국에서는 뛰어난 창조력에 의해서 부르주아 시대가 일찍이 건설되었고 공업이 이미 그 전성기를 누리고 있었을 때에 프랑스나 독일에서는 아직도 봉건주의가 계속 수십 년 동안이나 어리석은 방종을 연주하고 있었다. 시대나 국토에는 대개 경계선이 그어져 있기 때문에 여기에서도 그 경계를 간단히 밝혀두어야 하지만 지금은 제I권(번역서로는 제II권/역주)의 내용이 되는 첫 단계의 범위와 경계선을 결정하기로 한다.

르네상스는 보통 15세기 중엽에 시작된 것으로 알려져 있고 그 이전의 시기는 모두 중세에 포함시키는 것이 통례이다. 그리고 중세는 보통 16세기 말에 그 막을 내린 것으로 본다.

이러한 연대 규정에 대해서는 르네상스 시대의 정의를 고딕 시대와 바로크 시대를 경계로 하는 문예시대의 범위로만 한정시킬 경우에는 별다른 반대가 없다. 그러나 이 정의를 넓은 의미에서 역사적으로 해석하여 르네상스 시대를 참으로 새로운 문명에 대한 추진력이 분출하게 되었던 시대로 여긴다면 —— 르네상스는 지금까지의 개념으로는 하나의 문명에 대한 정의이기 때문에 그렇게 생각해도 좋다 —— 그리고 각각의 나라들에만 한정시키지 않고 이 새로운 원칙이 움직이기 시작한 모든 나라를 관찰의 범위 안에 넣는다면 르네상스 탄생의 연대는 훨씬 옛날로 거슬러 올라가며 그 막이 내린 연대는 최근대에 이르게 된다. 바꾸어 말하면 우리는 결국 이 정의 속에 본질적으로 동일한 모든 것을 포함시키지 않으면 안 된다. 이 연대의 상한선을 이탈리아로 잡는다면 근대까지의 하한선은 네덜란드와 영국이 된다.

우리가 예술사적인 명칭으로서만이 아니라 광의의 역사적인 의미에서의 르네상스란 어떤 것인가를 명확히 인식하기 위해서는 이와 같이 르네상스의 정의를 확장시키는 것이 논리적일 뿐만 아니라 오히려 당연할 것이다. 이러한 사고방식에 대해서는 이 책의 다른 부분에서 더욱 상세히 설명할 예정이기 때문에 여기에서는 아주 간단히 귀띔해두고자 한다. 이러한 입장에서 나는 문명사적으로 본 르네상스 시대란 유럽 역사에서의 전혀 새로운 경제조직의 등장과 그 승리, 즉 앞에서 설명한 대로 화폐경제의 발흥과 기존 자연경제의 철저한 극복 그리고 화폐경제의 최초의 팽창을 의미한다는 선에서 만족하고자 한다. 정치형태의 관점에서 보면 이 단계는 시민세계의 탄생 및 소년시대, 청년시대, 따라서 도시 부르주아의 탄생 및 그것의 최초의 황금시대였다고 해도 좋다. 도시 부르주아의 발생이 수공업, 즉 춘프트의 지배를 등장시켰다면 도시 부르주아의 최초의 황금시대는 상인의 지배를 등장시켰다고 할 수 있다. 왜냐하면 상업자본에 의한 최초의 자본축적이 나타났고 따라서 최초로 자본의 세계사적 팽창이 나타났기 때문이다. 새로운 힘의 논리가 이와 같은 보조로 발전하지 못했던 현실과 정면으로 충돌할 정도까지 발전되면서 이 시대는 그 막을 내렸다. 이 단계에서는 당연히 경제력의 여러 가지 관계의 변혁과 변화가 일어날 수밖에 없었다. 이것은 절대주의 시대로의 발전 속에서 명확히 나타나고 있다. 이 연대의 기간과 이 연대에 나타난 현상의 강도는 나라에 따라서 차이가 있지만 유럽 민족의 생활사에서는 결국 동일한 발전기를 보이고 있다. 그러므로 이 연대는 문명사적인 관점에서 르네상스의 개념 속에 통합시킬 수 있다.

이와 같은 발전을 시대와 국가의 경계라는 관점에서 보면 그러한 발전은 중부 및 북부 이탈리아에서 가장 먼저 시작되어 이미 13세기 초에 활발한 기세로 나타났다. 중부 및 북부 이탈리아에서 도시에 영지를 가지고 세계에 군림하던 교황의 지배권에 새로운 경제력의 탄생과 번영을 위한 여러 가지 조건이 가장 먼저 주어졌던 것이다. 독일은 그 후 한 세기가 지나서야 남부 독일과 라인 강 연안의 도시가 먼저 이 변혁에 참가했다. 그것은 이 지방이 북방의 민족 및 항구와 이탈리아를 연결시키는 천연의 교통로였기 때문이다. 이러한 움직임은 동시대에 스페인과 프랑스, 네덜란드에서도 시작되었고 표면상으로는 영국도, 가장 늦었지만, 이 세계적인 대열에 참가했다. 그러나 일반적으로 생각하고 있듯이 영국이 가장 늦었던 것은 섬나라라는 지형적인 원인으로 말미암아 오랫동안 역사적 필연이라는 새로운 힘으로부터 단절되어 있었기 때문이 아니라, 영국에서는 사회를 자본주의로 성숙시키려는 흐름이 유럽 대륙과는 전혀 다른 모습으로 시작되었기 때문이다. 자본주의가 대륙에서는 상업자본의 발생과 더불어 시작되었지만 영국에서는 당시의 가장 중요한 상품인 양모를 생산하던 지주의 자본주의화에서 시작되었다. 이 때문에 당시의 영국에서는 아주 기묘한 시민계급이 발전하기 시작했다.

르네상스 시대의 막은 스페인과 프랑스에서 가장 먼저 내려졌다. 그것은 이들 나라에서 여러 가지 전제가 토대가 되어 절대주의 체제를 성립시키는 조건이 가장 빨리 발달했기 때문이다. 독일에서는 16세기 초에 이와 동일한 결과가 나타났고 네덜란드가 가장 늦은 17세기 후반에 절대주의에 합류했다. 영국에서는 이러한 현상은 아예 일어나지도 않았다. 1649년에 "명예혁명"을 성취시켰던 시민계급의 승리는 영국에서는 최후의 것이었지만 이 승리도 그 후의 타협에 의해서 그 의미가 사라져 버렸다. 따라서 이후의 영국의 정치적 발전은 대륙의 정치적 발전과는 전혀 다른 모습으로 진전되었다.

이에 대해서 미술사적인 견해는 이 세계사적인 연극의 제2막, 즉 상업자본의 활발한 팽창에 의해서 형성되었던 미술적인 반영만을 보여준다. 그러나 앞에서도 설명했듯이 이 굉장한 연극은 제1막도 있다. 연극이라는 것은 대단원과 함께 서막이 있는 것이다. 미술사는 이 다른 부분을 다른 이름으로 부르고 있지만 문명사는 전체, 즉 초기, 중기, 말기를, 말하자면 전성기만이 아니라 전체를 취급하지 않으면 안 된다.

2. 르네상스의 본질

삶에 대한 관념은 형이상학적인 것도 아니며 또한 설교와 같이 외부로부터 주어진 것도 아닌 변증법적인 것이다. 그것은 각 시대의 삶이 가지는 특수한 운동의 본질로부터 형성된다. 세계사 가운데 나타나는 모든 관념과 사고방식은 이러한 삶의 과정의 결정체, 즉 인간의 사회적 삶의 결정체일 뿐이다.

이것을 간단한 과학적 공식으로 줄여서 말할 경우, 이 책의 서론에서 출발점으로 삼았던 사상의 토대와 일치한다. 그런데 이러한 지식을 역사적으로 설명할 경우 먼저 문제가 되는 것은 삶 속에서 나타나는 운동과정을 결정하는 요소가 도대체 무엇인가라는 점이다. 나는 앞에서 이 의문에 대한 답을 제시했다. 즉 내가 대략적인 윤곽을 밝혔던 것처럼 삶 속에서 특수한 운동의 모습을 형성하고 그것을 일정한 방향으로 유지해나가게 하는 것은 인간의 물질적 이해관계이다.

그런데 앞에서도 설명했듯이 인간의 물질적 이해관계란 생산관계가 끊임없이 변화하기 때문에, 바꾸어 말하면 민족이나 계급 내부에 새로운 요구가 등장하여 기존의 지배계급이 축출되거나 다른 계급에 의해서 압박받기 때문에 부단히 변화해간다. 이러한 관계로부터 관념과 사고방식의 역사적 발전에 대한 아주 확실하고도 중요한 결론이 나온다. 이 중요한 결론이란 인간의 기존의 생산관계의 근본적인 변화, 즉 혁명적인 변화는 생활 속에서 아주 새로운 정신내용, 경우에 따라서는 아주 새로운 관념을 탄생시킬 수밖에 없다는 것이다.

이러한 전혀 새로운 경제원칙이 역사에 등장하면, 바꾸어 말하면 특정의 생산양식이 발흥하여 기존의 생산양식과 대립하고 따라서 전혀 상이한 사회조직이 필요하게 되면, 앞에서 말한 근본적인 변혁이 일어나며 그 변혁은 또한 전혀 새로운 사고 방식과 관념의 탄생을 촉진시킨다. 요컨대 이러한 새로운 경제원칙의 발흥이 역사의 혁명적인 요소가 되는 것이다. 이 요소는 사회의 토대를 근본적으로 변화시키며 그 영향은 발전의 완만한 흐름 속에서 배태된 아주 사소한 모순만을 제거하는 데에 그치지 않고 사회를 본질적으로 변화시킨다. 사회의 본질이 변화하는 까닭은 첫째로 새로운 경제원칙의 탄생과 동시에 새로운 이익을 가진, 따라서 새로운 사고방식을 가진 새로운 계급이 형성되기 때문이며, 둘째로 이 새로운 요소가 자신과 대립하는 모든 계급을 소멸시키거나 경우에 따라서는 그것을 변혁시키기 때문이다. 위의 두 현상은 발전과정의 필연적인 산물로서 이러한 변혁과정에서는 인간의 사회생활의 모든 기존 양상이 변화될 수밖에 없다.

그러므로 이 전환기에는 낡은 시대의 막이 내리고 새로운 시대의 막이 오르게 되며 문화적인 면에서의 모든 경계선도 명확하게 드러난다. 물론 하나의 새로운 원칙이 철저하게 추진됨에 따라서 그리고 그 새로운 원칙의 의의를 점차 혁명적으로 철저하게 인식함으로써 그것이 사회의 기존 토대를 전면적으로 붕괴시켜서 새로운 토대로 대체시키든 혹은 부분적으로만 변화시키든 낡은 시대, 즉 낡은 사상을 가진 인간들에 의해서 영위되던 기존의 사회생활과 새로운 시대를 구분하는 경계선은 한층 명확하게 드러날 수밖에 없으며 현재는 과거에 비해서 마치 낮과 밤, 여름과 겨울의 구분처럼 한층 선명하게 부각될 수밖에 없다. 이 경우 시대를 구분하는 경계가 처음부터 확실하게 드러나든 혹은 처음에는 전혀 분간할 수 없는 상태이든 그것은 그다지 문제가 되지 않는다. 역사발전이 그러한 전환기적 단계에 이르면 시대는 혁명의 시대에 접어들게 된다. 이러한 시대에는 삶의 모든 분야가 새로운 원칙에 의해서 변모된 모습으로 수용되고 또 새로운 세계의 주인공이나 새로운 세계의 입법자와 유기적으로 결합되어 그들에 의해서 지배되기까지는 그 막이 내리지 않는다. 이러한 진행은 수십 년에 걸쳐서 이루어지며 심지어는 한 세기에 걸쳐서 계속되기도 한다.

그런데 새로운 역사의 건축가가 시대의 모습을 새롭게 만들 경우에 그러한 시대의 모습은 이전과는 전혀 상이한 모습을 띨 수밖에 없다. 그뿐만 아니라 이러한 혁명기에는 인간의 역사가 그 관객에게 보이는 연극으로서 가장 우수하게 연출되지 않으면 안 된다. 이것은 아주 중요한 문제이다. 이러한 연극에서는 특히 매우 풍부한 경험이 수집되어야 하고 아주 훌륭한 성과를 거두어야만 하며 인간정신 또한 지고의 단계에까지 고양되어야 한다. 한편 몰락자의 비극은 보는 것만으로도 비참한 감정을 불러일으킬 수 있는 모습으로 연출되어야 한다. 이제 전장(戰場)은 순차적으로 펼쳐지지 않으면 안 된다. 그 광경은 여러 세기에 걸쳐서 사람을 감동시키는 힘을 결코 상실하지 않을 것이다. 위의 모든 것들은 내적인 필연성일 뿐, 어렵고 이해할 수 없는 성질의 것은 아니다.

이러한 시대에는 항상 창조적인 것이 위세를 떨치고 내가 지금부터 서술하려고 하는 것처럼 필연적으로 창조적인 것이 위세를 떨칠 수밖에 없다. 또한 위대한 것이 힘을 발휘하게 된다. 위대한 것이란 결국 더욱 높은 의미에서의 아름다움이다.

새로운 원칙이 세계에 등장하는 순간 기존의 것과는 전혀 다른 새로운 힘이 인간의 모든 형태의 행동력에 저절로 작용하게 된다. 그 때문에 개인뿐만 아니라 작은 집단 속의 인간들의 삶을 형성하는 기준이 전반적으로 향상된다. 사회 전체가 전혀 상이한 토대 위에 놓이기 때문에 적어도 모든 계급들의 안목이 높아지며 그 결과 모든 계급의 기존의 낮은 견해는 교란되어 소멸해버린다. 그런데 새로운 전망, 따라서 새로운 힘이 인간의 노력을 향하여 열림과 동시에 날개가 생기게 되어 정신은 눈 깜짝할 사이에 무한한 가능성의 세계로 날아간다. 정신은 시대 그 자체로부터 새로운 문제를 받아들여서 때로는 직관적으로 수세기 이후의 미래에 비로소 성숙될 결과를 맹아적인 형태로나마 정확하게 예견한다. 공상이 만발하게 된다. 그것은 인류에게는 두텁고 불투명한 베일로 가려져 있어서 가까이 있는 것조차도 보지 못하도록 눈이 가려져 있는 상태와도 같이 생각된다. 그러나 바야흐로 이 베일이 벗겨지면서 미래를 향한 전망은 인류를 위해서 끝없이 펼쳐지고 정신의 세계에 돌연히 등장한 드넓은 새로운 시야는 예측하기조차 불가능할 정도로까지 무한하게 펼쳐진다. 그것은 인류가 이러한 시대에 체험하는 일반적이고도 동시적인 잉태의 행위이다. 이 생식의 환희는 전세계를 풍미한다. 그 이후로 모든 개인은 자신의 태내에 미래를, 머지 않아서 가장 아름다운 세계를 도래시킬 수밖에 없는 새로운 세계를 잉태하고 있다는 확신을 가지게 된다. 이렇게 하여 환희에 찬 봄의 예감, 몸 가까이까지 바짝 다가온 위대한 존재에 대한 확신으로 가득 찬 미래를 향한 예감이 모든 계급과 국민에게, 때로는 전세계에 감돌게 된다.

아주 오래 전부터 정체되어 있던 발전의 흐름은 그로 인해서 모든 분야에서 돌연히 움직이기 시작하며 민첩하고 대담하며 득의양양하게 흘러간다. 그때까지 가장 훌륭한 미덕으로 칭송되던 기회주의적인 신중론은 가장 경멸해야 할 악덕으로 변해 버린다. 민첩한 결단, 대담한 행동, 저돌적인 기업욕, 무한한 모험욕 등은 최대의 칭찬을 받는다. 이러한 것들은 죽음을 두려워하지 않을 정도로까지 광적으로 추구되어도 무방하다. 이런 시대에는 정열, 즉 사랑과 증오가 장엄한 존재로까지 받들어진다. 세계가 기존의 상태에 고착되어 있는 것에서 이익을 얻는 존재들은 자신들의 생활을 유지해주는 재산이 흔들리기 때문에 마치 공격당하는 것처럼, 또한 자신들의 "가장 신성한" 권리가 침해당하는 것처럼 느끼기도 한다. 그 상황은 이런 사람을 베르제르커(Berserker : 북유럽 신화에 나오는 곰의 가죽을 걸친 광포한 용사/역주)로 만들어버린다. 이런 무리들은 온갖 수단을 동원하여 새로운 존재의 전진을 필사적으로 저지하기에 급급하게 된다. 이러한 사태에 의해서 인류의 존속은 심각하게 위협당할지도 모른다. 그런데 새로운 시대의 경제사상을 대표하는 새로운 계급은 그다지 관대하지 못하다. 신흥계급은 결코 감상적이지도 않으며 위선적이지도 않다. 그러므로 그들은 아주 명확한 언어로써 자신들의 역사적 권리를 하나하나 주장해나가며 자신들의 실제적인 혹은 가상적인 적에 대하여 조소와 매도를 퍼부을 뿐이다. 세계에 등장한 새로운 존재로부터 인류의 미래를 위한 새롭고 가장 아름다운 이상을 도출하기 위해서 참으로 헌신적인 연애가 두 진영을 향해 펼쳐진다. 이러한 연애 속에서 가장 아름다운 사회적 덕성의 형태서 —— 결국 희생을 감격적으로 여기면서 인간을 세계 속에 던짐으로써 자신조차 잊어버리는 연대감 —— 가 싹튼다. 바야흐로 이러한 여러 가지 경향의 충돌 속에서 혁명투쟁의 격렬한 형태가 발생한다. 대부분의 혁명투쟁 과정은 몸서리칠 정도로 두렵고 또 그 하나하나의 과정이 공포스럽지만 그럼에도 불구하고 혁명투쟁은 실로 거대하다. 왜냐하면 그것은 전체, 즉 전세계의 운명을 내건 승부이기 때문이다.

이러한 시대에는 전통적인 편견들은 모두 대담하게 축출되어버린다. 낡은 것은 극복해야 하는 것으로 생각되기 때문에 낡은 것들로부터 야기되는 모든 것들은 진리가 아니라고 규정되며 인습이라는 라벨이 붙은 모든 것들에 대해서는 의문과 조소가 퍼부어질 뿐이다. 그리하여 눈앞의 모든 상황과 제도가 비판된다. 그리고 발전 그 자체가 계속 진전됨에 따라서 영원하리라고 여겨지던 과거의 굉장했던 정신적 지주들을 대담하게 무너뜨림으로써 모든 권위가 흔들리게 되며 지금까지 최상의

시인 아레티노가 묘사한 성애를 주제로 한 줄리오 로마노의 스케치

신뢰나 신앙 그리고 당연한 존경으로 타인을 떠받들던 것이 불가능하게 된다. 마지막으로 눈앞에 놓인 모든 것들이 과연 자격을 갖추었는가 하는 문제가 제기된다. 만약 그러한 것들이 새로운 관점에서 볼 때 자격을 갖추지 못하고 있다고 판단될 경우, 사람들은 거리낌없이 사형선고를 내릴 것이다. 그러한 선고는 앞의 경우에만 한정되는 것이 아니라 무엇보다도 인간의 성생활을 결정하는 모든 규율에 적용된다. 왜냐하면 인간은 도덕성의 한계를 성생활에서 가장 빨리 감지하기 때문이다.

그러한 시대에 인간은 파괴에 대하여 대담해질 뿐만 아니라 건설에서도 당당하게 끝까지 밀고 나간다. 생산력은 굉장히 높아진다. 셰익스피어 시대의 생산력의 팽창에 대하여 게오르크 브란데스는 그의 「셰익스피어 연구」에서 다음과 같이 서술하고 있다.

영어가 수억의 인간에게 읽히고 있는 오늘날 영국에는 손으로 꼽을 수 있을 정도의 시인밖에 없다. 그런데 옛날 영국에는 300명에 가까운 서정시인과 희곡시인이 있었던 것이다. 그 시인들은 왕성한 창작욕으로 현대의 덴마크의 독서계보다도 크지 않은 독서계를 위해서 펜을 휘둘렀다. 왜냐하면 인구 500만 가운데 문맹은 겨우 네 명뿐이었기 때문이다. 시를 읽는 것은 현대 독일의 숙녀가 피아노를 치는 것과 마찬가지로 당시 영국 남자들 사이에서 흔히 볼 수 있는 현상이었다.

헤라클레스와 옴팔레 여왕(안니발레 카라치의 그림에 의한 동판화)

보다 훌륭한 사회를 건설하기 위해서 인간은 도처에 새로운 널빤지를 세우고 새로운 말뚝을 박기 시작했다. 낡아빠진 것을 고치는 데에만 노력했던 것이 아니라 처음부터 다시 시작하는 데에도 힘껏 노력했다. 그렇게 장대하고 그렇게 공상적인 일은 없었을 것이며 그러한 일은 전체나 개인에게 너무도 거대하고 위험하며 또 터무니없는 것으로 보였을 것이다. 그것은 요컨대 인간이 사상이나 감정의 모든 면에서 세계적이 되고 개개의 인간이 자신의 내부에 거대한 힘이 존재함을 감지했기 때문이다. 인간은 자신의 의지로써 모든 것을 포용하려 했고 모든 것을 탐색하려 했으며 모든 저항을 축출시키려 했고 모든 것을 지배하려 했다. 이러한 것이 개인이나 계급, 민족을 위대하게 만들었던 것이다. 왜냐하면 그것이야말로 그 시대의 통일된 모습이었기 때문이다. 인간은 사물이나 인간에 대하여 최대한의 것을 요구했다. 그 요구에는 제한이나 한계가 없었다. 그러므로 인간은 또한 항상 성숙한 것에 우선권을 부여했다. 성숙한 것이라면 육체적인 것이든 정신적인 것이든 모두가 찬양되었다. 이러한 시대에 가장 인기를 모은 존재는 전도양양한 청년이나 이제 막 피어나려는 꽃봉오리와 같은 아가씨가 아니라 오히려 최상의 정력을 소유한 실천력

100

있는 남성과 발육이 절정에 달한 이해력 있는 여성이었다. 남성의 형상은 아폴론과 헤라클레스(여기서의 아폴론은 그리스 조각들 가운데 특히 미남인 벨베데레의 아폴론, 헤라클레스는 대담무쌍한 영웅으로서 늠름한 몸을 가진 남자를 말함/역주)여야 했고 여성의 형상은 베누스와 유노(베누스는 사랑의 여신, 유노는 유피테르의 아내로서 단정한 미인을 말함/역주)여야 했다.

데이아네이라(한스 제발트 베함, 동판화)

그런데 이러한 시대에는 욕망 면에서 대담했을 뿐만 아니라 다른 시대와는 달리 실천 면에서도 항상 당당하고 늠름했다. 요컨대 실천은 욕망과 동일한 보조를 취했다. 인간정신에서 그때까지 고찰되었거나 형성되었던 것들 중에서 가장 고귀하고 가장 심오한 것이 실천에 옮겨졌다. 그리고 개별적인 것의 완성된 모습이나 풍요함은 그 진기함에서도 위대했다. 시대가 토해내는 숨소리는 항상 창조적이며 그 숨결은 잠시도 사그라들지 않았다. 이전까지는 수세기에 걸쳐서 겨우 완성될 수 있었던 것을 이제는 놀면서도 손쉽게 해낼 수 있게 되었으며 게다가 머리 속에서 상상했던 것보다 더 위대하고 훌륭하게 만들수 있게 되었다. 이 시대에 인간이 전개한 모든 일은 영웅적이라는 또 하나의 특색을 지닌다. 시대의 모든 힘찬 에너지가 일 가운데 되살아났기 때문이다. 그것은 마치 시대 그 자체가 눈에 보이지 않는 손으로 아주 작은 일 속에까지 숨어서 작용하는 것처럼 여겨졌다. 그러므로 이 시대에 만들어진 모든 것은 소위 불후의 가치가 있다는 보증을 받았다. 물론 이 경우에 이 세상의 가장 훌륭한 것을 모두 손에 넣을 수 있었다는 것은 아니다. 왜냐하면 손에 넣을 수 있는 것의 최상의 수준은 항상 지금 문제삼고 있는 시대가 새로운 문제의 해결을 위해서 어떤 수

괴수 사티로스의 가족(우르스 그라프, 목판화, 1520)

환희에 가득 찬 비너스(제라르 드 조드, 동판화, 17세기)

Petrus de Iode sculpsit · Mart. de Vos inv.

포세이돈과 님프(피에르 브레비트, 부식 동판화, 17세기)

단을 사용했는가에 달려 있기 때문이다. 그것은 이전 시대의 성숙도 혹은 수준에 달려 있다. 이용될 수 있는 수단의 범위와 숙련방식이 시대의 대담함과 실천력의 크기를 결정하며 나아가 한 시대의 이룰 수 있는 일의 분량이 어느 정도까지 가능한가를 결정하게 된다. 그런데 수단, 즉 과거의 유산이 원시적이고 유치하면 할수록 일의 분량도 줄어들고 대담한 약속이나 모험도 사라져버린다. 그러므로 기준이라는 것은 상대적인 것에 불과하지만 그럼에도 불구하고 이 시대에 세상 사람들의 모든 것이 한층 완숙한 경지에 도달했다고 말하더라도 그것은 결코 틀린 말이 아니다.

위의 사실은 새로운 경제원칙이 역사를 결정하기 시작한 시대의 본질이며 특징이었다. 새로운 경제원칙은 이러한 혁명기의 전망을 전반적으로 드높은 차원으로까지 변혁시켰다. 항상 "신변의 안전"만을 지키려고 하는 속물들은 이러한 시대에 대하여 은근한 공포를 느낀다. 전진하는 인간 앞에서 인간정신의 이상이 아직도 우뚝 솟아 있는 것을 바라보는 사람들만이 이 경천동지(驚天動地)의 시대를 싫증을 느낄 때까지 바라볼 수 있을 뿐이다. 그들은 항상 그러한 시대의 생동하는, 축복받은 사람들을 은밀한 선망의 눈초리로 바라본다. 왜냐하면 이러한 사람들은 인류의 정상에 올라서 가장 멀리까지 내다보는 인간이며 그러한 정상에 오르는 것은 인간이 참여할 수 있는 최상의 행복이기 때문이다. 따라서 의식하고 전진하고 싶다는 어쩔 수 없는 동경은 그러한 시대가 다시 한번, 가능하면 빨리 오기를 바라게 한다. 결국 인류는 그러한 시대의 도래를 통해서 다시 찬란한 경탄으로 충만되기 때문이다. 경탄과 개벽은 이번에야말로 이전에 등장했던 것보다도 훨씬 위대한 것이 될 것이다. 이번에야말로 인간이 자신의 새로운 문제를 해결하기 위해서 사용하는 수단이 유치하기는커녕 절대적, 상대적으로 오히려 숙련된 상태에까지 발달해 있을 것이기 때문이다. 그때에야말로 최대의 것에 대한 전제가 부여된다. 왜냐하면 새로운 시대는 이 가장 높은 목표를 향해서 의식적으로 확실한 태도를 취하고 있는 계급을 발견하기 때문이다. 그러므로 하나의 비등점만이 아니라 수십만 개의 비등점이 대열을 갖추게 될 것이다. 그때에야말로 그것은 재차 "생생한 환희"가 되며 또한 최고의 기쁨이 되기조차 할 것이다.

그러한 시대가 바로 르네상스 시대였다. 바꾸어 말하면 내가 앞에서 묘사한 모든 것은 새로운 경제원칙 —— 상품생산을 향한 발전과 그것으로부터 발생한 화폐경제 —— 이 14세기와 15세기에 다시 유럽 세계사에 등장하여 중세와 함께 종말을 고하게 되었을 때 유럽 문명의 틀 속에서 전개된 상황이었다. 그런데 이 발전은 중세에 대한

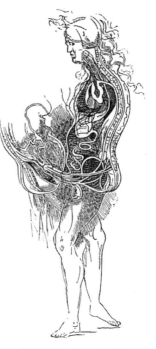

인체해부도(레오나르도 다 빈치)

경계선을 그음과 동시에 전혀 새로운 시대를 위한 탄생을 의미했다. 이 새로운 시대야말로 2세기에 걸쳐서 마르크 공동체라는 틀 속에서 형성되었던 농업생산과 수공업생산의 협애성을 탈피하고 세계통상이라는 거대한 규모로 약진하여 마침내는 근대 자본주의의 최초의 단계를 구획한 시대였다.

르네상스 시대가 지니는 혁명적인 의의를 그렇게 간단하게 과장할 수는 없다. 왜냐하면 그것은 근대에 나타난 가장 뛰어난 혁명의 시대였기 때문이다. 이 혁명은 그 의미의 심오함과 광대함에서도 뛰어난 것이었다. 왜냐하면 그것은 문명 유럽 전체를 휩쓸어 당시에 등장한 새로운 원칙이 도처에서 압도적으로 관철될 때까지는 결코 그 막을 내리지 않기 때문이며 또한 고대의 붕괴와 종말 이후 처음으로 최고의 시대를 유럽 사람들에게 열어주었기 때문이다. 그것은 실로 근대 인간사의 탄생이기도 했다. 이후, 또한 이와 동시에, 문명의 가장 중요한 재산인 국민과 국어가 탄생했다. 이 시기 이전에는 국민이라든가 국어라는 것은 아직 존재하지 않았다.

국가라는 것은 그 이전에는 대부분 적대적으로 경계하는 이익집단, 함께 모여 사

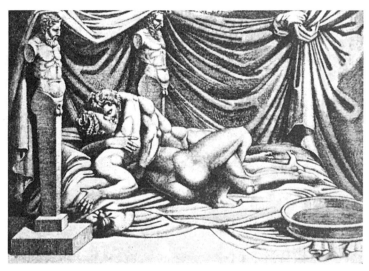

시인 아레티노가 묘사한 성애를 주제로 한 줄리오 로마노의 스케치

는 미개한 집단에 불과했으므로 그것은 아주 잡다하게 결집된 존재에 지나지 않았다. 작은 마르크 공동체, 즉 대부분의 촌락집단은 고작해야 인접한 몇몇 촌락으로 구성된 중세적인 사회조직의 형태가 지배적인 세계였다. 마르크라는 공동체에 속하지 않은 자에게는 아무런 권리도 없었으며 그뿐만 아니라 그는 외지인이나 이방인 대접을 받았다. 자신과는 다른 마르크 공동체의 성원 역시 모두 외지인이었고 따라서 다른 세계의 사람이었다. 이 다른 세계를 향해서는 아주 원시적인 통로만 존재할 뿐 대부분 서로 경계의 대상이 되었다. 왜냐하면 이러한 여러 다른 세계들은 이미 다양하게 상충된 이해관계 속에 있었기 때문이다. 그들은 다른 세계가 가지는 이해관계를 이해할 수 없었기 때문에 아주 좋은 조건 아래서도 그런 이해와는 별 상관이 없는 일에까지 경계심을 품었다. 그리고 다른 세계의 이해관계가 자신들의 이해관계를 위협할 경우에는 적대적인 태도를 취했다. 결국 수천으로 분열되어 있는 교회주의라는 입장이 중세 정신구조의 본질을 이룰 수밖에 없었다. 그리고 인간을 결합시키는 매개체인 언어조차도 뿔뿔이 흩어진 나라들을 결집시키지 못했다. 왜냐하면 인간은 서로 격리된 채 무수한 방언을 사용함으로써 자신의 방언만을 마치 성역처럼 외곬으로 떠받들었기 때문이다. 얼마 떨어져 있지 않은 지역의 방언일지라도 외국어처럼 전혀 통하지 않았다. 사람들은 한 나라 안에서도 수많은 방언을

106

시인 아레티노가 묘사한 성애를 주제로 한 줄리오 로마노의 스케치

사용하고 있었다. 인접한 지역 사이에 참혹한 천재지변이 발생한 경우에만 공동의
이해관계가 발생했다. 그러나 부득이 협력하지 않으면 안 되는 사유가 사라지면 그
들은 곧 원래의 격리된 상태로 되돌아갔다.

　이런 상태를 야기한 것이 바로 중세의 경제적인 토대였다. 중세는 자연경제에 의
존하고 있었다. 인간은 자가수요만을 위해서 생산했고 따라서 보통 자기의 가정에
서 소용되는 모든 것, 즉 식료, 의류, 주택, 노동용구를 스스로 생산했다. 인간의
공적이고 사적인 모든 활동을 제한하는 테두리는 생산자와 그 가족이 속한 마르크
공동체에 의해서 결정되거나 경우에 따라서는 사람들에게 세금과 부역을 부과하는
봉건영주에 의해서 결정되었다. 인간은 이 테두리 내에서만 자신의 모든 수요를 충
족시켰고 그 수요는 또한 이 테두리의 생산력에 의해서 제한되었다. 봉건영주는 여
러 적들을 방어하는 책임을 맡았고, 그 대가로 무거운 의무를 지웠다. 상당히 작은
집단이 격리되어 있거나 영지가 고립되어 있는 경우 그러한 고립적인 사회생활에서
생기는 관념은 다양한 민족을 포괄하여 지도하는 인간들의 공동관념에 비해서 그
숫자가 훨씬 적었다. 예를 들면 서로간의 교통에 대한 이해는 전혀 진전되지 못했
다. 그러므로 국도(國道)라는 것은 상상조차 할 수 없었다. 공동의 협력을 필요로
하는 국도공사를 추진하자는 사회적 요구는 어디에서도 나타나지 않았다. 이와는

기타 연주(J. D. 게른의 가면 도상집)

반대로 촌락이라는 작은 구조에서 발생되는 사소한 이해관계에서는 끝없는 충돌이 야기되었고 심지어는 그것이 손자대에까지 집요하게 계속되기도 했다. 자연경제의 지배가 장기간 계속될 수밖에 없었던 사정도 이러한 사실로부터 설명이 된다. 경계가 되는 강, 산맥, 호수에 의해서나 자연의 교통로로부터 격리된 지방 그리고 그러한 지리적인 장애가 중복되어 있는 곳은 오늘날에도 자연경제의 지배를 강하게 받고 있다.

이런 목가적인 상태는 고전적인 낭만파가 공상하는 의미에서의 목가풍은 결코 아니었지만 그것을 강화하는 조건들이 그 내부에서 부단히 발생하여 오랫동안 계속될 수 있었다. 그런데 앞의 이유로 그렇게 되었던 것만은 아니었다. 발전이 어느 수준에 도달했을 때 오히려 그러한 상태가 창출시킨 요소, 요컨대 그러한 상태의 종속에 대립하는 요소에 의해서 목가적인 상태는 극복되어야 할 운명에 놓이게 되었다. 자연경제에 대립하여 마침내 그것을 붕괴시킨 요소란 아주 간단한 형태로 부단히 진전되어오던 분업이라는 자연적인 경향이었다. 분업이야말로 독립수공업을 탄생시키고 마침내는 상업을 가능하게 한 원동력이었다. 이러한 발전으로 수공업은 낡은 권력과 함께 새로운 권력이 되었으며 종국에는 내부의 필연성에 의해서 낡은 권력을 극복하고 확고한 새로운 권력으로 등장했다. 분업의 경향이란 물론 저절로 형성된 자연현상이었다. 요컨대 이 경향은 노동과정을 더욱 합리적으로 만들기 위해서 그 과정을 단순화하려고 하는, 언제 어디에서나 볼 수 있는 인간의 노력의 필연적인 결과였다. 분업의 최초의 형태는 생산노동과 비생산노동의 분리였다. 바꾸어 말하면 방위의 의무를 일정한 조직의 무리들에게 일임시키고 그외의 사람들은 가능한 한 외부로부터 방해받지 않고 안심하고 자신의 생산노동에 열중할 수 있게 하는 구조였다. 인간이 생활 속에서 자신의 노동용구의 주인이 됨에 따라서, 즉 노동용구를 능숙하게 다루는 방법을 이해함에 따라서 분업

108

생식의 신 프리아포스(독일의 삽화집)

은 모든 생산노동 분야에서 점점 확대되게 되었다. 결국 분업에 의해서 생산노동의 수익은 증가했다. 이렇게 하여 마침내 독립수공업이 탄생되었다. 그런데 수공업생산이 점차 개인이나 공동체의 수요를 충족시키게 되자 남은 잉여생산물을 다른 집단과 교환하지 않으면 안 되었다. 이런 요구에 따라서 시장이 발생했다. 시장은 교통의 요지에 등장했다. 그러나 동시에 도적의 습격을 방어할 필요가 있었다. 이런 장소에 모인 물품들은 부근의 외지 주민에게는 물론, 배가 다니는 하천 부근에서는

르네상스 시대의 인장

해적에게도 끊임없이 욕심의 대상이 되었다. 이제 시장이 개설된 곳은 성곽도시로까지 발전했다.

원래 상호간의 교환은 자기 가정의 수요를 위해서 만들었던 물품 중 남은 물품들을 물물교환하는 것이 보통의 형태였다. 그것은 미래를 위한 준비의 시대였던 중세 말기의 특징이었다. 노동생산력이 점차 높아지고, 수공업이 점차 성장함에 따라서 인간은 마침내 교환 자체를 위해서, 바꾸어 말하면 상업 자체를 위해서 물품을 만들게 되었다.

그런데 이러한 생산양식은 이윽고 낡은 시대와 새로운 시대를 구별하는 아주 중요한 변수가 되어버렸다. 결국 이렇게 되자 가장 혁명적인 요소, 즉 화폐가 등장했던 것이다. 화폐는 상품생산이 필요로 하는 없어서는 안 될 교환의 매개체였다. 상품생산은 화폐를 발전시켰다. 자기 가정의 수요나 마르크 공동체라는 협소한 사회를 위해서만 물품을 만들었던 자연경제 시대에는 교환의 매개체가 특별히 필요하지 않았다. 사람들은 봉건영주에 대한 의무도 역시 현물로 바쳤고, 이것을 통해서 영주에 대한 노동과, 방위임무 때문에 자신들의 물건을 만들 수 없는 영주의 병사들의 노동을 대신했다.

화폐는 중세적인 봉건적 생산양식을 동요시키고 마침내 붕괴시켰다. "상품교환이 발전됨에 따라서 금은 점차 큰 권력으로 등장했다. 금은 누구든지 손에 넣고 사용할 수 있는 상품이었다. 인간은 금이라는 상품을 통해서 봉건적인 생산양식이 공급한 모든 것, 즉 고용인, 집과 대지, 음식물 그리고 나아가서는 자신의 가정에서 만들지 않는 여러 가지 물건이나 장래 필요하게 될 물건, 다시 말하면 금을 통해서만 입수할 수 있는 물건들을 손에 넣을 수 있게 되었다. 돈을 버는, 바꾸어 말해서 상품을 만들거나 매매하는 계급은 점차 큰 힘을 쌓았다. 한편 법률에 의해서 도제의 수를 제한함으로써 간신히 어느 정도의 부를 획득할 수 있었던 춘프트(동업조합)의 마스터들은 눈깜짝할 사이에 상인으로 전신해갔다. 상인은 이윤을 열광적으로 추구했고 상인의 자본은 무한히 늘어날 수 있었다. 그리고 상인에 대해서 결코 불유쾌한 감정을 느낄 수 없었던 것은 상업을 통한 돈벌이가 막대했기 때문이었다.”
(카우츠키, 「토머스 모어와 그의 유토피아」) 그런데 매우 중요한 것은 앞에서 결정
적이라고 했던 것이 이 상황에서 유행한 사실이다. 새로운 원칙, 즉 상품거래 ——
화폐를 매개로 하는 항상 혁명적인 수단이었던 —— 를 통해서 하나의 생산양식이
역사에 등장했다. 그것은 그때까지 사회를 형성하고 있던 토대를 전반적으로 위협
함으로써 인간들을 곤혹스럽게 했을 뿐 아니라 이전의 모든 토대를 붕괴시키고 전
혀 새로운 토대 위에 사회생활을 자리잡게 했다. 그 때문에 그 토대 속에서 전혀 새
로운 뿌리가 무성하게 뻗어나갔다.

그와 동시에 모든 사상과 감정도 전혀 새로운 내용을 가지게 되었다. 사물을 보
는 견해와 관념은 송두리째 뒤집혔다. 상품거래는 상인으로 하여금 전혀 새로운 계
급인 근대적 부르주아의 최초의 형태를 만들게 했고, 이전까지 자리를 잡고 있던
다른 계급을 모조리 변화시킴으로써 전혀 새로운 사고방식을 형성시켰고 그와 동시
에 전혀 새로운 에너지를 역사의 발전과정에 방류했다. 극히 두드러진 현상만을 들
어보겠다. 자기 가족의 수요만을 위해서 물건을 만드는 경우에는 그 구조의 협애성
으로 인해서 각 개인의 에너지가 팽창한다고 하더라도 아주 소극적인 충동력 정도
를 넘지 못했다. 그러므로 정신은 소위 자신의 테두리를 벗어날 수 없었다. 그런데
세계교역으로 이끈 상품생산의 시대에 이르자 그것은 전혀 다른 양상을 보이게 되
었다. 거기에는 이미 한계라는 것이 보이지 않았다. 그러므로 개인이나 전체의 배
후에는 아주 강한 충동력이 움직이게 되었다. 모든 것은 차례차례 새롭게 폭발했
다. 모든 것은 무한한 가능성의 세계로, 무궁한 영역을 향해서 달려가고 있었다.
여기서 정신은 항상 자기 스스로를 초월하고 또 그 시대현실에 의해서 결정되었다.
그것은 한계를 초월하여 점점 앞으로 전진했다. 그와 동시에 전혀 새로운 사고방식
을 가진 새로운 인간이 세계에 탄생했다. 인간은 집단주의자로부터 개인주의자로,
따라서 무엇보다도 먼저 배금주의자로 변모했다.

이 운동은 일찍이 이탈리아에서 시작되었다. 정확하게 말하면 최초의 발단은 남
부 이탈리아에서였다. 이 지역에서는 중세부터 동양과 서양 사이의 교역관계가 발
생했다. 먼저 그리스인과 사라센인이 이탈리아를 공격하여 —— 구식의 처방전이
다 —— 그들에게 자신의 상품, 특히 비단과 향료를 억지로 떠맡겼다. 그 시대의
해외교역은 콘스탄티노플과의 무역에서 시작되었다. 남부 이탈리아에 이어서 북부

성애를 표현한 석조 프리즈 장식(브레멘)

이탈리아가 그리고 그 뒤를 이어서 스페인, 포르투갈, 영국, 프랑스, 독일, 지중해 연안의 여러 나라와 그밖의 나라들이 점차 무역에 참가했다. 결국 모든 나라에서 수요가 상품생산을 촉진시켰고 상업은 마침내 세계통상으로까지 발전되어 유럽인은 점차 중세로부터 탈출했다.

　이 혁명적인 변혁은 정확히 15세기와 16세기, 특히 16세기에 절정을 이루었다. 트레첸토(Trecento : 1300년대, 즉 14세기) 및 쿠아트로첸토(Quatrocento : 1400년대, 즉 15세기)가 어느 나라에서든 첫 봄소식처럼 세계에 감돌기 시작한 예감의 시대였다면 친쿠에첸토(Cinquecento : 1500년대, 즉 16세기)는 어디서든 최고의 실현의 시대였다. 그 시대의 문턱에서는 창조적인 것 중에서 가장 뛰어난 기록이 쓰였다. 독자들은 예술의 찬란한 표현을 보는 것만으로도 충분하다. 회화의 분야에서는

성애를 표현한 석조 프리즈 장식(브레멘)

어느 나라를 돌아보아도 가장 원숙한 그리고 가장 아름다운 것이 이 시대에 탄생했다. 언어는 문학에서 가장 심오하고 강렬한 영향력을, 회화는 가장 작열하는 원숙성을, 조각은 가장 완성된 형상을 그리고 건축은 가장 당당한 선을 이 시대에 획득했다. 그리고 두번째의 실례로서 다양한 발견에 대한 상인의 기업정신의 힘찬 결과를 살펴보자. 성장하는 자본주의가 가진, 귀금속 및 시장이 가져다주는 이익은 대담하고도 무한한 대발견의 시대를 열었다. 신대륙의 발견, 신항로의 발견은 급속한 발전을 위해서 가장 강력한 지렛대 구실을 했다. 이렇게 하여 문명인은 모든 면에서 유럽의

베누스와 아모르(한스 제발트 베함, 동판화)

지리적인 한계를 뛰어넘었다. 교회가 세계적인 존재였던 것처럼 지상의 도처에서 상품매매를 통해서 이윤을 획득하는 자본도 세계교역이라는 목표에서는 국제적이었다. 자본은 가톨릭 신자만이 아니라 구매력 있는 모든 인간에게 수월한 돈벌이인 상업을 통해서 행복을 가져다준 존재가 되었다. 상대방이 이교도이든 유대인이든 기독교인이든 상관없이 상대방과 상품매매를 할 뿐 자본은 오늘날과 마찬가지로 전혀 종교적인 차별을 두지 않았다.

그런데 이 시대에 자본은 유럽 각국에서 강력한 국민국가를 다지고 국어를 제정시켰다. 이것은 외관상 여타의 국제적인 경향과는 모순된다. 유럽에서의 상인자본의 이익은 국가를 만드는 방향으로 집중적으로 쓰일 수밖에 없었다. 상인자본은 분권적인 봉건귀족이나 봉건사회와 전혀 상반된 이해관계가 있었기 때문이다. 그것은 어디까지나 중앙집권적인 이해관계였다. 자국의 명예를 높일 수 있는, 요컨대 자국의 상업이익, 자국의 요구와 권리를 외국으로부터 보호해줄 수 있는 중앙의 권력 —— 이것은 항상 자본의 배후에 대기하고 있었다 —— 이 강하면 강할수록 상인자본의 이윤을 높일 기회는 그만큼 많아지게 되었다. 그러므로 상인 —— 상인은 도시의 대표자였기 때문에 상인과 함께 도시도 —— 은 군주의 권력을 옹호했다. 또한 군주의 권력 —— 발전 정도에 따라서 어떤 나라에서는 강하고 어떤 나라에서는 약했다 —— 도 분권적 봉건귀족과 싸웠다. 바야흐로 상업자본의 이익은 어디에

유노(목판화, 15세기)

서든 중앙집권적인 성격을 가지고 있었기 때문에, 바꾸어 말하면 어떤 나라에서든 공통적이었기 때문에 또한 어떤 나라에서든 끝까지 관철되지 않으면 안 되었다. 진보적인 절대군주의 권력과 특수한 이익을 대표하는 소귀족과의 사이에 전개된 투쟁도 이미 모든 나라에서 절대군주의 승리에 의해서 또 역사적으로 극복될 수밖에 없는 운명의 생산양식을 대표하던 봉건귀족의 몰락을 통해서 막을 내리지 않을 수 없었다. 이것이 역사의 논리였다. 그런데 이와 같은 역사의 논리는 예외 없이 모든 나라에서 승리를 거두었기 때문에 중세적인 생산양식에 따라서 모든 봉건국가에서 볼 수 있는 바와 같은, 이국에 대해서는 완전히 무력한 취약한 국가구조와는 반대로 이제는 강력한 구조의 민족국가를 건설하고 그것을 재빨리 발전시키는 것을 의미했다. 그러므로 그 시대에 그렇게 견고한 민족국가를 건설했던 것은 실은 상업자본의 경제적인 이해관계의 결과일 뿐이었다. 민족국가의 성립과 함께 언어도 통일되어야 할 필요성이 대두되어 국어라는 것이 발전했다. 앞에서 서술했던 것처럼 봉건시대의 언어는 각 지방의 상이한 경제적인 조건들에 상응하여 수많은 방언으로 분리되어 있었다. 즉 특정 지방의 방언 가운데 대부분의 것은 지방의 특수한 경제구조, 지방의 특수한 사회적 삶의 결과였다. 견고한 사회구조를 가진 민족은 동시에 이러한 방언으로부터 통일적인 국어를 발전시킬 수밖에 없음을 의미했다. 이러한 통일적인 국어란 새로운 세계에 통용되는 통일적인 경제적 이익을 언어로 나타낸 것에 불과한 것이었다. 이 때문에 국가를 형성하는 힘이 가장 왕성했던 지역인 대도시에 의해서 국어의 주권이 행사되었다. 어느 나라의 국어이든 이러한 지역에서 탄생되었다.

민족국가와 국어는 14세기에서 16세기에 지배적이었던 변혁들 가운데 가장 중요한 결과였다. 그것은 결국 가장 빼어난 공적이었다. 왜냐하면 이 둘은 인류로 하여금 가장 강력한 힘을 발휘하게 한 전제조건이기 때문이다. 민족국가와 국어는 또한 최고의 사회적 덕성인 연대성의 토대이기도 했다.

이상이 이 시대의 일반적인 목표, 즉 르네상스 시대의 가장 큰 경향이었다. 그런데 그것을 연구하는 사람들이 르네상스의 본질만이 아니라 당장 다가왔던 르네상스의 거대한 모순을 파악하려고 한다면 그러한 일반적인 면에서 만족하지 말고 그 이상의 아주 상세한 내용에까지 파고들지 않으면 안 된다. 이러한 상세한 내용은 도덕활동에서 특히 문제시된다. 사회적 삶의 거대한 모순은 시대의 도덕에 아주 심각한 영향을 미쳐 그것은 모순으로 가득 차게 되었다.

나는 앞에서 역사적으로 절박한 임무를 해결하기 위해서 각 시대가 발전할 수 있는 수준의 정도는 새로운 시대가 조작하는 수단에 의해서 결정된다고 서술했다. 바꾸어 말하면 새로운 시대가 받아들인 유산, 즉 새로운 시대가 먼저 예측해야 하는 일반적인 역사적 전망의 크기가 새로운 시대의 전진 가능성을 결정하는 최종 요인이다. 이것은 별로 어려운 이론이 아니다. 새로운 이익과 함께 새로운 관념이 부단히 생성되면서 하나의 형식을 취한다고 하더라도 그러한 관념에는 초기에는 낡은 시대의 유산이 내포되어 있기 때문에 —— 즉 초기에는 낡은 시대의 유산을 내포한 상태에서 새로운 전투에 임한다 —— 그 상태에서 얼마만큼 전진할 수 있는가는 이론적으로 볼 때 낡은 시대의 유산의 크기에 의해서 결정된다. 새로운 시대가 절박한 자신의 임무를 해결하기 위해서 획득한 수단은 실제로는 그렇게 유치하다고 할 수는 없지만 여러 면에서 봉건시대의 원시성이 남아 있다.

앞의 사실만으로도 첫째로, 시대적인 문제를 끝까지 해결하는 과정에는 뛰어넘기 어려운 난관이 있으며 둘째로, 이루어진 일의 크기와 범위가 실은 항상 미완성이었다고 이야기되는 것은 당연할 것이다. 그럼에도 불구하고 미완성 상태들이 그렇게 빼어나고 당당한 모습을 보여주는 것은 새로운 경제원칙에 의해서 해방되고 발전된 힘이 그렇게 만들어주었다는 증거일 뿐이다. 모든 일들이 미완성의 상태로 후대에 남아 있었다는 사실은 미술에도 적용된다. 미술도 발전하지 못한 현실로 인해서 시대를 뛰어넘어 가장 최후의 경계에까지 도달하지 못하고 도중하차한 상태로 그쳐버렸다. 하나만 실례를 들어보겠다. 우리는 회화의 가장 중요한 문제의 하나인 공기의 묘사, 정확히 말하여 각각의 대상이 그 속에 파묻혀 있는 분위기를 완전히 묘사해내는 문제를 생각하면 된다. 이 문제의 핵심은 언제나 풀지 못하는 숙제로 남겨졌다. 회화가 이 방면에서 이룩한 것이 있다면 기껏 변죽을 울린 것일 뿐이다. 앞의 사실들은 그밖의 삶의 분야에서도 마찬가지로 적용되었다. 도처에서 대규모의 대담한 등산이 시도되었다. 험한 산의 정상을 정복하려는 용기는 고대의 몰락 이후 한번도 찾아볼 수 없었으며 르네상스가 끝난 후에도 아주 드물었는데 어떤 나라에

ROSARIVM

CONIVNCTIO SIVE
Coitus.

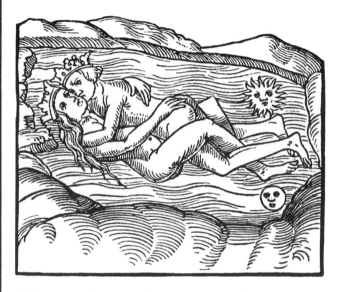

O Luna durch meyn vmbgeben/vnd suſſe mynne/
Wirſtu ſchön/ ſtarck/vnd gewaltig als ich byn·

O Sol/ du biſt vber alle liecht zu erkennen/
So bedarffſtu doch mein als der han der hennen.

ARISLEVS IN VISIONE.

Coniunge ergo filium tuum Gabricum dile‐
ctiorem tibi in omnibus filijs tuis cum ſua ſorore
Beya

철학 저술서의 표지 삽화(16세기)

PHILOSOPHORVM.

FERMENTATIO.

Hye wird Sol aber verschlossen
Vnd mit Mercurio philosophorum vbergossen.

O η

철학 저술서의 장(章) 삽화(16세기)

서도 실제로 그 정상에까지 도달할 수는 없었다.

그 시대의 발전은 일직선으로 쭉쭉 뻗어나가는 것이 불가능하여 항상 구불구불한 길을 택했으므로 도처에서 해결할 수 없는 모순에 빠질 수밖에 없었다. 이러한 것에 가장 큰 영향을 끼친 것은 봉건적인 생산양식이 여러 지역에서 불가피했기 때문만이 아니라 그와 같은 생산양식을 유지하려고 하는 삶의 조건이 아직도 많이 남아 있었기 때문이었다. 앞에서 서술했던 상인자본의 초기의 혁명적인 작용은 극히 확실한 중요성을 가진 지역, 즉 지리적인 위치나 역사적인 단계의 혜택으로 상품의 집산지로까지 발전된 지역에만 한정되었다. 바꾸어 말하면 뭉치기 시작한 국가의 중심부에만 한정되었다. 이 중심부는 대부분 어느 사이에 수도가 되었다. 그런데 수도에서조차도 봉건주의는 아직도 매우 강한 세력을 지니고 있었다. 왜냐하면 도시의 일부 거주자는 그 후까지도 여전히 농업 부르주아를 겸하고 있었기 때문이다. 예를 들면 19세기에 이르러서도 베를린은 여전히 그러한 상태였다. 그럼에도 불구하고 도시에서의 사회의 토대는 수십년에 걸쳐 변혁되었는데 도시에서 지방으로의 발전의 확산은 일반적으로 아주 완만하게 행해졌다. 앞에서도 서술했던 것처럼 각국의 여러 지방에서는 지리상의 고립이나 격리 때문에 봉건적인 생산양식이 수백년씩이나 계속 유지되어 인간은 여전히 자신의 가정이나 부락 또는 고작해야 인근의 수요를 위해서 물건을 만들었으며 아주 한정된 사람들만이 일반 상업을 위한 물건을 만들었던 것이다.

그러므로 르네상스의 전체적인 모습을 보면 그들이 이룩한 것은 두 가지 생산양식의 기묘한 혼합이었다. 바꾸어 말하면 만개한 상태에서 조락에 이르기까지 다양한 단계에 있는 봉건주의적인 생산양식과 여러 발전단계의 신흥 자본주의적인 생산

양식이 기묘하게 혼합된 모습이었다. 이것은 결국 사상이나 감정, 행동에도 많은 차이를 야기시켰다. 그 때문에 앞에서도 서술했듯이 해결할 수 없는 많은 모순을 발생시켰다.

이 책의 특수한 주제인 앞의 내용을 더 상세하게 설명할 경우 나는 다음과 같이 말할 수밖에 없다. 인간이 자신의 사상과 행동으로써 모럴에서 대담한 결과를 낳은 아주 혁명적인 요구와 더불

베누스와 아모르(프랑스의 르네상스 시대 자수품)

사랑(야코부스 마탐, 네덜란드의 동판화, 16세기)

어, 요컨대 순수한 근대적인 영향력을 지닌 여러 가지 결과를 수반한 파괴와 건설을 닥치는 대로 수행함과 더불어, 사회의 봉건적인 토대 속에 아직도 튼튼히 뿌리내리고 있던 낡은 도덕관에 의해서 야기된 유물도 아주 크게 작용했다는 것은 이러한 사실로부터 설명될 수 있다고 생각한다. 새로운 세계 속에 등장한 논리가 목전의 원시적인 사회현실에 부딪쳐 점차 난파당했기 때문에 기존의 낡은 사상은 새로운 시대의 습격에 대해서 끈기있게 저항을 시도했다. 이것은 16세기 중엽부터 점차 여러 분야에 나타난 어쩔 수 없는 현상이었다. 왜냐하면 부단히 앞으로 나아가기 위한 유기적인 발전조건은 어디에서도 발견할 수 없었기 때문이다. 또한 그것은 실로 모든 혁명적인 것이 지니는 비극이기도 했다. 모든 혁명적인 것은 자기 눈앞의 현실의 벽을 뛰어넘으려고 할 경우에 미처 발달하지 못한 뒤처진 현실의 어느 부분 때문에 무자비하게 채여 부서진다. 이러한 경우에 항상 발생하는 혼란 때문에 현재 추구하는 목표의 정체가 모호해져버리면 사람들은 항상 "순박하고 아름다웠던 그리운 옛날"로 도피하게 된다. 그리고 모든 발전과정으로부터 생기는 당연한 부수적인 현상에 대해서도 소위 자연법에 반하는 원죄라는 생각이 인간의 의식 속에 자리잡게 된다. 이에 반해서 역사의 논리를 옹호하는 새롭고도 보다 완전한 것을 부자연스러운 것으로 왜곡시키려고 하는 것이 마침내 미덕이 된다.

모든 발전의 경향은 성숙된 단계에 도달해서야 비로소 자신의 정체를 명확히 드러낸다. 15세기에 세계통상의 발전과 함께 세계사에 나타난 자본주의는 19세기에 이르러서야 비로소 크게 팽창할 수 있었다. 그러므로 우리들은 19세기가 되어서야 비로소 자본주의의 본질과 법칙을 알 수 있게 되었다. 그리고 15세기 및 16세기의 무질서로부터 저 힘찬 혁명기의 유기적이고 논리적이며 본질적인 것을 발견하여 새로운 것과 낡은 것을 명확히 구별하는 것도 현대에 이르러 비로소 가능해졌던 것이다.

르네상스의 본질에 대하여 지금까지 서술한 것은 제II권 「르네상스」의 모든 장에 적용된다. 이것은 미(美)에 대한 시대의 관념, 결혼의 새로운 형태, 개인적인 사랑의 발전과 장애, 여성해방의 최초의 형태, 예의범절과 복장의 법칙, 매춘에 대한 여러 견해에도 그대로 적용되기 때문이다.

3. 색의 시대 — 역사와 본질

　낙원은 사라졌는가? 탈레랑은 노경에 이르러 이렇게 말한 적이 있다. "1789년 (프랑스 혁명이 일어난 해/역주) 이전의 시대를 알지 못하는 사람은 이 세상에 산 보람이 없다." 그리고 탈레랑과 같은 시대를 살았던 많은 사람들도 그와 의견을 같이했다. 그 시대의 사람들은 침몰해버린 낙원의 섬을 아쉬워하면서 생애를 마쳤다. 그들은 청춘시대에 그 섬의 커다란 기쁨과 행복을 맛보았으나 점점 비참해져가는 현실을 대면하면서 그 섬을 이제 영원히 상실해버리고 말았다. 그것은 마지막 순간까지 모습을 드러내지 않는 아름다움과 행복의 꿈이었다.

　앙시앵 레짐의 가장 뛰어난 기록, 곧 구제도에 의해서 창출되었고 또 그것이 반영되어 있는 문학과 미술을 보면 그러한 슬픔이 거짓이 아님을 알 수 있다. 한점 얼룩도 없는 화려한 아름다움이 그 문학과 미술 속에 넘치고 있다. 모든 것이 참으로 아름답다. 여자가 그처럼 염려(艶麗)하게 보인 적도 없었고, 남자가 그처럼 활달하고 고상하게 보인 적도 없었다. 그 시대에는 진리조차도 알몸으로 걷지 않고 옷을 입었으며 언제나 재기발랄했다. 장미는 그 가시의 날카로움을 잃었고 악덕은 그 추악함을 잃었으며 미덕은 그 지루함을 잃었다. 모든 것이 향기롭고 우아하여 마법에 걸린 듯이 빛날 뿐이었다. 비극도, 고통도, 범죄도 인간의 얼굴을 찌푸리게 하지 않았다. 모든 사람의 얼굴에는 즐거움과 행복이 빛나고 있었다. 눈물은 웃음으로 씻겼고, 불행도 결국 더 큰 행복을 향한 사다리에 지나지 않았다.……시대는 노쇠나 조락에는 오불관언이었다. 사람들의 한평생은 영원한 청춘 그것이었고 임종에 서조차도 익살을 떨고 농담을 했다. 관능과 호색 천지였으며, 모든 생활은 언제까

랑데-부(다니엘 쇼도비키, 호색적인 동판화)

지나 사라지지 않는, 이 세상 최상의 호색적인 황홀경이었다. 그러나 도취의 끝은 깨어난 뒤의 비애가 아니라 또 하나의 새로운 즐거움이었다. 모든 일에는 끝이 없었고 내일도 없었으며 오직 오늘뿐이었다. 관능은 동침에 의해서 상처를 입거나 왜곡되지 않았다. 관능은 마법에 걸린 거대한 불가사의의 나라였으며, 기독교에서 말하는 죄악 따위는 그 나라에서는 추방되었다. 왜냐하면 금단의 열매가 열린 나무는 그 땅에서 자라지 않았기 때문이다. 사람들은 가지에 가득 열린 달콤한 과실을 손에 잡히는 대로 맛볼 수 있었고 크고 작은 길을 걸어갈 때면 온갖 정욕이 갖가지 형태로 손을 내밀었다. 호색은 한평생 인간과 함께 발걸음을 같이했고, 옥문(玉門)을 향해서 아낌없이 그 거대한 즐거움을 쏟았다. 어린이의 눈빛조차도 호색적인 약속을 갈망했고, 늙은 여인조차도 자신의 정원에서 당신의 정욕을 만족시켜줄 수많은 과실을 드릴 수 있다는 기분 속에서 살았다. 자연은 지금까지의 법칙을 바꾸었다. 자연은 부자연스러운 것으로부터 구역질이 날 듯한 상스러움을 제거해버렸다. 왜냐하면 상스러운 것은 모두 번쩍이는 아름다움 속으로 숨어버렸기 때문이다. 어디를 바라보아도 눈에 띄는 것은 아름다움과 순수한 광휘뿐이었다.……사람들은 아름다움 속에서 살다가 죽어갔다. 아름다움은 진통에 괴로워하는 산모들의 베갯머리에 재빨리 다가섰고, 또 죽어가는 사람들의 손조차도 놓지 않았다. 아름다움은 태양, 지지 않는 태양이었다.……

그것은 바로 앙시앵 레짐 시대 이후까지 살아남은 사람들이 임종의 순간에도 암울한 아쉬움을 느끼며 추억한 낙원이었다. 저 로코코 풍의 불타는 시가(詩歌), 홀량한 동판화, 향기 높은 그림은 오늘날에도 여전히 우리의 눈앞에 그러한 행복을 속삭이고 있으며, 그것들이 거짓이 아님을 증명하고 있다. 그러나 그러한 낙원은 진정 지금의 세상에서는 영원히 지상으로부터 사라져버렸다.

죄악의 길(쇠나우의 회화에 의한 루이스 가일라트의 동판화)

과거에 대한 이와 같은 증언은 거짓이 아니다. 그렇지만 이것이 진실의 핵심, 곧 역사에서 가장 귀중한 진실을 말하고 있는 것은 아니다. 앙시앵 레짐의 낙원 속에서 산 사람들이 인류 가운데 겨우 한줌, 고대 그리스를 포함해서 유럽의 역사가 아마도 두번 다시 볼 수 없을 저 수펄의 생활(게으른 생활)을 절대주의라는 권력 덕택으로 보낼 수 있었던 겨우 한줌의 인간들이라는 사실을 말하지 않는 것이다. 또한 그러한 과거의 증언은 당시의 생활이라는 것이 소수의 인간을 지상의 낙원에서 살도록 만들기 위해서 그 시대를 산 그밖의 대부분의 인간에게는 슬픔과 고통의 생지옥을 강요했다는 사실도 말하지 않는다. 따라서 앙시앵 레짐을 인류가 잃어버린 낙원이라고 할 수는 없다.

인류 전체로 볼 때, 인간은 오늘날까지 아직 한번도 지상의 낙원 따위를 산책한 일이 없으며 낙원에서 추방된 일도 없고 낙원을 잃어버린 일도 없다. 낙원의 문은 아직도 인류에게 닫혀 있다. 가장 좋았던 시절(독일의 농민전쟁, 영국의 청교도혁명 때를 가리키는 듯함/역주)에만 행복의 뜰을 잠깐 들여다보는 것이 허용되었다. 이제까지 인류는 동경의 눈으로 미래에 도래할 나라로서의 낙원을 바라보았을 뿐이다. 그러므로 인류는 바로 그 때문에, 앙시앵 레짐이 한줌의 인간을 위해서 만들었던 낙원의 토대를 두 주먹을 불끈 쥐고 부수어버렸다. 그것은 인류의 진보를 위한 가장 높은 확신이었으며, 언젠가는 전인류를 맞이해 지락을 모두에게 평등하게 나누어주는 진정한 낙원의 문을 열게 될 것이라는 정신에 토대를 둔 확신이었다. 그 낙원은 분명히 노동을 몰랐던 시바리스 사람(고대 그리스인들이 남부 이탈리아에 건설했던 식민도시 시바리스의 시민은 노동하지 않고 환락만을 즐겼음/역주)의 게으른 생활과는 아주 다른 모습으로 나타날 것이며, 또 아주 다른 생활의 이상도 실현시킬 것이다. 왜냐하면 앙시앵 레짐하에서 지배계급의 낙원의 진실은 시바리스 사람의 게으른 생활과 같기 때문이다. 그러나 진정한 낙원이란 오히려 부지런히 일하는 사람들의 것이다. 인류를 행복으로 안내하는 낙원의 문은 아직은 머나먼 저쪽에 놓여 있다. 그러나 그것은 인류가 더욱 분발함으로써 갈 수 있는 가장 가까운 도정이며, 인류가 역사에서 몇천 년이나 걸려서 —— 몽매했던 가장 낮은 단계에서 현대에 이르기까지 —— 쉬지 않고 걸어왔던 저 기나긴 도정에 비하면 먼 거리라고 할 수도 없다. 그러므로 인류는 인류의 진정한 역사의 출발점이 될 그 낙원의 문을 강력한 승리자로서 탄탄하게 들어서기 위해서 인류가 또 한 차례 걸어가야만 하는 이 최후의 길도 언젠가는 돌파할 것이다. 인류진화의 논리는 인간은 영원히 불완전하다는 유모의 옛날이야기보다 더욱 깊은 것이며, 자본가가 말하는 내 것과 네 것이 드디어 결정되는 주식시장의 지혜보다 더욱 높은 것이다. 그것을 이해하지 못하는 사람은 진화의 법칙이라는 톱니바퀴조차도 거꾸로 돌릴 수 있다는 기묘한 논리로나 만족하는 것이 좋으리라.

만약 우리가 문명의 비극에 관한 논리를 전개한다면, 신들의 황혼은 인류에게는 어떻게 해도 회피할 수 없는 것이지만, 그것은 인류의 시대가 끝나는 동시에 다시 시작될 것이라는 자랑스러운 확신을 모토로 내걸어야 한다. 그에 반해서 절대주의 시대는 인류가 이를 악물지 않으면 안 되었던 가장 비참한 비극의 시대였다.

1) 중앙집권의 발달

존재현상은 항상 행동으로 나타난다. 역사에서 그 행동은 곧 혁명이다. 이것은 세계사의 모든 계급운동에도 적용된다. 계급운동이 역사에 등장할 때는 항상 혁명적이다. 그것은 역사의 낡은 조직을 무덤으로 보내고 변혁된 내용에 걸맞는 모든 정치형태를 지배적 위치에 두는 데에 작용했다. 그것이 역사에서의 혁명적인 것의 본질과 작용이다. 계급운동은 처음에는 혁명적으로 역사에 등장한다. 비록 그것이 그 마지막 단계에 화석화되어, 유기적으로 보다 높은 단계로 발전하는 대신에 그 지배가 시작되는 날로부터 유기적인 모든 발전을 가로막는 최대의 제동장치로 바뀌더라도 이 논리는 언제나 진실이다. 그 고전적인 증거가 바로 기독교의 역사이다. 기독교는 본디 거대한 혁명운동이었다. 그 혁명운동은 또한 건초를 수레 위로 거둬올리는 갈퀴라는 의미에서도 아주 오랫동안 혁명을 지도했다. 기독교가 건초를 수레로 거둬올리는 갈퀴라고 하면, 오늘날의 기독교를 공식으로 대표하는 수많은 사람들을 몹시 불쾌하게 만드는지도 모른다. 그러나 근대의 과학은 여러 가지 사례로써, 예수와 그의 사도들이 유럽적 세계사의 혁명을 훌륭하게 "성취했을" 뿐만 아니라 또 행동하는 대혁명가의 예를 가장 훌륭하게 보여주고 있다는 것을 증거하고 있다. 그러한 증거는 갈퀴 정도로는 끄떡도 하지 않으며, 더구나 그 때문에 말살되지도 않는다.

절대주의도 처음으로 역사에 등장했을 때에는 역시 혁명적인 그리고 역사적인 권력이었다. 절대주의는 16세기에 기원한다. 마침 그 세기에 절대주의는 그 당시에 등장한 상업자본주의의 대변자로서, 그 발전을 위해서는 꼭 필요한 민족국가를 이룩하고 군주를 내세워 중앙집권을 도모하며 나아가 그것에 반대하는 지방의 봉건 귀족들을 제압함으로써 군주의 권력을 최고의 수준으로까지 절대화했다. 절대주의는 그 임무를 위한 혁명적이고 역사적인 권력으로서 큰 구실을 했다. 그 까닭은 그렇게 함으로써 절대주의가 여러 나라에 새로운 정치조직을 끌어들였기 때문이다. 그 정치조직은 그 시대의 역사적 필연이었다. 바꾸어 말하면, 민족국가나 중앙집권의 토대 강화가 그 시대의 역사의 필연성이었다. 중세와 비교해볼 때 지배계급 내부의 세력분포가 일변했기 때문에 그것은 필연적이었던 것이다. 상업의 발전과 함께 역사가 창출한 것 중에서 가장 혁명적인 것이라고 할 수 있는 화폐가 세계에 새로 선을 보이면서 모든 것을 뿌리째 갈아엎었다. 상인이 기사를 대신해서 세계의 새 주인이 되었다. 그런데 상인이 해외무역의 발전과 함께, 특히 신대륙의 발견 뒤에 전세계를 상업적으로 지배하기 시작했을 때 세계의 주인으로서의 상인은 영구히 그들의 이윤을 확보하고 또 그것을 더욱 높이기 위해서 어떻게 해서든지 확고한 토대를 만들어야 했고 또 만들려고 했다. 상인의 이 특수 이익은 다른 어떤 이익보다도 우선되어야만 했다. 상인은 무엇보다도 그들의 해외무역의 이익을 지키려고 했다. 유사시에는 언제나 기능할 수 있는 육군과 해군을 보유한 강력하고 국제적인 정치세력을 지도하는 중앙집권만이 상인의 이 이익을 충분히 보장할 수 있었다. "상업은 자기 이익을 국제적, 국내적으로 보호하기 위해서, 경쟁하는 다른 나라 국민을 물리치기 위해서, 시장을 빼앗기 위해서, 나라 안의 구차한 단체들이 자유무역을 반대해서 만든 제한적 장치를 타파하기 위해서, 나아가 상업이 선언한 소유권에 반대하고 이론으로써뿐만 아니라 실력으로써 그것을 부정하려고 하는 크고 작은

용서를 청함(쇠나우의 회화에 의한 루이스
가일라트의 동판화)

봉건영주를 무력화하고 권력의 개인 경찰을 조종하기 위해서 군대가 필요했다."(카우츠키, 「토머스 모어와 그의 유토피아」) 상업의 발전이 여러 나라에까지 확산되었기 때문에 그 나라들의 상인의 이익은 자치도시의 한계를 뛰어넘어 마침내 민족국가와 중앙집권의 토대를 확보하게 되었다. 그 결과로서 도시의 이해관계 —— 도시는 상인자본에 의해서 지배된 최초의 지역적 개념이며, 그 이익의 정치적인 담당자였다 —— 는 자연히 왕권, 곧 왕실의 이해관계와 일치했고 따라서 도처에서 그것과 손잡게 되었다. 그러므로 그러한 사실은 그 무렵에 일어났던 대부분의 전쟁이 우선 상업

전쟁이었다는 사실과 마찬가지로 논리적으로 맞는 것이었다. 상인자본과 왕권의 이해관계는 일치했다. 왕권은 군대와 믿을 수 있는 장군이 필요했다. 그러나 왕권이 군대를 양성하기 위해서는 막대한 자금이 필요했는데, 그것은 도시에 살고 있는 유산계급의 돈지갑에 의존하게 되었다. 어떤 전쟁도 우선적으로 군주의 권력을 강화했고 그 때문에 유산계급의 부담은 자꾸 커졌으나 그 당시까지는 군주와 유산계급의 동맹은 깨지지 않았다. 왜냐하면 움직이는 자본에 대해서는 그에 상당하는 보상이 틀림없이 지불되었기 때문이다.

절대주의의 혁명기에는 나라마다 자본주의화의 속도가 달랐으므로 어디에서나 같은 시기에 혁명이 끝난 것은 아니었다. 그렇지만 그 혁명기는 어느 나라에서나 르네상스 시기와는 일치했다.

정치적인 지배형태로서의, 따라서 하나의 문명의 대표자 및 담당자로서의 절대주의는 끊임없는 이러한 발전의 마지막 결과였다. 그것은 어떤 나라에서나 마찬가지였다. 왜냐하면 근대적인 생산양식과 더불어 사회의 자본주의화 경향이 그 무렵에 모든 나라에 나타났기 때문이다. 바꾸어 말하면, 중앙집권이 아직 확립되지 않은 가운데 절대주의의 지배가 어느 나라에서나 출현했던 것이다. 그것은 자본주의를 향한 발전에서 불가피한 단계였다. 가령 영국은 특출하게 좋은 조건이 받쳐준 덕분에 그 단계를 수십 년 안에 거뜬히 끝내게 되었다. 반면에 절대주의의 기반 다

126

거울(율라인, 동판화)

지기에 좋은 조건을 갖춘 다른 나라들, 예를 들면 프랑스나 독일은 250년 동안이나 그 단계에 머물러 있었다. 그러나 어느 나라도 절대주의라는 정치적 단계를 통과하지 않고 자본주의 단계로 바로 건너뛸 수는 없었기 때문에 모든 나라가 그 단계를 거쳤다.

이러한 역사의 필연성은 스페인에서 가장 빨리 나타났다. 따라서 스페인에서 유럽의 어떤 지역보다도 앞서 뚜렷한 절대주의적인 문화가 생겼다. 스페인의 풍속과 에티켓이 맨 먼저 유럽의 궁정생활을 지배하게 되었던 것이다. 프랑스의 절대주의

결혼식(C. 트로스트의 유화에 의한 네덜란드의 동판화, 18세기 중반)

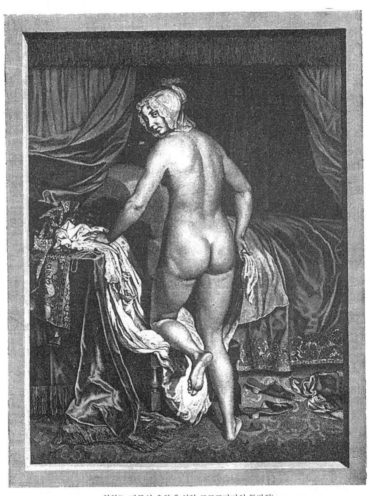

취침(J. 반루의 유화에 의한 프로포라티의 동판화)

가 스페인의 그것을 대신하는 것은 그보다 100년이나 뒤의 일이다. 그러나 프랑스
에서의 절대주의의 지배와 중앙집권의 안정은 이미 1614년, 곧 루이 13세가 즉위
한 해부터 이루어졌다고 보아도 될 것이다. 프랑스의 절대주의는 세계제패에 실패
한 스페인의 쇠사슬을 끊은 뒤에야 비로소 유럽에 대한 정치적, 문화적 지배권을
공인받게 되었다.

　독일은 스페인이나 프랑스와는 달리 중앙집권이 이루어지지 않은 나라들 가운데
하나였다. 그것은 30년전쟁(1618-48)의 비참한 결과의 하나였다. 30년전쟁에서는

스웨덴과 프랑스의 원조를 받은 독일의 제후들과 자유도시(Reichsstadt)가 요구하는 자주독립이 합스부르크가의 페르디난트 2세가 주장하는 구교를 기초로 했던 독일제국 사상을 이겼던 것이다. 그 결과 베스트팔렌 강화조약에 의해서 모든 제후들, 모든 자유도시들 —— 이른바 신성 로마 제국 직속의 자유도시들 —— 은 멋대로 전쟁을 일으켜도 좋았고 또 멋대로 다른 제후나 외국과 동맹을 맺어도 괜찮게 되었다. 그 동맹은 형식적으로는 —— 그러나 그 형식은 무시되었다 —— 황제나 제국을 적으로 삼아서는 안 된다는 꼬리표가 붙어 있었다. 30년전쟁 후 독일의 비극은 그 조약의 결과로 확실해졌을 뿐만 아니라 영구화되었다. 왜냐하면 우리는 30년전쟁 후 비참한 독일의 소국가분립주의를 대표하는 "초라한 굴뚝새의 둥지를 제거하고" 독일 민족을 위한 신성 로마 제국을 재건하려는 합스부르크가의 교황적인 세계제패의 최후의 시도를 보기 때문이다. 그것이야말로 독일을 부흥으로 이끌고 자연적으로 발전시키기 위해서 꼭 필요한 조건이었다. 합스부르크가의 시도가 철저하게 실패한 것은 그렇게 뜻밖의 일도 아니었다. 그렇더라도 독일의 소국가분립주의가 얼마나 비참한 결과를 가져왔는가는 역시 그 소국가들의 비참한 경제상태를 보면 알 수 있다. 그런데 30년전쟁이 끝남과 동시에 합스부르크가, 곧 스페인 절대주의는 프랑스를 상대로 자웅을 겨룬 세계제패전에서도 완전히 패배하고 말았다. 그때부터 프랑스의 화폐는 독일에서 큰손을 흔들며 돌아다니게 되었다. 왜냐하면 그뒤 100년도 더 넘게 독일의 수백의 크고 작은 궁정의 텅 빈 돈주머니는 프랑스의 뇌물로 채워졌기 때문이다. 이른바 대(大)선제후의 궁정에서는, 쾨니히스베르크 대학의 교수 프루츠가 갖가지 문서들에 의해서 증명한 바와 같이, 모든 사람들 —— 곧 왕비, 왕세자, 모든 대신들로부터 가장 급이 낮은 시종에 이르기까지 —— 이 프랑스의 이해관계를 지지하는 대신에 그 대가로 현금을 받았다. 현금이 너무나 노골적인 느낌이 들 경우에는 훌륭한 말, 값비싼 의상, 호화로운 은제 식기 세트, 그것들에 필적하는 탐나는 물품들을 받았다. 공공연하게 선언된 영구적인 부패가 30년전쟁의 유산이었다. 그 결과 독일은 100년 동안 외국의 이권을 보장하는 노리개가 되었고 "독일의 적은 보호의 미명하에서 독일 제후들의 영구적인 매국행위에 마수를 뻗쳤다."

독재적인 절대군주제를 향한 역사적 발전은 독일에서도 외국에서와 마찬가지로 사소한 장애물로는 막을 수 없는 것이 자명했다. 다만 독일은 한 사람의 군주 대신

네글리제 차림의 백작부인(동판화, 1700)

에 200명의 절대군주를 받들게 되었다. 독일 국민은 200명이나 되는 궁정의 탐욕스러운 입들을 부양해야만 했다. 그것의 의미는 나중에 대표적인 한두 가지의 사례로 설명하겠다.

여러 나라가 같은 역사단계에 들어감으로써 절대주의도 여러 나라에서 최후의 승리를 거두었다. 그것은 곧 끊임없이 전진하는 자본주의화의 길에 의해서 부르주아 계급이 그때까지 사회를 지배해온 계급 —— 그것은 주로 봉건귀족이었다 —— 에 대해서 영향력과 중요성에서 점차 균형을 유지하는 데까지 성공했다는 것을 뜻했다.

그 단계는 언제나 왕권이라는 절대적 권력의 탄생이었고, 세계사가 또다시 새로운 모습을 띠는 시기이기도 했다. 새로운 사회는 왕권이 두 지배계급을 기둥으로 삼아서 그네를 타며 한 계급이 다른 계급을 끊임없이 견제하도록 했기 때문에 왕권은 그 계급발전의 단계에서 손쉽게 승리했다.

어느 나라에서나 그러한 결과에 이르렀던 것은, 이미 말한 대로, 불가피한 역사의 필연성이었다. 르네상스 이래 어느 나라에서나 막강한 위세를 떨쳤던 금력은 그것을 대표하는 계급, 곧 상인 부르주아지를 위해서 곳곳에서 정치적 권리를 요구했다. 왜냐하면 그렇게 함으로써 그 계급은 그들의 이윤을 보장받고 그것을 높이기 위해서 필요한, 앞에서 말한 국내 및 국외에서의 보호를 받을 수 있었기 때문이다. 그런데 그것이 결국 계급투쟁을 불러일으키는 빌미가 되었다. 자본주의적인 생산양식이 눈부시게 발달하고, 그 때문에 봉건적인 저항이 강력하게 일어나자 계급투쟁은 더욱더 거친 형태를 띠게 되었다. 결국 왕권이 자연히 계급투쟁에서 각 계급의 상반되는 이해관계를 조정하는 중재자 노릇을 하게 되었다. 왜냐하면 부르주아 계급은 정치적 권리를 완전히 독점하기에는 아직 힘이 모자랐고 봉건세력 쪽도 이제는 정치권력을 배타적으로 행사할 만큼 강력하지 못했기 때문이다. 중재자로서의 왕권의 역할은, 논리적으로 말하면, 첫째로 투쟁하는 두 계급에 대해서 휴전을 명령하고, 둘째로 정치투쟁을 그만두게 하고, 셋째로 그들 쌍방을 지도하고, 넷째로 —— 이것은 언제나 나타나는 가장 중요한 목표이다 —— 모든 계급을 장악하는 것

귀부인의 아침 세족(생-장의 그림에 의한 동판화)

이었다. 바꾸어 말하면 왕권은 한편으로는 사랑 때문에 또 한편으로는 생계 때문에 공공연하게 두 사람의 정부를 거느린 요염한 귀부인처럼 두 계급의 공동부양을 받는 행운을 누렸다.

이 변혁과 함께 지방 및 각 단체들의 이제까지의 자치기관은 중앙집권적인 국가권력의 기관들, 곧 "날마다 새로운 분야를 정복하고 날마다 엄격한 훈련을 받고 중앙권력의 뜻에 따라서 춤추는 관료정치"에 의해서 지배되었다. 그와 동시에 공업의 발달로 봉건적인 직업을 점차로 잃고 국가에서 이미 독자적인 정치적 지위를 유지할 수 없게 된 귀족은 궁정귀족으로 몸을 팔아야 했고 그 반대급부에 따라서 절대왕권의 강력한 지팡이가 되어야 했다. 왕권은 귀족에게 장교의 지위만을 약속했으나 결국은 명예직도 주기로 했다. 왕권은 그 명예직을 관리해야 했고, 수요가 커지자 새로운 명예직을 차례차례 만들었다. 그리고 그 비용은 금력을 쥔 쪽에서 맡았다. 이 세력은 그 대신 상업의 독점권이나 그와 엇비슷한 다른 이권을 손에 넣어 결국 그것을 벌충했을 뿐 아니라 더욱 돈벌이에 전념할 수 있었다. 돈은 절대왕권에게는

느낌(동판화, 17세기)

군대를 양성하기 위해서도, 궁정귀족의 더욱 커져
가는 요구를 충족시키기 위해서도 절대적인 존재
가 되었다. 따라서 유산계급이 국가에서 더욱 그
역할이 확대되고 왕권이 더욱 절대주의적으로 되
어가면서, 그 착취는 더욱 뻔뻔스러워졌다.

그 균형상태가 국가를 매개로 하여 유지되는 범
위에서는 절대군주는 실제로 "국가는 과인의 개인
적인 이해관계에만 따라야 한다"는 망상에 빠질
수 있었다. "과인이 곧 국가이다"라는 절대주의
사상은 그러한 현실에 깊은 뿌리를 두고 있었다.

그러나 사회의 새로운 권력이 강해지고 그 권
력이 왕권을 지탱하는 데에 필요한 돈을 대주기를
거절하는 날에는 그러한 상태는 끝날 수밖에 없었다. 그리고 그것은 이미 결정되었
던 것처럼 결국 끝나고 말았다. 부르주아 계급이 그 필요한 실력을 갖춘 날에 절대
주의의 운명의 날은 찾아왔다. 그 날에는 물론 봉건제도 또한 뿌리째 뽑혔고 대신
자본주의적인 생산양식만이 단 하나의 배타적인 경제원칙으로서 역사의 프로그램
속에 남겨졌고, 그렇게 해서 근대 부르주아지의 시대가 시작되었다. 부르주아 시대
의 중요한 특징은 부르주아지가 이제는 왕권을 대체로 그들의 이해관계에 종속시킨
데에 있었다.

절대주의의 존재와 현상을 지속시킨 역사의 법칙은 무엇인가? 그 법칙을 위와
같이 따져나가면 그 가운데에서 첫째의 그리고 가장 중요한 법칙으로서 나타나는
것이 절대주의가 어떤 단계에서도 저 순진한 옛날 이야기와 같은 정치형태, 곧 국
가권력이 지배계급과는 관계가 없으며 따라서 약자를 강자로부터 보호하기 위한 중
재적인 정의로서 당파나 계급 위에 초연하게 존재했던 적이 한번도 없었다는 것일
것이다. 그러한 옛날 이야기와 같은 역할은 결코 절대주의의 사명이 아니었으며,
절대주의의 목적도 아니었다. 어떤 절대군주도 "사회적 왕권"에 관한 사명을 느낀
일은 없었다. 그들은 모두 자기의 특수이익밖에는 몰랐다. 만약 군주가 민족국가의
제도적 발전을 꾀했다면, 그것은 언제나 자본가의 돈주머니를 능란하게 털기 위해
서 그들의 등을 두드려주는 정도였을 뿐이다. 군주가 국가의 수입과 자신의 수입을

동일시하여 자신의 이익만을 맹목적으로 추구하
는 한, 인민의 생활고를 걱정하는 동정심이나 인
민을 빈곤으로부터 구제하겠다는 생각이 국부로
서의 절대군주의 마음속에 일어날 까닭이 없었
다. 그에 반해서 "약자에 대한 강자의 보호는 현
실에서는 다음과 같이 드러난다. 즉 절대주의는
일반적으로 경제관계에 영향을 미치기 때문에 하
층계급의 민중은 봉건주의의 비참한 착취뿐만 아
니라 자본주의적 착취의 대상이 되기에까지 이른
다는 것이다. 따라서 절대주의는 착취의 화신으
로까지 보인다."(카우츠키, 「1789년 이전의 계급

방물장수(페레티, 이탈리아의 동판화)

대립」) 그 때문에 가난은 절대주의하에서는 경찰의 요주의 대상일 뿐, 그 이상도
이하도 아니다. 그것은 또 참으로 논리적이기도 했다. 내 주머니로 어디 한번 인민
의 생활고와 빈곤을 구제하겠다는 생각으로 짐짓 도둑질이라도 하는 의적은 옛날
이야기에나 나오는 것이었기 때문이다.

　관념적인 역사관에 의하면, 전제적인 절대주의의 발흥은 언제나 관념적인 원인,
곧 천성이 전제적인 군주가 왕위에 올랐기 때문이다. 그러한 소박한 역사관은 관찰
자가 청맹과니여서 사물의 본질이 보이지 않기 때문에, 절대군주제가 등장하기 전
에 도대체 어떤 역사가 준비되었는가, 그러한 준비는 또 무리 없이 필연적으로 진
행되었는가를 간과함으로써 생긴 것이라고 할 수 있다. 분명히 군주들 가운데서도
천성적으로 전제적인 인물은 대개의 경우 자기의 절대권력을 무제한적으로 강화하
려고 했다. 더구나 그 시대에 그와 같은 어느 군주는 절대군주권을 독점하는 데에
성공했으나, 그렇지 않은 그들의 경쟁자는 그 방면에서는 완전히 실패했다. 그러나
절대주의의 진정한 그리고 지속적인 결과는 그것의 발전과 안정을 위한 역사적인
조건이 사회의 모든 경제적인 구조 속에 확고하게 형성되었던 시대와 나라에서만
언제나 나타났다. 그렇지 않은 경우나 그렇게 되기 이전에는 아무리 절대주의적인
어떤 인물이라고 해도 아직 단단한 발판을 가진 봉건적인 지방귀족의 장구머리나
튼튼한 토대를 가진 독립적인 자유도시들의 돌대가리에 부딪혀서 엉덩방아를 찧고
말았다. 만약 그러한 인물이 전제통치를 할 수 있었다면 그것은 결국 그가 그 시대

교태(르 클레르의 그림에 의한 동판화)

의 토대가 제공하는 기회를 잘 포착하는 데에 성공했기 때문이다. 그러나 그러한 인물도 자신이 지배했던 당시의 경제적인 토대의 일정한 테두리는 한걸음도 벗어날 수 없었다. 무리를 하는 경우에는 언제나 위험한 상황에 몰렸다. 계몽절대주의만 하더라도 그것은 언제나 일반적인 역사의 상황이 만든 기회를 잡아서 잘 대처한 것일 뿐이라고 말할 수 있다. 그리고 그것은 역사의 아주 알기 쉬운 논리에 지나지 않

는다. 역사적 상황은 때로는 군주의 전제를 낳거
나 군주의 전제를 축소하는 일은 있어도 절대로
어떤 인물이 그 시대의 테두리를 벗어날 수 있도록
만들지는 않는다.

절대주의의 역사에서 그러한 역사의 법칙을 시
사하는 고전적인 사례는 프랑스의 루이 14세와 프
로이센의 프리드리히 2세이다. 그들은 그 전형이
될 수 있다. 후세의 역사가에 의해서 절대군주들
가운데서도 가장 절대적인 군주라는 낙인이 찍힌
루이 14세는 그 됨됨으로 볼 때, 역사적 상황은
왕의 재목이 아닌 바보의 머리에조차도 눈부신 후
광을 만들어준다는 사실을 증명하고 있다. 왜냐하
면 생존시부터 100년 이상에 걸쳐서 그 명성을 떨
쳤던 태양왕은 사실은 허영심 강한 바보에 지나지

프리드리히 빌헬름 2세와 그의 애첩 그뢰
핀 리히테나우

않았기 때문이다. 그 시대나 그의 됨됨이에 관한 진지한 연구가 새롭고도 분명한
증거를 제시하고 있는 것이다. 많은 추앙을 받았던 그 절대주의의 영웅은 읽고 쓰
지도 못했을 뿐만 아니라 정말 무식한 자로서 교양이라는 것 자체를 싫어했다. 그
것은 연구가들의 짓궂은 조사가 아니라 그의 숭배자들이 직접 한 이야기였다. 오랫
동안 태양왕의 측근에서 지냈고 그를 몹시 예찬한 오를레앙 공작부인(엘리자베트
샤를로테. 루이 15세의 섭정 오를레앙 공작의 어머니/역주)조차 "측근들이 전하께
아무것도 가르치지 않아 전하는 읽지도 쓰지도 못하셨다"라고 썼다. 부인은 또다른
곳에서 "내 아들을 빼고는 국왕뿐 아니라 국왕 일족 거의가 독서를 아주 싫어했다.
그러한 환경이 국왕을 무식하게 만든 것이다"라고 쓰고 있다. 프리드리히 2세에 관
해서도 근대과학의 방법으로 행해진 역사연구는, 물론 그 방향은 다르나, 세상에
알려져 있는 견해가 잘못된 것임을 지적하고 있다. 그 연구에 의하면, 첫째로 프리
드리히 2세의 "계몽절대주의"의 성공은 사기극에 지나지 않으며, 둘째로 프로이센
의 창립자는 프리드리히 2세가 아니라 그의 야만스러운 아버지(프리드리히 빌헬름
1세. 군대와 관료제도의 강화, 산업의 부흥에 의해서 프로이센의 근대적인 토대를
닦음. 그러나 문학과 예술을 멸시함으로써 그렇지 않은 아들과 다투어 아들을 성에

유폐시키기도 했음/ 역주)였다는 것이 분명히 증명되고 있다. 더욱 과학적인 역사 연구는 천분을 타고 났으며 상당히 머리가 좋았던 듯한 프리드리히 2세가 정치적으로 실패하지 않았던 이유는 그가 즉위한 날부터 "프로이센은 아무것도 손대지 않고 종전대로 둘 수밖에 없다. 자칫 잘못 손댔다가는 큰 일이 벌어진다"는 것을 꿰뚫어 보고 프로이센의 정치조직의 근본적인 것은 무엇 하나 바꾸지 않았기 때문이라고 지적하고 있다. 바꾸어 말하면 프로이센은 군국주의의 지배하에 그대로 두지 않으면 소멸해버린다는, 곧 30년전쟁 이후의 브란덴부르크 공국의 융커들과 착취자들의 봉건적인 요구가 프로이센을 그러한 죄악의 구렁텅이에 밀어넣었으므로 섣불리 손대지 않는 편이 좋다는 의미이다. 그러므로 프리드리히 2세 또한 실제로는 프로이센의 반동적이고 참혹한 정치조직에 대해서는 근본적으로 아무것도 바꾸지 않았다. 그는 즉위하고 나서 기존 체제를 바꾸려는 생각조차 하지 않았으므로 "실망한 무리들 가운데 한 사람이 프리드리히가 즉위한 날은 실망의 날이었다"고 쓴 것은 별로 이상한 일이 아니었다. "아버지로부터 몹시 학대받기는 했으나 피리의 명인이며 시인이었던" 그는 자기의 제복을 수의라고 부르며 "정치의 모든 기반은 선왕이 만든 대로 놓아두고 군대만은 기병중대를 약간 늘릴 생각이라는 아주 솔직한 시정 방침밖에는 발표하지 않았다."(프란츠 메링, 「레싱 전설」) 프리드리히 2세는 그 정도의 "시정방침"조차도 실행하지 않았다. 이 유명한 프로이센 왕에게는 다음과 같은 말이 걸맞았다. 그는 아무것도 약속하지 않았고, 약속하지 않는다는 것을 지켰기에, 바꾸어 말하면 프리드리히 2세는 융커들이 바라는 일, 융커들에게 새로운 권리와 이권을 보장하는 일밖에 행할 수 없었다. 왜냐하면 그는 "봉건적인 토대 위에서 성장한 군국주의라는 철제 셔츠"를 입고 있었기 때문이다. 그는 더러워지고 이젠 몸에도 맞지 않는 철제 셔츠를 벗어버릴 뜻도 기력도 없었다.

이 사실들을 점검하기 위해서 일부러 궁정사를 끌어다댈 필요는 없다. 그것은 루이 14세의 시대는 물론이고 그 이상으로 프로이센에서도 같았다.

2) 절대주의의 비용

세계사적인 운동은 모두 혁명기가 있는데, 그렇다고 해서 그러한 운동이 모두 영웅시대를 가진다고 볼 수는 없다. 기독교에는 몇 세기에 걸치는 영웅시대가 있었

농부의 관능(S. 프레우데베르크의 그림에 의한 동판화)

다. 시민계급도 영웅시대가 있었다. 75년 전부터 역사에 등장한, 의식을 가진 프롤레타리아 계급 역시 영웅시대를 가졌다. 그뿐만 아니라 프롤레타리아 계급은 부분적으로는 오늘날에도 아직 영웅시대에 있다. 그러나 절대주의의 역사만은 어느 나라에서도 그러한 이상주의적인 청년의 어리석음을 전혀 보여주지 않았다. 그 점에서 절대주의의 계급운동은 다른 세계사적인 운동과는 크게 달랐다.

이 차이점은 아주 중요한 것이다. 왜냐하면 진보적인 계급이 승리하기 위해서 벌인 지난날의 영웅적 투쟁은 그 계급이 그뒤 지배권을 쥔 뒤에 저지른 범죄를 결코 상쇄할 수는 없었으나 지배권력을 장악했던 방법은 그 자체가 영웅적 투쟁에 의해서 대표되는 그 시대의 독특한 성격의 일부분을 이루기 때문이다. 그러한 이유에서 절대주의가 문명을 위해서 지불한 희생을 계산할 경우는 그것이 어떠한 방법으로 자기의 목적을 달성했는가를 결코 잊어서는 안 된다. 그 방법을 고찰하는 것만으로 절대주의 시대의 특유한 사회상황이 분명히 드러날 뿐 아니라 그러한 사회상황이 사실은 "부득이한 것"이었다는 사실도 분명해진다.

Mein Schatz. erfülle doch das Hoffen.
Und sehe Hertz und Demuth an
Mein Hertz ist wie mein Hut so offen
Daß dein Aug es wol prüfen kan.

뉘른베르크 시민의 희롱 모습

　물론 절대주의의 그러한 잡다한 비용을 감안할 때 각국에서의 절대주의의 고유한
자기 방법이나 죄악의 역사를 계통적으로 서술하는 것은 어떻게 하더라도 괜찮으
며, 아주 좁은 범위이더라도 상관없다. 차라리 두서너 개의 대표적인 사례로 그 특
징이 어떤 것이었는가를 살펴보자.

　혁명적인 계급은 적어도 권력투쟁에서는 결코 감상적이 아니다. 절대주의가 사
용한 방법은 언제나 몹시 야만적이고 또 참으로 조잡한 것이었다. 반대파가 무력하
게 자신의 손에 넘어오면 그만큼 절대주의의 강압은 언제나 더욱 심했고 그때의 야
만성은 또 그만큼 모골이 송연할 정도였다. 누구나 알고 있는 역사적 사례 가운데
서 가장 두드러진 것만을 들어보자. 독일의 예를 든다면 제후들이 농민전쟁 때 무
기도 없는 패배한 농민들에게 가한 저 무서운 복수, 또 항복한 뮌스터의 재세례파
교도들의 인육에 군침을 흘렸다는 저 맹수와 같은 잔학성만을 상기해도 된다. 독일
역사는 그와 비슷한 피비린내 나는 야수성으로 얼룩져 있다. 그것은 마치 발광한
맹수가 사냥감을 막다른 곳에 몰았던 순간, 저 베르제르커와 같은 분노였다. 프랑
스에서의 이와 비슷한 사례는 위그노 교도(16세기 프랑스 신교도/역주)에 대한 박
해이다. 그것은 성 바르톨로메오 축일 밤(1572년 8월 23일/역주)에 일어난, 세계사
에서도 가장 가공할 학살극의 하나였다. 그러한 싸움은 모두 현상을 역사적으로 보

140

지 않는 사람들에게는 순수한 종교전쟁으로 보인다. 그러나 그것의 껍질을 벗겨보면 종교전쟁이라는 관념의 껍질 속에는 군주적 중앙집권의 강화를 위한 싸움이 내재하고 있음이 분명히 드러난다. 그것은 이른바 종교전쟁 거의 모두에 해당된다. 1576년에 체결된 동맹(가톨릭이 신교에 대항하여 기즈 공작을 맹주로 하여 맺은 신성동맹을 말함/역주)에 대항해서 프랑스에서 일어났던 투쟁은 바로 절대적 중앙집권을 무너뜨리려는 귀족계급의 반대파들이 도전한 투쟁에 지나지 않는다. 그것은 가톨릭 교의 옹호라기보다는 오히려 절대적 중앙집권으로 위협을 받고 있던 귀족계급의 특권을 지키기 위해서 가톨릭 귀족들이 벌인 것이었다. 따라서 부르주아 계급이 왕권에 반대해서 그와 유사한 투쟁을 벌여야 했을 때 일찌감치 동맹에 합류한 것은 아주 당연했다. 그리고 그뒤 동맹이 승리를 쟁취한 절대주의에 희생된 것도 역시 극히 당연했다. 그런 뜻에서 말하면, 이긴 자가 발휘하는 야수성은 결국 공연한 광신이 아니라 오히려 자기 먹이에 위협을 느낀 맹수가 이를 드러내며 달려드는 아주 저속한 분노에 지나지 않는 셈이다. 영국 청교도의 투쟁, 그뒤의 칼뱅 교도의 투쟁에 관해서도 우리는 저항의 첫째 이유를 종교적인 열광 속에서만이 아니라 그 이상으로 부르주아 계급의 적인 절대주의에 대항하는 그들의 민주주의를 위한 투쟁 속에서 찾아야 한다. 청교도의 패배는 군주의 중앙집권의 승리였다. 영국에서도 다른 나라에 뒤지지 않는 피비린내 나는 야수적인 보복방법이 구사되었다. 그 당시 자기의 권리를 지키는 계급을 레블(rebel)이라고 불렀는데, 지주들이 레블, 곧 모반자를 격파했을 때 "그들은 희생자의 몸뚱이에서 창자를 잘라내어 숨이 넘어가고 있는 사람들 앞에서 불태우는" 방법으로 자신들의 원한을 풀면서 즐거워했다.

큰 저항과 함께 작은 저항도 또한 절대주의에 의해서 모조리 짓밟혔다. 절대주의의 지배에 굴복하려고 하지 않았을 뿐만 아니라 위압적으로 군림하는 군주의 전제에 대항하여 무기를 들고 오랫동안 누려왔던 자유를 지키려고 했던 많은 자유도시들의 자유도 그 수호자들과 함께 교수대나 차열형(車烈刑)에 의해서 분쇄되고 말았다.

역사적 상황 때문에 부르주아나 봉건귀족의 반대파와 싸움터에서 정정당당하게 싸우거나 공공연하게 검거하고 교수형에 처할 수 없었을 때에는, 그들은 몇천 번이고 자객의 손에 거리낌없이 비수를 건네주었고 기막히게 듣는 확실한 독약을 써서 상황의 불리함을 만회했다. 그러한 방법을 쓸 경우에는 부모, 형제, 자매도 가리지 않았다. 그 고전적인 사례는 15세기 말 로마 교황 자리를 둘러싸고 일어났던 유명

5월. 사랑을 갈망하는 부인에 대한 풍자, 「열두 달」에서

한 분쟁이다. 결국 절대주의의 이해관계만이 문제였기 때문이다.

알렉산데르 6세(재위 1492-1503. 스페인의 보르자 가문 출신. 매수정책에 의해서 교황이 됨. 사보나롤라를 처형함. 예술과 학문을 장려하여 브라만테, 라파엘로, 미켈란젤로 등을 보호함. 그가 자신의 사생아 세자레를 조카〔nepos〕라고 속인 뒤 중용함으로써 네포티즘〔nepotism〕이라는 말이 생김/역주)가 교황의 자리에 앉게 되어 마침내 경쟁상대인 추기경 로베레를 굴복시켰을 때 그것은 한 인물이 이긴 것이 아니라 오히려 스페인의 세계제패 정책이 프랑스의 세계제패 정책을 누른 것이었다. 다시 말하면, 스페인과 프랑스 왕실의 이해관계가 교황권에 대한 두 사람의 입후보자를 통해서 구체화되었던 것이다. 그런데 콘클라베(Konklave : 교황 선거를 위한 추기경들의 비밀회의/역주)에서의 결정적인 순간에 두 파의 승패는 벌써 끝나 있었다. 이전에는 빈번하게 매수가 행해졌으나 이번에는 매수말고도 독약과 비수로 경쟁이 계속되었다. 보르자가의 독약은 속담에 등장할 정도였다. 보르자가 사람에게 매수된 자객들은 비수나 대검을 손에 들고 맹렬하게 암약했다. 그들의 승리는 말할 것도 없이 스페인의 절대주의의 승리를 뜻한다. 그뒤에 추기경 로베레(율리우스 2세. 재위 1503-13. 교황권 강화에 노력하고 프랑스, 독일과 캉브레 동맹을 맺었으나 프랑스의 세력이 증대하자 신성동맹을 결성하여 반프랑스적이 됨. 라파엘로, 미켈란젤로, 브라만테 등을 보호함/역주)가 마침내 교황의 자리에 앉았을 때 세상이 그에게 "흡혈귀"라는 별명을 붙이게까지 한 그의 참혹한 수법은 기독교라는 구원의 종교가 아니라 절대주의를 강화하는 것이 목적이었다. 따라서 이탈리아에 중앙집권의 토대를 강화하는 것만이 문제가 되었다. 그리고 율리우스 2세의 후계권이 메디치가(곧 레오 10세/역주)의 수중에 떨어졌을 때 만사는 각본 그대로 진행되었다. 곧 메디치가는 당시 피렌체 시민헌법의 마지막 보루를 그들이 대표하는 절대주의를 위해서 폐지하려고 어김없이 준비하고 있었기 때문이다. 이상의 예는 역사의 긴 두루말이 속에서 찾아낸 극수소에 지나지 않으나, 각국의 고전적이며 동시에 대표적인 예에 다

능수능란한 좀도둑(동판화)

름 아니다.……

　절대주의가 한번 탈취한 권력을 사생결단을 하고 독점하려는 것은 마치 정치권력을 탈취하려고 하는 저 야수성과 같았다.

　절대주의는 어느 나라에서나 진정한 승리를 차지하지 못했기 때문에 절대주의의 역사에서는 어디에서나 우선 타협이 먼저였다. 루이 14세 시대의 앙시앵 레짐조차도 끊임없는 타협의 과정이었으므로, 그 시대의 정신구조의 가장 큰 특징은 귀족계급에 속하지 않는 모든 인민계급(classes peuples), 곧 부르주아 계급도 포함된 평민(roture)을 허섭스레기처럼 경멸한 것이었다. 상인, 노동자, 농민은 지배계급의 눈에는 인간이 아니라 짐승으로 보였다. 절대주의 시대가 되자 사람은 남작 이상을 의미한다는 견해가 생겼다. 그런 이유에서 절대군주는 귀족계급에만 둘러싸였고 그들만을 접견했고 그들에게만 여러 가지 권리를 주었다. "군주의 절대권력은 인민, 곧 부르주아와 농민만을 그리고 고위 성직자 계급을 포함한 귀족계급의 경우는 각각의 개인만을 대상으로 했고 신분으로서의 귀족계급은 대상으로 하지 않았다. 왕국은 왕의 영지였으나 거기에서 나오는 수입은 귀족계급에게 나누어주어야 했다. 농민과 상공인은 귀족계급을 위해서 일하고 상비군은 귀족계급을 위해서 싸우며 국

늙은 Q씨 : 유명한 방탕자 퀸즈베리 경(토마스 롤랜드슨의 그림)

가의 관료와 수입은 귀족계급을 위해서 존재했다."(칼 후고) 평민에 대한 경멸 옆에는 그것과 정반대되는 것이 어김없이 마련되어 있었다. 그 정반대의 것의 최고의 표현은 곧 군주는 신과 같다는 감정이었다. 절대군주는 유아독존하여 지상의 최고 존재로 승격했다. 그는 "신의 은총에 의하여 (von Gottes Gnaden)!"가 되었다. 그의 지배는 인민의 지지에 의한 것이 아니었다. 그는 신에 대해서만 책임이 있었다. 절대주의의 모범인 뷔르템베르크의 칼 오이겐 공작은 "군주는 살아 있는 신이다. 그러므로 군주에게는 좋은 일이든 나쁜 일이든 마음대로 할 권리가 있다"라는 말을 내뱉고 다녔다. 그런데 신은 악행에는 직접 손을 대지 않으나, 독자들도 눈치채고 있듯이, 악마에게 자신이 좋아하는 일을 시키는 법이다. 그리고 절대주의에서 악마라는 것은 신의 수하였다. 그 토대 위에서 자연히 국가의 단 하나의 그리고 최고의 법률로서 국왕의 행복, 국왕의 의지, 국왕의 즐거움, 곧 라틴어에서 말하는 "국왕의 의지는 최고의 법률이다"가 형성된다. 그것은 어느 나라에서나 통설이 되어 모든 사람의 머리를 지배했고 수백 년에 걸쳐서 큰 소리로는 반대할 수 없는 명백한 신앙이 되었다. "왜냐하면 그것은 과인의 즐거움이니까"가 모든 것을 용서하고 모든 것을 물리쳤다. 과학이나 예술도 국왕의 고마움을 선전해야만 했고 국왕, 곧 신의 명예를 노래해야만 했다. 그러므로 역사는 군주 및 그 선조의 행위와 그 영웅적인 위대함을 서술했을 뿐이다. 지고지존하신 혈통이 군주의 몸을 빌려서 지상에 강림함으로써 그 혈통의 자손, 곧 살아 있는 신의 자손만이 언제나 군주가 되었다. 그러므로 군주는 가장 높은 지혜와 덕이었다. 세계는 아직까지 그 이상 고상하고 위대하며 또 그 이상 숭고한 것이 하나의 인간에게 실현된 일이 없었다. 천재적인 콜베르는 그의 아들이 루이 14세의 측근으로 채용되었을 때 그것은 아들의 다시없는 행복이라고 감격해했다. 왜냐하면 "자식의 결점을 가장 뛰어난 주인, 세계에서 가장 기품이 있는 분, 이제까지 왕좌에 앉은 분들 가운데서 가장 위대하고 가장 강력한 국왕에 의해서 하나하나 고칠 수 있기" 때문이었다. 그래서 그는 기회를 포착하자 재

발코니의 두 베네치아 귀부인(고급 창녀?)(카르파초, 1495~1500)

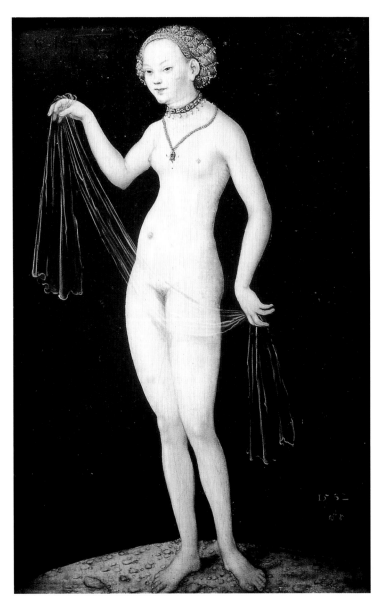

비너스(대[大]크라나흐, 1532)

펠스켄(루벤스, 1635−40)

잠자는 비너스(조르조네, 1509)

우르비노의 비너스(티치아노, 1538)

우미의 세 여신, 카리테스(라파엘로, 1505년경)

오렌지를 파는 처녀(J. H. 벤웰의 그림에 의한 르그랑의 영국 동판화)

루이 14세의 애첩 몽데스팡 부인

루이 15세의 애첩 뒤바리 부인(영국 부각판화, 1770)

루이 15세의 애첩 퐁파두르 부인(F. 부셰)

J. J. 마스케리에의 초상화에 의한 C. 터너의 영국 동판화

영국 궁정의 무도복(동판화, 1800)

레카미에 부인(F. 레라스, 1805)

창녀(귀스타브 도레의 유화에 의한 채색 석판화, 1860)

롤라 몽테즈

넬슨 제독의 애인 엠마 해밀턴

인생(툴루즈-로트레크)

침대를 향해 가는 신혼부부(독일의 동판화)

빨리 국왕을 찬양했다. "전하, 전하의 의지 외에는 그 어떤 것도 전하의 전능함을 제한할 수 없는 전하와 같은 국왕의 시대에 저희가 태어난 것이 너무나 감격스러운 일이라고 생각하는 소신들은 날마다 신께 감사하지 않을 수 없습니다." 그런데 루이 14세는 읽고 쓰기조차 변변히 할 줄 모르는 바보였고 콜베르는 당대에 가장 뛰어난 두뇌의 소유자였다. 그렇다고 마음속에 비아냥이 도사리고 있는 것도 아니었다. 그것은 어디까지나 절대주의 시대의 궁정용어를 바탕으로 한 것이었다. 그러므로 그것을 미성년자가 입에 올리면 근본적으로 교만한 짓이 되었다. 궁정용어는 최상층 사람밖에는 알지 못했다. 당시에 그러한 미치광이 같은 짓이 얼마나 인간을 좌우했던가는 오늘날 아직도 수백만의 인간이 그와 같은 짓을 하고 그 시대와 같은 사회상황이 나타나기만 하면 미치광이짓이 되살아나는 것을 보면 알 수 있다.

　미술 또한 같은 길을 걸었다. 바로크 미술은 절대주의를 예술의 거울에 반영한 것이었다. 거대함, 태부림(포즈), 위엄이 그 거울 속에 예술적으로 그대로 비쳤다. 절대주의는 위엄을 나타내기 위해서 궁전건축에 특수한 양식을 끌어들여 발전시켰다. 궁전은 이미 중세처럼 습격이나 위험으로부터 성의 주민을 보호하는 성곽이 아니라 오히려 지상의 올림포스였다. 그 올림포스에서는 모든 것이 신들의 삶에 어울렸다. 홀은 참으로 넓고 복도는 상상할 수도 없을 만큼 유현(幽玄)했다. 벽은 어디나 온통 수정으로 되어 있었고 벽을 꽉 채우고 있는 거울 같은 수정에 사람들은 눈

매춘부와 수전노

이 부셨다. 위엄과 태부림에는 거울이 필요하다. 어느 것이나 속된 것은 없었다. 모든 것은 거룩하게 꾸며져 있었다. 군주의 잠조차도 남에게 보이기 위한 것이 되었다. 바로크 양식의 궁전 둘레를 널따랗게 둘러싼 정원과 공원은 올림포스의 빛나는 광야였다. 영원한 즐거움, 영원한 웃음. 봄은 나무열매로 가지가 휘어지는 가을로 바뀌었고 겨울은 향기를 내뿜는 여름으로 바뀌었다. 자연의 법칙이 아니라 군주의 의지만이 자연에 명령을 내렸다.

회화에서는 장엄함과 화려함이 가장 큰 특징이었다. 고대 그리스에서 따온 장면, 곧 신들의 생활이 정해진 소재였다. 그것은 군주의 생활이며 군주의 지배의 신격화라고 할 수 있었다. 제우스나 아레스는 군주의 얼굴 모습을 했고 아프로디테와 헤라는 왕비를 쏙 빼놓았다. 그리스 신화는 미술에 의해서 왕실의 역사와 군주의 생활의 역사로 바뀌었다. 왕실의 승리는 군주의 승리였다. 군주는 손에 우리의 신(곧 제우스를 의미하며 제우스는 국가의 보호자였음/역주)의 화살을 들었고, 다나에(그리스 신화에 나오는 여신. 황금으로 변신한 제우스와 관계하여 페르세우스를 낳음/역주)와 레다(그리스 신화에 나오는 스파르타의 왕비. 어느 날 저녁 백조로 변신한 제우스와 관계하여 알을 두 개 낳았는데 그중 하나에서 절세미인 헬레네가 태어남/역주)는 줄곧 신음하면서 그에게 정열에 불타는 다리를 뻗는다. 그의 허리에서는 새로운 신들의 종족이 태어나며, 그 종족에 의해서만 영웅적인 것은 휘황한 재생을 경험한다.

어떤 인간도 관념에서와 마찬가지로 육체의 세계에서도 절대군주의 머리 위에 설 수는 없었다. 건축에서 절대주의 미술양식의 최후의 발전단계인 로코코 양식의 궁전은 언제나 단층구조였다. 어떤 인간도 군주 위에 서서는 안 되었으며 그것은 용서받을 수 없었고 또 군주의 머리 위에서 걷는 것도 허용되지 않았기 때문이다. 그것은 교회와 신의 관념을 지상에 옮긴 것이었다.

신은 절대군주로 현신해 지상을 거닐었다. 그러므로 절대군주는 항상 신처럼 화

아침의 접견(N. 랑크레의 그림에 의한 동판화)

려한 의상을 걸치고 나타났다. 황금과 보석이 군주의 의상이었다. 그의 신하와 종복의 제복 역시 금빛으로 빛났다. 군주가 앉는 의자, 군주가 식사하는 탁자, 군주의 음식을 담는 그릇, 군주가 먹을 것을 입에까지 옮기는 포크나 스푼은 모두 금으로 만들어졌다. 군주의 침대의 커튼, 군주의 방의 융단도 금와 은이 섞인 것이었다. 황금은 도처에서 군주 위에 눈부신 빛을 발했다. 군주의 마구도 황금으로 만들어졌다. 군주는 황금으로 된 마차를 타고 거리를 누볐다. 군주의 생활, 군주의 궁전은 모든 것이 황금으로 둘러싸였고 황금에 젖어 있었다. 빛을 받으면 모든 것은 황금으로 바뀌었다. 향연을 벌일 때 궁전의 방에 켜지는 수천 개의 촛불 또한 황금처럼 빛났고, 거울을 낀 주위의 벽은 그 빛을 몇배로 확산시켜 반사했다. 군주 그 자체가 빛이었고 그 때문에 군주는 언제나 빛 속에 서 있었다.

그러므로 한갓 헛된 노고에 불과한 의식도 역시 빛 속에 있었다. 군주가 일어나서 잠자리에 들 때까지 줄곧 행하는 모든 일상사도 이를테면 그러한 의식의 연속이었다. 군주의 시중을 드는 일이라면 아주 비천한 일까지도 역시 의식이 되어 국사에 관련되었고 어떤 향기롭지 못한 일에서도 군주의 품위를 떨어뜨릴 만한 것은 제거되었다. 예를 들면 프랑스 궁정에서는 국왕의 침대용 변기를 매일 검사하는 일이

향료 제조인(통속적인 동판화)

그 일을 담당한 사람에게는 더없이 영예로운 관직이었고, 실제로 공작이 그 직무를 맡기도 했다. 다시없는 바보스러운 짓도 진지한 얼굴로 해야만 했다. 그러기에 신하들 가운데 일곱 사람의 고관만이 노상 국왕의 측근에서 어른거렸고 세력이 없는 이나 지위가 낮은 신하는 그 곁에 가지도 못했다. 세계는 신의 눈짓에 습복했다. 그들은 군주권력의 심부름꾼이었다.

신은 군주로 현신해 지상을 걸어다녔다. 절대군주는 바로 살아 있는 신과 같았다. 따라서 두려움이 앞서 감히 접근할 수 없는 것이 살아 있는 신의 걸음걸이였으며, 또 아무나 호흡할 수 없는 다른 분위기가 살아 있는 신 주위를 둘러싸고 있었다.

평민은 눈에 보이지 않는 장벽만이 아니라 엄중한 규칙이나 넘을 수 없는 돌담, 생울타리, 목책에 의해서 군주로부터 격리되었다. 절대군주가 자신의 궁전이나 별장으로 쓰기 위해서 독점한 광대한 동산에는 평민이 함부로 들어갈 수 없었다. 만약 그 금령을 범했을 때는 혹독한 벌이 뒤따랐다. 군주가 거리를 산책하고 싶을 때 그 거리는 그가 거동하는 시간 동안 완전히 통행이 차단되었고 평민은 멀리서 군주의 거룩한 모습을 바라보는 다시없는 행운을 얻을 수 있었다. 괴테 시대의 바이마르도 역시 그랬다. 한번이라도 군주의 옥음(玉音)에 접하고 용안을 바라보고 우악(優渥)한 말씀을 들은 사람은 마치 죽음을 면치 못하는 인간이 이 세상에서 맛볼 수 있는 최대의 행운을 누린 것과 같은 것이었다. 이 영광을 누린 자는 자기의 생애가 다른 사람보다도 한층 특별하게 된 듯이 느꼈다. 왜냐하면 신의 눈길이 자기에게 닿았고 또한 신의 은총인 진정한 영광이 자기에게 닿았기 때문이다. 군주에게 끊임없이 충성을 다하는 자에게는 군주의 거룩함의 일부가 옮아온다고조차 사람들은 말했다. 국왕의 공식 총희는 대다수의 인간에게는, 적어도 경쟁하는 여자들에게는 절대로 비천한 존재가 될 수 없었다. 그 여자의 아름다움이나 사랑의 기교가 자신의 현세의 가장 큰 욕망인 호색을 만족시킬 수 있는 자격을 가졌다고 생각하는 군주 자신의 선택에 의해서 그녀 역시 신의 은총을 받은 셈이었다.

그것은 과학적으로도 증명되었다. 할레의 유명한 법률학자 토마시우스는 그의 「궁정철학」에 다음과 같이 써놓았다.

> 위대한 군주라면, 과인은 첩 따위는 싫다고 말해서는 안 된다. 왜냐하면 군주는 자기의 행위에 대해서는 신에게만 책임을 지기 때문이다. 더구나 첩은 상대인 군주의 영광을 얼마쯤 받게 되는 것 같다.

국왕이 공식 총희를 봉하는 영예는 그 총희에게 자신과 같은 신성을 부여하는 것이었다. 다만 그것은 그 여자가 군주와 잠자리를 함께하는 것이

조지 4세의 애첩 마리아 피츠허버트

허용되는 기간 동안만이었다. 군주가 다른 여자의 아름다움과 사랑의 기교를 더 즐겁게 생각하는 날부터 그 총희의 인기와 행복은 가뭇없이 사라져버렸다.

인간은 태양빛을 육안으로는 직접 바라볼 수 없듯이 지상에 현신한 살아 있는 신에 대해서도 머리를 숙이고 무릎을 굽혀서야 다가설 수 있을 뿐이었다. 큰 소리를 내서도 안 되었다. 큰 목소리는 군주의 거룩함을 손상시키기 때문이다. 황송하게도 허용된 배알은 곧 예배였다. 라 피야드 공작은 자기의 성 안에 루이 14세의 황금입상을 세우고 부하들과 함께 밤에 횃불을 들고 그 입상 앞에서 일종의 예배를 보았다. 궁정신하들도 군주에게 무릎을 꿇고 인사를 올렸으며 심지어 땅바닥에 엎드리는 것이 충성의 표시였다. 군주의 의장마차가 다가오면 신사숙녀 모두가 그 행렬을 피하기 위해서 길 옆의 구렁 속에 뛰어들어 마차가 지나갈 때까지 꼼짝 하지 않고 바닥에 꿇어엎드려 있었다. 군주의 시선이 자신에게 와닿았다는 감격은 흙투성이가 된 채 땅에 꿇어엎드렸다는 불편함조차도 깨끗이 씻어주었다. 그들은 군주의 텅 빈 마차에까지도 충성을 표했다.

절대군주의 지상에서의 전지전능함은 자기의 권력을 시위하는 과정에서 뚜렷이 드러났다. 그 하나가 군대의 스포츠였다. 군주가 일단 손에 넣은 권력은 당당한 군대를 통해서 손바닥 위에 있는 것처럼 드러낼 수 있었다. 지상에서의 전지전능함은 대개 그러한 방법이라야 시위를 할 수 있었으므로 가장 미약한 군주조차도 "군대"를 갖추고 있었다. 그 경우 군국주의는 대개 장식이나 장난감에 불과했다. 따라서

이중의 유혹

그러한 나라에서는 군국주의의 형태는 더욱더 그로테스크해졌다. 뷔르템베르크에서는 장신의 강건한 청년만이 "근위대"에 채용되었다. 이런 근위대에 대해서 어떤 사람은 이렇게 쓰고 있다.

근위대는 검은색 소매 휘장, 주름잡은 흰 천으로 만든 목 장식, 붉은 소매의 상의를 입고 끝이 뾰족한 양철 모자를 쓰며 머리는 인두로 지져 곱슬머리를 만들고 분을 칠하고 양쪽 끝을 말아올린 검은 콧수염을 하고 의기양양하게 걷는다. 각반과 짧은 바지는 몹시 통

연적(독일의 동판화)

이 좁기 때문에 몸에 꼭 끼며 게다가 무릎 위까지 앞뒤에 두꺼운 마분지를 대어 다리가 막대처럼 되어 앉을 수도 구부릴 수도 없다. 거리에서 분열행진 중에 나뒹군 자들은 경을 치기 마련이다. 한번 나뒹굴면 혼자 힘으로는 절대로 일어서지 못하기 때문이다. 그러므로 적어도 장성 두 사람이 홀태바지 속에 댄 마분지 때문에 뻗정다리가 된 그 군인을 양쪽에서 부축하여 일으켜 세워야만 한다.

프로이센의 프리드리히 빌헬름 1세가 거느린 키다리 군대도 역시 그로테스크했는데, 그처럼 그로테스크한 포즈 역시 그 권력을 상징하는 것이었다.

절대군주는 국가를 지배하려고 하는 여러 세력들의 상충하는 이해관계를 조정하는 허울뿐인 전지전능함에 의해서 자신이 당연히 살아 있는 신이라고 진정으로 믿게 되었다. 곧 절대군주는 자기 몸 속에 들어온 신이 여러 가지 일을 명령한다고 믿었다. 프랑스의 국왕들은 환자의 몸에 손을 얹어 그의 병과 불구를 치료하려고 했다. 그리고 그들은 때때로 환자를 진짜로 낫게 했다. 군주에 대한 신앙심이 그러한 기적을 낳았던 것이다.

앞에서 말한 것은 모든 것을 설명하는 열쇠이며, 그 열쇠에 의해서 절대군주의 전제적인 수법에 대해서도 분명하게 이해할 수 있다. 살아 있는 신은 모든 것을, 곧 신이 만든 인간의 생활과 자유, 특히 인간의 재산권조차도 자기 좋을 대로 처분할 수가 있었다. 그러므로 모든 것은 법률적으로도 군주의 것이었다. 왕국은 군주의 개인 소유물이었다. 루이 14세 시대에도 "국왕은 프랑스의 모든 재산과 토지에 대해서 실질적인 소유권을 가지고 있는가?"라는 문제가 여러 차례 진지하게 토론되기도 했다. 그러나 사람들은 아무런 후회도 없이 언제나 그 놀라운 생각으로 되돌

유혹(미에리스의 그림에 의한 동판화)

아갔다. 루이 14세가 세제를 위해서 만들도록 한 훈령에는 다음과 같이 쓰여 있다. "과인의 국가에 있는 모든 것은 어떤 종류의 것이든 법률적으로는 과인의 소유물이다. 너희 국왕은 태어나면서부터 신민들의 훌륭한 관리인으로서 과인의 국가에 필요한 모든 비용을 언제라도 충당하기 위해서 승속(僧俗)의 소유를 불문하고 일체의 재산을 자유롭게 쓸 권리를 가지고 있다는 사실을 믿지 않으면 안 된다." 특권계급이 절대주의의 그런 원칙의 선전에 의해서 그들의 구래의 "권리"가 침해되는 것을 보고 참을 수 없다는 듯이 반대하기 시작했을 때 왕실의 법률학자들은 재빨리 앞장

아우크스부르크의 유행의상(J. M. 빌, 1780)

서서 "왕국의 모든 토지는 국왕에게 보편적인 소유권이 있다"는 것을 증명했다.

절대군주는 국토의 모든 재산에 대해서 태어날 때부터 소유권을 가지고 있다고 생각했으므로 그는 모든 조세수입을 자기 마음대로 사용할 수 있었고, 그뿐 아니라 자기 개인의 사치를 위해서 조세수입의 대부분을 탕진하는 것도 절대주의의 논리로 보면 당연했다. 절대군주는 자기의 변덕스러운 사치를 위해서 그가 써도 좋은 금액을 초과하는 일 따위는 물론 괘념치 않았고 예산은 생각조차도 하지 않았다. 적자가 생기면 그 뒤치다꺼리를 하는 것은 국민이었다. 엉망진창의 낭비는 거의 모든 절대주의 궁정에서는 당연한 일처럼 여겨졌다. 프랑스 혁명이 일어나기 전 몇 해 동안 프랑스는 국가재정이 감당할 수 없는 적자에 이르자 대신까지 완전히 두 손을 들었다. 그러나 루이 16세는 왕비를 위해서 거금 1,500만 리브르로 성 크루 성을, 자기를 위해서는 1,400만 리브르로 랑비에 성을 사들였다. 하룻밤의 도박을 위해서 10만이나 20만 리브르의 돈을 뿌리는 일은 마리-앙투아네트에게는 식은 죽 먹기였다. 러시아의 예카테리나 2세는 그녀의 왕성한 색욕을 채우기 위해서 무려 9,000만 루블을 썼다. 그러나 그 엄청난 금액도 루이 15세가 정부들에게 마구 뿌린 돈에 비하면 하잘것없는 것이었다. 세칭 녹원(鹿苑)이라는 베르사유 궁전의 하렘에 있는 젊은 여인들을 위해서 사들인 물품의 값만 해도 수억 리브르나 되었다. 그 금액 가운데는 애첩인 퐁파두르 부인, 넬 자매, 뒤바리 부인에게 들어간 방대한 액수는 포함되지 않았다. 그 네잎 클로버 가운데 하나인 퐁파두르를 위해서만 국고로부터 수천만 리브르의 거금을 인출했다. 루이 14세의 비공식적인 첩 관계를 유지하는 비용도 결코 만만한 것이 아니었다. 그러나 그것보다도 훨씬 많은 돈이 든 것은 건축에 대한 루이 14세의 열정이었다. 그는 신으로 받들어진 자신을 위해서

훌륭한 궁전을 가지고 싶었고 그 때문에 1년 동안(1685)에 9,000만 프랑의 돈을 쏟아부었다.

유럽의 절대군주들은 너나 없이 태양왕의 유례 없는 사치와 건축열과 낭비로 유럽에 보인 본보기를 젖먹던 힘까지 짜내어 흉내내는 것을 그들의 당연한 의무라고 생각했다. 프로이센의 프리드리히 2세는 자신의 건축열 때문에 단기간에 무려 천 수백만금을 썼다. 그것은 7년전쟁(오스트리아와 프로이센의 전쟁. 1756-63/역주) 직후의 가공할 궁핍의 시대 —— 이 시기는 바로 그 고통의 시대

담력 있는 부인(아우크스부르크의 메조틴트 판화)

의 뒤이기 때문이다 —— 의 궁핍한 프로이센인들에게는 참으로 막대한 것이었다. 뷔르템베르크, 바덴, 헤센의 궁정에서 호화로운 궁전건축을 위해서 소모된 비용은 프로이센에서보다 방대한 것이었다. 가장 작은 궁정에서도 궁정집사장, 제조상궁, 궁정기사, 상궁, 귀족출신의 궁정시동 등이 있었다. 궁정시동은 화려한 시동복을 입고 식사 때는 옥좌 뒤에 서서 접시를 바꾸어 내놓았다. 게다가 그 어떤 궁정에도 시동, 집사, 마두장(馬頭長), 어의, 궁정사제, 궁정서기, 궁정회계인, 궁정악장, 궁정악사, 주방장, 궁정정원사, 시종, 로이퍼(Läufer: 국왕의 마차를 예고하는 관리/역주), 하이두크(Heiduck: 헝가리식 복장을 한 경호 보병/역주), 궁정 사냥꾼 그리고 지체가 낮은 종복, 시녀, 의상담당 시녀, 마부, 전방기수, 마굿간지기, 정원사 조수, 주방 심부름꾼 아이, 하녀, 근위대(근위대는 어떤 경우에도 무장하고 있으며, 국왕을 모시지 않으면 안 되었다)가 있었다. 그러나 여기에 다른 자질구레한 하인은 포함되지도 않았다.

그러나 대부분의 절대주의 궁정은 베르사유의 모범에 지지 않으려고 안달하고 초조해했으며, 그 가장 큰 야심은 될 수 있는 한 한 가지 점에서라도 그 모범을 제압하는 데에 있었다. 그리고 이 궁정 저 궁정에서 이러한 야심이 성공한 것도 사실이었다. 성공의 명예는 특히 작센의 강력왕 아우구스트와 뷔르템베르크의 칼 오이겐 공작에게 주어졌다. 유감을 표명하면서도 두 사람 공히, 과인은 종마의 자격은 훌륭히 갖추었으되 그에 비하여 머리 쪽은 크게 뒤떨어지는군, 하고 이구동성으로 변명했다. 약소국가 뷔르템베르크의 절대군주의 낭비벽은 이 나라 면적 —— 당시 뷔

르템베르크 공작령의 전인구는 크게 잡아도 60만이었다 —— 에 반비례하는 놀랄 만한 규모였다. 궁정연회에는 사례금 1만2,000굴덴에 해마다 파리의 인기무용가 베스트리스를 특별초청하기도 했다. 그러나 더욱 값비싸게 치른 것은 호사를 극한 불꽃놀이였다. 뷔르템베르크 공작의 궁전에서는 축제 때마다 불꽃놀이가 열렸다. 공작은 그 준비를 위해서 이번에는 당대의 불꽃 기술자로서는 가장 유명한 베로네세를 이탈리아에서 불러들였다. 일기가 나빠서 불꽃이 공중에서 터뜨려지지 않을

배우자가 여행 떠난 동안 정부와 보내는 아름다운 시간(영국의 메조틴트 판화)

때에도 그 놀이는 강행되었다. 1765년 뷔르템베르크의 실태를 쓴 「뷔르템베르크 궁전의 진실, 회상록」에는 다음과 같은 기록이 있다.

성내에서는 웃음소리를 거의 찾아보기 어려웠으나 그 안에서는 더 많이 먹어치우고들 있었다. 그들은 때만 나면 퍼마셔댔다. 그리고 술판 뒤에는 으레 불꽃이 쏘아올려졌는데, 그것은 연회에 임석하는 최고의 기독교도인 전하처럼 훌륭하고 아름다웠다. 가령 그날 비가 온다고 하더라도 아랑곳하지 않았다. 1763년에는 비 때문에 불꽃이 모두 젖어버렸다. 그런데도 전하는 불꽃놀이 대회를 어떻게든 개최하라고 명령했다. 화포장(火砲匠)은 불꽃 가운데 절반은 발화하지 않을 것이라고 말했지만 어떻든 5만2,000굴덴의 거금을 들인 불꽃은 빗속에 마구 쏘아올려졌다. 전하는 그러한 행사를 자기의 성세와 영화를 과시하는 훌륭한 표현으로 여겼기 때문이다.

5만2,000굴덴은 막대한 돈이었다. 그 정도의 금액이면 당시의 뷔르템베르크의 모든 인구를 하루 부양할 수 있었다. 그런 거금을 어리석게도 일시적인 기분풀이로 탕진한 것이었다. 오랜 세월 동안 향락적인 삶을 누린 빔펜 남작의 「회상록」에는 뷔르템베르크 궁전에서 축제 때 어떤 일이 벌어졌는지가 참으로 잘 묘사되어 있다.

나는 스페인 궁정에서 한 해 동안 머무른 뒤 1763년에 슈투트가르트로 돌아왔다. 그로부터 10년 동안 나는 궁정의 즐거운 생활에 한몫 끼게 되었다. 어떤 소동이 일어나더라도 향락은 중지되지 않았다. 그 시대에 뷔르템베르크와 같은 궁정은 아무 데도 없었다(1763년은 프로이센과 오스트리아 간에 벌어진 7년전쟁이 끝난 해였음/역주). 공작은 세계에서

옷장 안에 숨어 있다가 발각된 정부(프라고나르, 동판화)

가장 훌륭하고 아름다우며 가장 훈련이 잘된 군대를 1만5,000명이나 보유하고 있었다. 그리고 200여 명의 귀족이 그를 에워싸고 있었는데, 그 가운데는 그의 일족과 백작이 스무 명 정도 포함되어 있었다. 그는 자신의 말을 800마리나 가지고 있었다. 그의 여름 별궁인 루트비히스부르크는 그의 힘에 의해서 더욱 확장되고 훌륭해졌다. 뷔르템베르크 궁정에서는 유럽의 일류 오페라, 일류 오케스트라, 가장 아름다운 발레, 파리풍의 가장 훌륭한 프랑스 희극이 공연되었다. 그리고 무료로 관람할 수 있는, 날마다 벌어진 행사에는 굉장한 연회가 으레 뒤따랐다. 연회가 얼마나 사치스러운 것이었는가는 그뒤 다른 나라 궁정의 가장 사치스럽다고 소문이 났던 연회를 몇 차례 보고 난 뒤에야 비로소 알 수 있었다. 그러나 뭐니뭐니 해도 공작의 여름 별궁, 특히 그라페네크의 여름 행차만큼 유쾌한 것은 이 세상에 없었다. 그 별궁은 슈바르츠발트의 깊고 깊은 곳에 있는 성으로 그는 혹서의 계절을 그 별궁에서 지냈다. 그는 보통 열 명이나 열두 명 정도의 궁정기사를 데리고 갔는데 나도 그중에 넣어주었다. 나는 언제나 행운을 잡았다. 그밖의 수행원은 600-700명으로, 그들은 모두 공작을 기쁘게 해주기 위해서 뽑힌 사람들이었다. 프랑스 희극, 코믹 오페라, 이탈리아 오페라의 단원들 가운데서 뽑힌 사람도 있었고 오케스트라는 조멜리, 롤리, 나르디니, 루돌프, 슈바르츠, 프라 형제 등 일류 악사로 구성되었다. 그리고 노베레는 가장 아름다운 발레만을 추라는 분부를 받았다. 우리들은 "플로라와 헤베"(로마 신화의 봄과 꽃의 여신, 그리스 신화의 청춘의 여신/역주) 극단의 뛰어난 무용만을 보게 된 것이다.

천분과 재능의 혜택을 받은 자만이 기쁨과 즐거움을 만들어냈다. 그리고 모든 것은 환락을 위해서만 베풀어졌다. 우리들은 기쁨 속에서 잠을 자고 눈을 떴다. 다른 두 악단이 기상음악을 연주했다. 우리들은 모두 함께 날마다 그늘이 짙은 조용한 숲속에서 조반을 들었다. 그때는 어느새 시골풍의 반주에 맞추어 론도나 카드리유 춤이 시작되었다. 모든 것은 밤의 무도회를 위해서 준비되었던 것이다. 휴식시간에는 화장을 고치거나 놀이를 하거나 음식을 먹었다. 또 여러 가지 자질구레한 구경거리도 즐길 수 있었다. 우리들은 어떤 때는 낚시질을 하고 어떤 때는 사냥을 하고 또 어떤 때는 어두컴컴한 짙푸른 숲속을 산책했다. 숲속의 산책에는 "플로라와 헤베"의 단원들을 데리고 가기도 했다. 나는 태어난 뒤 그처럼 즐거운 나날을 보낸 적이 없었다. 그 며칠 동안에 너무 많은 즐거움을 맛본 터여서, 그 추억은 오늘도 나를 황홀하게 하기보다는 오히려 슬프게 만든다. 거기 머무는 동안 즐거움을 높인 것은 아름다운 여인들만이 아니었다. 모든 것, 곧 훌륭한 식사, 아침의 댄스와 오후의 사냥을 즐긴 뒤의 왕성한 식욕도 한몫을 단단히 했던 것이다. 그러나 그 이상의 것은 역시 공작이 우리와 함께 한다는 것이었다. 그는 언제나 웃는 얼굴이었고 명랑하게 농담을 던지면서 신하들에게 노상 따뜻한 태도를 보였다.……

빔펜 남작이 말한 사냥이 어떤 것이었는가는 다음의 한 예에서 명확하게 알 수

배반하는 남편에 대한 상징화(르 냉의 그림에 의한 동판화)

있다. 군주 한 사람의 진정한 사냥의 즐거움을 위해서 공작령의 농민들이 총출동해
서 6,000마리나 되는 사슴을 솔리튀드라는 수렵지에 몰아넣었던 것이다. 그리고
그때의 "사냥"이 어떻게 행해졌는가는 역시 그의 「회상록」으로 알 수 있다.

1763년 축제의 세번째 마당은 들판에서 벌어졌다. 들판에서 사냥감 짐승들에게 총공격

포세이돈과 암피트리테(티치아노의 유화에
의한 동판화, 17세기)

이 가해졌는데, 크고 작은 짐승 수백 마리가 살육되었
다. 나는 여러분에게 그 광경을 설명하지 않을 수 없다.
사냥을 위해서 수렵지 한 곳에 울타리를 치고 갖가지
짐승을 수천 마리나 몰아넣었는데, 사냥하는 날에는 그
울타리에서 짐승을 한 마리씩 내보내게 했다. 그러면
공작을 비롯한 고위층이나 사냥꾼들은 화승총을 들고
불쌍한 짐승을 기다렸다. 여러분은 나에게 그들은 모두
도살자이므로 그러한 짓은 오락은 물론이고 축제라고
도 말할 수 없다고 항의할지 모른다. 그러나 끝까지 들
어주기 바란다. 울타리 문 밖으로 쫓겨나온 짐승 앞에
는 아주 좁은 외길밖에 없었고 외길의 끝은 단애절벽이
었다. 그리고 절벽 밑에는 연못이 있었다. 그러므로 짐
승은 외길로 쫓기다가 절벽에서 깊은 연못 속으로 떨어
져 죽을 수밖에 없었고 그들은 그 맛에 재미를 붙였던 것이다. 그런데 그 연못은 자연의
것이 아니라, 혹한의 겨울에 사람의 손으로 파게 한 것이었다. 그것을 생각하면 그 즐거움
도 금방 사그라드는 듯했다. 당시 추위는 참으로 혹독했는데 공작은 추위에도 도무지 아
랑곳하지 않고 먼 곳에서 못으로 물을 끌어들이고 그 물이 얼지 않도록 40대 이상의 난로
를 설치하고 계속 불을 피우게 했다.

이들 두세 가지의 기록만 보아도 뷔르템베르크의 칼 오이겐 공작은 프랑스의 태
양왕이 모범을 보인 낭비기록을 깨끗이 깨뜨렸음이 분명해진다. 그런데 이 기록은
오래지 않아 수십 배의 더 큰 낭비로 인해서 깨어졌다. 강력왕 아우구스트의 낭비
기록을 보면 그와 엇비슷한, 밑바닥이 빠진 큰 항아리들이 너무 많이 있기 때문이
다. 여기서는 당시 유럽의 모든 사람들을 깜짝 놀라게 한 밀베르크의 유명한 환락
야영의 이름만을 들겠다. 왜냐하면 다른 기회에 그 군주의 가공할 낭비에 대해서는
몇 차례나 언급해야 하기 때문이다.
　　각국의 군주들은 사치를 즐긴 지배자로서의 태양왕뿐만 아니라 절대군주로서의
태양왕도 끊임없이 추월하려고 했다. 따라서 약소 군주는 자기의 경쟁상대에 대해
서는 대개 복수심에 불타는 절대군주가 되었고 자신이 살아 있는 신이라는 특권에
대해서도 무서울 만큼 과대망상적이었다. 뷔르템베르크에서는 모든 사람이 공작의
보초 근무자에게조차 공작을 대하듯이 모자를 벗어야 했다. 만약 모자를 벗지 않았

소설 독자(색정적인 영국의 동판화)

을 때는 태형에 처해졌다. 그 형벌은 늙은이나 신분이 높은 자도 용서하지 않았다. 군주의 대리인이 서 있는 것을 보지 못했다는 변명 따위는 통하지 않았다. 1783년에 어떤 궁정의 재정보좌관이 다른 생각을 하느라고 슈투트가르트의 보초 근무자에게 모자를 벗는 것을 깜빡 잊었다. 그것을 보고 위관급 장교 폰 뵈넨이 그 위반자를 사무실에 가두었다가 스물다섯 대의 태형에 처했다. 그러한 처사는 칼 오이겐 공작이 1759년에 상급 칼 훈장을 제정했을 때 군공의 하나로까지 쳐준 바 있었던 것이다. 자신에 대한 신의 은총이 자꾸 줄어든다고 느낀 수다쟁이 엘리자베트 샤를로테가 무심코 우스꽝스럽게 감정을 터뜨린 것은 약소 군주들이 자기가 살아 있는 신이라는 특권에 대해서 품은 그로테스크한 망상이 어떤 것인가를 알 수 있는 꽤 좋은 실례이다. 영지를 가진 이 궁정백작의 딸은 다음과 같이 쓰고 있다.

"거웃 같은 것" —— 그 여자는 맹트농 후작부인(루이 14세의 정부/역주)에 대해서 얘기할 때는 으레 그렇게 부름으로써 울분을 토하곤 했다 —— 이 글쎄 스트라스부르에서 두 사람의 처녀를 불러들이곤 그것들이 궁정백작의 딸들이라고 떠들어대면서 자기 조카의 시녀로 삼았지 뭡니까. 나는 벌어진 입이 다물어지지 않았어요. 세자비께서 눈물을 흘리면서 내게 그 일을 호소합디다. 나는 이렇게 말씀드렸어요. "내버려두십시오. 저는 그 따위 일은 결코 믿을 수 없습니다. 제겐 힘이 있으니까 늙은 마녀에 대해서 조금도 따지거나 하진 않겠습니다." 나는 창 너머로 그 조카와 독일 처녀 한 명이 산보하는 것을 보았습니다. 나도 산보하러 나가서 일부러 그들 옆을 지나가면서 그 처녀에게 말을 걸어 당신은 대체 누구지요라고 물었죠. 그 처녀는 나를 똑바로 보면서 리첼슈타인의 궁정백작의 딸이라고 하더군요. 내가 "정말이죠"라고 말하니까 처녀는 "정말이에요. 전 아버지 없는 자식은 아니에요. 젊은 궁정백작이 제 어머니와 결혼했어요. 당연히 전 게렌 집안 사람이에요"라고 말하는 것이 아니겠어요. 나는 이렇게 말했주죠. "그렇다면 당신은 역시 궁정백작의 딸은 아니군. 우리들 궁정백작 가문에서는 어울리지 않는 결혼은 하지 않으니까. 한마디 더해주지. 궁정백작이 당신 어머니와 결혼했다고 말하는데, 그렇다면 당신은 거짓말쟁이야. 당신 어머니는 유명한 매춘부거든. 백작말고도 많은 남자가 당신 어머니와 잠자리를 같이 했단 말이야. 그리고 나는 당신 어머니의 진짜 남편이 누군지도 잘 알고 있지. 그 자는 허풍쟁이 예술가였어. 정말이야. 그런데도 당신이 궁정백작의 영애라고 계속 속이려 들면 그땐 당신 치마의 뒤쪽자락을 잘라내서 그 따위 말이 다시는 들리지 않게 하겠어. 하지만 당신이 나의 충고에 따라서 진짜 이름으로 행세한다면 나도 결코 당신의 태생을 경멸하진 않겠어. 아무튼 당신이 앞으로 어떻게 행동하는가 보고 싶군." 처녀는 내 말이 마음에 걸렸는지 마침내 며칠 뒤 죽어버렸지요. 또 한 사람의 처녀는 파리의 여학교로 추방했구요. 나는 세자비께 가서 자초지종을 말씀드렸습니다. 세자비는 "정말 기쁘게 생각합니다. 나는 평생 그런 용기를 낼 수 없을 거예요"라고 고백했어요. 세자비께서는 내가 전하로부터 크게 꾸지람을 들을 것이라고 걱정하셨지만, 전하께서는 내게 그 문제 자체에 대해서는 한마디도 하지 않으셨어요. 다만 약간 웃음띤 얼굴로 내게 이렇게 말씀하시더군요. "당신의 가문 문제에 대해서 당신을 공격하기란 두렵군, 목숨을 걸어야 할 판이니까." 나는 이렇게 말씀드렸죠. "저는 거짓말쟁이는 아주 싫어한답니다." 궁정백작의 딸을 사칭했던 또 한 사람의 처녀는 파리에서 그녀의 어머니와 마찬가지로 유명한 갈보가 되었어요. 하지만 그 처녀는 이름을 바꿨더군요. 결국 내가 그 여자를 쫓아낸 셈이죠. 1720년 10월 25일.

점쟁이(J. M. 빌, 동판화)

엘리자베트 샤를로테의 편지는 이처럼 슬픔에 가득 차 있다. 아무튼 엘리자베트 부인은 그러한 가문의 일원으로서는 아주 분별력이 있는 여자였다.

소국의 절대군주들은 자신들의 적에 대해서 복

수심에 불탔다. 칼 오이겐 공작이 슈바르트 (1737-91. 정치적인 풍자시를 쓴 죄목으로 체포됨/역주)를 10년 동안 호엔아스베르크에 유폐한 일은 영원히 지워지지 않는 오점으로 남아 있다.……

LESTOCADE DU GOUSET

사치스러운 부인과 순종적인 남편(동판화)

신은 인간에게 수많은 은혜를 내린다. 신이 상냥한 손을 인간에게 내밀 때는 진정 축복을 내린다. 그와 마찬가지로 절대군주들도 열심히 은혜를 하사했는데, 그 자선사업은 참으로 낭비적이었다. 그 방면에서는 적어도 갈리아니(이탈리아의 재정학자, 1728-87/역주)의 "군주의 덕은 이를테면 처녀성의 즐거움과 같은 것이다. 그것은 상상하는 것이 향락하는 것보다 훨씬 아름답다"라는 말은 적절하지 않다. 군주의 축복은 오직 귀족계급에게만 내려졌고, 어떠한 빛도 민중에게 내려오지는 않았다. 그것이 바로 절대주의의 사상이기 때문에 앞에서 말한 것으로 보더라도 더 이상 설명할 필요가 없다. 루이 16세는 그러한 방법으로 1774년부터 1789년까지 15년 동안 귀족계급에 대한 은총의 표시로서 무려 2억2,800만 리브르의 거금을 뿌렸다. 그 가운데 8,000만 리브르는 그의 일족에게 뿌린 것이었다. 왕족의 가까운 친구가 된다는 행운이 얼마나 엄청난 것이었던가는 금방 상상할 수 있다. 폴리냐크 집안이 입은 혜택은 이에 대한 훌륭한 증명이 될 것이다. 폴리냐크 공작부인은 마리-앙투아네트의 둘도 없는 친구였다. 루이 16세는 그 둘도 없는 친구에게 보답하기 위해서 왕비의 은사(恩賜)라는 명목으로 폴리냐크 집안에 매년 70만 리브르의 은급을 내렸다. 폴리냐크 공작은 매년 12만 리브르의 종신연금을 받았고 그 위에 영지매입 대금으로 120만 리브르라는 거금을 일시에 하사받았다. 가엾게도 폴리냐크 공작은 도시의 공기에 견디지 못했기 때문이다. 루이 16세의 선왕들도 역시 손이 컸다. 궁정백작의 딸인 리즈로트(엘리자베트 샤를로테의 프랑스 이름/역주)는 어머니를 따르는 상냥한 아들(오를레앙 공작 필리프 2세. 루이 15세의 섭정/역주) 덕택에 그녀의 주머니에 흘러들어온 100만 리브르에 대해서 도도한 웃음을 지으며 1719년 9월 1일에 다음과 같은 편지를 썼다. "내 아들 덕에 이번에도 나는 더욱 부자가 되었지요. 내 연금은 150배로 불어났습니다." 그로

좋은 일에는 마가 끼기 마련!(영국의 동판화)

부터 석달 뒤인 1719년 11월 28일에 그 부인은 다시 다음과 같은 편지를 쓸 수 있었다. "아들은 내 저택을 짓는 데에 200만 리브르의 주식을 주저하지 않고 내게 주었습니다." 그런 거금이 어떻게 돈지갑에 들어올 수 있었던가? 그러나 돈지갑은 밑빠진 독과 같았다. 그 여인은 "신의 은총"에 의해서 작은 쿠데타 형식으로 프랑스의 섭정이 된 사람의 생모라는 것밖에는 별로 이렇다 할 공로도 없었다. 그 부인은 지독한 수전노였으나 그런데도 생활비로 매년 30만 리브르의 거금을 썼다. 그리고 군주는 그밖의 일에도 인색하게 굴지 않았다. 퇴물이 된 총희들은 대개 많은 연금과 은사품을 받는 대신 사랑의 하사는 보통 단념했다. 루이 14세의 첩이었던 감상적인 라 발리에르의 뒷자리를 물려받은 몽테스팡은 10년 동안에 걸친 충실한 사랑의 봉사에 대한 위자료로 매월 1,000루이도르(20프랑짜리 금화/역주)의 은급을 받았다. "그 총희에게 프랑스는 유럽과 프랑스에 있는 학자들 전체 급료의 세 배나 되는 돈을 주었다"고 그 무렵의 한 저술가가 개탄했을 정도였다. 그것은 절대주의 시대에 학문이 얼마나 비참한 대우를 받았는가를 분명히 보여준다. 퇴물이 된 총신들도 대개 그와 비슷한 행운을 잡았다. 예카테리나 2세가 부리고 버린 총신들이 지난날의 총애에 대하여 받았던 막대한 선물이 이에 대한 충분한 증거가 될 것이다.

지위가 높은 자와 함께 지위가 낮은 자도 그 점에서는 마찬가지였다. 절대주의 궁정의 손발 노릇을 한 자들은 크고 작은 어느 나라에서나 몇백만이라는 거금을 챙겼다. 뷔르템베르크의 칼 오이겐 공작은 연회에 초대한 귀부인들 모두에게 이른바 여인들에 대한 선물로서 값비싼 보석을 주는 것을 특별한 여흥으로 즐겼다. 그는 그 여흥을 위해서 한번에 10만 굴덴이나 되는 막대한 돈을 썼다. 겨우 15분 동안에 그러한 막대한 선물을 뿌렸던 것이다. 작센의 강력왕 아우구스트는 가장 마음에 드는 여인에게 첫 초대 때에 대개 다이아몬드나 루비를 박은 조화 꽃다발을 안겨주었다.

구두쇠 왕국 프로이센에서도 때로는 몹시 광란적인 관례가 있었다. 에기데 프리드리히 빌헬름 2세 시대 때인 1796년의 폴란드의 "게르만화"는 아주 지독하고 공공연한 사기였다. 그때 혹독한 피해를 본 쪽은 무자비하게 기만당한 폴란드의 귀족계급과 성직자 계급이었는데, 그것이야 아무래도 좋다. 그 수법이 어떤 것이었는가는 다음의 기록을 보면 알 수 있다.

호임 연합(Konsortium Hoym), 곧 비쇼프베르더-트리벤펠트-리츠-프리드리히 빌헬름 2세의 "정권"이 다음과 같이 공작했다. 연합은 몰수한 폴란드 토지의 공정가격을 1리 1모까지 사정해서 그 토지들을 이른바 "은사의 토지"라고 하여 무상으로 또는 그들 연합에 막대한 커미션을 지불한다는 약속 아래 "독일의 부농들"에게 싼 공정가격으로 분양했다. 토지를 분양받은 부농들은 그 토지들의 암시세가 폭등하기를 기다렸다가 폴란드인, 유대인, 러시아인, 터키인 등 상대를 가리지 않고 누구에게나 토지를 팔았다. 약간의 예를 들어 이 유명한 토지 암거래를 설명해보자. 비쇼프베르더는 어떤 토지를 양도받았는데, 그 공정가격은 1만8,000탈러였다. 그러나 암시세는 19만1,000탈러였다. 그는 그것을 11만5,000탈러에 팔아넘겼다. 추밀원 고문 폰 골트베크는 공정가격 2만8,000탈러의 토지를 분양받았는데 되팔아 당장 8만 탈러를 벌었다. 뤼타카우는 공정가격 8만4,000탈러의 토지를 받아 그것을 80만 탈러로 팔았다. 더구나 그는 공정가격 2만8,000탈러로 8개소의 왕실직영지

롯과 그의 두 딸(S. 부에의 유화에 의한 동판화, 1639)

를 "구입했다." 그중 한 곳의 토지만 하더라도 등기소에서는 당장 9만 탈러로 감정했다.
육군 소장 폰 쿠헬은 무상으로 받은 은사의 토지만으로는 부족하여 3만 탈러로 또 한군데
의 왕실직영지를 구입한 뒤 그것을 재빨리 13만 탈러로 팔아넘겼다. 불뤼허도 역시 방대
한 토지를 받은 뒤 그것을 14만 탈러의 암시세로 엘빙의 한 상인에게 팔아넘겼다. 또한
호임 연합과 그 일당들은 부농들과 암거래를 했을 뿐만 아니라 상대방이 많은 커미션을
내기만 하면 변호사, 상인, 여관주인, 향료장수와 같은 시민계급의 천민 등 누구에게나
마구 토지를 분양했다는 사실도 잊어서는 안 된다. 트리벤펠트와 리츠의 심복인 방물상
트레스코프는 그들의 시세로 35만 탈러는 족히 되는 토지를 겨우 8만 탈러에 매입했고 더

좀도둑 발각(콜레트의 그림에 의한 영국의 동판화, 1787)

구나 그 애국적인 의협심이 인정되어 귀족으로 봉해졌다.

절대주의 시대의 지상의 신들은 하늘에 있는 우리의 신이 보여주는 모범을 그대로 흉내냈으나, 어떻게 해도 흉내낼 수 없는 것이 하나 있었다. 지상의 신들은 하늘에 있는 신이 행하는 기적을 보이려고 몹시 애썼으나 기적은 하나도 이룰 수가 없었다. 결국 무에서 황금을 만들려는 실험은 지상의 신들에게는 전혀 가능하지 않았다. 이미 루이 14세와 관련해서 인용했듯이, 속인들의 재산은 모두 과인의 사유

프랑스의 유행의상(르 클레르, 1780)

재산이라는 간교한 방법도 사실의 엄격한 논리와 충돌한 결과 산산조각이 났으므로 그들은 다른 수법으로 그와 같은 목적을 달성하려고 머리를 써야만 했다. 그리고 마침내 부르주아나 농민의 토지를 매입한 뒤 임대함으로써 흘러들어오는 금액보다 더욱 많은 돈을 다른 수법으로 실제로 손에 넣었다. 그 증거로는 루이 16세가 1783년에 재무대신에 임명한 재상 칼론의 공채정책의 결과만을 인용하는 것으로 충분하다. 칼론은 재직 3년 동안에 프랑스에서 6억5,000만 리브르라는 막대한 금액을 사취하는 데에 성공했다. 그것은 당시 참으로 거대한 금액이었다. 그리고 그 돈 전부가 국왕의 금고 속으로 흘러들어갔다. 적어도 그 대부분이 정말로 국왕의 금고를 통과했던 것이다.

　절대주의가 그 부귀영화를 유지하는 데에 필요한 돈을 끌어모으기 위해서 어느 나라에서나 취한 첫째 수법은 참으로 전제적인 세법이었다. 아무것에나 세금을 부과했고 계속해서 새로운 조세를 만들었다. 세수입을 확보하고 그 위에 세금의 징수업무를 모면하기 위한 꽤 천재적인 방법이 프랑스에서는 페르미에 제네랄(fermier général)이라고 불린 징세청부인 제도에 의해서 성공했다. 그 제도는 궁정이 신임하는 사람들 중에서 선발된 자들에게 국왕의 금고에 납입해야 할 일정한 금액을 청부하는 것이다. 1789년에는 프랑스에 44명의 징세청부인이 있었는데, 합계 1억3,800만 리브르의 세금이 해마다 국왕의 금고에 들어갔다. 그러한 책임과 징세조직의 대가로 징세청부인들에게는 납세자에게 세금을 마음대로 매겨도 좋다는 권리가 부여되었다. 그 결과 국왕의 금고에 납입되는 금액의 거의 두 배나 되는 세금이 서민으로부터 거두어들여졌다. 그렇다고 해서 국가 자신이 세금의 할당과 징수를 담당했던 나라들에서는 그것이 너그러웠다는 뜻은 아니다. 프로이센에서는 농민이 납부해야 할 "군세(軍稅 : Kontribution)"가 프리드리히 2세 시대에는 지방에 따라서 전체 세입의 33.3퍼센트나 되었다. 그것은 1후페(Hufe : 말 한 마리로 갈 수 있는 밭의 면적, 약 10-15헥타르/역주)에 대해서 8탈러의 군세를 낸다는 것을 뜻한다. 대지주는 같은 면적의 땅에서 겨우 2탈러의 군세만 내면 되었다. 한편 농민은 그들에게 남겨진 얼마 안 되는 수입에서 다시 그밖의 세금이나 토지세로 거의 그 절반을 납부해야 했다. 그런데도 입만 나불거리는 어용 역사가들에 의하면, 프리드리히 2세는 "농민의 왕(Bauernkönig)"으로서도 크게 활약한 것으로 전해진다.

아우크스부르크의 유행의상(J. M. 빌)

그런데 세원의 고갈에 의해서 세수가 줄어드는데도 씀씀이는 자꾸 늘어났기 때문에 세수는 국왕의 금고를 언제나 절반 정도밖에는 채워주지 못했다. 그 때문에 절대주의는 어느 나라에서나 서민의 돈주머니를 노리고 공공연한 약탈을 조직적으로 행해야만 했다. 그것만이 아니었다. 절대주의는 자본가들이 기근이나 그와 유사한 생활난을 빌미로 대중의 주머니를 털려고 하는, 바꾸어 말하면 대중의 생활난에 편승하여 돈을 벌려고 하는 음모를 은밀히 또는 공공연히 응원해야만 했다.

돈을 벌기 위한 가장 손쉬운 방법은 군주가 줄 수 있는 모든 것을 현금을 매개로 거래하는 것이었다. 그 때문에 지난날 로마 교황청이 고위 사제직을 입찰에 붙여 팔아넘겼던 것과 마찬가지로 특히 벌이가 좋은 관직이 매매대상이 되었다. 악명 높은 매관매직이 어느 나라에서나 유행하게 되었다. 물론 그것은 관직이 착취의 원천이 된다는 것을 전제로 했다. 그리고 그것은 당연한 것이었다. 그 이래로 "관리"는 어떤 것이든 그저 해주는 것이 없었고, 사소한 일에도 수수료를 받으려고 했다. 더구나 세상 사람들은 위에서 임명한 관리가 하는 어떤 일에도 응할 수밖에 없었다. 예를 들면, 가난한 농민은 자기 집에서 만드는 포도주의 술통마저 관리의 검사를 받아야 했고 그에게 수수료를 지불해야만 했다. 수수료를 낼 수 없으면 포도주통이 썩어가도 지하실에 방치할 수밖에 없었다. 또 가난 때문에 자신의 포도주 한잔 마실 수 없는 신분의 사람이라도 수수료를 내고 검사를 받아야 했다. 어떠한 공직도 모두 국가의 관직으로 바뀌었다. "군주는 도시로부터 자치권을 몰수했다. 도시가 빼앗긴 자치권을 많은 돈을 지불하고 되사지 않는 경우에는 도시의 공직이나 명예직은 일방적으로 국가의 관직이나 명예직으로 바뀌었다. 그 경우에도 그것들은 도시주민의 비용으로 유지되었고, 더구나 국가는 시민들로부터 일일이 수수료를 받

뒤늦은 후회(프랑스의 동판화)

아냈던 것은 말할 것도 없다." 프랑스의 국왕도, 합스부르크가도, 호엔촐레른가도 그리고 그밖의 많은 약소 군주들까지도 수백 년에 걸쳐서 그와 비슷한 수법을 썼다. 그 이래로 관직은 모두 돈을 내고 살 수 있는 사람들에 의해서 독점되었고, 더구나 다수 지원자들 중에서도 가장 높은 값을 매긴 자가 언제나 차지하게 되었다. 따라서 직무에 대한 특수한 재능 따위는 아무래도 좋았다. 그러므로 아무리 얼간이라도 돈을 뿌리기만 하면 어떤 천재도 이길 수 있었다. 유곽 주인이 추기경 회의의 평의원이 될 수도 있었다. 매관매직은 부지기수로 일어났다. 세상에서 소문난 얼간이가 추밀원

고문에 임명되었고 사기꾼이나 도둑조차도 시장이나 법관의 자리에 올랐고 궁정의 하인이 무대감독으로 승진하기도 했다. 뷔르템베르크의 칼 오이겐 공작이 관직경매를 맡은 신하 비틀레더에게 내린 훈령 가운데는 "설령 재능이 없더라도 그 사람은 역시 훌륭한 인물이다 —— 4,000굴덴이라면 큰돈이기 때문이다"라는 엽관운동 패거리를 겨냥한 참으로 정직한 말이 있다. 유스티누스 케르너(독일 시인, 슈바벤파의 한 사람. 1786-1862/역주)의 아버지는 루트비히스부르크의 지사 자리를 6,500굴덴의 거금으로 사들였다. 그는 빚을 냈고 그 빚 때문에 평생을 시달렸다. 뷔르템베르크의 경우, 새로 채용된 관리는 한 사람도 남김없이 사령장을 받기 전에 서약서에 서명을 해야 했는데, 그 서약서는 다음과 같이 되어 있었다. "성스러운 전하께서 신 아무개에게 관직을 수여하시기로 결정하셨으므로, 신은 이를 영광으로 알고 즉시……굴덴의 금액을 바치겠습니다. 그 증거로 여기에 자필서명을……." 프로이센의 프리드리히 빌헬름 1세도 관직을 줄 때는 "누가 가장 많이 낼 수 있는가"를 가리기 위해서 몇 차례나 회의를 열었다. 어떤 관직에 대해서 살 사람이 아무도 없을 때에는 그 관직은 곧바로 돈 있는 자에게 수여되었다. 만약 그 사람이 군주로부터 받은 그 "명예"를 고사하면 그는 "군주의 지대한 은총을 몸으로 느끼고 깨달을 때까지" 독일에서는 변경의 요새로 추방되었고, 프랑스에서는 바스티유 감옥에 갇히는 위험을 무릅써야 했다.

부인해도 소용없어!(프랑스의 동판화)

그 장사는 꽤 수지맞는 것이었으나 그럼에도 불구하고 돈 부족은 별로 풀리지 않았다. 그 때문에 군주는 관직의 정원을 마음 내키는 대로 마구 늘렸고, 한술 더 떠서 어이없는 관직까지 발명하기에 이르렀다. 이제까지 네 명이나 여덟 명의 평의원으로 구성되었던 참의회는 열두 명, 스물네 명으로 늘어나다가 마침내 그 이상의 인원으로 늘어났다. 특히 루이 14세 시대에는 돼지와 새끼돼지 검사관, 가발 감독관, 버터의 신선도 검사관, 버터 시식관, 건축용 석재 검사관, 건초 계산관, 목재 쌓기 감독관, 눈〔雪〕 판매관, 포도주 검사관 등 이상야릇한 관직이 만들어졌다. 그

예카테리나 2세를 풍자하는 도장(루슬란트)

리고 관직은 얼마든지 한꺼번에 여러 개를 살 수도 있었다. 아무튼 파리에만 900명 가까운 포도주 검사관이 재직하고 있었다. 매관매직의 방법으로 루이 14세는 1701-15년의 15년 동안에 국왕의 금고에 5억4,200만 리브르라는 엄청난 돈을 긁어들이는 데에 성공했다.

그런데 절대주의는 일확천금을 꿈꾸는 콜럼버스의 달걀을, 화폐 모양을 바꾸어 재주조하는 수법으로 발견할 수 있다고 믿었다. 그것은 참으로 간단한 것이었다. 탈러, 굴덴, 그로셴의 크기를 줄이기만 하면 되었다. 옛 화폐 한 개로 같은 액면의 새 화폐를 몇 개나 주조할 수 있었다. 무일푼이 하룻밤 동안에 재산가인 크뢰수스(옛날 소아시아에 있었던 리디아의 마지막 왕. 그는 당시 세계에서 가장 돈 많은 임금이었음/역주)가 되는 데에는 그보다 더 나은 방법이 없었다. 화폐경제가 등장한 무렵부터 일찌감치 생각해낸 그 방법이 되풀이해서 악용되었던 것이다. 프랑스에서는 루이 15세 때까지 은화의 액면가가 원래 표시의 250배나 되었고 금화의 액면가는 원래 표시의 150배가 되었다. 그럴 때 어떤 방법이 잘 사용되었는가는 국고에 5,000만 리브르 이상을 불로소득시킨 1709년 프랑스의 대대적인 "개주(改鑄)"와 새로운 "정리"가 그것을 증명하고 있다. 거의 모든 군주가 그들의 지독한 재정적자를 메우기 위해서 그런 간악한 타개책을 생각해낸 것은 별로 놀랄 일이 못 된다. 그 방면에서 가장 악독하고 또 잘 이용된 수법은 세금, 보증금, 예금과 같이 국고에 납입되는 돈은 양화를 요구하고 국가의 지출이나 봉급은 악화로 내주는 방법이었다. 프리드리히 2세 등은 아주 능란한 재정의 명수로서 그런 방법을 능숙하게 구사했

172

남근 모양의 여행용 잉크 통

다. 그런데 이 방법에 의해서도 낭비로 인한 적자를 보충할 수 없을 때는 대개의 군주는 공공연하게 강도로 돌변하는 일을 주저하지 않았다. 예를 들면, 1689년에 프랑스 정부는 17세기 후반기에 유행했던 은제집기를 모두 왕실조폐국에 공출하도록 명령했고, 그 명령에 따르지 않는 자는 극형에 처했다. 인민의 궁핍을 이용하여 한 몫 벌려는 것도 빈번히 사용된 수법이었다. 프랑스에서는 기근이 들 때마다 으레 곡물투기꾼이 떼돈을 벌었다. 왜냐하면 매점매석 조합을 조직하여 모든 곡물을 시장으로부터 거두어들임으로써 기근이 더욱 악화되었기 때문이다. 그러한 기회에 루이 15세는 이른바 "기근에 불을 지르는 도당"과 한패가 되어, 폭리를 취하는 곡물상인으로부터 개평을 떼어 자신의 금고에 막대한 돈을 끌어들였다. 루이 15세가 곡물매점 조합인 말리세(Malisset)의 두목이었음은 분명한 사실이다. 그리고 그의 신하의 인명부에는 버젓이 "전하의 곡물매점"을 전담하기 위한 회계과장이 있었다. 오를레앙 공작부인이 루이 15세의 첩 맹트농에 관해서 "전하는 물론 늙은 첩까지 그 해의 농사가 흉년으로 보이면 재빨리 시장에서 닥치는 대로 곡물을 매점했습니다. 그 때문에 그 여자는 참으로 많은 돈을 벌었지만 인

남근 모양의 여행용 잉크 통

민은 굶주림으로 마구 죽어갔지요"라고 말한 그대로의 사실이 벌어졌다. 루이 15세는 그 경우에 곡물의 자유무역이나 자유판매를 편드는 쪽 —— 모든 판매상과 마찬가지로 곡물상도 독점되어 있었다 —— 이 아니었음은 명백하다. 반대로 자기 나라의 국민이 영원히 식량위기에 직면하는 것이 그에게는 가장 좋은 상황으로 생각되었다. 왜냐하면 절대주의의 논리에 의하면 민중의 가장 큰 행복은 신이 내린 국왕의 행복을 온전하게 하는 것이기 때문이었다.

그런데 이런 방법들은 결국 큰 나라에서만 할 수 있는 벌이었다. 세금, 매관매직, 독점 등에 의해서 인민을 착취하는 수법은 큰 나라에서도 한계가 있기 마련인데 작은 나라에서는 그 한계가 더 뚜렷했다. 프랑스 태양왕의 궁정을 흉내내려는 약소국의 절대군주들은 그들의 전제적인 손아귀 속에 있는 국민의 힘을 짜내기 위해서 특수한 방법을 써야만 했다. 그럴 경우 가장 수지 맞는 방법은 인신매매, 곧 전쟁중인 다른 나라의 군대, 특히 네덜란드나 영국 군대에 자기 나라 사람을 팔아넘기는 것이었다. 당시 네덜란드나 영국은 잔혹한 식민지 전쟁을 수행하기 위해서 많은 병사가 필요했는데, 자국의 인민만으로는 그 수요를 다 메우지 못했기 때문이다. 프랑스나 영국으로부터 보상금을 받고 자기 나라 군대를 그 나라의 전선에 보내는 것은 자기 나라에 묶어두는 일보다도 더욱 야비한 짓이었다. 독일의 인신매매업자들 가운데 으뜸가는 자들은 헤센의 빌헬름 방백(方伯), 레싱을 박해한 브라운슈바이크의 세자, 슈바르트를 박해한 뷔르템베르크의 칼 오이겐 공작이었다. 으뜸가는 자들이라는 점에 주의하기 바란다. 왜냐하면 자기 나라의 인민을 팔아넘기는 수법은 오랜 세월에 걸쳐서 소국의 군주들이 가장 즐겨 사용했던 "재정개혁"이었기 때문이다. 인간을 파는 일은 독일 약소국의 절대주의에서는 매우 중요한 경제적 기반의 하나였다. 브라운슈바이크의 칼 빌헬름 페르디난트는 1776년부터 1782년까지 영국에 5,723명의 병사를 팔아넘겼다(영국은 미국의 독립전쟁을 진압하기 위해서 용병이 필요했음/역주). 그때의 조건을 요약하면 다음과 같다.

브라운슈바이크 공작은 총 4,300명의 보병과 경기병을 언제라도 영국 정부에 제공한다는 계약을 체결했다. 이에 영국 정부는 브라운슈바이크 공작의 군대가 영국의 급료를 받고 있는 동안은 보상비를 계약에 서명한 날부터 계산해서 1년마다 6만4,500 독일 탈러씩 증액하기로 약속했다. 또 군대가 영국 정부로부터 급료를 받지 않으면 그날로부터 보상비를 두 배로, 곧 12만9,000탈러로 증액하며 두 배로 증가된 보상비는 브라운슈바이크 공작

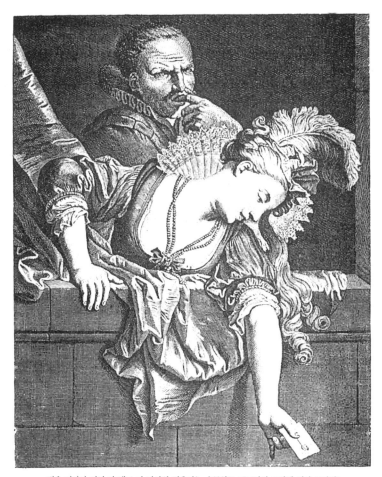

젊은 여자가 이미 갈 대로 간 남자와 결혼하는 우둔함(J. 쿠르틴의 그림에 의한 동판화)

의 군대가 독일로 귀환한 뒤에도 향후 2년 동안 계속해서 지급하기로 약정했다. 또 브라운슈바이크 공작은 영국으로부터 병사 1인당 1년에 30탈러의 징발자금을 받았으며, 전사자 1인당 40탈러의 보상금과 부상자 3인당 같은 액수의 보상금을 받았다.

이와 같은 경로로 팔린 사람들 가운데 1783년에 무사히 귀국한 사람은 2,708명이었다. 그 숫자를 5,723명에서 빼면 3,015명이 없어졌다는 계산이 나온다. 그런데 그 3,015명이 모두 전사한 것은 아니고 "그 일부분은 가엾게도 미국에서 거지가 되었다. 왜냐하면 레싱의 고귀한 패트런(페르디난트는 만년에 학자와 예술가를 보

에로틱한 서양 장기의 말(17세기)

호했음/역주)은 병사들 가운데 전상을 입거나 불구가 된 자들은 미국에 버려두고 귀국시키지 말라는 명령을 내렸기 때문이다. 그는 자기가 팔아먹은 인간이라는 상품에 대해서 영국이 지불하는 피의 급료를 챙기는 것만이 목적이었던 것이다. 교활한 재정가는 자신의 쾌락을 위해서 그 불행한 인간들에게서 3중의 이윤을 긁어냈다. 첫째로 병사들의 건강한 육체를 팔아넘김으로써, 둘째로 병사들의 부상한 육체에 대해서 손해배상을 받아냄으로써, 셋째로 불구폐질자가 된 병사들을 외국에서 거지노릇이나 하게 해서 그들에게 지불해야 할 수당을 절약함으로써였다. 그가 그러한 놀라운 "재정개혁"에 의해서 500만 탈러 이상의 현금을 자기 주머니에 쑤셔넣은 것은 별로 이상한 일도 아니다."(메링, 「레싱 전설」)

뷔르템베르크 공작도 매우 악독한 인물이었다. 그는 자기의 혈육까지 아프리카의 살인은행에 팔아넘겼다. 그는 장기간에 걸쳐서 네덜란드의 화폐와 이해관계를 위해서 일한 살인은행의 가장 큰 어용상인이었다. 뷔르템베르크 공작은 많은 첩의 자식들에게 모조리 프랑크몽이라는 성을 붙였는데, 네덜란드와의 계약에 의해서 그가 아프리카의 케이프타운에 파견한 각종 군대 가운데는 그의 아들들이 많이 끼여 있었다. 물론 뷔르템베르크 공작이라는 인신매매자는 자기의 아들들을 농민의 자식들과 같이 값싼 계약조건으로 팔지는 않았다. 그런 상품이나 희생자는 그 값이 훨씬 높았다. 그 아들들은 장교감이었던 것이다. 곧 장교의 경우에는 그 계급에 상응해서 보통 군인에게 지불되는 금액의 세 배 이상으로 계약되었다. 군대와 함께 아프리카에 간 프랑크몽들에 관해서는 다음과 같은 사실이 전해진다. 첫째 프랑크몽은 사막에서 쇠약해진 나머지 객사했다. 둘째 프랑크몽인 프리드리히는 온갖 고초를 겪다가 13년 만에 겨우 고국으로 돌아왔다. 그는 아버지가 팔아넘긴 가엾은 자식들 가운데 다시 조국의 땅을 밟은 몇 안 되는 자식 중 하나였다. 살아남았지만, 귀국 도중에 탈주할 만큼 영리하지 못했던 아들들은 거의 바타비아로 보내졌는데 그들은 거기서 흑사병으로 죽었다.

이러한 파렴치한 인신매매를 비판할 경우, 특히 외국에 팔아넘긴 군대 중에서 자발적으로 아프리카행 군인모집에 응한 지원병은 거의 없었다는 주위의 사정에도 주

애끓는 구애자(영국의 동판화)

목해야 한다. 대다수는 강제로 군대에 징발되었던 것이다. 병역의무가 있는 장정이
라고 해서 간단히 끌려온 사람들도 있었고 서인도의 노예상인이 검둥이 상품을 조
달하던 식으로 사냥된 사람들도 있었다. 해마다 많은 젊은이들과 성인들이 한창 밭
일을 하던 중에, 밤중에 잠자리에서, 또 술에 취해 있을 때에 강제로 끌려갔다. 일
단 군주의 재산으로 편입된 인간은 아무리 발버둥쳐도 어떻게 할 수가 없었다. 다
큰 자식이나 한창 일할 나이의 아버지가 있는 수많은 가정에서는 가족들이 공포와
불안 때문에 밤에도 제대로 잠을 자지 못했다. 절대군주의 정체를 파악하기 위해서
는 독일의 약소 군주들이 행한, 세계사에서 유례가 없는 이러한 "재정개혁"의 모든
수법을 기억하지 않으면 안 된다.

　그런데 이미 말했듯이 이러한 일들은 모두 서로 맥이 닿는다. 절대주의의 교의

는 스스로 갈 데까지 가버렸다. 절대주의를 추진시켰던 역사적 상황의 덕택에 절대주의는 전지전능의 신격까지 받았던 것이다.

이러한 사실은 신으로부터 권력을 받은 군주 그리고 그 군주의 신하들에게 그들 좋을 대로 이 한세상을 마음껏 즐기도록 해주는 것만이 국가, 특히 인민의 이 세상에서 단 하나의 목적이라는 사고방식을 불어넣었다.

국왕이 있고 나서 비로소 인민이 있었다. 그러므로 군주의 변덕이나 찰나의 행복 때문에 수많은 비천한 인민의 생활이 불행해진들 그것은 대수롭지 않은 것이었다. 절대주의 시대에는 그렇게 생각했고 또 그렇게 행동했다. 프랑스에서도 독일에서도, 예를 들면, 알을 품고 있는 자고새나 꿩의 신경을 건드려서는 안 된다는 이유 만으로 농민은 1년 중 어떤 기간에는 어느 종류의 농사일도 해서는 안 되었다. 그 때문에 농작물이 해마다 전부 또는 일부분이 못 쓰게 되는 일이 되풀이되었지만 그 런 일 따위는 알 바가 아니었다. 더구나 손해를 본 농민들에게는 단돈 한푼의 배상 도 해주지 않았다. 명색이 기독교도인 군주가 자기 나라에서 몇천 명의 인민이 해 마다 굶주림 때문에 죽어가는 것을 조금도 아랑곳하지 않았다. 루이 14세가 호화 건축에 9,000만 리브르를 투입한 그 해에 세자비의 영지에 사는 인민들은 목장의 잡초나 나무껍질을 먹어야만 했다. 그리고 그들의 절망에 대해서는 "초근목피도 성 찬이지"라는 조소나 흘리는 것이 고작이었다. 그와 같은 성찬이 독일 농민의 식탁 에 수없이 올려졌던 것이다. 도시도 농촌과 마찬가지였다. 도시에서는 빈곤이 더했 다. 1777년에 프랑스 전국에서 집계된 거지의 숫자는 25만 명이었는데, 그 가운데 12만 명이 파리에 집중되어 있었다. 그 숫자는 파리 전체 인구의 6분의 1에 해당했 다. 그 시대만큼 사회의 상하층의 격차가 크고 깊었던 때도 없었다. 한쪽의 끝에는 기아에 직면한 사람들, 곧 평생을 굶주리며 서서히 죽어가는 사람들이 있었고, 다 른 쪽 끝에는 남아도는 돈더미에 짓눌려 숨이 막히는 사람들, 곧 서서히 부패해가 는 사람들이 있었다.

이 비극은 다음의 사실에 의해서 더욱 비참한 상황이 되었다. 밑빠진 독과 같은 낭비는 18세기의 특권계급 사회의 특징이었지만, 부르주아 계급, 귀족계급, 성직 자 계급 가운데서도 겨우 한줌밖에 되지 않는 이들만이 그러한 낭비를 즐길 수 있 었고 또 즐겼다. 앙시앵 레짐의 주요 계급인 이 세 계급은 그 각 계급의 내부에서도 역시 격차가 심했다. 세 계급 가운데 한줌밖에 안 되는 이들만이 언제나 절대주의의 "축복"에 참여할 수 있었던 것이다. 예를 들면, 18세기 후반의 프랑스에서 귀족계급의 가구수는 많아야 3만이었고 그 총인구는 14만 명 정도였다. 그 귀족계급 가운데서도 자신의 봉건적인 기존 직업을 버리고 자진해서 궁정귀족으로 변신한 자들은 극히 일부분에 지나지 않았다. 그 경우 그들은 겉으로는 왕의 측근에서 봉사하는 얼굴을 하고 있었으나 사실은 고급 심부름꾼에 지나지 않았다. 그건 그렇다고 치고 고급 심부름꾼이라는 제2의 직책도 허구에 불과했다. 그 허구는 각국의 절대군주가 개인적으로 자유롭게 할 수 있는, 곧 수입이나 형식으로 볼 때 아주 기괴하다고 할 수밖에 없는 명예직을 궁정귀족들에게 남발하는 것만으로도 충족되었다. 바꾸어 말하면 궁정귀족이라는 이름은 그 다음의 명예직을 위한 전제에 지나지 않았던 것이다. 그러나 궁정에서 실질적인 보직을 맡을 때는 명예직을 사퇴해야 했다. 곧 진정한 궁정귀족은 명목만의 관직이었으므로 실제로 일을 하지 않는 것이 결국 귀족의 가장 높은 덕이 되었다. 귀족은 군주와 마찬가지로 "대대로 상속되는" 권리이며 한 대에 "획득된" 권리는 아니었다. 그때그때의 수입은 작위에 연결되었으며 실제의 일과는 연결되지 않았다. 따라서 그것은 수백 명의 사람이 각국에서 작위를 받음으로써 급료를 강탈해갔다는 것을 의미한다. 사정이 그럴진대 궁정에서 실제로 직무를 맡는 것은 미천한 사람의 짓으로 멸시를 받게 되었다. 성직자 계급에서도 고위직에 있는 자만이 단물을 빨아먹었다. 그런데 고위직에 있는 자는 모두 봉건귀족 출신이었다. 궁정귀족과 그들의 차이점은 그들에게 주어진 명예직이 성직이고 성직자로서 봉급을 받는다는 것뿐이었다. 이 성직자로서의 명예직이 때로는 얼마나 수지맞는 것이었는가는 스트라스부르의 추기경 로앙의 유명한 사례에서 분명히 알 수 있다. 그 사나이는 환심을 사기 위해서 마리-앙투아네트에게 시가 150만 프랑이 넘는 찬란한 다이아몬드 목걸이를 바쳤고 그것을 미끼로 한바탕 연극을 부릴 수 있었다. 그 연극은 이 노회한 사기꾼의 손에 의해서 완벽하게 공연되었다(이 문제에 대해서는 로앙까지도 사기를 당했다는 또다른 이견도 있음. 슈테판 츠바이크, 「마리-앙투아네트」 참조/역주). 아무튼 군주의 혜택으로 "입고 먹는" 그 두 계급의 상대적, 절대적 인구는 절대주의 시대에 이르러 계속해서 불어났다. 바꾸어 말하면, 근대적인 생산양식이 날로 발전함에 따라서 귀족계급은 이제까지의 봉건적인 직업을 작파하고 군주의 부양인원 속에 끼어들려는 취직운동으로서 아유구용(阿諛苟容)을 일삼았다. 그래도 기껏해야 두 계급 가운데 겨우 수만 명만이, 곧

그가 그녀의 벼룩을 잡아주다(J. B. 파터의 유화에 의한 P. 쉬뤼그의 동판화, 1735)

전체 인구 가운데 소수만이 군주의 부양인원 속에 포함될 수 있었다. 그리고 그러한 상황은 부르주아 계급의 압력에 의해서도 별로 영향을 받지 않았다. 부르주아 계급의 경우에도 압력을 행사할 수 있는 부류는 가장 위에 위치한 그야말로 한줌에 지나지 않는 계층, 곧 금융세력의 대표들뿐이었다. 산업자본은 아직 어느 나라에서나 턱걸이도 하지 못했다. 그도 그럴 것이 생산양식은 아직 소규모 생산의 테두리를 벗어나지 못했기 때문이었다. 그런데 근대 부르주아 계급 중 극소수인 금융귀족 계층이라고 말해도 좋을 부류가 앙시앵 레짐의 생활양식에서 점점 커다란 발언권을 가지게 되었다. 그들의 영화와 호사는 결국 귀족계급이 동경하는 사치의 표본이 되었다. 귀족계급은 소비생활과 사치에서는 돈을 물쓰듯하는 부르주아 계급의 발치에도 미치지 못했으나 그럼에도 그 부류들과 적어도 대등하게 행동해야만 했던 점은 절대주의의 사고방식과 모순되는 것이라고 말할 수 있다. 그러나 이러한 사실은 앞에서도 말했듯이 금융조작에 의해서 방대한 부가 부르주아 계급의 금융세력의 손아귀로 들어갔기 때문만이 아니라 그밖에도 자본의 원시축적의 시대에는 개같이 쓰는 것이 언제나 부의 가장 확실한 증거로 간주되었기 때문에 참으로 여러 가지 의미가 있었다. 그 때문에 부르주아 계급은 언제나 여봐란 듯이 사치에 파묻힌 생활을 했으며, 특히 귀족계급의 코를 납작하게 해주려고 기를 썼다. 그런데 앙시앵 레짐 시대에 분에 넘치는 사치를 더욱 부추긴 것은 또 하나의 집단, 곧 이러한 세 종류의 특권적 집단 주위에서 언제나 들끓고 있었던 수백 가지 부류의 사기꾼이나 수많은 기생충 같은 무리였다. 앙시앵 레짐 시대에 낙원을 산책하는 것처럼 보이는 사람의 수가 실제 수보다 훨씬 더 많아 보이는 것도 그 때문이었다. 사태가 이 지경에 이른 것은 이러한 사기꾼이나 기생충들이 그들의 가문을 코에 걸고, 출신이 비천한 인간의 정신과 육체를 거침없이 짓밟는 지체 높은 자들을 흉내냈기 때문이다. 그러므로 더욱 자세하게 조사하면 이 마지막의 어중이떠중이 계층도 포함한 기생계급은 기껏해야 각국에서 전체 인구의 5퍼센트에 지나지 않았던 것이다.

그런데 이 한줌의 인구가 온갖 광태, 어이없는 변덕, 일시적인 기분에 탐닉하기 위해서는 전체 인구의 95퍼센트가 굶어죽든가 그렇지 않으면 빈곤과 생활고에 허덕이는 그날그날을 지내야 했다. 바로 그것이 절대주의의 가장 심각한 그리고 진정한 비극이었다.

기생계급은 인간의 존엄이라는 것이 무엇인지에 대해서 전혀 몰랐다. 절대주의가 어떤 모순이나 반항에 부딪치지도 않고 얼마나 쉽게 그 야수성을 발휘했던가? 오를레앙 공작부인의 편지 속에 있는 다음의 예가 바로 산 증거이다.

모든 즐거움을 한번에

    콩티 공의 광기는 날이 갈수록 더 심각해져갔습니다. 최근에도 어떤 무도회의 홀에서 공은 시골에서 온 가난한 처녀를 완력으로 그녀의 어머니한테서 가로챘습니다. 그리고는 자기의 무릎 사이에 꼭 끼운 뒤에 한 팔로 그녀를 안고 그 처녀의 코와 입을 백 번쯤이나 쥐어뜯었습니다. 입과 코에서는 피가 철철 흘러내렸습니다. 불쌍하게도 처녀는 소리를 내서 울었습니다만 공은 웃으면서 나는 사람을 어떻게 칭찬해야 하는지 모른다는 말을 내뱉었습니다. 그러한 광경을 참고 보아야 한다는 것은 어떤 사람에게라도 슬픈 일이었습니다. 아무도 이제까지 공에게 아픔이라는 것을 느끼게 해준 적이 없었던 것입니다. 공은 아픔을 아직 알지 못했습니다. 우리들은 그 가엾은 처녀를 도와줄 생각을 하지 못했습니다. 아무도 미치광이 같은 그를 상대하고 싶지 않았기 때문입니다. 1720년 2월 2일.

그러한 것은 "군주"까지도 즐겁게 했다. 그리고 그것만으로 충분했다. "왜냐하면 그러한 것이 과인의 즐거움이기 때문이다."

    절대주의는 모든 것에 대해서 단 하나의 이유, 어느 나라에서나 공통적인 이유, 곧 절대주의는 신이 소망한 사물의 질서라는 이유를 가지고 있었다. 그러므로 그러한 질서는 영구히 변하지 않는 자연법이었다. 상황에 따라서 재빨리 대응하는 실용적인 절대주의의 인생철학에 파묻혀 대개의 절대군주들은 결코 신중하게 역사의 필연성을 멀리까지 예견하지 않았다.

    따라서 그와 같은 것을 전제로 할 때 절대주의 시대에는 대중에 대한 가공할 정치적 탄압이 나타났고 그 압제는 인민계급에게서 마침내 완전히 정치권력을 빼앗아가버렸다. 이 세상의 모든 것은 모두가 신의 은총을 받은 지존한 군주의 자비에 달려 있었다. 그리고 그것이야말로 절대주의 권력의 기본 토대였다. 불평하지 말고 알아서 기는 단 하나의 권리가 인민계급에게 주어졌다. 그 결과 가장 손쉬운 결론은 곧 그 상태가 과연 옳은 것인가를 의심하거나 그 상태에 반항하거나 또는 그것을 개혁하려고 꾀하는 일만큼 커다란 범죄는 없다는 것이며, 절대주의의 주장은 역사는 발전하지 않으며 역사의 발전은 정지했다는 것이었다. 또한 절대권력자의 행위를 비판하는 일도 역시 큰 범죄가 되었다. 절대권력자에 대한 비판은 곧 신을 모독하는 일이었다. 그러므로 그러한 죄를 저지른 이는 종신금고형이라는 비교적 그 당시로서는 관대한 형벌에 처해졌다. 그러나 비판하는 것만으로는 아직 정치범은 되지 않았다. 주체적으로 사고할 것을 대중에게 호소해야 비로소 정치범이 되었다. 군주는 주체적으로 사고하는 것 따위는 쓸데없는 짓이라고 생각했다. 만약 엉뚱한 유령이 모습을 드러내는 경우는 그것을 몽둥이로 때려죽이는 아주 합리적인 대항수단을 취했다. 그것은 참으로 적절하고 재빠른 예방법이었다. 왜냐하면 사람이란 죽으면 주체적으로 사고할 수 없기 때문이다. 각국의 군주들이 유령 퇴치를 위해서 동원한 무서운 수단은 검열이라는 것이었다. 각국의 절대주의의 손에 의해서 검열이 모범적으로 시행된 결과, 민중이 접근할 수 있는 책이란 기톨릭 국가에서는 성도전(聖徒傳)뿐이었다. 작은 도시에서는 책방을 볼 수도 없었다. 바이에른에는 교회가 2만5,000개 이상, 모두 5,000명 이상의 동거인을 거느린 수도원이 200개나 있었으나 일반 서적을 발행하는 출판사는 한군데도 없었다. 한번은 어떤 사람이 무모하게도 이 사업을 벌였으나 당장 법원으로부터 영업정지 처분을 받았다. 이들 사례들은 아주 완고한 정통파의 지배 결과였다. 정통파의 최고의 교의는 일체의 것은 신의 섭리와 의지에 의해서 이루어진다는 것이며, 참새조차도 신의 의지 없이는 지붕에서 떨어지지 않는다는 것이었다. 정통파라는 것은 가톨릭의 삭발 머리에 걸치든 프로테스탄트의 법복에 걸치든 참으로 단단한 것이었다. 예수회의 수도사는 "천국에 가려고 생각한다면 인간은 포로가 된 이성을 가져야 한다"고 가르쳤다. 여기서 말하는 "포로가 된 이성"이란 현상에 대해서 비판하지 않는다는 뜻이었다.

정신계에 남긴 모든 결과는 모두 앞에서 든 상태와 일치하고 있었다. 학문은 화석화하거나 까다로운 형식주의 속에서 질식해버렸다. 따라서 가장 밑바닥의 인민계급에게뿐만 아니라 어디에서나 소름끼치는 무지와 끝없는 미신이 만연해 있었다. 그와 동시에 정통파에 의해서 억압되고 봉쇄된 대중은 될 대로 되라는 체념에 짓눌려 있었다. 그 체념은 특히 독일에서는 기발한 발상이라고나 할 경건주의의 형태로 나타났다. "경건주의란 30년전쟁의 부산물로서 그 피비린내 나는 살육전으로 독일국민이 겪었던 피할 수 없게 몸서리 나는 빈곤이 종교의 형태로 반영된 것이다. 부르주아 계급은 그 경건주의에 의해서 확실하게 파산을 선언했다. 부르주아 계급은 이미 지상을 상대하려고 하지 않았고 오로지 천국만을 상대하려고 했다."(메링, 「레싱 전설」) 30년전쟁 뒤에도 절대주의가 취한 수법들은 물론 어디서나 국민의 마음에서 그 무서운 악몽을 씻어주려는 것이 아니었다. 씻어주기는커녕 그 수법은 오히려 그 무서운 악몽을 머리 속에 못박아버렸다. 그 결과 100년 이상이나 독일의 인민은 언젠가 한번은 이 세상에 아름다운 여명이 올지도 모른다는 믿음을 포기하고 말았다. 이 세상은 탄식의 골짜기였다. 17세기에 들어와서 곳곳에 진을 친 종교단체, 곧 형제교단이나 자매교단의 대두는 사회에 팽배한 절망감의 반영이었다.

이러한 정치적, 사회적 상황 속에서 국가기관 —— 가장 미천한 야경꾼 조직조차도 국가기관이었다 —— 중 부패하지 않은 것이 있었다면 그것은 이상한 일임에 틀림없었다. 그리고 그러한 이상한 일은 아무 데서도 일어나지 않았다. 관리들은 모두 관직을 돈으로 샀고, 더 높은 값으로 더 높은 관직을 차례로 사서 더 높이 올라갔기 때문에 관리의 직무는 돈이 전제될 때에야만 집행되었다. 이제 재판을 예로 들면, 거기에서는 부자들의 "권리"만이 언제나 보장되는 결과가 나왔다. 가난뱅이에게 권리 따위는 아예 없었다. 그 때문에 인간 말종만이 그날그날을 즐겼고 세상의 대우를 받았다. 그 품성은 더욱 비열해질 뿐이었고 그들이 하는 짓은 범죄나 다름없는 것이 부지기수였다. 군사고문인 쾰른이나 게르보니와 같이 소수의 프로이센 관리가 앞에서 말한 폴란드의 "게르만화"를 반대했을 때, 쾰른은 곧바로 좌천되었고 게르보니는 계속해서 그 따위 사기를 반대했기 때문에 "국가의 안녕과 질서를 저해할 목적으로 위험한 비밀결사를 만들었다"는 이유로 마그데부르크의 요새에 감금되었다.

도시공화국이 그와 유사한 공무를 행할 경우에도 절대주의 지배와 엇비슷한 형태, 곧 절대주의와 똑같은 정신과 도덕을 택했다는 것을 덧붙여두어야겠다. 그 훌륭한 실례로서는 베네치아를 들 수 있다. 베네치아 공화국의 절대주의 지배는 17세기와 18세기의 그 절대주의적인 수법이나 냉혹성에서 결코 프랑스나 독일에 뒤떨어지지 않았다.

요약하면 이제 다음과 같이 결론지을 수 있다. 곧 절대주의의 역사는 유럽 문명의 거대한 비극이었다. 그러나 그 고난의 길이 대부분의 인민에게는 어떻게 할 수도 없는 역사의 필연이었다는 것은 그런 대로 위안을 준다. 그리고 첫째, 절대주의 시대의 지배적인 현상은 현대에서는 어느 나라에서도 찾아볼 수 없다는 사실, 둘째, 뿌리째 변혁된 역사단계에 의해서 절대주의적 지배를 일시적으로라도 부흥시키려는 시도 따위는 장래의 어떤 시대에도 다시는 부활되지 않을 과거의 꿈이 되었다는 사실은 그것만으로도 다행한 일이다. 오늘날에도 이런저런 나라들에서 아직도 살아남은 절대주의가 멸망해가고 있는데, 그 멸망은 순전히 절대주의가 행사하는 권력에 대항하는 동일한 정신들에 의해서 추진되고 있다. 그 권력은 어느 나라에서나 절대주의의 수중에 아직 남아 있는 권력수단을 멋대로 남용하는 것이며, 사라져가고 있는 쾌락을 죽어가는 육신으로라도 붙잡아보려고 몸부림치는 백발이 된 탕녀의 역겨운 추태이다.

마지막으로 절대주의의 힘이 그토록 가공할 야수성을 발휘하게 된 원인, 또 그 역사적 현상이 어느 나라에서나 불가분하게 된 원인을 찾는다면 다음과 같을 것이다. 그 어느 쪽이든, 곧 권력을 손에 넣었을 때의 야만성 그리고 한번 손에 넣은 권력을 파멸하는 마지막 순간까지 똑같은 박자로 남용하려고 했던 수법은 역시 앞에서도 말했듯이 절대주의라는 역사적 존재의 특수한 전제에 바탕을 두고 있다. 절대주의의 대두는 순전히 역사의 필연성이었으며, 특히 중앙집권의 성립은 역사의 획을 긋는 진보였다. 그러나 그 때문에 절대주의는 유기적인 조직이 될 수 없었다. 그것은 사회적 생산단계와 연결되는 정치형태가 되지 못했다. 생산단계와 연결된 정치형태만이 유기적인 것이라고 할 수 있다. 절대주의는 일시적인 정치적 기회에 지나지 않았으므로 그것은 결국 사회라는 육체에 파고든 기생충이었다. 그것은 절대주의의 혁명기에조차 지배적 현상이었다. 절대주의는, 앞에서도 이미 말했듯이, 발흥하는 부르주아 계급과 몰락하는 봉건귀족의 불가피했던 계급투쟁에서 생긴 어떤 정치적인 기회, 곧 지배권을 장악하려고 서로 다투는 두 계급 사이의 상대적인 진공상태를 교묘하게 자기의 개인적인 이해관계에 이용할 수 있었던 운종은 제3자의 몫이었다. 그런데 그 운종은 제3자는 아무래도 폭력에 의지하지 않고는 죽은 자의 몫을 차지할 수 없었다. 군주가 하나의 계급이 되어 다른 계급을 견제하는 유리한 입장에 있었던 당시의 역사적 상황은 즉각 야만스러운 폭력을 선동했고 그와 같은 원인에 의해서 차례차례 끊임없이 새로운 폭력이 만들어져나갔다. 그 상태는 신흥계급 —— 부르주아 계급 —— 이 절대적으로 강력해질 때까지 줄곧 계속되었다. 결국 신흥계급은 그 기생충의 피해를 막고 그것을 자기 몸에서 제거할 수 있었다.

자기를 지키기 위해서 그것은 꼭 필요한 작업이었다. 현상고착의 외피는 변화해가는 내용을 이미 담을 수 없었기 때문이다. 기생충을 제거하는 작업은 영국에서는 1649년의 혁명으로, 프랑스에서는 1789년의 대혁명으로 이루어졌다.

이 "이루어졌다"는 말을 부연하면 그 투쟁이 의식적으로 이루어진 것은 아니라는 것이다. 그렇지 않다고 해서 최후의 결과가 바뀔 것은 아니다. 이면의 논리만이 역사에서 결정적인 것이며, 또 의미를 가진다. 곧 사실의 논리는 언제나 인간의 두뇌의 비논리보다 훨씬 강하기 때문이다. 그러나 역사발전의 법칙을 의식하는 것은 역사발전의 길을 수월하게 하며 촉진시킨다. 그러므로 인류가 자기 의식에 의해서 역사를 만드는 것은 오늘날에도 진보를 향하여 투쟁하는 인류가 의연히 추구하고 있는 거대한 이상이다.

이제까지 말한 것은 절대주의 시대의 정치수법이나 형태 가운데서 대표적인 것, 곧 그 기본 골격에 지나지 않는다. 나라마다 절대주의가 지배하던 시대의 경제적 기반의 차이에 따라서 그 기본 골격을 에워싸는 테두리에는 나름대로 큰 차이가 있었다. 그 차이는 무시되어서는 안 된다. 오히려 그 차이의 가장 눈에 띄는 특징을 밝히고, 특히 그 차이의 원인을 밝혀야 한다. 그렇게 함으로써 각국의 문화수준의 큰 차이, 예를 들면 프랑스 절대주의 문화가 왜 모든 다른 나라의 문화를 압도하고 전유럽의 동경의 표적이 되었는가, 지역적 개념에 불과했던 독일에서도 북부 독일과 중부 독일이 왜 그처럼 크게 달랐는가를 설명할 수 있기 때문이다.

절대주의는 스페인에서 첫 승리를 거둠으로써 마침내 정치적인 지배가 가능하게 되었다는 것, 따라서 스페인은 다른 나라에 비해서 거의 100년이나 앞서 특수한 절대주의 문화가 발달했다는 것은 이미 말한 대로이다. 그런데 이 최초의 절대주의는 절대 접근 불가능을 첫째의 특징으로 하는 권위적인 형태였다. 그러한 형태가 형성될 수 있었던 것은 스페인에서 절대군주의 권력이 상대적으로 가장 강력했기 때문이다. 그 이유 때문에 스페인에서는 권위에 대한 관념은 항상 가장 높은 곳을 전제로 하여 형성되었고 그것이 그뒤의 모든 시대에 모범이 되었다.

17세기 말경이 되면 어느 나라에서나 프랑스의 절대주의 형태가 스페인의 것을 대신하게 되었고 그 후부터는 프랑스풍의 에티켓과 풍속이 모범이 되었다. 스페인은 파산함으로써 세계를 제패했던 지위도 잃게 되어 프랑스 아래에 놓일 수밖에 없었다. 프랑스가 모든 방면에서 스페인의 상속자가 된 것이다. 프랑스는 스페인이 시작한 것을 최고의 수준으로 발전시켰으며 그 이래로 프랑스 궁정의 방식들이 유럽에서 줄곧 큰 영향력을 미쳤다. 절대주의의 권력쟁탈전은 어느 나라에서나 프랑스파의 승리로 돌아갔으므로 프랑스 절대주의의 영향은 이전의 스페인에 비해서 훨씬 광범위하게 확산되었다. 따라서 도처에서 절대주의 문화가 융성하는 데에 필요한 준비조건들이 마련되었다. 이제 프랑스는 그 언어까지도 국제적이 되었다. 곧 프랑스어는 각국의 궁정에서 채택되었고 그 이래로 궁정에서는 프랑스어만을 공식적으로 사용하게 되었을 뿐만 아니라 교양을 과시하고 싶은 사람들의 첫째 조건으로서 각국의 상류계급에서도 유행했다. 그 때문에 각국의 시민생활의 언어에도 프랑스풍의 말투나 프랑스어가 스며들었다. 어느 나라에서나 프랑스어 한두 마디를 섞지 않으면 제대로 의사소통이 되지 않는다고 생각했다. 문학에서도 마찬가지였다. 상류의 부르주아 계급에서는 그들의 자녀들을 위해서 프랑스 여자를 가정교사로 채용했고, 아이들은 어렸을 때부터 프랑스의 습관과 프랑스어를 배웠다. 스스로 훌륭한 사람으로 보이고 싶으면 걸음걸이, 자세, 동작도 프랑스풍으로 해야 했다. 모든 것에 프랑스식이 배어들었다. 아브라함 아 산타 클라라는 "외국풍의 오페라, 외국풍의 댄스, 외국풍의 모드, 외국풍의 예의, 외국풍의 언어, 외국풍의 의복"을 말하고 있다. 그런 것만이 훌륭하고 또 모방할 가치가 있었으므로, 자기 나라에서 만들어진 것은 그만큼 더 경멸해야만 하는 것이 되었다.

그러한 흉내내기의 외국숭배 열기는 일반 민중이 프랑스라는 강력한 승리자 —— 프랑스는 분명히 전세계를 지배하고 있었다 —— 의 교의에 완전히 굴복했음을 드러내고 있는데, 그렇다고 해서 그러한 현상을 비판할 때 무차별적이어서는 안 될 것이다. 예를 들면 독일의 학자들도 역시 프랑스화라는 외국숭배의 노예가 되었으나, 그것은 결국 다른 어떤 것, 곧 "끝없이 빠져들어가는 진창에서 그들 자신의 계급을 구해내려는, 자각한 부르주아적 분자들의 최초의 시도"이기도 했다. 그리고 그것은 충분히 이해할 수 있는 시도였다.

프랑스의 절대주의는 모든 나라들 가운데서 가장 강력했다. 왜냐하면 이곳에서는 첫째, 경제적 토대가 절대주의를 위해서 형성되었기 때문이고 둘째, 정치권력의 집중화가 거의 완성되었기 때문이다. 또 파리로 말하더라도 그곳 —— 파리에는 중앙권력이 집중되어 있었다 —— 은 어떤 측면에서도 인공적으로 무리하게 만들어진 곳이 아니었다. 우선 그 지리적 조건 때문에 파리는 일찍부터 국제무역의 교차점이 됨으로써 자연히 절대주의 세계의 수도가 되었다. 프랑스 절대주의는 물질적으로 풍족했기 때문에 정신적으로도 풍족했다. 파리 이외의 그 어디도 절대주의가 그처럼 활수(滑水)한 고객이었던 곳은 없었고 따라서 그만큼 모든 생활 —— 곧 파리의 방대한 인구의 생활 —— 이 절대주의의 이해관계와 일치하고 절대주의적 경향이 지배적이었던 곳도 없었다. 그러므로 절대주의의 이론적 체계화도 파리에서 첫 고고지성을 울렸고 절대주의의 최고의 예술적 승화도 이곳에서 처음으로 로코코라는 예술양식에 의해서 이룩되었다. 따라서 파리의 절대주의는 곧 대부분의 나라에서와 마찬가지로 노골적으로 사기수법을 발휘했으나 겉으로는 그런 대로 아름다운 일면도 갖추고 있었다. 이렇게 파리에서는 모든 것이 그 최고의 수준에 도달해 있었으므로 새로운 역사의 관념과 인식도 또한 뿌리를 내리고 싹을 틔웠다. 그 새로운 관념과 인식이 마침내 절대주의의 모든 분야를 뿌리까지 뽑기에 이르렀다. 그리고 파리 사람들, 곧 해방을 향해서 앞으로 밀고 나가는 계급이 가장 절실하게 절대주의의 변혁을 느꼈던 것이다.

앞에서 말했듯이 프랑스 문화는 다른 여러 나라들에 그런 것과 마찬가지로 독일에게도 하나의 이상으로서의 수준을 제시했다. 그 수준에까지 올라가는 것은 어느 나라에서나 큰 진보를 의미했고 또 국가의 빈곤으로부터의 해방도 의미했다. 따라서 외국의 진보적인 분자들이 프랑스를 모방한 것은 그 점으로 보아도 분명히 설명된다.

절대주의의 재원은 프랑스에서는 풍부했으나 독일, 특히 프로이센에서는 별로 없었다. 앞에서 이미 말했듯이, 절대주의로 대표되는 중앙집권이 역사의 필연적 논리로서 발전하려고 할 때 그것은 어떻게든 도시에 의존해야만 했다. 왜냐하면 중앙집권을 보장할 수 있는 힘을 지탱하는 돈은 도시를 향해서 흘러들었기 때문이다. 다시 말하면 유산계급, 곧 가장 납세능력이 큰 계급이 도시에서 살고 있었기 때문이다. 이와 같은 단순한 논리를 깨닫지 못하고 절대주의가 귀족 대지주인 융커의 손을 빌리고 또 그들을 위해서 그 토대를 만들었던 나라는 그러한 내용의 경제적 발전의 결과 이도 저도 모두 참으로 슬픈 걸인경제를 벗어나지 못했다. 독일의 역사는 그 걸인경제에 관한 생생한 고전이며 동시에 비참한 사례이다. 독일이라는 지리적 개념을 형성하고 있었던 크고 작은 국가들은 그들의 중앙집권을 도시의 손을 빌리지 않고 이루었을 뿐만 아니라 오히려 도시에 대항하고 융커를 살찌우기 위해서 강화했다. 그 때문에 19세기에 들어와서도 변함없이 걸인경제가 계속되었다. "독일의 군주들은 자본주의 시대의 절대군주라고 하기보다는 오히려 봉건시대의 대지주였다. 그들은 도시를 자기 권력의 원천으로 보지 않고 융커 제도에 대항하는 야심만만하며 더없이 위험한 경쟁자로 보았다. 그들은 국도에서 행인을 터는 기사 강도들에 대해서보다도 더 철저하게 그러나 그들과 비슷한 마음으로, 황금의 알을 낳는 암탉을 잡아 죽이려고 했다."(메링, 「레싱 전설」) 물론 그것이 후세에 독일이 빈곤해진 유일한 원인은 아니다. 독일을 역사에서 후퇴시킨 가장 큰 원인은 이미 16세기 초에 나타났다. 곧 동인도 항로의 발견으로 15세기 말부터 무역로가 바뀌었기 때문이다. 독일의 번영은 생산에 의한 것이 아니라 그 대부분이 중개무역, 곧 거간으로서의 활동 —— 독일은 거대한 국제무역의 중요한 교통로였다 —— 에 의한 것이었다. 따라서 무역로가 바뀌자 독일의 경제적 발전은 곧 장애에 부딪쳤고 이제까지 제 세상을 구가하던 독일의 부자들도 하룻밤 사이에 가난뱅이로 전락하는 신세가 되었던 것이다(「에로틱 미술의 역사」, pp. 52-54).

그러한 대변동은 30년전쟁에 의해서 —— 곧 그 전쟁이 독일에 지운 부담이나 독일의 숙명적인 정치의 총결산이라고 할 수 있는 소국분립주의의 영구화에 의해서 더욱 복잡한 것이 되었다. 더구나 그 전쟁은 독일 전체를 통일하는 하나의 중앙권력이 들어서는 것을 저지했고 그 때문에 독일은 스스로의 손으로 어떻게든 완성하지 않으면 안 되었던 부르주아적 국가혁명에 실패하고 역사의 낙오자가 되었다. 영국이 일찍이 1649년에, 프랑스가 1789년에 돌입한 혁명의 도정에 독일이 발을 내디딘 것은 겨우 1848년이었고 그나마도 어중간한 것이 되어버렸다. 그것은 독일이 전혀 유기적인 발전을 하지 못한 탓이었다.

그 경제적인 조건 때문에 자연히 절대주의 시대의 독일은 불행한 특수성을 가지게 되었다. 그 특수성은 첫째, 독일은 1600년부터 1760년까지 문명으로부터 완전히 격리되어 있었다는 것, 둘째, 그 시대의 하층계급은 독일의 어느 나라(領邦)에서도 자발적인 역사의 담당자가 되지 못했다는 것, 셋째, 독일에서의 혁명적 부르주아의 에너지는 아주 뒤늦게 폭발했다는 것, 넷째, 독일인의 노예근성은 독일인의 전형성이라고는 할 수 없지만 속담에까지 등장하게 되었다는 것 등이다. 그러나 독일의 걸인경제는 그와 같은 부정적인 측면을 돌파할 수 있는 단 하나의 적극적인 측면이 있었다. 곧 독일 군주들의 야만성은 아주 특수한 것으로서 어느 나라에서도

190

그 유례를 찾아볼 수 없다는 것이다. 절대주의 시대에 독일 군주들이 놀랄 만큼 야만적이었음은 당시에 이미 의식 있는 사람들을 전율케 한 사실이었다. 18세기 초의 용감한 융커이며 또 독일 궁정의 정통한 소식통으로 알려져 있었던 만토이펠 백작의 일기를 보자.

독일에는 군주들이 우글거리고 있다. 그런데 그 가운데 4분의 3에게는 거의 상식이 결여되어 있다. 그들이야말로 인간의 수치이며 인간의 앙화이다. 나라라는 것이 손바닥만한 터에 그들은 이 세상의 인간을, 그들을 위해서 만들어지고 그들의 어리석은 짓에 봉사하는 도구쯤으로 아는 자기도취에 빠져 있다. 그들의 가문은 사실 의심스럽기 짝이 없다. 그럼에도 불구하고 자신의 가문을 아주 자랑스러운 것인 양 코에 걸고 자기의 영혼이나 심성을 정화하려는 노력은 하찮은 짓이나 체면손상으로 여긴다. 그들이 하는 짓을 보면 단지 백성을 우민화하기 위해서 이 세상에 태어난 이들이라고밖에 생각할 수 없다. 그들은 혹독한 짓만을 하며, 인간에게 이성이라는 가치를 부여하는 모든 원칙을 거침없이 짓밟아버렸던 것이다.

이 기록은 당대의 현실을 그대로 나타낸 것인데, 그것은 특히 독일의 절망적인 경제상태와 크게 관련되어 있었다. "독일 군주들은 인민의 노동의 결정체를 갉아먹는 것만으로는 부족하여 그 피를 빨아먹고 살았다." 그러므로 어떤 경우에도 군주 한 개인의 책임이 아니라 역사의 책임이 문제가 된다. 그 누가 독일 소국들 중의 한 나라의 군주가 되었더라도 그 역시 폭군이 되었을 것이다. 자기 나라의 백성을 외국에 팔아넘김으로써 자기의 재원을 확보하고 백성을 날마다 배반함으로써 자신의 정치기반을 간신히 지탱할 수 있었던 절대주의 시대의 한줌 군주계급은 어디로 보나 도덕주의자가 될 수 없었다. 군주계급 그 자체가 바로 악의 학교였던 것이다.……

그러나 독일 전체가 꼭 같은 모습이라고는 할 수 없다. 독일 여러 나라, 또 왕실들 사이에는 큰 경제적 차이가 있었다. 같은 원인으로 프랑스는 다른 나라들보다 우월해질 수 있었고 유럽의 모든 나라를 정신적으로 완전히 거느리게 되었다. 독일의 나라들을 예로 들면, 작센은 프로이센보다 우위에 설 수 있었다.

작센은 독일의 다른 나라들, 특히 프로이센에 대해서는 마치 프랑스가 독일 전체에 대해서 가진 것과 같은 영향력을 가지고 있었다. 작센은 은광을 가지고 있었기 때문에 일찍이 중세 말부터 독일의 국가들 가운데서 가장 풍요하고 번영했으며 따라서 정치적으로도 가장 강력한 국가가 되었다. 은광수입에 의해서 작센의 베틴가(家)는 독일에서 황제선거의 결정적인 변수가 되었다. 곧 오랜 세월에 걸쳐서 황제선거 때 선제후들의 표가 작센의 돈으로 매수되었고 그 때문에 독일은 오직 작센의 이해관계에 영향을 받게 되었다. 또 은광 덕에 베틴가는 미술이나 과학에 대해서 상당히 환경이 좋은 온상을 마련해줄 수 있었다. 그 때문에 일찌감치 16세기에 작센에는 절대주의 문화가 크게 발달했고, 예를 들면 독일 미술 최초의 세속화가 루카스 크라나흐 2세 같은 사람이 나타났다. 크라나흐처럼 근대적으로, 곧 "세속적으로" 여자의 육체를 그린 화가는 독일 르네상스의 미술계에서는 아직 없었다. 그도 그럴 것이 당시의 독일에는 제2의 크라나흐를 탄생시키는 데에 필요한 역사적 조건이 갖추어진 토양이 작센 이외에는 없었기 때문이다. 작센은 물질적으로나 정신적으로나 독일의 다른 나라들보다 훨씬 우위에 있었다. 16세기에 들어와서 스페인의 아메리카 대륙 정복자들이 멕시코의 은광을 대대적으로 채굴하게 되었고 그 때문에 작센의 광산업이 궁지에 몰렸을 때도 작센의 문화는 그 은광 덕택에 여전히 이제까지의 우월한 지위를 잃지 않았다. 작센의 드레스덴과 라이프치히는 도시조직으로서는 파리와 마찬가지로 국가의 경제발전의 유기적인 산물이었다. 두 도시는 17세기와 18세기에, 파리와 마찬가지로 그 무렵의 독일 문화의 최고 수준에 있었다. 드레스덴은 독일이 그 시대에 낳은 최고의 예술문화를 대표했고 라이프치히는 "당대의 독일에서 가장 높은 수준의 시민세계"를 보여주었다. 드레스덴과 라이프치히는 누구나 알아주는 예술과 과학의 중심지였다. 라이프치히에서는 위대한 요한 제바스티안 바흐가 거의 30년 동안이나 합창 지휘자로 활약했고, 레싱이나 괴테도 일찍이 라이프치히에 발을 들여놓았다. 그들은 그곳에서 가장 왕성하게 창작했고 그들의 천재성을 가장 높이 발휘할 수 있었다. 더욱이 작센의 각 대학들에서 독일의 새로운 시대정신이 고고지성을 울렸다.

그러나 라이프치히를 제외한 대부분의 독일 영방들의 수도들, 특히 베를린은 "군주의 전지전능함을 화려하게 장식하기 위하여" 절대주의에 의해서 인공적으로 조작된 기생적인 도시에 지나지 않았다. 기생적인 도시였기 때문에 알맹이는 없고 겉만 번지르르했다. 예를 들면 극단의 주역배우들도 객원출연에 불과하여 일정한 계약이라는 것이 없었다. 18세기 초에 독일을 여행한 영국의 몬터규 부인이 말한, 베를린과 같은 독일 영방의 수도에 대한 비평은 몹시 통렬했는데, 그만큼 정곡을 찌른 것이었다. "그 도시들은, 비유한다면, 머리에는 갖가지 리본을 꽂고 구두에는 은 레이스를 달고 있었으나 해진 스커트를 입고 얼굴에는 덕지덕지 분을 바르고 머리를 마구 지진 갈보와 같았습니다." 그것은 프로이센의 각 대학들에도 해당되었다. 당시 독일의 대학 가운데 프로이센의 할레 대학만큼 건물이 엉성하고 비참했던 대학도 없었다. 할레 시에 살면서 그 대학에서 "교편을 잡았다"는 라우크하르트가 쓴 책을 읽은 독자는 틀림없이 구역질이 날 것이다. 그리고 독일의 학교교육 가운데서 프로이센의 교육만큼 연민의 정을 불러일으키는 것도 없었다. 프리드리히 2세 시대에는 특히 비참했다. 프로이센을 변호하는 것으로, "건조한 마르크(Mark : 프로이센의 한 주(州), 즉 마르크 브란덴부르크/역주)의 모래땅에서는 아무것도 자라지 않았다"는 말을 우리는 자주 듣는다. 그러나 그 말은 가장 아픈 불행의 상처를 건드리지 않으려는 자들의 비겁한 변명에 지나지 않는다. 왕실인 호엔촐레른가의 이익에만 봉사한 프로이센의 군국주의, 현재의 대독일 가운데서 가장 하찮고 작은 나라임에도 불구하고 그 비용을 조달해야 했던 프로이센의 군국주의는 독일의 다른 나라 군주들이 사치를 위해서 뿌린 돈의 곱이나 되는 돈을 스스로를 위해서 낭비하도록 그 국가에게 강요했다. 그리고 군국주의, 그것이 국가의 진정한 오직 하나의 목적이었다. 바로 그 때문에 프로이센의 문화는 19세기에 들어설 때까지 줄곧 거지 꼴로 걸어왔고 모든 행동은 난폭하고 거칠었으며 그 취미 중 가장 훌륭하다는 것이 기껏해야 창녀의 치장 같은 분단장이었다.

이제 영국에 대해서 살펴보자. 당시의 유럽 국가들 가운데서 세번째 대국이었던 영국은 아주 특수한 역사적 상황 때문에 아주 짧게 그것도 특수한 절대주의 시대를 겪었다. 그 절대주의 시대는 영국 대혁명 이후 겨우 30년 동안밖에 존속하지 않았다. 그 시대는 "왕정복고기(Restoration)"로 불렸는데, 찰스 2세가 그 대표였다. 다시 말하면 영국의 절대주의에서의 바로 그 시기는 특히 그 기간이 매우 짧다는 점에서 우리에게 중요하다. 영국의 절대주의는 강도 면에서는 강력한 전제를 행사했으며 프랑스에 지지 않을 만한 수법을 구사했다. 찰스 2세도 역시 프랑스의 태양왕을 그의 빛나는 모범으로 삼았고 그 모범과 어깨를 나란히 하는 것이 그에게는 가장 큰 승리를 뜻했다. 그러나 절대주의의 특수한 영국적 양상은 그 짧은 기간에 뻗어나갈 수가 없었고, 따라서 프랑스 문화도 대륙에서 모든 나라를 프랑스화한 것처럼 영국 문화를 프랑스화할 수는 없었다. 그것은 1649년의 혁명이 너무나도 철저했기 때문이다. 영국에서는 절대주의의 가장 큰 특징이었던 타협이라는 것이 프랑스 이상으로 필요했다. 따라서 왕정복고 기간중에도 신흥 부르주아 계급은 절대주의를 강력하게 견제했고 마지막으로 제임스 2세의 짧은 지배가 끝난 뒤 그들에게 한푼의 이익도 가져다주지 않는 군주제와의 거래를 재빨리 끊어버렸다. 이어서 18세기에 들어서자 인도라는 보고에서 무진장한 부가 런던으로 흘러들어왔고 그 덕택으로 영국의 부르주아 계급이 세계에서 가장 돈 많은 부자가 되자 그들은 재빨리 프랑스의 가장 큰 고객이 되었다. 또 한편으로 영국 부르주아 계급의 정치적, 경제적 독립성은 일찍부터 그들을 자주독립적인 방향으로 교육시켰고 그 때문에 그들은 프랑스 절대주의 문화의 식탁에 초대된 적은 있었으나 결코 프랑스에 굴복한 일은 없었다. 나는 오히려 그 반대 현상을 말하지 않을 수 없다. 곧 영국의 부르주아 계급은 프랑스 문화를 그들 마음대로 그로테스크하게 발전시켰고, 그 결과 프랑스 문화는 영국에서 도리어 억압되고 말았다. 근대적 부르주아 국가는 문화에서도 재빠르게 강한 힘을 발휘했다. 그리하여 부르주아 국가와 더불어 순수한 부르주아 문화도 탄생되었다. 확실히 부르주아 문화는 불사조처럼 절대주의의 잿더미 속에서 하늘 높이 날아오른 것이 아니라 오히려 방약무인한 어릿광대처럼 세계의 무대로 뛰쳐나왔다. 그 어릿광대는 옛 세계를 향해서 으스대며 "나는 만장하신 여러분의 상속인입니다"라고 외치고 싶어서 온 세계의 문화를 끌어모아 자기의 의상을 스스로 지어입는 장난을 해왔던 것이다.

3) 신민근성

삶의 관념은 형이상학적인 것이 아니라 —— 곧 독자적으로 나타나는 것이 아니라 —— 그 시대 인간의 삶의 형식을 지배하는 경제적, 정치적 상황이 결정화된 것에 지나지 않는다. 그러므로 하나의 문화도 역시 언제나 그 시대의 경제적, 정치적 상황을 반영한다.

이제까지 절대주의의 중요한 문화의 특징을 개략적으로 얘기했으나 이제부터는 가장 중요한 그 사회적 반영을 보다 자세히 다루겠다.

인민을 철저하게 정치적으로 억압한 결과의 산물이라고 할 수 있는 신민근성(Untertan)의 심화는 절대주의의 살아 있는 상징이므로 사회의 전체 구도를 이해하는 데에 극히 중요하다. 개인주의를 다시 세계에 끌어냈던 르네상스는 인간의 최고 덕성으로서 개인의 자각을 발전시켰다. 개인의 자각은 르네상스의 시민적 자존심과 반항심의 기초가 되었고 삶의 형태를 결정적으로 특징지었다. 르네상스 문화는 시민적 자유를 바탕으로 해서 형성되었으므로 자기의 문화를 지키는 일은 개인의 가장 고상하고도 명예로운 의무로 간주되었다. 절대주

감옥에 갇힌 왕비(프랑스의 동판화)

의가 시민적 자유의 등뼈를 잡아 꺾어 시민을 거세한 양의 무리 속에 몰아넣는 데에 성공하자 기존의 도덕률은 손바닥 뒤집듯이 뒤집혀버렸다. 왜냐하면 절대주의가 지배권을 장악하기 위해서는 이제까지와는 아주 다른 "미덕"이 필요했기 때문이다. 이제는 지배권력의 의지에 "순종하는" 것이 개인의 도덕적 의무가 되었고, 그 원칙에 충실한 것이 최고의 그리고 가장 강조되는 시민적 미덕이 되었다. 개인이 자기의 의지를 버리고 지도자의 명령을 천만지당하다고 따를 때에만 거세된 양의 무리에 한데 어울릴 수 있었기 때문이다. 지배권력이 정치분야에서 확대되어감에 따라서 인민에 대한 정신적인 압박은 더욱 커졌다. 그리고 사정이 이럴진대 절대주의는 도처에서 그들의 가장 중요한 목적을 완전히 달성할 수 있었다. 역사적 권력들 가운데 절대주의만큼 오만하게 인민을 백안시한 것은 없었다.

신민근성의 가장 큰 특징은 만사지당하다는 것, 곧 무슨 일에나 굽실거리며 순종하는 것이었다. 인간은 스스로 만든 이상이 아니라 위에서 강요하거나 내려준 이상 밖에는 가질 수 없었으므로 어느새 자기 자신조차 믿으려고 하지 않았다. 그 때문에 인간의 행위에서, 따라서 문화의 전체 구도에서 참으로 위대한 것은 모조리 소멸되어버렸다. 그들은 인간의 높은 목표와 이상을 새로 만들려고 하지 않았다. 그 뿐만 아니라 절대군주가 제멋대로 자기의 권리의 마당을 넓히고 울타리를 높이며, 청춘기의 인민이 그들의 힘을 의식하고 의기양양하게 춤추며 에워싸던 자유의 나무를 마구 잘라냈을 때에도 그들은 절대군주에게 어용하며 그러한 일을 거들기까지

무례한 사람(영국의 동판화, 1787)

했던 것이다. "신민근성"은 주의(主義)라고 하기에는 너무나도 비겁하고 부실하며, 순종이라고 하기에는 너무나도 어리석고, 역사의 보복이라고 하기에는 너무나도 보잘것없었다. 그것은 또 신민을 긍정하는 단 하나의 생활표현의 요소, 곧 그 시대의 대중현상이 되었던 노예근성의 요소였다. 왜냐하면 신민과 노예는 서로 떨어질 수 없는 것이기 때문이다. "신민"이 있는 곳에서는 노예근성도 뿌리를 단단히 내릴 수 있기 때문이다. 그것은 자기가 인정한 주군에 대해서 신민근성을 발휘하는 것이 옳다고 믿는 사람이 공개적으로 순종하는 것이다. 그들은 주군을 향해서 아뢴다. "소신을 걷어차주시옵소서. 소신을 능멸해주시옵소서. 소신을 더럽혀주시옵소서 —— 소신에게는 그 모든 것이 격려이며 기쁨이옵니다. 소신은 소신을 걷어찬 전하의 발에 입맞춤하겠사오니 어떻게 하면 소신을 더욱 욕보여 전하를 기쁘게 할 수 있는가를 교시하여 주옵소서." 모든 계급이 노예의식에 짓눌려 있었다. 다만 그 계급의 정치의식이 그 이전에 이미 발달해 있었던가, 그렇지 않았던가에 따라서 그 나타나는 형태가 달랐을 뿐이다. 더구나 신민근성은 일반 인민에게서는 절대권력의 담당자에 대한 갈수록 새로워지는 끝없는 경탄에 의해서, 또 절대적이라고 할 수밖에 없는 의존에 의해서 나타났다. 절대주의에 대한 하층민의 믿음은 종교에 대

196

체포된 창녀에 대한 사형 판결(프랑스의 동판화)

한 믿음과 비슷했다. 하층계급은 그들이 지배받게 된 것이 신의 율법이며, 그렇기 때문에 그 율법의 중심은 진실로 선이며 모든 사람의 행복을 겨냥한 것이라고 굳게 믿었다. 절대주의가 그들에게 지운 고통이나 비극은 사회조직에서 온 것이 아니라 그때그때의 권력담당자의 특별한 악의에 의한 것에 지나지 않는다고 믿었다. 그러므로 그들의 가장 큰 소원은 하늘이 그들에게 자비로운 군주를 내려주는 것뿐이었다. 그 우연한 행운이 내려진다면 모든 것이 그들에게도 선으로 바뀔 것이라고 믿었다. 하층계급은 어느 나라에서나 그 행운을 대망했으며, 집단으로서의 민중도 그것이 헛된 희망이라는 것을 분명히 깨닫지 못했다.

상류 부르주아 계급, 그 가운데서도 신흥자본을 대표하는 계급은 궁정이 공인된 사회의 본보기이며 따라서 모든 행위를 규율하는 오직 하나의 그리고 가장 훌륭한 표본이라는 사실 때문에 절대주의에 대해서 정신적인 압박을 느꼈다. 그들은 궁정의 방식을 언제나 가장 고상한 취미, 가장 훌륭한 예의범절이라고 쉽게 믿었다. 그리고 독일의 약소 군주들이 프랑스 절대주의 권력의 보다 뛰어난 담당자를 흉내낸 것과 마찬가지로 각국의 부르주아 계급도 자기 나라의 궁정에서 펼쳐지는 풍속, 관습, 유행을 흉내냈다. 궁정이 바람잡이 노릇을 했고 그러면 그것은 곧장 유행이 되었다. 의상의 유행에는 당대의 궁정에서 좋아했던 색채만이 언제나 채택되었다. 상인들은 그 색채에 그것에 어울리는 이름, 예를 들면 블뢰 루아얄(Bleu royal : 전하의 청색), 아 라 렌(á la Reine : 왕비의 색), 아 라 도핀(á la Dauphine : 세자비의 색) 등의 이름을 붙였다. 국왕이 한번 호빵을 먹고 싶다고 변덕을 부리면 너도나도 당장 1주일 동안 계속해서 호빵을 먹어댔다. 국왕이 어떤 상점에서 두 번쯤 같은 물건을 사면 모두 그런 훌륭한 물건은 그 상점 이외에는 없다고 입을 모으면서 1주일 동안 계속해서 행운을 잡은 상인의 상점에 몰려들었기 때문에 그 상점은 오랫동안 번창했다. 카사노바는 1755년에 파리에서 본 다음과 같은 재미있는 일을 기록하고 있다.

우리들은 정문을 빠져나와 궁전을 떠났다. 문득 나는 많은 사람들이 사향 고양이가 그려진 간판이 걸린 소매점에 몰려 있는 것을 보았다. 어떻게 된 일이냐고 동반했던 부인에게 물었다.

당신은 내 말을 들으면 웃을테죠. 그 사람들은 모두 담배를 사려고 차례를 기다리고 있는 거예요.

담배 가게가 여기말고는 없습니까?

담배야 어디서나 팔고 있죠. 하지만 2주일 전부터 모두들 사향 고양이의 상표가 붙은 담배만을 사려고 법석이죠.

이 가게의 담배가 다른 가게 것보다 좋기 때문인가요?

그렇게 좋다고는 말할 수 없어요. 하지만 샤르트르 공작부인이 그 담배를 피우자 너도 나도 그것만을 피우려고 든답니다.

그랬군요. 그런데 샤르트르 공작부인은 어떻게 그 담배를 유행시켰지요?

공작부인이 담배 쌈지에 담배를 채우기 위해서 두세 번 그 가게 앞에 마차를 세운 적이 있었는데, 담배 가게의 젊은 여자에게 공작부인이 모두에게 들으라는 듯이 큰 소리로, 당신 가게의 담배는 파리에서 가장 맛이 좋아라고 말했답니다. 공작댁 마차 곁에 모여 있던 호기심 많은 패거리들 ── 원숭이처럼 밉게 생긴 공작부인의 얼굴을 골백번이나 본 적이 있는 ── 이 처럼 못생긴 공작부인이 직접 한 말을 퍼뜨리자 그것만으로도 이 도시의 애연가들은 저처럼 전부 그 가게에 몰려들게 되었지요. 저 가게 주인은 아마 한재산 만들걸요. 날마다 100에퀴(écu : 5프랑짜리 은화 / 역주)어치 이상의 담배를 판답니다.

궁정에 대한 원숭이 흉내는 이와 같은 하찮은 일에만 그치는 것이 아니라 생활 전체에 미쳤다. 그리고 부르주아 계급에게는 자본주의의 전개에 의해서 그들의 수중에 돈이 더욱 불어났기 때문에 흉내내기는 마음먹기에 달려 있었다. 그러므로 부르주아 계급이 의식적으로 궁정관습에 반대한 나라에서는 그러한 반대가 대개의 경우 그 나라의 부르주아 계급의 성격이 특별히 강했기 때문이 아니라 오히려 흉내를 내고 싶어도 그럴 수 없을 만큼 그들이 빈곤했다는 증거이기도 하다.

계급의식의 부정 —— 그것은 무엇보다도 먼저 부르주아 계급이 궁정관습을 흉내낸 데서 나타났기 때문에 —— 은 수도의 사람들 가운데서 가장 강하고 추악하게 나타났다. 한 가지 덧붙인다면, 자빠져도 그냥 일어나지는 않겠다는 속셈도 수도에서 궁정의 변덕을 흉내내게 된 하나의 이유였다. 사람들은 그렇게 함으로써 자기도 그런 운좋은 돈벌이에 한몫 낄 수 있다고 생각했다. 왜냐하면 그들은 카사노바가 말한 것과 같은 흉내내기에 의해서 오늘은 딴 사람에게 행운이 갔지만 내일은 자기일지도 모른다고 의미심장하게 하늘을 올려다보았기 때문이다.

신민근성은 본질적으로 일확천금을 노리고 있었기 때문에 궁정의 성도덕은 그 시대의 국민도덕에 지대한 영향을 끼쳤다. 그 도덕도 역시 수도에 사는 사람들 사이에서 가장 심각하게 부패했다. 맘스베리 경은 1772년에 베를린에 갔는데, 다음과 같이 쓰고 있다.

베를린이라는 도시에서는 품행이 방정한 남자나 정숙한 여자는 한 명도 찾을 수 없다. 모든 계급의 남녀들의 풍기가 타락해 있는데다가 빈곤까지도 이 도시를 억누르고 있다. 빈곤의 일부분은 현 국왕의 압제에서, 또 그 일부분은 그들의 할아버지 때부터 보고 익힌 사치 때문에 자연발생한 것이다. 남자들은 돈도 없는 주제에 그저 향락적인 생활에만 끊임없이 몰두한다. 여자들은 하르피아이(그리스 신화에 나오는 몸은 새이고 얼굴은 사람인 여자 괴물/역주)이기 때문에 부드러운 감정이나 진정한 사랑을 알지 못한다. 그녀들은 돈을 뿌리는 남자라면 누구에게나 몸을 맡긴다.

절대주의에 으레 따라다니던 작첩제도는 궁정귀족이나 도시 부르주아에게는 보편적인 제도가 되었다. 첩을 둘 재력이 없는 사내는 부르주아로서 큰 열등감을 느꼈다. 왜냐하면 그것만으로도 그 자신이 스스로 왜소하게 보일 수 있는 충분한 이유가 되었기 때문이다. 베를린 육군 소년학교의 교관을 지낸 프로이센의 시인 라믈러(레싱과 크라이스트의 친구. 1725-98/역주)는 동료에게 보낸 편지에서 "그 사나이는 지지리 가난해서 첩을 둘 수 없어 병을 앓고 있소"라고 썼다. 세상풍조가 이럴진대 첩은 꼭 매춘부가 아니라도 좋았다. 첩은 친구의 어머니, 누이, 아내는 물론이고 친구의 약혼녀라도 좋았다. 여자가 "색을 쓰면" 쓸수록 그녀의 생활은 그만 큰 더 윤택해졌다. 남의 첩이 된 여자는 상대방 사내가 자신에게 약소한 선물밖에 줄 수 없다든가 아무리 노력해도 애정밖에 지불할 것이 없는 때에만 돈에 쪼들렸기 때문이다. 이 얘기는 뒤에 다시 자세히 하기로 하겠다.

물론 이와 같은 것에 의해서 인간을 차별하는 계급도덕이 깨끗이 제거되었다고 생각하면 그것이야말로 어불성설이다. 그보다는 오히려 계급차별이 조장되었고 훨씬 더 부추겨졌다. 상하의 격차를 명백히 두는 절대주의의 가장 큰 원칙이 계급차별을 더욱 강화했기 때문이다. 어떤 인간도 군주가 명령하기 전에는 군주 앞에서 앉을 수 없었다. 군주의 명령에 의해서 신분에 따른 특별한 "제복"이 정해졌다. 제복은 군주와 각 신분과의 사이에 존재하는 격차를 명확하게 했다. 모든 계층에 대해서 참으로 엄격한 위계질서가 적용되었다. 곧 군주와 대신이나 상궁들과의 관계에서 허용되지 않는 것은 여주인과 하녀와의 관계에서도 물론 허용되지 않았다. 그것은 진정한 인간은 남작 이상이라는 절대주의적인 사고방식의 보편화에 의해서 뚜렷이 표현된다. 벼락출세를 한 사람들이 그 엄격한 계급차별에 대해서 언제나 가장 절대적으로, 다시 말하면 인민이 자기를 살아 있는 신으로 우러러보기를 원하는 약소군주들과 마찬가지로 행동했던 것은 당연한 일이었다. 왜냐하면 그들이 인민보다도 고등한 종류의 인간들 틈에 낄 수 있다는 권리의 주장은 대개의 경우 군주의 은총 또는 군주의 유력한 법률고문의 은총에 의해서만 보증되었기 때문이다. 그 때문에 군주에 대한 충성이라는 것은 대개의 경우 자칫하면 꿀이 가득 차 있는 국가라는 구유에서 내몰릴지도 모른다는 공포의 노골적인 표현에 지나지 않았다. 그리고 그들 가운데 아첨꾼은 그런 말을 공공연히 입에 올렸다. 공사의 수행원으로 파리에 있던 나폴리 사람 갈리아니가 한 여자친구에게 이렇게 썼다.

나는 국왕을 존경하고 있소. 왜냐하면 나는 국왕을 보습보다도 더 가깝게 느끼고 있기 때문이오. 나는 국왕으로부터 1,500파운드의 급료를 받고 있지만 만약 농민들이 부자가 된다면 그 급료를 잃게 되겠지요. 인간들이 모두 나처럼 행동하고 자기의 손익을 생각해서 말을 한다면 이 세상에서 말다툼 따위는 일어나지 않을 것이오. 횡설수설이나 찬사는 그 때문에 있다고 생각하오. 그러한 말을 하는 것은 이 세상 사람들이 자기 일이 아닌 남의 일에 쓸데없는 참견을 하기 때문이오. 신부 모렐레(계몽사상가이자 경제학자, 1727-1819/역주)는 목사들을 공격하기 위해서 책을 쓰지요. 재정가인 엘베시우스(프랑스의 계몽사상가, 1715-71/역주)는 은행가들을 공격하기 위해서 책을 씁니다. 보도(프랑스의 계몽사상가, 1730-92/역주)는 게으른 자들을 공격하기 위해서 책을 씁니다. 그리고 그러한 일은 모두 이웃사람들을 최대한 행복하게 하기 위한 것이라고들 말하지요. 그 따위가 뭐 말라비틀어진 것인지. 이웃이야 아무려면 어떻소! 당신에게 이득이 되는 일만을 말하는 것이 좋을 것이오. 이득이 없을 때는 입을 다무는 편이 좋소.

유혹(아르놀트, 동판화)

4) 사회적 허위

절대주의의 외형적 특징이 만든 것, 곧 연기와 포즈는 절대주의의 토대에서 본다면 당대 문화의 가장 큰 특징이었다. 절대주의는 사상 유례 없는 거대한 레뷰(revue : 오락극)였다. 따라서 그것은 무대에 등장한 인간 각자에게 연기와 포즈를 강요했다. 그것이 불가능한 사람은 그 시대가 주었던 역에서 바로 쫓겨났으나 그 역을 잘하는 사람은 자기에게 맡겨진 또는 자진해서 떠맡은 역의 포즈를 줄곧 취했고 그 역을 끊임없이 되풀이했다. 그런데 포즈를 취할 수 있는 자는 또 자기 자신을 조절할 수 있는 자여야 했다. 그 때문에 귀족이나 부르주아 계급의 저택의 실내 벽은 모두 거울로 장식되었다. 거울은 어떤 장소에서나 가장 긴요한 것이 되었다. 그들은 연극을 하는 자기 모습을 자기 눈으로 보고 싶어했고 사람들로부터 박수갈채를 받는 기회를 갈구하게 되었다. 사람들은 자기 모습을 아무리 바라보아도 싫증이 나지 않는 지경에까지 이르렀던 것이다. 그들은 침대의 덮개 천장에조차 거울을 붙였다. 그것은 여자가 호기심 강한 남자의 불의의 공격을 도발하는 포즈를 취한 채 잠을 자기 위한 것이었으며, 또 황홀경에 빠져 있는 순간까지도 자기의 포즈를 가다듬어 분위기에 어울리는 자태를 취하기 위한 것이었다. 정신적인 어떤 행위도 거울과 같은 구조일 수밖에 없었다. 자기 친구에게 쓰는 편지 —— 그때는 누구나 편지를 썼다 —— 는 거울이었다. "마치 남이 보아주기를 바라는 것처럼, 모두 거울 속을 들여다본다.……그 당시의 편지는 오늘날의 편지와 같이 전달이 목적이 아니다. 편지라는 것은 정신을 화장하는 기예였다." 사람들이 쓴 많은 회상록도 역시 거울이었으며, 거울에 지나지 않았다. 그것은 영원히 살아 있는, 곧 후세가 보아주기를 바라는 역사적인 포즈를 글로 남긴 것이었다. 신분이 높거나 유명한 사람들은 너나없이 하나의 포즈를 만들어내려고 했고, 회상록에 의해서 그 포즈를 불후의 것으로 만들려고 했다. 따라서 절대주의 시대는 또한 회상록 문학의 고전시대이며, 그 작품은 너무나도 많이 만들어졌기 때문에 오늘날에도 다 읽지 못할 만큼 무더기로 남아 있다.

레뷰도 포즈도 친근함을 뜻하는 것은 아니었다. 그것들이 가장 크게 노린 것은 모두에게 "보여준다"는 것이었기 때문이다. 그러므로 친근성은 모든 생활에서 제거되고, 모든 행위는 태어나서 죽을 때까지, 그뿐 아니라 아주 신성한 순간에조차도 보여주기 위한 행위에 지나지 않았다. 왜냐하면 정서생활에서까지도 포즈와 연기만이 그것을 지배했기 때문이다. 따라서 개인 또한 절대군주의 생활을 축소한 듯한 생활을 했다. 귀부인은 친구나 방문객의 면전에서 태연히 비밀스러운 화장을 했다. 그것은 시간이 촉박해서 부끄럽다는 따위의 변명이나 하고 있을 겨를이 없어서가 아니라, 자기 곁에 아주 열성적인 구경꾼을 일부러 모아놓고 가장 우아한 자기의 포즈를 보여주기 위해서였다. 색정적인 매춘부들은 거리에서 일부러 치마를 높게 걷어올리고 스타킹 끈을 고쳐맸다. 그것은 스타킹이 흘러내릴 염려가 있어서가 아니라 적어도 그렇게 하는 그 순간만이라도 남자의 호기심을 끌 수 있다는 것을 익히 알고 있었기 때문이다. 시대는 그와 같은 포즈를 만들 수 있는 수많은 기회와 다채로운 상황을 열어놓았다. 그것에 대해서는 뒤에서 보다 자세히 다루기로 하겠다. 시대의 유행도 역시 어떤 포즈로써 사람들에게 "보여준다"는 기발한 방법으로 나타났다. 그리고 사람들은 그럴 경우 어떤 대담한 방법을 쓰더라도 꽁무니를 빼지 않았다. 여기에 대해서도 뒤에서 자세히 다루겠다. 그와 같은 것은 정신적인 모든 행위에도 적용된다. 사람들은 남이 보고 있을 때만 주역이었다. 사람들은 남이 듣고 있을 때만 말을 하고, 또 남이 듣도록 말을 했다. 그리하여 모든 사람이 남을 의식하면서 말을 하게 되었다. 그와 같은 이유에서 사람들은 그 시대에도 익살을 좋아했다. 익살은 남의 이목을 끌기 때문이었다. 또한 그것은 익살을 이해하거나 그 효과를 크게 하기 위해서 특별한 준비를 할 필요도 없었기 때문이다. 문학조차도 대개 익살, 재치 있는 생각, 교묘한 말 따위에 지나지 않았다.

친근성이 제거되었다는 것은 비밀을 제거하는 일이기도 했다. 사람들은 너나없이 생활의 비밀을 속속들이 서로 알고 있었다. 사람들은 슬픔이나 기쁨을 과장해서 말하고 들었다. 따라서 은밀한 행복, 비밀이나 고민 따위는 이 세상에 없었다. 모든

망설이는 순결한 여인(J. B. 그뢰즈의 유화에 의한 마사르의 동판화)

사람은 서로 알고 있는 사이이며, 어느 정도는 서로 관계되어 있는 사이였다. 모든 사람은 자기의 죄를 못 견디게 참회하고 싶어했다. 그리고 남자친구나 여자친구에게 자기의 가장 큰 비밀을 털어놓았다. 한 여자가 죽은 뒤, 비로소 그 여자에게 비밀의 연인이 있었다는 것이 드러났다고 하더라도 그것은 그 여자 생전에도 비밀 아닌 비밀이었던 것이다. 괴테는 이렇게 쓰고 있다. "사람들이 어떤 한 사람에게 이야기하거나 편지를 쓰는 것은 많은 사람들에게 그 내용이 알려질 것을 예상하고 하

자기 자신의 심사(부아예의 그림에 의한 동판화)

는 일이다. 그들은 자기의 마음을 염탐해냈고 남의 마음도 염탐해냈다." 그러므로
그 시대에 가장 통쾌했던 일은 "바로 지금" 불시에 덮치는 것이었다. 자극적인 포
즈로 자고 있는 미녀, 첫 입맞춤을 하려고 하는 두 연인, 자기의 정욕을 남몰래 하
녀를 통해서 채우려고 하는 약혼한 남자, 한밤중에 살며시 정부의 품에서 빠져나오
려고 하는 부정한 아내를 불시에 덮치는 것 등이었다. 특별히 그런 사례를 선택한
것은 내가 모은 특수한 자료가 모두 그러한 종류의 것들뿐이었으며 또 그러한 소재
를 적당한 회화를 통해서 보여줄 수 있기 때문이다. 모두가 "바로 지금" 덮치는 데

에 협력했다. 모두가 그런 불시의 공격에 환희작약한 것이다.

그런데 개인의 행위는 모두 공개된 행위였고 또 공개를 위한 행위가 되기 마련이었으므로 보여주는 것이 모든 행위의 표상이 되었다. 인간은 보여주기 위해서 움직이고 행동할 때에만 만족을 했다. 빨리 움켜쥘 수 있는 효과야말로 가장 큰 겨냥이었다. 진지하고 깊이 있는 것은 빠른 효과를 보려는 목표 앞에서는 부차적인 것이되어야 했다. 인간은 어떤 경우에나 모든 것을 재빨리 포착하고 모든 기회를 될 수있는 대로 잘 이용하기 위해서, 시간을 들여서 신중히 생각하거나 근본을 탐구하려고 하지 않았다. 따라서 모든 것은 결국 속임수와 거짓이 되었다. 순수라든가 진실이라는 것은 언제나 불쾌한 것이 되기 마련이었다. 그러한 것은 까다롭고 접근 불가능한 것이었기 때문이다. 진실은 하나의 우연에 불과하며, 그 속에 곧 그 다음에임박한 또 하나의 결과로서 또다른 우연을 가지고 있을 뿐이었다. 진실을 말하는것은 연기에서 노리는 효과를 매우 감소시키는 것으로 여겨졌던 것이다. 따라서 진실은 시대의 가장 큰 적이 되었으며, 진실을 대신한 엄청난 속임수가 그 어디에서나 얼굴을 내밀고 있었다. 그것은 어떻게 할 수 없는, 생각하기에 따라서는 진퇴양난의 역사적 논리였다. 레뷰는 숲 그 자체를 필요로 하지 않고 숲이라는 세트를 필요로 했으며, 진정한 영웅적인 행위를 필요로 하지 않고 영웅주의의 포즈를 필요로했다. 따라서 모든 것은 세트와 무대의 연기에 지나지 않았다.

5) 갈랑트리*

각 시대의 일반 문화는 언제나 남녀관계에 관해서 만들어진 견해나 사고방식 그리고 법칙을 가장 잘 나타내고 있다. 그 고유한 반영이 바로 내 연구의 중심 과제이다

---

* galanterie는 매력, 세련, 우미 등의 의미가 있는 스페인어 gala가 그 어원이며, 절대주의의 발흥과 함께 영국, 프랑스, 다시 독일로 수입되어 1690년경 이후부터는 유럽 전체의 유행어가 되었다. 그러나 1740년경부터는 그 의미가 변화하여 앙시앵 레짐의 연애 형태에 결부되어 특수한 의미, 즉 여자에 대한 봉사라는 의미를 가지게 되었다. 그 특수한 내용은 제I권의 제3-4장과 제III권에서 알 수 있듯이, 바로 절대주의를 전반적으로 상징하고 있다. 그것은 절대주의 시대의 가장 큰 특징인 세련이 극단화된 형태로서 성도착증, 즉 가학증과 피학증이 연주하는 이중주의 단적인 표현이다. 우리는 마리-앙투아네트, 맹트농, 몽테스팡, 퐁타주, 뒤바리 등의 여자들을 루이 14세나 루이 16세 그리고 리슐리외 등과 같이 쉽게 기억하고 있는 것이다.

역자가 제III권의 제목 'Die glante Zeit'를 "색의 시대"로 번역한 것은 우리말에 이 단어에 대한 마땅한 상대어가 없었기 때문에 궁여지책으로 전체적 의미의 내포를 고려한 결과이다/역주.

(이 권의 "서론" 참조).

절대주의가 성(性)에 남긴 발자취는 갈랑트리(galanterie), 곧 유력한 여자가 모든 분야를 지배한다는 여자의 선언이고 그러한 여자에 대한 맹목적인 숭배였다. 절대주의 시대는 여자의 고전시대였다. 여자가 수렴청정하면서 시대를 지배했을 뿐 아니라 실질적인 지배권마저도 꽤 가지고 있었기 때문이다. 공쿠르 형제는 그들의 유명한 저서인 「18세기의 여자」에서 그러한 여자의 시대적 특징을 아주 잘 보여주었다.

여자는 1700년부터 1789년까지는 모든 것을 움직이도록 만들어진 거대한 태엽 같은 존재만이 아니었다. 여자는 매우 높은 권력, 프랑스 사상계의 여왕과 같은 존재였다. 사회의 가장 높은 곳에 도사린 관념, 곧 모든 사람의 눈이 우러러보고 모든 사람의 마음이 그리워하는 관념이었다. 여자란 남자가 무릎을 꿇는 초상, 남자가 기리는 모습이었다. 종교는 환각, 기도, 동경, 정진, 복종, 신앙 등에 의해서 인간을 지배한다. 그러나 그 자리는 언제부터인가 여자에 의하여 대체되었다. 여자는 신앙이 만드는 것을 만들었다. 여자는 영혼과 마음을 찾아냈다. 루이 15세와 볼테르가 지배하는 동안은 여자는 신이 없는 시대의 하늘을 대표하는 모든 것이었다. 모든 사람이 여자를 숭배하려고 혈안이 되었다. 모든 사람이 여자를 떠받드는 일에 열성적이었다. 우상숭배는 모든 사람의 손으로 여자를 지상에서 천상으로 받들어올렸다. 여자를 구가하지 않는 작가는 한 사람도 없었고, 여자에게 날개를 빌려주지 않는 날개깃의 펜은 하나도 없었다. 여자는 지방도시에서조차도 자기를 숭배하는 시인, 자기에게 열중하는 시인이 있었다. 도라(프랑스의 시인, 1734-80/역주)나 장티-베르나르(프랑스의 시인, 1708-75/역주)가 여자의 발 밑에 퍼뜨려놓은 향기로운 연기에서 여자를 신으로서 숭앙하는 구름이 만들어졌다. 그 구름은 비둘기가 날개 치며 날아감으로써 꿰뚫리고 꽃비에 맞아 여자의 옥좌와 제단이 되었다. 산문, 시가, 화필, 조각용 끌, 하프는 마치 신을 대하듯이 여자에게 열중했다. 여자는 마침내 18세기에 행복, 기쁨, 사랑의 여신이 되었을 뿐만 아니라 시적인 것, 특히 신에게 바쳐지는 것, 모든 정신적 진보의 목표, 여자를 빌려서 나타낸 인간의 이상이 되었다.

그런데 공쿠르 형제가 프랑스에 대해서 말한 것은 내용만으로는 유럽의 모든 나라에도 그대로 유효했다. 경제적, 정치적 상황이 어느 나라에서나 같았으므로 그 역사시대의 문화적인 모습 역시 내용에서는 어느 나라에서나 같았다. 여자가 지배하는 곳에서는 어디서나 갈랑트리의 법칙이 위세를 떨쳤다. 그리고 각국의 차이는 그 형태의 세련도의 차이일 뿐이었다. 그 형태는 다른 나라에서는 저마다 프랑스를

거울 앞에서(프랑스의 동판화)

본으로 하여 베낀 것이었으므로 프랑스보다 훨씬 거칠고 조잡했다. 프랑스에서는
이미 말했듯이 절대주의 문화를 활짝 꽃피울 수 있는 좋은 조건이 갖추어져 있었으
므로 갈랑트리의 가장 우아한 형태가 발달할 수 있었다. 프랑스는 그 점에서 다른
나라들과 차이가 있었다.

'방문 인사(사교복 차림)

갈랑트리의 내용은 여자가 향락의 도구로서, 곧 육욕적 쾌락의 살아 있는 살덩어리로서 옥좌에 올랐다는 것이다. 여자는 육욕의 덩어리로서 숭배되고 분향되었다. 여자의 영혼, 환상, 정신은 그것이 여자의 관능적 자극의 수요를 높이고 여러 가지 변화를 불러일으키는 범위 안에서만 찬양되었다. 그러한 형태의 여자숭배와 육욕숭배는 절대주의를 향한 발전과 마찬가지로 필연적인 것이었으며, 따라서 불가피한 역사적 사건이었다. 소수의 계급이 인민계급의 모든 것을 희생시켜가며 호화롭게 살 수 있었고 더구나 그들의 욕망을 마음대로 충족시킬 수 있었던 나라들에서는 그 계급이 기생충이 되기 마련이었다. 그 기생충의 삶의 첫째 목적은 물질적 향락이었다. 그 시대에 가장 재기발랄한 한량이었던, 앞에서도 잠깐 언급한, 신부 갈리아니는 이렇게 쓰고 있다. "인간이 이 세상에 사는 것은 진실을 알기 위해서가 아니며, 그렇다고 해서 기만의 대상이 되기 위한 것도 아니다. 그러한 것은 아무래도 좋다. 인간은 살면서 즐거워하고 때로는 슬퍼한다. 그러나 우리는 인생을 즐기면서 될 수 있는 대로 슬퍼하지 않도록 애써야 한다." 인간의 향락 가운데 가장 크고 바람직스러운 것은 육욕이었다. 따라서 그 시대에는 육욕이 진정한 자기 목적, 곧 목적을 위한 목적이 될 수밖에 없었다. 그리고 그 모두가 "갈랑트리"에 몰두하는 일반 보편적인 법칙만이 존재하게 되었다.

기생충은 미리 또 그때그때 골머리 썩지 않으면서 향락을 즐기고 싶어했다. 따라서 정열이라든가 경쟁 등은 조금도 염두에 두지 않았다. 육욕의 욕망이라든가 욕구를 서로 채우는 것이 일반 법칙이었다. 그리고 진지한 거절은 유일하게 도덕과 관습에 어긋나는 것이 되었다. 그렇기 때문에 어떤 여자도 처음부터 상대방의 뜻을 따르려는 듯한 몸가짐을 하기 마련이었다. 여자의 망설임은 상대방의 쾌락이나 향락을 높이는 수단에 지나지 않았다. 18세기의 프랑스인으로, 당시의 난숙한 갈랑트리의 달인 중 한 사람이었던 티이 백작은 「회상록」에서 다음과 같이 쓰고 있다.

빈번했던 아침 접견(샬, 유화)

프랑스에서 손에 넣을 가치가 있는 여자를 얻으려면 전심전력, 노련미, 성실한 듯한 표정, 놀이 그리고 기교 등 온갖 것이 참으로 필요했다. 또 여러 가지 형식이 있는데 그것도 충실히 지켜야 했다. 어떤 형식은 다른 형식에 비해서 더 중요했고, 앞의 것은 뒤의 것과 마찬가지로 아무래도 생략할 수 없는 것도 있었다. 그렇더라도 공격하는 남자가 얼간이만 아니라면, 또 공격받는 여자가 지조 있는 요조숙녀만 아니라면, 대개 손에 넣을 수 있었다.

여자의 망설임은 그녀가 최후의 사랑을 구하는 남자의 정욕이나 쾌락을 높이는 수단에 지나지 않았다. "거절 속에 그 얼마나 놀라움이 있었던가"라고 티이 백작은 쓰고 있다. 그리고 이 목적을 위해서 여자의 저항, 곧 거절의 포즈 또한 필요했다. 여자는 입으로는 싫다고 하면서 몸으로는 공격하는 남자에게 성공을 약속하는 포즈를 취하고 있었던 것이다. 사랑에서의 끔찍한 위험도 될 수 있는 대로 제거되어야 했다. 그 때문에 무분별한 질투는 우스꽝스러운 것으로 여겨졌고 연적의 원한도 역시 마찬가지였다. 그러한 감정을 나타내는 이는 믿지 못할 사람, 용서받지 못할 사람으로 취급되었다. 시집 「비너스의 장미밭」에는 로코코풍으로 이렇게 노래한 시가 있다.

> 질투, 뱀보다도 더욱 가증한 것.
> 내가 영국식으로 차려입은 처녀를 손에 넣게 되어
> 언제나 오빠 취급을 받더라도
> 나는 처녀에게 하소연하려 하지 않는다.
> 나는 이렇게 말한다. 나의 천사여 화만 내지 말아다오!
> 누구나 배반하는 이 세상에선 화를 내지 않는 것이 가장 좋다오.
> 내게 어린애 같은 포즈일랑 보이지 말아다오.
> 또 내게 굳은 약속도 하지 말아다오.
> 사랑에서 한은 있을 수 없는 것.
> 나는 즐길 때까지라고만 맹세할 뿐,
> 끝나면 잘 있어라고 할 것.
> 그리고 다른 여인에게로 갈테지만, 그녀도 언젠가는 잘 있어일 뿐.

남녀는 서로 칼로 치고 받았지만 그 칼이 심장을 찌르는 일은 드물었고 대개는 살갗을 스치는 상처를 입히는 정도로 끝났다. 사랑은 장미의 가시처럼 찔린 순간에는 아픔을 느끼게 할지도 모르지만 미쳐 날뛰는 자가 휘두르는 칼처럼 상대방의 목숨을 위협할 만한 상처를 입히지는 않았고 목숨을 빼앗는 일도 없었다. 피는 상징일 뿐이었고, 원한을 씻는 것이 아니었다. 그것은 상징이었으므로 일부러 사람을 죽일 필요가 없었고 한 방울의 피만으로도 충분했다. 그러므로 정욕은 언제나 품위 있고 또 우아한 것이었다. 그것은 활화산 같은 것도 파괴적인 것도 아니었다. 키클롭스(그리스 신화에 나오는 애꾸눈 거인/역주)가 썼던 것과 같은 포획방법 따위는 생각조차 할 수 없었다. 장갑은 두 손에서 한번도 벗겨지지 않았다. 사람들은 의자

위험이 따르는 다정다감!(부셰의 그림에 의한 프랑스의 동판화)

뒤에서 기쁨만이 심부름을 하는 한가로운 미식가로서 쾌락의 식탁 앞에 앉는 것만을 생각했다.

　사랑에 대한 "야수성이 완전히 제거된" 생각에서 더 나아가, 그 논리적인 반대의 저쪽 끝으로, 곧 여자들은 육욕의 성찬을 위하여 조직적으로 훈련되었다. 어떤 교제에서도 여자는 상대 남자에게 쾌락을 주든가 아니면 남자를 쾌락으로 쉬지 않고 끌어가기 위해서 자극해야 했다. 여자는 끊임없이 색을 쓰지 않으면 안 되었다. 살

파리의 유행 옷차림(J. D. 드 생-장, 1686)

롱이나 극장이나 사교장에서뿐만 아니라 거리에서까지도 마치 은밀한 침실에서 친구나 구애자와 은밀한 말을 주고받듯이 육욕의 제단에 언제나 몸을 바쳐야만 했던 것이다. 그런 방법으로밖에는 남자의 욕망을 진정시킬 수 없었고 자기 주위에 있는 모든 남자의 소원을 잠재울 수 없었던 것이다. 모든 여자는 모든 남자의 것이 되어야 했다. 여자는 쾌락을 끝없이 크게 하고 자신의 역할을 말하자면 몇 배로 확대하는 수완이 있어야만 했다. 여자는 삶의 그 오직 하나의 목적을 끊임없이 특히 뛰어난 기교로 성취해야 한다는 사실을 언어, 행동, 의상, 기지, 놀이, 곧 자기의 정신과 육체를 모두 동원해서라도 보여주어야 했다. 여자는 자신의 공상은 모두 육욕으로 물들어져 있고 자신은 항상 육욕에만 쏠려 있으며 스스로 육욕의 기회를 언제나 탐하고 있다는 것을 행동으로 보여주어야 했다. 여자는 어떤 경우에나 그것에 어울리는 포즈를 취해야 했다. 왜냐하면 사랑 또한 연기이며 공개적인 연극이므로 수많은 관객이 지켜보는 무대 위에서 실연되어야 하기 때문이다. 그러므로 그 시대에는 육감적인 여자, 끊임없이 쾌락을 좇고 사랑의 향응만을 꿈꾸는 여자가 사람들의 입

방탕한 공상가(드뷔쿠르의 그림에 의한 동판화)

에 오르내렸고 가장 인기 있는 여자가 되었다. 사람들은 "고혹적인 자극과 호색"을 추구했다. 화가는 그 부류의 여자를 여러 가지 모습으로 그렸고, 갈랑트리한 시인 도 그 부류의 여자들을 열광적으로 찬미했다. 볼에는 "쾌락의 장미"가 피고 "융기 한 유방이 출렁이는" 몸도 마음도 불태우는 "은밀한 정열이 내비치는" 여자의 아름 다움처럼 이 세상에서 놀라운 것은 없었던 것이다.

물론 남자도 역시 같은 방향으로 그녀들에게 열중해야만 했다. 왜냐하면 여자의 행동은 남자의 행동에 대한 메아리에 지나지 않았기 때문이다. 남자는 여자, 곧 그 쾌락의 가장 귀중한 도구를 받들었다. 남자는 그 도구를 받듦으로써 여자로부터 하 나의 우상을 조형했고, 그것을 삶의 유일신으로까지 받들었다. 그것은 말과 행동에 의해서 간단없이 계속된 제 분수를 잃은 숭배였다. 그러므로 여자와 주고받는 어떠 한 대화에서도 남자는 먼저 "만약······해주신다면 나는 얼마나 행복할까요"라는 문 구를 앞세우기 마련이었다. 그리고 언제나 "당신은 언제 내 청을 들어주시려는지 요"라는 바람으로 그 끝을 맺었다. 그것은 귀엣말로 속삭여졌다. 남자는 그것을, 악수할 때 은밀하게 손을 꼭 쥠으로써, 손등에 하는 은근한 입맞춤으로써, 극장이 나 사교장에서 오가는 추파로써 분명하게 전달했다. 남자는 언제나 그것을 여자에 게 전달했고, 오직 그것만을 여자에게 전달했다. 그리고 여자는 언제나 남자가 그 녀와 대화하고 있는 동안에도, 상대방의 소망을 들어주었다. 여자는 참으로 놀라운 것만을, 장점과 온갖 아름다움만을 가지고 있었다. 모든 여자는 참으로 아름다웠

집에서(영국의 메조틴트 판화)

다. 모든 여자는 모든 남자의 것이므로 남자도 역시 모든 여자들을 골고루 숭배해야 했다. 남자는 모든 여자에게 당신이야말로 내 피를 끓게 하고 내 정욕을 불러일으키는 놀라운 존재라는 말을 속삭여야 했고 또 그것을 몸소 보여주어야 했다. 모든 여자는 자기를 여왕으로 생각할 수밖에 없었다. 남자가 보여주는 모든 행동이 노리는 것은 언제나 그 목적에 그 결과였다. 그것은 남자의 목소리까지도 상냥하게 만들었다. 왜냐하면 무뚝뚝한 것은 헌신이나 복종에 어긋나는 것이기 때문이다. 이제 남녀교제에서는 진실이나 성실성이 아니라 은근한 예의와 감언이설이 판을 쳤다. 남자들은 상대에 따라서 어떤 감언이설을 쓸 것인가를 여러 가지로 연구했다. 여자의 거절의 포즈도 복종을 의미할 때에는 무방했다. 남자는 여자로부터 모든 장애물을 제거했다. 아무리 작은 요구도 남자들에게는 명령을 의미했다. 여자는 언제나 남자의 앞장을 섰고 어디서나 남자를 앞질렀다. 남자는 여자가 편히 걸을 수 있도록 크고 작은 길을 평평하게 닦았다. 그리고 남자는 여자에 대한 자기의 권리나 이해관계를 포기하는 것을 언제나 영광으로 여겼다. 여자의 희망이나 의견은 남자에게는 권위가 되었고 남자의 의견은 싹이 트기도 전에 짓밟히기 일쑤였다. 여자에게 봉사하기 위해서 남자는 자기 삶의 절반, 아니 대부분의 남자는 자기의 삶을 전부 바쳤다. 여자가 천재까지도 마치 제 의견을 가지지 않은 충실한 노예처럼 주무를 수 있었던 경우에는 하루 24시간이 여자의 손안에서 놀아났던 것이다.

그런데 여기서 한 가지 주의해야 할 것은 남자의 그런 행동은 모두 색에 짓눌려 있었다는 점이다. 그것이 바로 색의 시대를 다른 시대와 구별하는 특징이었다. 갈랑트리의 탄생, 곧 강한 육체를 가진 자가 약한 육체를 가진 자를 고려하는 것은 어느 세상에서나 흔히 볼 수 있는 일이며, 남녀의 육체적인 힘의 차이에서와 마찬가지로 남녀관계에서도 당연한 일일 것이다. 그러나 색의 시대에는 그와 같은 고려가 그로테스크한 형태로, 더구나 성적인 방향으로만 이루어졌다. 약한 육체가 고려되었을 뿐만 아니라 그러한 고려에 의해서 여자의 정수, 곧 남자가 가장 요구하는 쾌락의 귀중한 도구가 과장되어 숭배되었다.

갈랑트리의 지배에 의해서 육욕의 질도 자연적으로 그 토대에서부터 변화가 이루어졌다. 그 변화는 그 전제인 동시에 그 결과로서 나타났다. 당대의 사람들은 자기의 힘을 마음껏 써보고 싶었으나 태어나면서부터 언제나 자기 힘이 너무 좁은 울타리 안에 갇혀 있음을 느꼈다. 그러므로 육욕은 힘의 선언으로부터 단순한 놀이, 곧 남녀의 놀이로 바뀌어버렸고, 사랑은 갈랑트리로 바뀌어버렸다. 왜냐하면 놀이는 무한히 연장시킬 수 있었고 날마다 새로운 것으로 바꿀 수 있었기 때문이다. 따라서 남녀가 서로 복종하는 형태는 모두 놀

귀부인의 재단사(J. M. 빌, 동판화)

거리낌없는 처녀(네덜란드의 색정적인 동판화, 1710)

이같이 되었고 그만큼 더욱더 세련되었다. 세련이란 생리적으로 쉽게 해결할 수 없는 것, 곧 보통의 방법으로는 만족할 수 없는 것을 다른 방법으로 해결하려는 흔해빠진 시도일 뿐이었다. 이 경우, 세련은 개인의 생래적인 한정된 힘을 몇 배로 증가시켰고, 신분에 따라서는 몇 명이라도 둘 수 있는 첩이나 애인의 수와 정력을 서로 조절하는 비결이기도 했다. 그 때문에 영적인 것, 정신적인 것, 예술적인 것은 모두 갈랑트리의 새로운 변화를 발전시키고 그 새로운 변화의 하나하나에 끊임없이 새로운 형태를 부여하려고 하는 자극제에 지나지 않았다.

그것은 결국 시대의 도덕관을 그대로 놓아두지 않았다. "도덕은 사랑 속에 온갖 악을 끌어들였다"고 레티프 드 라 브르통은 말했다. 신부 갈리아니는 "방정한 품행이 우리를 행복하게 하지 못한 바에야 그 따위 것은 악마에게나 주어라"라고 조소했다. 그래서 사람들을 방정한 품행, 곧 정숙과 그것에 따르기 마련인 권태를 악마에게 주어버렸다. 죄악은 사교에서도 관대하게 취급되었다. 그것은 공공연하게 미덕이 되지는 못했으나 "향락한다"는 인생의 가장 큰 목적에 알맞는 이데올로기적인 것이 되었다. 곧 그러한 목적이나 목표에 편리하도록 합리화되었던 것이다. 매춘부는, 세상 사람들의 생각으로는, 이미 공중변소가 아니라 오히려 가장 숙달된 사랑의 예술가였다. 부정한 아내나 부정한 애인은 그녀들이 저지르는 새로운 부정에 의해서 남편이나 정부를 더욱 자극했다. 남자가 자기를 애무할 때 여자가 맛보는 쾌락은 많은 여자들이 나보다 먼저 이 사내의 팔에 안겼을 것이라는 공상에 의해서

216

영국 창녀(작자 미상, 부식 판화, 1781)

더욱 커졌다.……

　이와 같은 것들은 대체적으로 절대주의의 법칙이 성적인 것에 어떻게 투영되었는가를 보여주는 특수한 것들이다. 그 법칙을 자세하게 말하면 다음과 같다. 첫째, 그 법칙은 각 계급에 어떻게 침투했고 각 계급에서 어떻게 다른 모습을 띠게 되었는가? 둘째, 그 법칙은 인생, 철학, 언어, 공적 사적 풍기, 법률관을 어떻게 만들었는가? 셋째, 그 법칙은 문학이나 미술을 어떻게 규정했는가? —— 그것들이 「색의 시대」에서 대답해야 할 문제이다.

우선 여기서 나는 그 당연한 결론 하나만을 강조하고 싶다. 그 결론이란 여자의 시대가 여자의 진정한 진보를 약속한 것이 아니라 거꾸로 여자의 가장 혹심한 굴욕을 전제로 했다는 사실이다. 18세기에 일세를 풍미했던 여자숭배는 굴욕이라는 토대 위에서만 행해질 수 있었다. 그리고 실상 또한 꼭 내가 말한 그대로였다.

절대주의 시대에는 남자와 여자가 평등하지 않았다. 참으로 여자의 지위가 향상되기 위해서는 남자와 여자가 평등해야 한다. 그런데 그 시대의 여자는 진정한 권리를 결코 보장받지 못했다. 그뿐 아니라 남자의 정치적 지배와 여자에 대한 남자의 전제는 그야말로 절대적인 것이었다. 여자의 부정이 성을 향락하는 데에 가장 좋은 자극제라고 공언하던 시대에도 남자는 자기의 힘을 휘둘러 간통 혐의가 조금이라도 있으면 아내에게 세상에서 가장 처참한 형벌을 가했고 심지어는 죽을 때까지 수녀원에 감금하는 일조차도 마음대로 했다. 남자는 전능했으므로 자기의 욕망을 기분내키는 대로 발산할 수 있었고 그 때문에 그들은 자연히 자기 기분이나 욕망의 노예가 되었다. 그래서 자연에 어긋나는 엉뚱한 변덕이 마침내 일반적인 관습이 되어 남자는 자기의 노예, 곧 여자에게 주인의 권리를 주고 자기는 노예가 되어 노예로서 여자를 섬겼던 것이다. 다시 말하면, 마조히즘이 사랑의 일반 법칙이 되었다. 그것이 곧 절대주의의 성 모럴의 정체였다.

그 시대의 그러한 특징을 분명히 파악하고 그것에 관한 이런저런 변명을 물리치기 위해서 특별히 날카로운 논리가 필요하지는 않다. 그렇더라도 역시 그 토대를 강조하지 않으면 안 된다. 왜냐하면 그 토대 위에서만 당시의 여자숭배를 전체적으로 바라볼 수 있고 갈랑트리의 법칙에 지배되는 수많은 사항을 하나하나 비판할 수 있기 때문이다. 그 사항을 사교생활에서 실천하는 것은 절대주의의 정치법칙을 실현하는 것과 마찬가지로 시대의 절대적인 요구였다.

나는 이 장의 첫머리에서 절대주의로의 발전이 각국에서 서로 다른 속도로 진행되었고 그 지배의 기간이 같지 않았던 것은 절대주의를 역사에 등장시킨 뒤 어느 시기에 다시 그것을 걷어찬 각국의 자본주의가 서로 다른 속도로 발전했기 때문이라고 말했다. 독일이나 오스트리아에서는 절대주의 지배의 종말이 1848년에 이루

어졌고 그 지배는 250년 동안이나 계속되었다. 반면에 프랑스에서는 1789년이 그
것의 영원한 파멸의 해였고 따라서 진정한 의미의 절대주의 시대는 프랑스에서는
200년밖에 계속되지 않았다. 한편 영국은 이미 18세기에 부르주아 국가로 변모
했다.

이와 같은 차이 그리고 절대주의가 각국에서 지배적이었던 기간은 마치 르네상스
때처럼 그 시대의 나라들 사이에서도 앞에서 말한 바와 같이 커다란 차이가 있었을
뿐만 아니라, 각국에서도 절대주의 문화의 등장기, 절정기, 몰락기 사이에 상당히
큰 차이가 있었다. 그러나 나는 그 시대를 지배하는 법칙만을 찾아서 역사를 수직
적이 아니라 수평적으로 바라보고자 하기 때문에 그것들이 나의 총괄적인 연구를
방해하지는 않는다. 그것은 그렇다고 치고 18세기가 역시 "색의 시대"의 중요한 범
위임은 분명하다. 절대주의는 영국을 제외하고는 18세기에 어느 나라에서나 정치
적, 사회적으로 그 절정기를 맞았기 때문이다.

18세기는 유럽의 문화에서 여자의 시대였다. 그밖의 것은 모두 준비와 막간 휴식
의 시간이었다.

4. 부르주아의 시대 ── 역사와 본질

　부르주아의 시대는 18세기에 등장한 순수한 상품생산 경제양식을 바탕으로 했던 근대 자본주의 시대이다. 근대 자본주의는 사유재산 제도의 급격한 발전에 기초하여 현대의 사회적, 정치적 문화를 지배하고 있다. 이 새로운 상황에 적합한 정치 및 사회 체제는 영국의 경우는 힘겹게 성취한 1648년의 청교도 혁명으로, 유럽 대륙은 1789년 프랑스 혁명으로 그 모습을 갖추기 시작했다. 역사적으로 추진되는 새로운 생산양식을 위협하는 국가 및 사회 체제는 이 두 국가의 그야말로 획기적인 변혁으로 무너졌으며 그 대신 새로운 경제원칙을 발전의 전제로, 또 범주로 받아들이는 정치 및 사회 체제가 추진되었다. 이러한 결과에서 보면 1648년과 1789년의 두 혁명은 영국과 프랑스에만 국한되는 것이 아니라 "유럽의 혁명"이라고 할 수 있다. 두 혁명의 결과로 유럽인의 역사는 다시금 전혀 새로운 형태를 취했다. "그것은 단지 사회 내에 존재하는 어떤 계급이 낡은 정치조직에 대해서 승리했다는 의미가 아니라, 바로 새로운 유럽 사회를 위한 정치조직의 탄생을 선언한 것이었다. 시민계급은 혁명에서 승리했다. 그러나 당시 시민계급의 승리는 봉건제도에 대한 부르주아적 재산권, 지방분권제에 대한 중앙집권제, 동업조직에 대한 자유경쟁, 토지소유의 소수지배에 대한 다수지배, 미신에 대한 문명개화, 가문에 대한 가족, 영웅적 타성에 대한 근면성,

프랑스의 혁명기의 복장(1795)

221

프랑스의 남성복, 1795–1831

중세적 특권에 대한 시민적 권리의 승리를 의미한다."(1848년 12월 15일자 「신(新) 라인 신문」)

　이러한 변혁과정에서 이제까지 사회를 구성하고 있던 계급 가운데 어떤 계급은 무너졌는가 하면 또 어떤 계급은 완전한 변신을 했다. 뿐만 아니라 그 후의 발전과 정에서 전혀 새로운 요구를 가진 새 계급이 탄생했다. 이러한 요구는 그 계급이 구체적으로 선거권을 획득함으로써 모든 국가의 역사를 변혁시켰다. 이렇게 해서 인류의 사회생활은 점차 새로운 형태로 변형되었다. 한편 인류의 사회생활의 변혁에 부응해서 성도덕에 변혁이 생기는 것은 당연했다. 따라서 이 시대에도 역시 새로운 성도덕이 탄생했다. 공적 도덕, 사적 도덕, 모든 면에 새로운 법칙이 나타나게 되어 그 세력을 넓혀나갔다.

　절대주의 시대에는 공공연히 관능에 대한 방종하고 극히 세련된 숭배가 최고의 법칙으로 선언되었다. 공공연히 발휘된 이 용기는 그 시대의 사람들이 오늘날보다도 성을 자유롭고 중요하게 생각했다는 증거라기보다는 누구나가 거리낌없는 절대주의 시대의 철면피였음을 의미한다. 그것은 당시 지배계급이었던 궁정귀족이나 금융귀족에게 저항할 수 있는 계급이 아직 없었기 때문이다. 만약 이러한 계급이 있어서 끊임없이 비판했다면 그것은 바로 당시의 지배계급을 위협하는 행위였을 것이다. 그러나 다행히 그러한 계급이 없었기 때문에 지배계급은 원하는 대로 자신의 욕망을 채우고 이러한 욕망의 끝없는 낭비를 뻔뻔스럽게도 인생의 최고 목적이라고 선언할 수 있었다. 그러나 절대주의 시대를 대체한 부르주아 시대가 되자, 각 계급

프랑스의 남성복, 1795-1831

의 역학관계는 완전히 달라졌다. 이 시대에 들어서면, 각국의 중산계급이나 하층계급은 공개적인 비판이 가능한, 그러나 사회적으로는 제한적인 선거권을 가진 유권자로 지위가 높아졌다. 결국 이러한 이유로 인해서 이 시기에는 공공도덕의 법칙이 정반대의 방향으로 공식화될 수밖에 없었다. 게다가 새로운 시대의 생활과 요구의 내용이 완전히 변했다는 것 역시 커다란 요인이었다.

부르주아 국가가 나타남에 따라서 이제까지의 신민과 농노는 국민으로 질적인 변화를 경험하게 되었다. 부르주아 국가는 국민에게 인권과 자결권을 부여했으며 만인이 평등한 권리를 가졌다고 선언했다. 제3계급은 "자유, 평등, 박애"라는 슬로건 아래 봉건 유럽과 싸워서 불후의 승리를 쟁취했던 것이다. 그리고 부르주아 국가는 거의 150년에 걸쳐서 최고의 신으로 공공연히 모시던 자리에서 여성을 끌어내렸다. 그러나 이것은 여권의 추락이 아니라 오히려 그 향상이었다. 여성은 중세 이후에나 비로소 인간이 되기 시작했다. 여성은 이제 철저하게 예속되어 있던, 권리 없는 노예나 단순한 오락물의 위치에서 점점 남성과 동등한 인격체가 되어갔다. 개인적 성애는 결혼을 위해서 도덕적으로 정당하고 유일한 토대로서 모든 계급에서 또 모든 계급에 의해서 요구되었다. 인간과 인간을 한데 묶는 연대감은 모든 인간을 결합하는 끈으로 간주되었다. 인체의 이상적인 아름다움에 대해서는 생존하는 데 최고의 정신적, 육체적 목적을 그 표본과 척도로 하도록 규정되었다. 이렇게 해서 생활의 모든 형태와 가치, 예술, 철학, 법률, 언어, 과학은 물론 그밖의 모든 것들도 부르주아 시대에 부응해서 정정되고 개편되었다. 근대적 부르주아 국가는 가족, 국가,

프랑스의 남성복, 1795-1831

자치단체 등 모든 면에서 역사적 발전의 정상에 이른, 기껏해야 두세 가지의 결점 만을 가진 체제라고 볼 수 있다. 더구나 부르주아 국가는 "진실로 도덕적인 세계질 서"의 서막을 진실로 구현하려고 했다. 이러한 질서는 부르주아 국가의 모든 방면 에서 구체화되었다.

따라서 도덕에 대한 강력한 추진력이 유럽 역사 속으로 밀고 들어왔으며, 이 추진 력은 시대가 흐름에 따라서 지금까지의 어느 사회조직도 필적할 수 없을 정도의 높 은 수준으로까지 국민의 육체와 정신을 향상시키는 결과를 가져왔다는 것은 의심할 여지가 없다. 옛날에는 대담한 유토피아주의자의 터무니없는 공상으로만 그려졌던 정치와 사회에 대한 다양한 이상은 수백만 명의 열광적인 투쟁의 기치 아래에서 언 제나 선두에 내걸렸기 때문에 더 빨리 현실화될 수 있었다. 과학이나 예술도 나날이 점점 더 대담하고 새로운 결과를 낳았다. 혁명은 정신의 모든 영역들에서 영속적으 로 진행되었던 것이다. 이것은 그대로 성도덕과 그에 관련된 모든 방면에까지 개혁 을 불러일으켰다. 이런 새로운 상태는 설령 밤을 패배시킨 낮으로까지 비할 수는 없 더라도, 모든 문명인에게는 보다 밝은 여명이 점점 다가오는 것처럼 보였다.

그럼에도 불구하고 참으로 도덕적인 세계질서라는 개념은 현실 속에서 형성된 것이 아니라 고작 부르주아 국가의 이데올로기, 즉 인위적인 외관에 지나지 않았 다. 그것은 새로운 시대가 힘찬 기세로 세상 위에 군림하면서 모든 것을 변혁시키 고 옛 것을 모조리 부수면서 새로운 내용이 가득 찬 청년시대의 오월에 부르주아

224

국가의 머리 주위에서 나오는 후광과 같은 것이었다. 그러나 만약 부르주아 국가가 진실된 신념을 가지고 모든 이상을 실현시켰다고 진심으로 자부한다면 그것은 터무니없는 생각일 것이다. 부르주아 국가의 이데올로기가 가지고 있는 본질은 관념과 그 시대의 현실적인 경제적 토대가 근본적으로 일치하지 않았기 때문에 무참히 무너져버렸다. 그것은 그 시대의 경제적 토대의 궁극적인 가장 중요한 목적은 어디까지나 자본주의적 생산양식에 필연적인 법칙으로서의 이윤율 증대였기 때문이다. 부르주아 시대의 이상은 결코 현실화될 수 없었다. 그것은 부르주아 국가가 주도한 인류의 해

수영복의 귀부인(율리우스 놀라, 유화, 1885)

방은 결코 목적이 아니라 목적을 위한 수단에 지나지 않았기 때문이다. 그럼에도 불구하고 부르주아 국가는 대중으로서의 인류를 해방시켜야만 했다. 부르주아 국가는 인류를 해방시킴으로써만이 인민의 힘을 강화하고 새 경제법칙이 세계제패를 위해서 점점 더 대규모로 요구하는 기술을 이용할 수 있기 때문이다. 따라서 부르주아 국가가 선언한 공식적인 이상은 자신의 궁극적인 요구에 부응하기 위해서 자본주의의 본질을 변화시키지 않는 한도에서 모조리 끊임없이 수정되었다. 부르주아 사회의 이익과 지배를 목적으로 수행되는 이러한 수정이 점점 첨예해지고 슬로건으로 내걸었던 관념과 모순되어감에 따라서 사물의 본질과 그 이데올로기적 외관이 서로 괴리현상을 보이자, 부르주아 사회는 더더욱 끈질기게 이데올로기적 외관에 집착하게 되었다. 그 외관은 이 세계에서 실현된 것 가운데서 아직 그 이상의 것이 없을 정도로 훌륭한 도덕적 세계질서이기를 바랐으며 또 그렇게 되어야만 했다. 그러나 결국 그것은 관념의 늪 속에 빠져버렸다. 이것은 스스로 내린 사형선고와 같은 것이었다. 그러나 사회라는 것은 그 발전의 모든 한계조건이 이미 성숙되어 사회의 파산이 임박할 때, 비로소 관념적이 될 수 있다.

지금까지의 역사에 내재했던 실제와 외관 사이의 가장 큰 모순은 사회발전의 최후의 결과였으며, 따라서 그것은 바로 근대적 부르주아 시대의 고유한 특징이 되었다. 사물과 관념의 거대한 모순을 은폐하기 위한 외피로서의 위선은 이와 같은 역

사적 정세로 어쩔 수 없이 필요한 조정자가 되었다. 이제까지는 사회의 일부층의 특징에 지나지 않던 것이 부르주아 시대에 들어서자 전체의 특징이 되었다. 단순한 외관이 공공연히 현실을 대표하게 되었다. 인간은 어떠한 경우에 처하더라도 겉으로는 도덕군자연해야 한다는 절대적인 법칙이 생겼다. 특히 성도덕 분야에서는 위선이 하나의 성사상으로 나타났다. 이 위선은 매우 뻔뻔스러운 새침데기로까지 발전했다. 모든 처세에서 이러한 외관을 지키려고 애쓰는 사람은 존경받지만, 개인적이고 건드려서는 안 되는 일에서 그 외관을 벗기는 사람은 경멸의 대상이 된다. 물론 이러한 것은 부르주아적 도덕을 수직적으로가 아니라 수평적으로 바라본 것이지만, 이것은 발전의 상승기에도 하강기에도 나타난다.

이처럼 부르주아 시대에 존재하는 각 계급의 성생활의 진정한 내용과 외관을 밝히는 것이 제IV권 「부르주아의 시대」의 범위와 내용이다.……

이에 관한 자료는 너무 많다고 할 정도로 풍부하며 역사가가 과거의 성풍속에 대한 인식과 설명을 하기 위해서 이용한 어떤 자료보다 훨씬 다채롭다. 오늘날 모든 계급은 독립적 정치생활을 하고 있으므로 각 계급마다 다양한 방법으로 자신들이 실천하고 또 선전하고 있는 성도덕에 대한 요구를 기록하고 있다. 각 계급은 상당히 광범위한 방법을 구사하고 있다. 그 가운데 가장 중요한 것으로서는 우선 정기적으로 간행되는 신문을 들어야 할 것이다. 어느 나라를 막론하고 신문은 지금까지의 선전지의 대체물이 되었다. 더욱이 신문에는 훌륭한 그림이 연재물로 실리게 되었다. 그림은 처음에는 독립된 부록으로 실리다가, 그 후 기사해설과 보완물과 일러스트레이션이 됨으로써 마침내 기사가 오히려 부록이 될 때가 자주 있었다. 일러스트레이션이 실린 신문의 효과는 독자에게 기사만을 제공하는 신문의 몇백 배였다. 이것은 정기발행을 함으로써 판매망이 계획적으로 조직되었기 때문이다. 이로 인해서 독자는 일반 서민을 대상으로 한, 지금까지 나오던 선전물의 그림에서처럼 개인, 계급, 국민의 공공생활과 사생활에서 일어난 가장 중요한 사건이나 특수한 상황에 대해서 단편적인 지식을 얻게 되었으며 이미 조직적으로 모든 사건이 세밀하게 파헤쳐졌기 때문에 훨씬 전부터 기사와 함께 그림을 통하여 그것을 일상적으로 매우 상세하게 알 수 있게 되었다. 뿐만 아니라 대중에게 그림을 상용한 광범위한 보도의 영향은 1870년대부터 화가의 손 대신에 사진으로 보충되었다. 그 덕택에 마침내 눈으로 볼 수 있는 현상계를 그림이나 사진으로 묘사하는 범위가 놀랄 만큼 넓어졌을 뿐 아니라 그 자체의 기록적인 가치도 한층 더 확실해졌다. 이제 화가도 사물에 대한 자신의 무지를 감정으로 보완할 필요가 없어졌다. 이전 같으면 상당히 방자한 행동으로 보완하는 모든 것을 사진이 직접 가리켜주었다. 이제 화가는 사물을 묘사할 때 이전처럼 주관적으로 덧붙이거나 상상할 수 없게 되었다. 그것은 매수되지 않는, 있는 그대로의 사진이 점점 많이 등장함으로써 일반인의 눈에 드러났기 때문이다. 사진의 출현으로, 상상에 의한 것은 적어지고 모두 사실화가 가능했기 때문에, 사물에 대한 우리들의 회화적인 상상은 교정되었고 시야가 더 넓어졌다. 그림 엽서가 발명되고부터는 그림도 커다란 힘을 가지게 되었다. 어디를 가나 그림 엽서가 있고, 오늘날 우리는 이것으로부터 벗어날 수가 없다. 게다가 삽화가 실린 신문도 감추고 그림 엽서도 억지로 은폐하다손 치더라도 자본주의의 의견, 나아가 자본주의의 도덕을 강요하기 위해서 크고 작은 길가에서부터 호젓한 들판에 이르기까지 어디든지 세워져 있는 간판이나 생활 필수품에 붙어 있는 광고가 아직 우리를 지배한다. 자본주의적 도덕을 강요한다는 것은 부차적인 일이 아니다. 즉 이 모든 것, 신문, 그림, 입간판, 그림 엽서, 사진, 생활 필수품의 대부분은 일정한 성도덕의 계몽을 담당하고 있으며, 거간꾼이면서 때로는 직접적인 선전가이기도 하기 때문이다. 그 때문에 이 모두가 현대의 풍속을 증언하는 역사의 귀중한 기록이다.

이처럼 풍부한 자료에 대해서 올바른 평가를 내리는 것이 「부르주아의 시대」의 삽화의 주요 목적이다. 그러나 우리는 때때로 개괄적 입장만 독자에게 전달하는 것으로 만족해야 한다. 자본주의의 팽창에 의해서 부르주아 시대는 사회를 총체적으로 지배하게 된다. 그러나 그것을 한정된 범위로서 이해한다는 것은 불가능하다. 그것은 마치 인생이나 개인 문제의 복잡한 형태를 전체적으로가 아닌 단편적으로만 묘사하려는 것과 같다. 골라낸 단편적인 것을 자본주의의 특징이라는 수준으로까지 끌어올려 거기에서 사유재산제를 토대로 한 자본주의 문화라는 거대한 실체를 그리는 일은 미래의 저술가가 할 일일 것이다.

1) 부르주아 지배 사회의 초기

상업이 발달함으로써 유럽인들은 중세에서 벗어나서 르네상스의 절정을 맞이했다. 18세기에 들어서면, 지금까지의 매뉴팩처가 기계제 공업으로 발전하면서 절대주의가 붕괴되고 근대적 부르주아 제도가 터를 잡기 시작한다.

새로운 생산양식이라는 젊은 거인은 자신의 힘을 마음껏 발휘하기 위해서 가능한 한 자유롭게 움직여야 했다. 이 거인은 자신의 발전을 받아들이는, 또 가능한 한 크게 팽창하려는 자신의 속성을 방해하지 않고 오히려 그 속성을 모든 방법으로 도와주는 국가와 사회조직을 요구했다. 결국 이러한 요구는 절대주의 국가에서는 전혀 불가능한 것이었으므로 18세기 말이 되자 이러지도 저러지도 못하게 되었다. 그 때문에 절대주의 국가는 붕괴될 수밖에 없었다. 새로운 생산양식의 담당자인 시민계급, 즉 부르주아 계급은 국가권력을 자신들이 으뜸으로 여기는 근대 자본주의의 이익을 위해서만 사용해야 했다. 이에 따라서 시민계급은 근대 입헌국가에 의해서 오직 자기 계급의 정치적, 사회적 지배에 유리한 제도를 쟁취하여 그것을 발전시켰다. 18세기 후반에 이르러 상품생산이 매뉴팩처에서 기계제 공업으로 이행한 것은 물론 우연한 일이 아니라, 전체적 발전에서 본다면 어떤 힘으로도 막을 수 없는 필연적 발전과정이었다. 따라서 그 시대에 나타난 기술적 발전, 가령 생산도구로서의 기계의 발명이나 동력으로서의 증기의 도입을 이 변혁의 가장 큰 원인으로 보아야 한다. 18세기 후반기에 이루어진 기술발달은 이미 그 당시에 나타났던 여러 가지 요구의 결과에 지나지 않았던 것이다. 근본적인 원인은 더 깊은 곳에 있기 때문에 훨씬 더 먼 옛날, 발견의 시대로까지 거슬러올라간다. 15-16세기에 이루어졌던 신대륙의 발견이나 통상로의 개척은 상인들에게 언제나 풍부한 부만을 가져다주었던 것은 아니다. 그들 상인은 순식간에 가속도로 항해국민의 공업, 처음에는 스페인과 네덜란드, 나중에는 바다의 지배자로 등장하게 된 영국의 공업에만 시장을 넓혀주었다. 이러한 시장에서 앞을 다투어 쏟아져나오는 산더미 같은 주문을 채워주기 위해서는 수공업은 더 이상 적합하지 않았다. 대량 판매는 대량 생산을 요구했다. 이 시기가 바로 18세기 후반기였다. 그리고 대량 생산에 대한 요구는 다시, 기존의 상업을 위해서 대규모로 생산되었으며 어느 나라에서나 가장 중요한 상품으로 취급되어왔던 생산품을 만드는 직물생산에서부터 시작되었다는 것은 당연하다. 직물생산에 기계가 도입되었다는 것은 수공업적 생산방식으로는 시장주문에 따라가지 못한다는 것을 의미했다. 우선 조상 대대로 내려오던 물레 따위는 전혀 쓸모가 없다는 것을 누구나 알게 되었다. 물레의 생산성이 아무리 높아도 18세기 중엽에 이르러서는 나라 안의 물레를 전부 동원해도 "더 이상 빔실[撚絲]의 수요를 채울 수 없는 막다른 골목에 다다랐던 것이다. 그것은 직공 한 사람이 여섯 개에서 여덟 개의 물레밖에 돌릴 수가 없었기 때문이다. 이것이 바로 당시의 상황이었다. 이 때문에 원료 빔실이 도저히 손에 들어오지 않아 베틀은 종종 장기간 동안 일을 쉬지 않으면 안 되었다." 여기에서 "손을 사용하지 않고" 방적공장의 주문을 충족시킬 수 있는 실을 생산하여 그곳 직공들을 휴업시키지 않을 수 있는 장치를 만드는 것이 크게 요구되었으며, 마침내 이 요구는 당시의 중대한 기술 문제로 대두되었다. 이 문제는 유명한 제니 방적기가 발명됨으로써 해결되었다. 이러한 방적기계는 오직 방적공장에서 발명되었고 개량되었다. 그것은 방적공장이 가장 민감하게 이 요구를 인식했기 때문이었다. 가발 직공이었던 아크라이트는 방적기계를 최초로 교활하게 사용한 착취자에 불과했다. 그런데 역사의 실수로 아크라이트는 방적기계의 발명가로 추앙되었던 것이다. 이와 동시에 이러한 요구는 증기기관의 발명과 발달을 가져왔다. 방적기계의 능률을 더욱더 높이기 위해서 수공업 공장은 처음에는 동물의 동력을, 다음에는 수차를 이용한 수력을 사용했다. 따라서 생산자는 기계와 함께 일정한 장소에 묶여 있을 수밖에 없었다. 그런데 솔직히 공장주들은 기계를 움직이기 위해서 가장 값싼 "노동력"을 원하고 있었기 때문에 값싼 "노동력"이 있는 곳이라면 어디에서든 생산하려고 했다. 공장주는 노동자 한사람 한사람에게는 관심이 없었다. 그러나 당시 이러한 자유노동자는 도시에밖에 없었다. 제임스 와트가 발명한 증기기관 덕택에 처음에는 자동 방적기가, 나중에는 자동 직기가 가동되었다. 결국 자신이 원하는 장소에 기계를 설치하는 것만이 당시의 중심 과제였다.

이렇듯 놀라운 산업혁명의 막이 오르자 모든 생산과 인간생활의 요구는 점차 그 소용돌이에 휘말려들게 되었다. 그리고 이 혁명적인 움직임은 오늘에 이르기까지 하루도 멈추지 않았다. 그와 동시에 그 작용과 결과는 점점 더 커지고 점점 더 놀라워져갔다. 증기기관은 마침내 기술적 측면에서 "불가능"이라는 단어를 없애버렸다. 증기력의 지배자로서의 부르주아 계급은 오직 증기력과 더불어, 또 증기력에 의해서 대사업을 했다. 이러한 대사업에 비하면 인류가 이제까지 쌓아왔던 가장 뛰어난 유산도 어린애 속임수 같은 것에 불과했다. "그것은 이집트의 피라미드, 로마의 수로, 고딕식 건물과는 전혀 다른 기적을 일으켰다. 그것은 민족 대이동이나 십자군과는 전혀 다른 행진을 했다." 그렇지만 대량 생산과 대규모 생산 역시 결국 막대한 이윤율 획득만을 의도했기 때문에, 근대 부르주아 계급은 부의 축적을 위해서 기술을 이용하여 이러한 사업만을 경영했다. 이 축적은 지금까지 전혀 상상도 못했던 범위의 것일뿐더러 눈덩이처럼 끝없이 커져갔다. 어디까지 발전할지 예상도 할 수 없는 근대 자본주의는 앞에서도 언급했듯이 기계제 생산방법과 함께 탄생했다. 화폐 그 자체가 지금까지 세계에 나타났던 것 중 가장 혁명적인 요소였다면 —— 왜냐하면 화폐와 더불어 탄생한, 하루도 쉬지 않는 교역의 법칙은 영구 운동, 영구 순환의 법칙이기도 하기 때문이다 —— 근대 자본주의는 화폐의 가장 눈부신 전개였다. 다시 말하면 근대 자본주의에 의해서 비로소 화폐의 뛰어난 혁명적 작용이 대규모로 무한 실현되었던 것이다. 그리고 그 결과는 인생의 모든 요소와 현상을 포괄했다. 사물에 대한 우리들의 사고방식이나 생활도 모두 자본주의의 요구에 따라서 윤색되었고, 그 영향을 뿌리에서부터 받아들이지 않으면 안 되었다. 현대적 형태를 취한 모든 육체와 정신은 화폐 형태 속에 존재하고 있다.

근대 부르주아 국가라는 것은 당연히 상품생산의 분야에서 우위를 획득한 새로운 생산양식을 대표하는 정치적 표현이며, 각 나라가 여기까지 발전한 시기는 동시에 그것이 이른바 입헌국가로 이행한 시기이기도 했다. 이 점에서는 영국이 가장 앞섰다. 영국은 그렇게 하지 않을 수 없었던 것이다. 그 역사적 상황이 무엇보다도 먼저 근대적 생산방법을 가능하게 했으며, 그 때문에 또 그것을 발전시킬 수 있었다. 오직 이 이유로 인해서 영국이 세계에서 앞장서서 부르주아 혁명을 일으켰으며 절대주의의 이해관계에 대항해서 부르주아의 이익을 쟁취했던 것이다. 런던은 지리적으로 혜택받은 위치 덕택에 최초로 자연적인 세계무역의 중심지가 되었다. 이로 인해서 일찍부터 런던으로 대상인들이 대거 몰려들었으며, 또 그것이 다른 곳보다 먼저 공업을 대규모로 발전시킨 자극제가 되었다. 더욱이 18세기가 되자 인도의 문호가 개방되면서, 바다의 지배자로서의 영국은 인도를 장악하게 되었다. 인도에 대한 무자비한 약탈 —— 영국이 대표하는 이른바 "문호개방"은 수백 년에 걸쳐서 약탈이 최우선 목적이었기 때문이다 —— 은 이류 국민인 영국인과 영국의 공업발달에 일찍이 그 역사에서 유례가 없을 정도로 강력한 자극제가 되었다. 엄청난 부가 인도에서 영국으로 흘러들어갔다. 그리고 영국 상인들은 이 부를 유리하게 투자하려고 생각했기 때문에 그것은 당시 대량 생산이라는 일반적인 요구에 부응해서 활성화된 공업을 대규모로 확장시키는 자본이 되었다. 이와 같은 이유에서 영국을 선두로 부르주아 국가가 견고하게 구축되었으며 또 영국에서 최초로 부르주아적 육체, 정신, 지성의 대표적인 구조가 발전하기 시작한 것은 매우 자연스러운 일이다. 영국에 뒤이어 프랑스가 등장했다. 이미 앞에서 썼듯이, 프랑스는 18세기 말에 영국에서 시작되었던 윤무에 참가하게 되었고 유럽 대륙에 부르주아 시대를 선언했다. 좀더 정확한 표현을 빌리면, 프랑스 혁명은 1789년 7월 14일에 시작되었던 것이 아니다. 실제로는 이보다 50년 전에 시작되어 그 이후 계속되어온 것이다. 혁명은 언제나 폭력적이듯이 1789년의 프랑스 혁명도 자연의 새로운 질서에 대한 산파에 불과했다. 따라서 유럽 최초의 부르주아 국가는 분명히 1789년에 탄생했지만, 이것은 프랑스 혁명에 의해서만 시작되어 형성된 것이 아니라는 점을 밝힐 수밖에 없다. 영국과 마찬가지로 프랑스는 새로운 생산양식에 의해서 혜택받을 수 있는 조건이 많았다. 런던과 더불어 파리는 처음부터 당시 세계무역의 제2의 자연적인 중심지였다. 그 덕택에 거부(巨富)의 상인계급이 파리에서 나타났다. 특히 절대주의 체제는 항상 적자재정으로 허덕였기 때문에 오히려 시간이 갈수록 더 새롭고 큰 이익을 상인계급에게 안겨주게 되었다. 한편 프랑스 공업은 지배계급에게 다양한 종류의 사치품을 대량으로 판매함으로써 절대주의로부터 지속적으로 엄청난 이윤을 우려냈다. 즉 앙시앵 레짐 시대의 지배계급은 초호화판 향락생활을 누리기 위해서 그와 같은 사치품을 필요로 했기 때문이다. 궁정사회의 귀부인들 대부분이 수백 벌에 달하는 화려한 옷을 가지고 있었다는 것만 보아도 이것을 가히 짐작할 수 있다. 마리-앙투아네트가 이보다 더 많은 옷을 가졌다는 것은 말할 나위도 없다. 게다가 프랑스의 견직물 공업과 파리의 재봉사는 1세기에 걸쳐서 전유럽 궁정사회의 어용공업과 어용상인이었다는 것만 보아도 충분하다. 프랑스의 직물공장과 양장점은 러시아 궁정에만도 매년 수천 필에 달하는 값비싼 비단과 수천 벌의 예복을 수출했다. 러시아의 여제 엘리자베타가 사망했을 때, 그녀의 옷장에는 파리에서 맞춘 1만 5,000벌 이상의 값비싼 예복이 쟁여 있었다고 한다. 이처럼 당시의 프랑스 공업은 사치품 제조공업이 주류를 이루었다.

프랑스와 마찬가지로 영국에서도 중앙집권제가 일찍 시작되어 공업발전 역시 단시간에 전성기를 맞이했다. 그 결과, 자본은 무엇보다도 먼저 자국 내에서 거대화될 수 있었으며 그 다음은 국제적 기업의 측면에서 보호받음으로써 끊임없이 기업심을 자극했다. 왜냐하면 그 덕택으로 자본은 흥하고 망하는 데에 관계없이 모험을 할 수 있었기 때문이다.

그러나 독일에는 이러한 여건이 결여되어 있었다. 그 결과, 독일은 가장 뒤늦게 근대적 발전을 했다. 독일은 프랑스보다도 60여 년간이나 더 공공연히 또는 은연중에 절대주의라는 숨이 막힐 정도로 악취 나는 수렁에 빠져 있어야 했다. 궁정사에 잘 나타나 있듯이, 프랑스 사회가 독일 사회에 비해서 더 부패해 있었기 때문에 프랑스에서는 일찍이 18세기에 혁명이 일어났다는 의견만큼 잘못되고 터무니없는 것은 없을 것이다. 독일의 경우는 이와 정반대였다. "30년전쟁 이후 대중으로서의 독일 인민은 극심한 공포정치의 절대주의하에서 도저히 힘을 쓸 수 없었으며 골수까지 착취당할 정도였기 때문에, 프랑스의 시민계급이 절대주의적, 봉건주의적 지배를 무너뜨린 것과 같은 혁명적인 비약의 힘을 가지지 못했다." 이것은 공상의 구름 위에, 즉 시와 철학에만 있었을 뿐이다. 그리고 사람들은 꿈에서만 자유로워지려고 했다. 예나의 철학 강의실에서, 바이마르의 가난이 물씬 풍기는 방 안에서 —— 대도시에서는 단 한 번도 없었다 —— 실러는 독일의 부르주아적 자유를 꿈꾸었다. 그것은 사실상 철학적, 문학적 몽상 이상의 그 아무것도 아니었다. 왜냐하면 모처럼의 꿈이 아무리 논리적으로 비상할지라도 전혀 미학적이 아닌 현실에 부딪히면 이것도 저것도 안 되기 때문이다. 막스 마우렌브레허는 당시 독일의 상황을 적절하게 묘사하고 있다. "독일의 부르주아 사상을 담당한 이들의 의견은 자신들의 이상이 투쟁이나 폭력에 의해서가 아니라 오히려 군주를 도덕적, 미학적으로 감화시킴으로써, 즉 정신적으로 감화시킴으로써 실현되어야 한다는 것이었다. 물론 그와 같은 의견이 실천적인 정치적 성과를 거둘 수는 없었다. 독일에서는 이상과 현실 사이에 그러한 모순이 존재했을 뿐만 아니라 이상을 실현하기 위한 행동력도 결여되어 있었다. 이것은 역시 부르주아적 사상이라는 것이 독일의 환경으로부터 나오지 않고 프랑스로부터 자극을 받아서 독일이라는 토양에서 탄생한 것이었기 때문이다. 그 때문에 프랑스의 시민사회가 윤리적, 미학적 이상에 의해서가 아니라 야만적인 투쟁에 의해서 그 목적을 달성했을 때 독일의 시인이나 철학자는 질겁을 하면서 프랑스 혁명에 등을 돌리고 그 이후 더 심각한 압제주의에 빠져들어버렸다." 한편 독일에서 용감한 레싱과 같이 과감하게 항거한 사람들은 덜 돼먹은 인간들의 졸개가 되거나 아니면 이민을 가야만 했다. 그것은 영혼은 팔더라도 문자 그대로 굶어죽지 않기 위해서였다.

옥수수밭 길(칼 슈피츠베크, 유화, 1845)

이와 같이 비참한 역사적 상황은 독일 사회의 후진성에 뿌리를 두고 있었다. 이 후진성을 더 깊이 천착해보면, 독일의 이러한 침체는 결코 불가사의한 것이 아니었다는 점이 밝혀진다. 18세기 말이 되어도 독일에서는 공업발전이 조금도 이루어지지 않은 상태였다. 탄광업이나 제철업도 대규모가 아니었으며 기계사용 직물공장도 거의 찾아볼 수 없었다. 오히려 순조롭게 발달했다고 볼 수 있는 매뉴팩처 정도의 규모도 찾기 어려웠다. 대부분의 공장은 보잘것없는 수공업 상태에 있었다. 이 소규모 공장에서 일하는 사람은 마스터와 도제 한 명, 그중 반가량은 마스터와 직인 한 명이었다. 예를 들면 프로이센에서는 수공업 공장이 1845년에도 겨우 4만 6,000개 정도였으며, 그곳에서 일하는 도제를 뺀 직인의 수는 겨우 3만8,500명에 불과했던 것이다. 당시에도 독립적인 수공업 공장 여섯 개에 평균 다섯 명의 직인이 일하고 있는 정도였다. 다시 말하면 공장 한 개에 직인이 한 명 이하라는 비율이었다. 그것은 우리들이 상상할 수 있는 가장 유치한 생산방법, 즉 중세적인 생산방법이었다. 이와 같이 독일에는 아직 근대 자본주의의 발전이 아무 흔적도 없었기 때문에 부르주아는 존재하지 않았으며, 따라서 선거권을 획득하기 위해서 전심전력 투쟁한 부르주아 계급도 없었다. 실제로 당시 독일에는 의지박약한 가난한 소시민과 겨우 한줌에 불과한 이른바 "자포자기한 블레셋 사람(도시 상인/역주)"밖에 없었다.

1840년대부터 독일에서는 비로소 자본주의적 생산양식이 눈부시게 발달했으며 그 결과 절대주의가 타도됨으로써 진정한 부르주아적인 사회제도가 실현되었다. 이것은 영국보다 200년, 프랑스보다는 50년이나 뒤진 것이었다. 유감스럽게도 이 격차는 이미 돌이킬 수 없었다. 이 후진성이 결국 독일의 부르주아적 "자유"의 발전을 참으로 목불인견으로 만들었던 것이다.

2) 관념과 실천

절대주의를 완벽하게 제압함으로써 등장한 부르주아 사회제도의 지배정신은 어떤 입장에서 보더라도 항상 인류발전에서 가장 중요한 진보를 의미하고 있다. 절대주의의 타도와 더불어 중세는 그 막을 내리게 되었다. 그 날로 중세는 완전히 종식되었다고 해도 틀림이 없다. 이런 의미에서의 중세는 극단적 개인주의의 이기적인 지배시대였다. 그 개인주의는 자기 신변의 이익에 한정되었으며 그것밖에 인식하지 않았다. 이것은 매우 좁은 시야를 가지게 했으며, 인류가 품은 높은 이상에 대해서 어떠한 감각도 없었고 설령 이러한 이상이 나타나더라도 그것이 자신의 물질적 재산범위를 조금이라도 손상시키는 것으로 보이면 일방적으로 말살해버렸다. 따라서 참으로 순수한 모든 문화의 근원인 연대라는 개념은 그때까지 전혀 의식되지 못했다. 그것은 단체생활에서도, 국민 사이의 관계에서도 큰 역할을 하지 못했다. 모든 인간은 곁눈질로 타인을 바라보았다. 타인이라는 존재는 결국 자신이 가지고 있는 소유권에 대해서 가장 비열한 의도밖에 품고 있지 않은 적이었다. 그런데 부르주아 사회와 더불어 연대의 진정한 개념이 나타났다. 그것은 이제까지와 같은 "되찾은 영혼들 사이의" 단순한 동정이라든가 아름다운 개개의 현상이 아니라 비로소 생활의 근본 원칙이 되었다. 그리고 이 미덕은 순식간에 또 암암리에 놀라운 기적을 발휘했다. 인민이 연대함으로써 절대주의하의 전유럽을 해방시키기 위한 프랑스 혁명군이 만들어졌다. 그런데 부르주아 사회제도가 출발하면서 연대라는 관념의 승리와 그 승리의 영속이 전제였다는 것은 시대가 흘러가면서 더욱더 중요하게 부각되었다. 연대는 19세기 중반부터 인류가 현재보다도 더 성장할 뿐만 아니라 이 성장은 앞으로 점점 더 고상한 형태로 이루어질 것이라는 보장으로까지 발전했다. 이에 대한 훌륭한 증명으로 자아의식에 눈뜬 전세계 노동계급의 놀라운 해방전쟁을 들 수 있다. 해방전쟁은 인류의 연대라는 미덕을 대규모로, 또 세계사에

파리 매춘부들의 누드 사진

나타난 지금까지의 운동에서 일찍이 볼 수 없었던 최고의 이상으로까지 펼쳤다. 이 사실은 영구히 변하지 않는 연대란 언제나 공통의 물질적 이익의 평등이라는 인식에서만 나온다는 것을 덧붙일 때에만 설명이 가능하기 때문에 결코 그 가치를 떨어뜨리는 것이 아니다. 먹는다는 행위 자체는 수치스러운 것이 아닌데도 고작 무엇을 먹을까, 어떻게 먹을까 하는 것만을 생각하기 때문에 인간은 부끄러운 것이다.

인민의 거대한 연대는 부르주아 사회제도를 이데올로기적으로 미화했다. 어떤 것이든 처음에는 항상 이데올로기적으로 미화된 형태로써 인류의 의식에 나타났으며 결코 물질적 토대 위에 형성된 형태로 나타나지 않았기 때문에 새 시대의 여명은 환호 속에서 인류의 모든 것을 실현하는 시대로 선언되었다. 처음에 인류는 바야흐로 황금시대, 즉 진정으로 도덕적인 세계질서가 지배하는 시대가 도래했다고 공상했다. 이제부터 존재하는 것은 인간뿐이었다. 신분차별이 인간을 갈라놓을지라도 그것이 이미 사회를 상하로 구별하는 것은 아니었다. 이 세상에는 이미 주인이 없으며 노예도 없다. 이제 이 세상에는 압제하는 이도, 압제당하는 이도 없다. 이 세상에 존재하는 것은 태어나면서부터 자유인인 시민뿐이다. 악덕은 밤의 어두운 그림자처럼 사라지고 미덕이 이 세계를 지배할 것이다. 빈곤, 근심, 공포, 절망은 내몰릴 것이다. 무한한 행복을 약속하는 삶의 향상이 도시에서도 농촌에서도 이루어질 것이다. 인간은 이제부터는 원대한 이상을 위해서만 머리를 쓸 것이다. 전쟁은 인류가 자신의 존엄성을 미처 의식하지 못했던 회색빛 원시시대에나 있었던 옛날 이야기가 될 것이다. 자유, 평등, 박애는 마침내 각국에서 실현되면서 나아가 전인류를 하나로 묶는 끈을 지구의 둘레에 감을 것이다. 이런 주문을 세계에 퍼뜨린 국가인 프랑스에서는 그 이후 이런 사상이 끊임없이 인구에 회자되었으며, 어느 촌락, 어느 도시 할 것 없이 영원한 진리의 불을 밝히는 문자인 듯이 수백 배, 수천 배로 증폭되었다. 그리고 그것은 프랑스의 모든 관공서의 모든 문서에 어김없이 쓰이는 슬로건이 되었다.

바로 그것은 새로운 부르주아 사회제도가 자리잡는 시대의 위대하고 진지한 신념이었다. 그뿐만 아니라 만인의 행복을 방해하는 봉건제도를 타도하고 폐지하기만 하면 만인이 행복한 시대, 곧 만인을 위해서 포도가 무르익는 시대가 시작될 것이라고 인간은 진지하게 또 진심으로 믿었다. 그리고 인간은 자신이 믿는 바를 불멸의 문장으로 만들고 그것을 소위 양도할 수 없는 영원한 인권으로서 선언했다. 그 이후 이 영원한 권리를 침해하려는 행위는 가장 큰 범죄로 간주되었다. 인권을 침해하는 행위는 혁명의 발생을 정당화시켰다. 이 미래의 멋진 나팔 소리는 바야흐로 미국의 독립선언으로 드높게 울려퍼졌다. 미국은 독립선언문을 선포하고 자신을 억압하고 착취하던 모국인 영국으로부터 1776년 독립했다. 독립선언문에는 다음과 같이 쓰여 있다. "모든 인간은 평등하게 태어났다. 모든 인간은 조물주로부터 남에게 양도할 수 없는 권리, 그중에서도 생명, 자유, 행복을 추구할 권리를 부여받았다. 이 권리를 보호하기 위해서 인민들에 의한 정부가 수립된다. 정부의 권력은 인민의 동의에 의해서 이루어지는 것이다. 만약 어떤 정치체제가 이런 목적을 파괴한다면, 인민은 그러한 체제를 개조하든가 폐지하여 위와 같은 원칙을 토대로 해서 자신의 안전과 행복을 최선의 형태로 보장하는 권력을 조직함으로써 새로운 정부를 수립할 권리가 있다." 이처럼 감격스러운 이유를 내세우고 미국의 독립선언은 시작되었다. 주권재민의 선언과 혁명에 대한 권리가 어떤 의미에서 일반적인 최고의 인권으로 미국 독립선언의 맨 앞에 놓였는가에 관해서는 초안 작성자인 토머스 제퍼슨이 만년에 이르러 명백히 밝히고 있다. "이 문서는 무지와 미신으로 성직자의 머리에 감겨 있던 쇠사슬을 끊기 위해서 세계의 봉화가 되어야 할 것이다. 인류는 마침내 오직 한 사람의 정통한 기수가 자기 위에 올라타서 그의 마음대로 박차와 채찍을 사용하도록 등에 안장이 얹힌 채 태어난 것이 아니라는 것을 깨닫게 될 것이다. 인류는 태어날 때부터 부여받은 자치에 참여하기 위해서, 두뇌와 능력을 개발해야 한다." 이처럼 미국의 훌륭한 모범은 17년 후 프랑스에서 그 나팔 소리가 다시 울려퍼지게 했다. 프랑스인은 이윽고 미라보의 권고에 따라서 "자유에 대해서 미국인에게 배우자!"라는 기치 아래 행동했다. 1793년의 유명한 프랑스 헌법은 다음과 같은 "인간과 시민의 권리선언"으로 시작하고 있다.

아침 복장(영국의 의상 판화, 1794)

　　프랑스 인민은 세계의 불행이 천부적인 인권을 망각하고 그것을 경멸했기 때문에 발생한 것이라고 확신하여, 엄숙한 선언으로써 신성한, 양도할 수 없는 권리를 천명하고자 결의했다. 그 결과 모든 시민은 정부의 행동과 제반 사회제도의 목적을 항상 비교할 수 있기 때문에 폭정에 의해서 결코 억압당하거나 굴욕당할 수 없다. 인민은 언제나 자신의 자유와 권리의 기초를 알아야 하고, 정부는 자신의 의무규약, 입법자는 자신의 위임과제를 알아야 한다.

1793년 헌법의 서두에 있는 가장 중요한 조항은 다음과 같다.

　　제1조. 사회의 목적은 만인의 행복이다. 모든 인간에게 천부적인 영구한 권리의 향유를 보증하기 위해서 정부가 세워진다.
　　제2조. 이러한 권리는 평등, 자유, 안전, 재산에 관한 권리이다.
　　제3조. 모든 인간은 태어날 때부터 법 앞에서 평등하다.
　　제4조. 법률은 만인의 의지를 자유롭고 엄숙하게 표현한 것이다. 법률은 만인에 대하여 보호에서도, 처벌에서도 평등하다. 법률은 정당한 것, 사회에 유익한 것만 명령하고 사회에 유해한 것만 금지한다.
　　제5조. 자유는 타인을 해치지 않는 범위 내에서 추구할 수 있는 인간의 권리이다. 자유는 원칙으로서는 천성, 규칙으로서는 정의, 보호로서는 "법률 및 자신이 납득할 수 없는 행위, 자신이 바라지 않는 행위를 타인에게 하지 않는다"는 격언에서 그 도덕적 한계를 지닌다.

영국의 궁정여인(1795)

그것은 세계가 절대주의로부터 해방된 시대의 인간의 언어이다. 이 선언은 행동으로써 정당하게 인정받게 되었다.

한편 부르주아 세계가 도출한 성사상과 세계를 개조하기 위한 수단으로 요구된 연애사상은 바로 그 이유 때문에 숭고해질 필요가 있었다. 왜냐하면 진실로 도덕적인 세계질서의 시대는 부르주아 사상의 승리에 의해서 시작되었기 때문이다. 헌법상 자유로운 인간은 하찮은 정열의 포로가 될 수 없었으며 또 그래서도 안 되었다. 따라서 연애는 이상화되었으며, 앙시앵 레짐의 특징이었던 관능적인 향락에만 빠지는 비열한 욕망과 절연해야 했다. 연애는 다시 자연스러운 것이 되어야 했다. 그것은 인간의 마음속에서 성화처럼 순수하고 순결하게 타올라야만 했다. 인간은 특히 타인의 영혼과 정신을 사랑했다. 고결한 사람만이 사랑할 가치가 있었다. 인간은 그 이후 오직 훌륭한 내면을 위해서만 아름다운 외관을 사랑하게 되었다.…… 그것은 부르주아적인 연애, 즉 새로운 연애원칙이었다. 이 원칙은 그 이후 남녀를 결합하고, 그와 동시에 만인의 생명에 가장 순수한 내용을 부여하게 되었다.

루소가 전혀 새로운 계시인 양 세계에 내놓은 부르주아적인 연애관의 복음서 「신(新)엘로이즈」에는 이러한 요구가 지극히 웅변적으로 나타나 있다. 새로운 남성으로서의 생–프뢰는 한 편지에서 자기가 숭배하는 줄리에게 이렇게 항의하고 있다.

아니오, 아름다운 줄리여, 그대의 아름다움은 내 눈을 현혹시켰지만 내 눈에 혼을 불어넣는 더 강력한 아름다움이 아니라면, 그대의 아름다움, 그것만으로는 내 마음을 현혹시킬 수 없을 것이오. 내가 그대에게서 열렬히 사랑하는 것은 생기발랄한 그대의 감수성과 변함없는 우아함의 감동적인 조화, 타인의 불행에 대한 따뜻한 동정, 정의감, 순결한 영혼으로 그것을 감지하는 뛰어난 감각, 한마디로 말하면 그대의 아름다운 용모보다도 그대의 아름다운 감정이오. 다른 사람이 그대를 더 아름답게 상상할 수는 있겠지만, 더 사랑스럽게 또는 훌륭한 남성의 마음에 더 어울리게 상상할 수는 없을 것이오. 줄리, 그것은 가능하지 않을 것이오.

238

그리고 줄리의 감정, 즉 새로운 여성의 감정도 그와 같이 순결하고, 이상적인 관념에 의지하기 시작한다. 줄리는 생-프뢰에게 이렇게 답한다.

런던 거리의 창녀(뉴턴, 1796)

진정한 연애는 모든 결합 가운데에서 가장 순결한 것이 아닐까요? 연애 그 자체는 우리들의 천성 중 가장 순수하고 가장 훌륭한 충동이 아닐까요? —— 크고 강인한 정신에만 감격한다면, 이것만으로도 낮고 비열한 정신을 물리칠 수 있지 않을까요? 그리고 연애는 모든 감정을 고귀하게 하지 않을까요? 연애는 우리들의 인간성을 두 배로 하고 우리들을 초월하는 고매한 것이 아닐까요?

그러나 이 순수한 연애는 그 때문에 플라토닉해서도 안 되었으며, 단순한 정신적인 열중에 그쳐서도 안 되었다. 순수한 연애는 정신과 영혼으로부터 용솟음쳐나와서 그 샘에서 가장 고상하고 강한 충동을 퍼올려야 했지만, 그것은 바로 자연적인 육욕을 맑게 하고 그 육욕을 이러한 방법으로 모든 정열 가운데에서 가장 숭고한 것으로 만들기 위해서일 뿐이었다. 멋진 상투어 대신에 진실이 토로되어야 했다. 정열은 연애를 함으로써 인식한 연애 자체의 본질을 뿌리까지 파고 내려가서 그것을 감각적으로 하늘에까지 끌어올려 거기에 가장 훌륭한 신의 계시를 부여해야만 했다. 줄리는 생-프뢰의 세번째 연서에 대한 답장에서 자기 도취의 고백을 하고 있다.

나는 하늘을 원하지만, 아무 소용이 없어요. 하늘은 약한 자의 기도에는 귀를 기울이지 않아요. 모든 것은 나를 다 삼켜버릴 것 같은 열정을 낳습니다. 모든 것은 나를 나 스스로에게 맡겼습니다. 아니, 나를 당신에게 맡겼습니다. 자연은 모두 당신 편인 것 같습니다. 내 노력은 전혀 헛된 것이 아니랍니다. 내 의지와는 달리 나는 당신을 열렬히 사랑하고 있어요. 아무리 애써도 저항할 수 없던 내 마음을 지금에 와서 어떻게 반이나 양보할 수 있을까요? 아무것도 감출 줄 모르는 이 마음이 당신에게 어떻게 이 연약한 심정을 숨길 수 있을까요?

그리고 생-프뢰는 애인의 이 감격스러운 고백으로 하늘을 날듯이 기뻐한다. 환희와 황홀함이 그의 영혼 속에서 끓어올랐다. 황홀한 행복감 또한 극에 달했다.

하늘의 힘이여! 나는 고통받는 영혼을 가지고 있습니다. 나에게 행복한 영혼을 주소서. 사랑하는 이여, 영혼의 생명이여, 내게 와서 꺼져버릴 것 같은 나의 영혼을 지탱해주오. 미덕의 언어로도 이루 다 표현할 수 없는 아름다움, 사랑하는 사람의 목소리를 이길 수 없는 힘, 행복, 쾌락, 감격, 그대의 화살은 너무도 예리하게 나의 가슴을 찔렀소. 누가 그 고통을 참을 수 있겠소? 아아! 나의 마음을 파고든 환희의 물결을 어떻게 하면 억제할 수 있겠소?

그러한 고상한 감정에는 시작만 있고, 끝은 없었다. 연애는 영원히 불변하는 것이었다. 연애는 시공간의 모든 개념을 완전히 초월한다. 설령 육지와 바다가 두 사람을 갈라놓아도 두 사람은 영원히 결합된다. 둘은 이미 하나가 되었기 때문이다. 두 사람의 심장은 같이 박동하며, 머리에서는 같은 생각이 활동을 저지한다. 이 연애법칙에 반대하는 어떤 힘도 세상에 나타날 수 없다. 줄리는 생-프뢰에게 이렇게 답장을 썼다.

운명은 우리들을 억지로 갈라놓을 수 있겠지만 결코 우리들을 배반할 수는 없어요. 우리들은 앞으로 기쁨도, 슬픔도 함께 나눌 거예요. 당신이 언젠가 나에게 말씀하셨듯이 서로 떨어져 있어도 행동은 같이한다는 그 연인들처럼 우리들은 세상의 이쪽 끝과 저쪽 끝에 있어도 같은 것을 느낄 거예요.

연애는 이처럼 인간의 본성에 깊게 그 뿌리를 내렸기 때문에 사랑하는 사람에게는, 마침내 사랑받는 사람이 사랑하는 사람과 헤어져 운명적으로 어쩔 수 없이 타인이 될 수밖에 없는 파괴적인 관념이 아니었다. 줄리가 생-프뢰에게 아버지가 자기를 다른 사람에게 짝지어주려고 한다고 비통스럽게 편지에 썼을 때 생-프뢰는 절망한 나머지 이렇게 썼다.

당신은 나에게 뭐라고 말씀하셨소?……당신은 정말 나에게 무엇을 듣고자 그렇게 말씀하셨소?……당신이 다른 사람의 팔에 안기다니!……다른 사람이 당신을 차지하게 된다니!……이제 내 사람이 아니라니!……더 놀랍게도 나 한 사람이 아니라고 말씀하셨소? 내

비너스의 치장(어스킨, 동판화, 1780)

가 이 무서운 고통을 참아내야 하다니!……당신이 다른 사람의 아이를 낳는 것을 내가 바라보고 있어야만 하다니!……아니오, 나는 당신을 다른 사람과 함께 나누기보다는 오히려 당신을 잃는 편이 낫다고 생각하오.……하늘은 어찌하여 나에게 오래 버틸 수 있는 맹목적인 용기를 주지 않으오? 당신이 사랑을 혐오하고 명예와는 거리가 먼 이 불행한 혼담으로 더럽혀지기 전에 나는 내 손으로 당신의 가슴에 단검을 찌르고 싶은 심정이요. 당신이 부정으로 더럽혀지기 전에 나는 당신의 정숙한 심장을 찌르고 싶은 심정이오. 나는 당신의 더럽혀지지 않은 피 속에 영원히 꺼지지 않는 불이 되어 내 혈관 속에서 타고 있는 것을 섞고 싶소. 나는 당신의 팔에 몸을 던져, 내 입술로 당신의 입술을 누르고 마지막 숨을 거둘 것이오.……나는 당신의 마지막 숨을 들이마실 것이오.……

이것이야말로 진정한 정열의 토로였다. 그러한 정열은 전세계에 도전하는 힘을 보이기 시작했으며, 패배하거나 승리하거나 간에 언제나 위대하다고 말할 수 있었다.

이렇게 해서 연애는 부르주아 사상에 의해서 인간화되는 동시에 신격화되었으며, 가장 위대한 경험과 생존의 가장 고상한 형태로 실현되었다.……

부르주아 시대는 모든 인간에게 자율권을 부여했다. 그러나 자율의 권리는 대신 책임을 요구한다. 권리에는 항상 의무가 따른다. 이것은 그 이후 모든 사람에게 일

프랑스 혁명기의 달력 삽화(1789)

생 "당신에게도 일정 정도는 의무가 있다"고 명령하는 구실이 되었다. 또한 이 법칙은 연애에 대해서도 그 특유한 명령을 했다. 참된 정열로서 때문지 않은 개인적인 성애는 결혼에 의해서 최고 단계로 올라가야만 했다. 그것은 최초로 결혼을 연애의 궁극적인 목적으로 선언했다. 그리하여 연애는 그 다음에 오는 결혼의 이전 단계에 불과한 것이 되었다. 전생애의 육체와 정신의 조화, 결혼의 최고 목적은 이때에도 역시 자식이었다. 성욕을 충족시키는 것은 쾌락행위를 의미할 뿐만 아니라 아이를 만든다는 염원에 의해서 목적의 사상으로까지 고양되어 순결하고 고결해지지 않으면 안 되었기 때문에 자식은 결혼의 목적이 되었다. 그러나 자식은 재산과 가문의 상속자이면서 더불어 모든 인간이 지켜야 하는 인간성의 상속자였다. 결혼은 국가에 대해서 이와 같이 중요한 것이 된 결과, 하나의 도덕제도로서 남녀관계를 법제화하는 유일한 방법이 되었다. 여기에서 곧바로 도출되는 결론은 결혼 전의 순결과 부부 상호간의 절대적인 정절의 요구였다. 부부는 서로 사랑하면서 자신들과 자식들을 위해서 살아가야 했다. 더구나 이 때문에 합법적이 아닌 성관계는 모든 당사자에게 치욕과 불명예였다. 부인이 외간 남자들과 희롱하거나 그들에게 교태를 부리는 것은 결혼생활을 모욕하는 것이었다. 그리고 간통은 인간에 대한 범죄일 뿐만 아니라 국가에 대한 범죄였다. 이 논리에서 보면, 돈으로 사는 연애향락은 이 세상에서 가장 큰 치욕이다. 매춘부는 더 이상 연애의 자극적인 주인이 아니라 오히려 퇴폐의 덫으로 여겨졌다. 이와 같이 결혼은 남녀가 연애를 공유하는 유일한 도덕적인 제도였기 때문에 도덕국가의 수호신으로 승격되었다. 이 때문에 결혼은 곧 독신자보다도 기혼자를 존경하게 하는 자격도 되었다.

부르주아적인 사고방식이 결혼을 이토록 순결하게 만들었기 때문에 따라서 당연히 상호간 구애의 모든 분야에서 그에 따르는 결과가 나타났으며, 언어, 태도, 행위, 복장, 사교 등에 대해서 이른바 공적, 사적 예의범절에 관한 다양한 요구도 나왔다. 그러나 이런 지엽말단적인 것은 여기에서 언급하지 않겠다. 부르주아적인 성

성실한 딸과 방탕한 딸(J. 노스코트, 동판화, 지클루스의 「미덕과 악덕」에서, 1796)

사상의 원칙이 문제의 핵심이기 때문이다. 그리고 이 원칙은 결혼과 순결만을 중심으로 하고 있다.

자본주의의 정치이상과 같이 자본주의의 성사상도 그 시대의 특유한 요구에서부터 성장했다. 이와 같은 요구가 성장의 원인이다. 자본주의 사회의 완전한 질서는 자본주의적으로 조직된 가족경제 테두리 안에서만 보장된다. 이 경우 부르주아 시대를 위한 권력투쟁을 일으켰던 계급은 첫째로 시민계급이었다는 점도 잊어서는 안 된다. 혁명적 소시민이 영국과 프랑스에서 대혁명을 일으켰던 것이다. 영국에서는 크롬웰이 왜소한 소시민 계급으로 그의 철기병(Ironsides)을 편성했고, 프랑스에서도 자코뱅 클럽이 그와 같은 소시민들로 구성되었다. 하나의 독립된 계급으로서의 프롤레타리아 계급은 산업혁명이 전개되어가는 과정에서 처음으로 나타났다. 한편 그 당시 이미 존재했던 자본가가 쾌락주의의 인생철학을 선언했던 것은 당연하다. 그것은 곧 사치스러운 궁정귀족이 그 행동거지로 볼 때 결국 당시의 자본이라는 자석의 식객에 지나지 않았던 것과 마찬가지이다. 따라서 부르주아 시대를 연 것은 주로 소시민적 이데올로기였다.

성실한 딸과 방탕한 딸(J. 노스코트, 동판화, 지클루스의 「미덕과 악덕」에서, 1796)

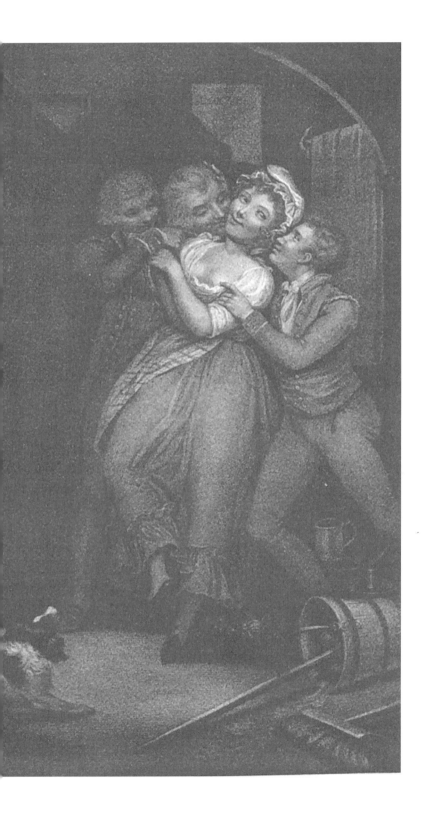

덧붙여 두번째 사정도 놓쳐서는 안 된다. 즉 부르주아 사상은 절대주의에 대한 투쟁 속에서 탄생되었기 때문에 지배권력층은 자신의 높은 도덕성을 과시함으로써 특히 상대방의 부도덕에 낙인을 찍었던 것이다. 그리고 이와 같은 투쟁의 태도는 새로운 이상적인 모델, 즉 새로운 이상만이 가질 수 있는 공식을 필요로 했다. 따라서 투쟁을 위해서 내걸렸던 도덕은 언제나 시위적이었다. 앙시앵 레짐에서는 연애란 단순한 향락이며 질탕하게 노는, 사정에 따라서는 십수 명을 상대하기도 하는 항상 상대를 갈아치우는 유희였다. 그와 같은 유희와 달리 시민계급은 오직 한 상대를 향해서 깊은 불멸의 정열을 불태웠다. 앙시앵 레짐의 지배계급의 결혼은 가장 심각한 부도덕성을 보여주었다. 시민계급은 이렇게 무질서한 사실에 저항함으로써 결혼생활의 정결성을 주장했다. 앙시앵 레짐에서는 자식은 결혼생활에서 가장 귀찮은 존재로 취급되어 지배계급은 육아를 타인에게 맡김으로써 가능한 한 빨리 그 귀찮은 존재를 쫓아버렸다. 이에 반하여 부르주아 사상에서는 부모가 자식을 키우는 것이 가장 높은 도덕적 의무였다. 그 때문에 자식을 자기 손으로 키우지 않는 어머니는 범죄를 저지른 사람으로 간주되었다. 앙시앵 레짐에서는 각양각색의 매춘부가 모든 사람이 그 앞에 무릎을 꿇는 최고의 신이었다. 그러나 부르주아 사상은 매춘부를 이 세상에서 가장 열등한 것의 표본으로 격하시켜버렸다.

이와 같은 의식적, 과시적 투쟁의 태도에서 나타나는 것은, 부르주아 계급의 정신적 선구자들이 자신의 이상의 강령이 지배계급에 대해서 대체로 일치된 증오심을 도발시켰을 때, 자신의 행동에 점점 더 확신을 가지게 되었다는 점이다. 지배계급에 대한 증오심은 부르주아 계급에서는 이른바 바로미터와 같은 것이었다. 루소는 그 시대의 인간교육에 커다란 역할을 한 소설에서 다음과 같은 특징을 찾았다.

소설은 상류계급의 원칙과 싸워서 그 원칙을 파괴해야 한다. 소설은 상류계급의 허위와 비열함, 다시 말하면 상류계급의 있는 그대로의 모습을 묘사해야 한다. 이와 같은 제반 이유에서 소설이 내가 제안한 요구를 완전히 충족시키지 못하든가, 그러한 방면에 조금도 쓸모가 없다면, 그와 같은 소설은 독자들로부터 흥미 없고 과장된 시시한 책으로, 냉소와 증오, 비난을 면치 못한다. 여러분들은 소설을 통하여 지성이 무엇이며 어리석음이라는 것이 세상의 눈에 어떻게 비치는가를 보여줘야 할 것이다.

당시 인간은 오직 관념적 토대 위에서 사물을 사물 그 자체로서가 아니라 관념으로서만 설명했기 때문에 관념이 역시 세력을 가지고 있었다. 그 당연한 결과로서 부르주아 계급의 선구자와 입법자는 무엇보다 우선 교육자가 되고 싶어했다. 그들은 훌륭한 본보기로서 매우 훌륭한 교육자가 될 수 있었다. 그렇기 때문에 많은 사람은 여러 형태로 훌륭한 모범을 나타냈다. 설교가는 그것을 설교로 표현했으며 문인은 그것을 소설과 시로 묘사하고 화가는 그림으로 묘사했다. 영국에서 절대주의적 왕정복고에 대항하여 부르주아 계급이 들고 일어났을 때 「가디언」은 이렇게 썼다. 우리들의 사명은 "종교와 도덕을 될 수 있는 대로 깊게 인간의 정조관에 심어주고 부모와 자식의 의무라는 숭고한 모범을 모든 이의 눈앞에 보여주어 죄악을 증오하고 미덕을 사랑하도록 하는 데에 있다." 그 후 프랑스에서도 부르주아 계급은 20-30년간 그와 같은 처방전에 따랐다. 루소는 교육자로서의 소설의 역할에 대해서 이렇게 썼다.

나는 이 선집(選集)을 함께 읽을 부부가 그들이 둘 다 노동함으로써 지치지 않기 위해서 새로운 용기를 어떻게 얻게 되고 또 노동의 수확을 유익하게 이용하기 위해서 새로운 시야가 그들에게 어떻게 펼쳐지는가를 생각하면 실로 기쁨을 느끼게 된다. 사랑하는 모범을 본받고 싶다는 희망에 들떠 있지 않다면 두 사람의 눈길이 그토록 즐거움에 충만해서 행복한 가정을 묘사한 그림 위에 쏟아질 수 있겠는가? 설령 연애결혼이라고 해도 두 사람이 단단하게 결합되지 않는다면, 행복한 결혼생활의 매력이 어떻게 두 사람을 감동시킬 수 있겠는가?

부르주아 계급은 독일에서도 같은 양상이었다. 레싱은 부르주아적 자각의 대표자로서 그 계급의 자각을 열렬히 설명했다. 실러에게 극장은 다른 무엇보다도 가장 도덕적인 제도였다. 이미 이야기했듯이 부르주아적 회화도 이와 같은 사상을 바탕으로 묘사되었다. 호가스, 샤르댕, 그뢰즈같이 회화분야에서 부르주아 사상을 대표한 가장 위대한 화가들은 한결같이 훌륭한 모범을 표현했다. 그들은 앙시앵 레짐의 부패한 지배계급을 있는 그대로 표현한 나쁜 모범에 대해서 자신들의 훌륭한 모범을 보여주었다.……

성장하는 부르주아 계급은 이러한 사상으로부터 자신들의 인권을 이끌어냈다. 따라서 이 인권 역시 이러한 사상 위에, 구체적으로는 더 높은 도덕성 위에 세워져야만 했다. 이처럼 높은 도덕성을 기록하는 것이 그들의 사명인데 이 사명은 아래와 같은 서술방식으로 관념적으로 실현되었다.

그렇지만 이번에도 역시 현실은 모든 분야에서 관념보다도 강했다. 관념의 형식뿐 아니라 내용도 상당히 숙명적이라고 할 수 있는 현실의 잔혹한 논리에 직면해서 금방 부서져버렸다. 만인의 행복을 내세운 시대는 부르주아 계급의 승리와 더불어 시작될 수는 없었다. 봉건사회가 멸망함으로써 탄생한 근대 부르주아 사회는 계급대립을 없애기는커녕 "이전의 계급 대신에 새로운 계급, 억압의 새로운 조건, 투쟁의 새로운 형태만을 이식시켰기 때문이다." 이것이 그 수수께끼의 간단한 해결이었다. 프랑스 혁명은 일찍이 이 새로운 계급대립을 아주 분명하게 드러냈다. 혁명이 한걸음 한걸음 전진함에 따라서, 다시 말하면, 혁명이 이론적으로 실현됨에 따라서 계급대립은 점점 더 분명하게 드러났다. 또한 그 과정은 지금까지의 혁명적 변혁이 경험했던 것 가운데 가장 일관된 것이었다. 혁명의 위대함이나 그 후로 조금도 뒷걸음치지 않았던 결과도 이로부터 기인했다.

프랑스 혁명에 관한 가장 유명한 저서 「1789년부터 1794년까지의 프랑스에서의 혁명적 신문문학」의 저자이기도 한 뛰어난 민족학자 쿠노는 프랑스 혁명에서의 새로운 계급대립의 성립과정을 다음과 같은 문장으로 명확히 정리하고 있다.

이미 1789년 말, 실질적으로 구제도가 붕괴한 지 8개월도 되지 않은 때에 국민의회 내의 제3계급의 대표들이 정력적으로 투쟁하는 여러 당파로 분열되었을 뿐만 아니라 파리 시민들 속에서도 당파적 투쟁이 일어났다. 각각의 이해의 방향을 대표하는 각 당파는 이미 자신들을 위해서 집필하고 투쟁할 신문을 가지고 있었다. 사회의 최하층조차 자기 기관지가 있었다. 급진적인 인텔리 소시민이나 대부분의 반(半)프롤레타리아적 인텔리는 루스탈로의 「파리 혁명」을 읽었다. 대학생이나 문학가, 부의 축복을 받지 못한 무명 미술가, 군소 변호사 당은 카미유 데물랭의 「프랑스와 브라방의 혁명」을 읽었다. 한편 인텔리 계층 노동자, 군소 수공업자, 일부 프롤레타리아는 마라의 「인민의 벗」을 읽었다. 또한 이해 대립이라는 현실은 모든 부르주아 사상, 모든 통일사상을 파괴해버렸다. 1789년이 아직 도래하기도 전에 일찍이 마라의 기관지는 자신들을 노동자와 수공업자의 이익을 대표하는 계층이라고 이름붙이고 금융가나 대상인, 공업 생산자, 랑티에(rantier : 금리생활자) 및 거만한 아카데미 회원에 대한 투쟁을 선언했지만 브리소의 「프랑스 애국자」는 성실하고 유복한 시민계급의 대표로서 계속하여 무산의 "다수"에 대항했다.

혁명이 진행됨에 따라서, 계급대립은 더욱더 격렬해져서 이제 반동세력에 대한 단순한 방어나 여러 가지 아름다운 자유원칙의 단순한 논리가 문제가 아니라 그 원칙을 실제 행정 문제에 어떻게 적용하고 어떻게 법률적 동의를 얻을 것인가가 문제였다. 즉 선언한 정치적인 원칙을 마침내 실천에 옮기는 단계가 되면 이와 같은 원칙의 해석이 백화제방하며 그 결론은 백이면 백 모두 계급이익이 다양하게 반영된 점에서, 움직일 수 없는 한계가 있다는 점이 확실해졌다. 자유주의적 입헌주의는 무너졌고, 시에예스의 자유주의에 반대해서 자코뱅주의가 등장하게 되고 자코뱅 당에서 1791년 말 무렵에는 지롱드 당이 분리되었으며, 그 후 당통주의 당이 분리되기 시작했다. 이러한 당파의 집합체인 자코뱅 당도 여러 가지 경제적 이익을 대변하는 당파에 부응한 여러 경향으로 이루어져 있었던 것이다. 로베스피에르적 경향과 더불어, 예를 들면 급진적 "마라주의", 즉 마라 당파가 있었다. 더욱이 이 급진적, 민주적 경향과 함께 또다시 아나카르시스 클로츠와 에베르의 개인주의적이고 자유주의적인 경향이 나타났다. 온건한 자코뱅 당의 경향이 국가의 키를 잡게 되었다. 이러한 경향이 공안위원회에서 지배권을 잡았지만, 한편 마라와 쇼메트의 "급진 혁명주의적" 경향이 파리 코뮌(1792년 8월 10일, 즉 테르미도르 9일에 성립된 혁명정권. 공포정치를 지탱하게 됨/역주)을 형성함으로써 승리를 차지했다.

이와 같은 투쟁의 궁극적인 원인은 도대체 무엇이었는가라는 의문에 대해서 사물의 외관밖에 보지 않는 관념적 역사학자는, 상투적으로, 그것은 지도자들간의 질시에 불과하다고 말하게 되었다. 이에 대한 쿠노의 반박은 정당하다.

　이러한 의견은 가장 어처구니없는 것 중의 하나이다. 브리소와 로베스피에르의 항쟁의 원인을 개인적 대립 속에서 찾는 것은 혁명시대의 경제적 추진력을 못 본 체하고 이들 두 혁명가의 사상적 경향이나 두 사람의 전혀 다른 사상적 내용을 이해하지 못한 관념론자들에게만 전해져내려오는 독특한 기술이다. 한편 이러한 인물들의 사상이나 이 인물들이 시대적 문제에 대해서 취한 입장을 추구하는 사람들은 어떻게 두 사람이 그토록 첨예하게 대립할 수 있었는가에 대해서 감탄한다. 당의 이와 같은 분열과 다양한 경향 사이에서 나온 투쟁의 동기는 무엇이었을까? 그것은 계급대립, 즉 경제적인 생활조건의 차이와 전반적인 경제의 흐름에 대한 각 정당의 입장에서부터 유래한 이해의 일치와 그 충돌이었다.

모든 근대국가의 역사가 19세기 중반 무렵에 더욱 두드러지게 보여주었듯이 거듭되는 발전은 프랑스 혁명 속에서 드러난 이 새로운 계급대립을 더욱더 심각하게 만들었다. 18세기 전환기의 거대한 혁명극에서 첨예하게 노출되던 대립은 "오늘날에도 여전히 계속되고 있기 때문에 현대에 나타나는 여러 가지 투쟁도 1789년부터 1794년까지의 프랑스 혁명에서의 대립의 연속에 지나지 않는다고 볼 수 있다."

몽상(작자 미상, 동판화)

현실이 관념보다도 훨씬 강력했다는 것은 즉각적이지는 않았지만 결국 더욱 확실하고 분명하게, 거대한 변혁이 각 국가에 강요한 정치형태에서 나타났다.

시대적 문제는 그 후부터 오직 정치적 권력을 쟁취한 부르주아 계급의 이익을 위해서 유용하게 쓰였다는 것이었다. 그 목적 역시 달성되었다. 그 후로 자본주의의 이해관계가 각국 전체를 지도하는 유일한 이해관계가 되었다. 그런데 미국을 제외한 각국의 정치조직에는 언제나 은밀한 형태로 옛 권력과 큰 타협이 이루어졌다. 완전히 변혁된 경제적 단계로서의 새로운 현실상황에 어울리는 국가체제는, 진실로 말한다면, 당연히 부르주아적 공화국, 즉 언제나 일반 의지를 분명하게 대표한다는, 따라서 각각의 계급뿐 아니라 항상 일반의 이익을 보호한다는 의회정치였다. 그것은 또한 최초의 이상이자 목적이었다. 인민은 오로지 이상과 목적을 실현시키기 위해서 결코 식지 않는 감격 속에서 끊임없이 되풀이해서 여러 혁명들을 일으켰다. 그리고 이 목적은 역시 승리의 날 —— 1793년(프랑스 혁명의 공포정치), 1830년(프랑스의 7월혁명), 1848년(프랑스의 2월혁명) —— 이면 언제나 선언되었다. 그렇지만 실천에 옮겨졌던 여러 변혁이 설령 급진적 성향을 띠었다고 해도 사람들은 언제나 새로운 내용을 다시 옛 자루에 담는 것으로 만족했다. 부르주아 계급은 대개의 경우 간판을 다르게 색칠한 왕권, 즉 왕권을 대표한 계급으로서 언제나 반(半)봉건적인 대지주 계급과 타협했다. 확실히 부르주아 계급은 헌법을 통해서 귀족계급도 자기 편으로 이용했을 뿐만 아니라 귀족과 군주에게 권력의 상징까지도 허용했다. 한 나라의 부르주아 계급이 스스로 약하다고 느끼면 느낄수록 이와 같은 상징이 더욱더 필요하게 되는 것은 당연하다. 영국의 경우 왕권은 너무도 분명하고 재빠르게 부르주아 계급의 편이 되었다. 그러나 그것은 전인민의 이익이 아니라 오직 부르주아 계급의 이익에 유용했다. 부르주아 역사가는 1688년 혁명에 "명예스러운(Glorious)"이라는 자랑스러운 형용사를 부여했다. 그것은 혁명이 왕관과 부르주아 계급 —— 즉 재산 —— 의 타협, 곧 왕관이 의회, 곧 부르주아 계급의 의지를 집행하는 역할을 하게 되었다는 것을 그 토대

조숙한 소녀의 탕음무도함

로 하고 있었기 때문이다. 영국의 군주제가 그 후로도 오랫동안 종종 고개를 쳐들었듯이 명예혁명으로 군주에게 부여된 역할은 오늘날에도 송두리째 변한 것은 아니다. 글래드스턴은 이 때문에 귀족들에게 우리가 하원에서 신뢰받는 한 우리의 지위는 안전하다는 자신에 찬 말을 내뱉을 수 있었던 것이다. 프랑스의 군주제는 1870년에 완전히 폐지되었고 동시에 부르주아 계급이 권력의 공식적인 담당자가 되었지만 그 날까지는 타협에 타협을 거듭해왔다. 장기간에 걸쳐서 이와 같은 타협을 통해서 가장 맛있는 즙을 먹은 쪽은 언제나 군주 쪽이었으므로 군주제는 그동안 거리낌없이 절대주의적으로 행동할 수 있었다. 그런데 프랑스의 경우 오직 과거의 역사적 권력에 지나지 않았던 것이 독일에서는 지금까지 그대로 잔존하고 있다. 독일의 시민계급은 비록 자신들의 계산에 따른 것이었지만 절대군주제와 참으로 비열하고 불명예스러운 타협을 했다. 절대군주제는 당연히 대지주를 근위병으로 격하시켰는데, 그 역할은 무산계급의 침입으로부터 절대주의의 이윤율을 지키는 것에 국한되었다. 그러나 현실의 다양한 조직은 이미 자본주의의 시대적 본질에 내포되어 있었다. 자본주의 시대에는 모든 존재, 따라서 왕권이나 지주계급의 존재이유도 자본주의의 이윤율이라는 토대 위에 세워져 있다. 그러므로 자본주의의 이익을 위한 정치권력의 이와 같은 기능은 독일 시민계급의 특별한 긍지가 아니었다. 오히려 이와 같은 기능이 시민계급에게 가장 굴욕적인 조건하에서 지주계급에 의해서 이루어져야만 했던 것은 시민계급의 특별한 치욕이었다. 독일의 시민계급은 지주계급에게 권력의 상징뿐만 아니라 권력 그 자체를 실제로 허용해야만 했다. 독일의 시민계급에게는 정치기구에서 높은 지위를 당당히 요구할 권리가 없었다. 그렇기 때문에 아무리 바보 같은 사람이더라도 귀족계급에게는 가문만으로 불문곡직하고 최고의 지위를 요구할 권리가 있었다. 관리 중에서도 최고직, 정부의 요직, 군대의 장성은 모두 귀족계급이 차지해버렸다. 부르주아적 독일에서는 대지주만이 배낭에 항상 원수봉(元帥棒)을 지니게 되었다. 재능은 원수봉을 줄 자격을 결코 주지 않았다. 그러나 가문, 나아가 연고, 키, 수염 등은 매우 중요한 자격요건이 되었다. 아무리 뛰어난 개인적 재능이 있다고 하더라도 순수 부르주아 가문이면 이제까지의 부르주아적 직업수준 이상으로 올라갈 수가 없었다. 예를 들면 아무리 우수하다고 해도 상업자문, 궁정자문, 기껏해야 추밀원 자문 정도가 최고였다. 다급해진 경우에만 정부 고위직에 초빙되는 정도였다. 그런 때에 그들은 머리를 굴려서 봉건적인 사고가 자리를 틀고 있는 구렁텅이로부터 현실을 끌어올리지 않으면 안 되었다. 독일의 지주계급만큼 문화적 진보를 방해한 예가 없었으므로 이러한 상황은 독일의 시민계급으로서는 그만큼 수치스러운 것이었다. 독일의 지주계급만큼 진정한 권력을 행사할 능력이 없는 빈약한 계급도 없었다. 이것은 지주계급이 태어날 때부터 통치능력을 부여받았다고 간주된 군대와 행정 등의 분야에도 그대로 적용된다. 클라이스트(독일의 극작가이자 소설가, 1777-1811/역주)는 예외로 하고, 지주계급 출신의 사상가, 철학가, 작곡가, 시인은 어떠했는가? 독일 어디를 둘러보아도 과학, 문학, 미술 방면에서 귀족계급의 그 알량한 수준은 어느 정도였는가? 귀족계급 출신의 예술 후원자가 독일에 있었는가? 독일의 귀족계급이 설립한 공공 도서관이나 미술관이 어디에 있었는가? 대가의 손으로 꾸며진 귀족의 전통적인 화랑이 어디에 있었는가? 독일의 지주계급이 세운 건축물로서 문명에 쓸모있는 것이 있었는가? 그와 같은 것을 찾아본들 소용없다. 이에 반해서 "말, 개, 여자"라는 조롱이 섞인 단어가 독일만큼 행세할 수 있는 곳은 없었다. 창조력의 결핍이라는 면에서는 지주계급이나 독일의 군주들도 마찬가지였다. 프로이센의 프리드리히 2세 이후 독일의 왕좌에 앉은 군주들 가운데 대인물로 평가될 수 있는 면모를 갖춘 사람은 한사람도 없었다. 분명 이와 같은 모든 것은 독일의 지주계급이나 군주 한 개인의 책임이 아니라 이미 앞에서 서술했듯이 독일 역사의 비극적인 운명이었던 것이다.

영국인의 산책(P. L. 드뷔쿠르, 동판화, 1816)

새로운 시대의 개인 및 전체의 침해할 수 없는 최고의 재산으로서 유럽 어느 나라에서나 선언된 자유라는 개념도 앞에서 언급한 것과 같은 관념의 전화(轉化)를 경험했다. 확실히 유럽에서는 신민이나 농노의 개념은 이미 사라져버렸고 국민만이 존재했다. 그렇지만 우리들은 자유라는 개념에 관해서도 또한 부정할 수 없는 해석을 해왔다. 그 해석은 "자유, 평등, 박애"라는 슬로건을 현실적으로 보다 중요한 "보병, 기병, 포병"으로 대치했다. 우리들은 언론의 자유의 권리를 가지고 있지만 그와 더불어 대역죄, 불경죄, 신성모독죄라는 조항도 가지고 있다. 우리들은 집회 및 결사에 대한 권리 —— 오늘날 독일에서조차도 —— 를 가지고 있지만 어느 나라에서든 경찰은 고무로 만든 곤봉이나 브라우닝식 권총에 대해서 은밀한 권력을 쥐고 있다. 이제 만인은 법 앞에 평등해졌기 때문에 어떤 사람도 공평하게 자신의 권리가 주어질 것을 요구할 수 있지만 이 요구는 어느 나라를 막론하고, 정말 믿지 않으면 안 될 정도로, 충실하게 직무를 수행하는 계급재판에 의해서 재해석된다.……그러나 이러한 넋두리를 아무리 늘어놓아도 소용없다. 이제까지 열거한 모순은 관념이 전화된 역사적인 비논리 가운데서 가장 눈에 띄는, 또 누구나 알고 있는 것에 지나지 않는다.

독자가 이렇게 된 원인은 무엇인가라고 캐묻는다면 역시 그 원인은 어느 나라에서나 역사의 상속인에 대한 공포 때문이었다고 간단하게 대답할 수 있다. 새로운 시대는 탄생 그 순간부터 이 상속인을 두려워했다고 말할 수 있을 것이다. 그들은 바로 프랑스 혁명 당시에 독립적 계급으로서, 제3계급으로부터 분리된 제4계급,

즉 프롤레타리아 계급이었다.

프롤레타리아 계급에 대한 이와 같은 공포는 상당한 근거가 있었다. 사회제도가 부르주아적으로 바뀜과 더불어 세계에 등장한, 앞에서 언급한 계급대립 가운데에서 가장 무서운 것은 최초부터 노동자 계급이 더욱더 분명하게 자리를 잡고 단일 계급으로는 수적으로 가장 많아졌을 뿐만 아니라 이에 따라서 점차 사회의 한쪽 깃발이 더 하얗게 됨으로써 생긴 대립이었다. 부르주아 계급은 이 본질을 오랫동안 명확히 이해하지 못했음에도 불구하고 그것을 처음부터 가장 치명적인 상처로 느꼈다. 이와 같은 입장의 공유에 의해서 프롤레타리아 계급을 제외한 모든 계급은 단결하게 되었다. 이 계급들은 이 공통된 입장에서 자신들을 단결하게 했던 이유, 바로 그것이 다른 무엇보다도 자신들에게 가장 중요한 것이었다는 사실을 갑자기 인식하게 되었다. 즉 프롤레타리아 계급의 요구로부터 자신들의 재산을 지키지 않으면 안 된다는 사실을 갑자기 인식하게 된 것이다. 이들 계급은 이러한 면에서 프롤레타리아 계급의 요구에 의해서 같이 위협받고 있다는 사실을 알았다. 프롤레타리아 계급의 도움을 받음으로써 승리를 차지하게 되었던 —— 이것이 중요하다 —— 부르주아 계급은 타도될 수밖에 없었던 군주제와 타협하게 되었다. 이와 같은 타협은 미국을 제외한 모든 나라에서 한결같이 나타났다. 부르주아 계급은 얼마간은 헌법상의 의무와 제한을 조건으로 하여 군주와 귀족계급에게 새삼스럽게 정치권력을 나누어줌으로써 이른바 공동의 적에 대항하여 동맹을 맺었다.

부르주아 사회제도의 무서운 상속인에 대한 이러한 공포는 독일의 부르주아 계급에서 매우 심각하게 나타났으며, 또 독일에서만큼 이 공포가 합리화되었던 곳도 없었다. 이미 이야기했듯이 독일에서는 자본주의적 생산양식의 발전이 매우 늦었다. 곧 1840년대에 비로소 "그 상속인의 절대적인 성격이 프랑스나 영국에서 역사적인 투쟁에 의해서 나타나 대혼란을 일으킨 후에" 드러났다. 독일의 부르주아 계급이 역사에 등장했을 때부터 그들은 일찍이 무대에 그 상속인이 있는 것을 알았을 뿐만 아니라 그 상속인이 생명을 걸고 자신들의 요구를 관철시키는 것도 알았다. 이러한 상황은 독일에서 부르주아 계급의 비열함을 영구화시켰다. 이로부터 곧 다음과 같은 결론이 나온다. 첫째로, 독일의 통일은 1848년에 성공하지 못했다. 둘째로, 경제적인 각 세력에 눌려서 마침내 독일의 통일이 이루어졌을 때, 이 통일은 부르주아 계급과 절대주의의 매우 비열한 타협을 통해서 이루어졌다. 1848년의 위대한 역사적 순간에 직면해서, 봉건주의와 절대주의를 일시에 타도하고 더 나아가 이 두 권력을 영구히 정복할 수 있는 부르주아가 독일에는 한 명도 없었던 것이다. 이와는 달리 이 역사적인 순간에 부르주아 계급 —— 가장 완전한 의미로서 —— 은 자신들의 전투가 승리로 끝난 후 동틀 무렵, 이미 두려움에 사로잡혀 그들이 패배시킨 상대방에게 아무쪼록 앞으로는 우리의 해방자인 프롤레타리아 계급을 적으로 돌리고 우리 편이 되어주십사 하고 두 손을 비비면서 애원했던 것이다.

이런 이유 때문에 독일의 부르주아 계급은 영국이나 프랑스의 부르주아 계급에 비해서 정치권력에 전혀 참가할 수 없었으며 정치적 영향력도 거의 가질 수 없었음이 확실해졌다. 그렇지만 이 경우에도 그것은 개인의 책임이 아니라 이미 언급했듯이 30년전쟁에 그 궁극적인 원인이 있는 독일의 비참한 경제적 후진성의 결과였다. 30년전쟁이야말로 독일을 완전히 파괴하고, 수백 년 동안 대소 전제군주들의 노리개로 전락시켰던 원인이었다.……

수십 년 전부터 자본주의적 발전은 모든 국가를 습격했으며, 진보적인 국가에서는 기존의 모든 개념을 타파시키는 팽창까지도 경험했다. 그럼에도 불구하고 부르주아 계급의 권력은 이상하게도 어느 나라를 막론하고 그 이상으로 확장되지는 않았다. 아니 오히려 그들의 권력은 도처에서 매우 협애화되었다. 이처럼 각국에서 한계점에 달한 징후로서 뿌리깊게 자리잡은 제국주의가 나타나기 시작했다. 제국주의는 미국까지도 습격했다. 이와 같은 현상은 얼핏 보면 상당히 모순된 것 같지만 최근의 발전은 상당히 일관된 근거를 가진 것으로, 결국에는 이윤율 확보라는 동일한 원인에 근거하고 있다. 자본주의적 이윤율은 공공생활의 관점에서 보면 점점 더 놀라울 정도로 높아지는 데에 반해서 부르주아 계급의 모든 정치적 이상은 자신들의 이윤율 상승에 반비례해서 마치 햇볕에 내놓은 버터처럼 녹아버렸다. 부르주아 계급은 자신들이 성취한 높은 이윤율이 영구히 보장된다는 조건하에서만 모든 분야에서 가장 광포한 반동을 매수했다 —— 자본가측에서 작성하는 잡비장부는 이미 반동을 제어하는 데에 소모되는 막대한 비용을 안심하고 조달할 수 있을 만큼 흑자를 기록했다. 따라서 그것은 자본주의 발전의 최후의 도저히 어쩔 수 없는 정치적 논리, 즉 관념의 그 대립물로의 완전한 전화였다.

그렇다면 이와 같이 과거의 권력과 정치적으로 타협하는 현상은 근대 자본주의와 더불어 전혀 새롭게 세계에 드러난 경제적, 정치적 그리고 도덕적 결과에 대해서

벨기에의 레오폴 왕을 풍자한 캐리커처(1902)

무엇을 의미하는 것일까? 이제 와서는 이러한 타협이 완전히 부차적인 것이 되어버렸다. 이러한 현상을 특징짓는 여러 가지 사실은 — 개요뿐만이 아니라 사실에 주의해서 말하고자 한다 — 각 방면에서 가장 철저한 비판이 요구되었다. 왜냐하면 부르주아 시대에 특수한 성의 상태는 이러한 결과에만 관계되기 때문이다.

생산수단의 소유자로서, 따라서 자본주의적 생산양식의 대표자로서 부르주아 계급은 대량 생산의 덕택으로 투자한 자본이 창출하는 이윤율이 점점 높아짐에 따라서, 가는 곳마다 눈 깜짝할 사이에 엄청난 부를 축적하게 되었다. 이러한 부가 각 자본가로 하여금 도대체 무엇을 만들게 했는가를 질문하고 싶다. 다시 말하면 그것은 자본가들을 정신적으로, 또 정조 면에서 도덕적으로 이전의 수준보다 향상시켰는가? 이러한 부는 그들로 하여금 인간적인 미덕을 갖추게 하고 또 그것을 선양시켰는가? 그리고 영웅종족을 형성시켰는가? 참으로 터무니없는 수작이다 — 그와는 정반대의 현상이 일어났다. 감정 없는, 하찮은, 감각적 흔적도 없는, 겨우 돈만을 버는 기계 — 그것은 자본이 그 자신의 소유자 및 지배자에게 부여한 최초의 결과였다. 이것은 매우 빨리, 또 매우 전형적으로 영국 부르주아 계급에게서 드러나게 되었다. 영국은 유럽에서 제일 먼저 자본주의적 생산양식을 도입했고, 이러한 생산양식에는 장기간 동안 전혀 제한이 가해지지 않았기 때문에 부르주아 계급의 특유한 형태가 영국에서 가장 특징적으로 발달했다. 자본주의적 생산양식이 전혀 무제한적으로 발전한 최초의 성숙기는 1830년부터 1840년 사이였다. 우리들은 그 당시의 가장 뛰어난 전문가 중의 한 사람인 토머스 칼라일이 영국의 부르주아 계급의 심리적, 도덕적 초상화를 어떻게 그렸는가를 살펴보도록 하자. 칼라일은 이를 위해서 「과거와 현재」라는 저서를 1843년 런던에서 출판했다. 칼라일은 이 책에서 특히 다음과 같이 쓰고 있다.

우리들에게는 이제 신이란 존재하지 않는다! 신의 법칙은 최대 행복의 원리로 바뀌었다.……

융커와 창녀들(H. 베함)

사랑의 모험(목판화, 16세기)

사랑의 징벌(목판화, 16세기)

교회헌당 기념축제(루벤스, 1630년경)(Ⅱ권 P·470~471 참조)

사교의 즐거움(브라켄부르흐의 유화에 의한 동판화, 17세기)

Connoisseurs

감식가들(T. 롤랜드슨)

그네(H. 프라고나르)

사랑의 선언(J. F. 드 트루아, 1731)

영국 부르주아지의 사교생활(번버리, 1782)

탕음난무(W. 호가스, 1734년경)

3등칸(H. 도미에, 1862년경)

루브르 안마당에서의 산업박람회(1801)

얼음지치기의 즐거움(코탱의 유화에 의한 프랑스 채색 석판화, 1840)

그는 하고자 하면 이룰 수 있다(영국의 캐리커처, 1795)

　　그러나 과거의 종교라는 자리를 공석으로 버려둘 수 없었기 때문에 우리들은 그 자리에 시대적 공허와 무(無)내용에 어울리는 새 복음서, 즉 배금사상을 전면적으로 받아들였다. 기독교의 천국과 지옥 가운데에서 전자는 의심스러운 것으로, 후자는 허황된 것으로 치부되었다. 그리고 그들은 새로운 지옥을 받아들였다. 근대 영국의 지옥은 "성공하지 못하는" 데에서 오는 공포, 즉 돈을 벌지 못하는 데에서 오는 공포이다!……확실히 우리들은 배금주의의 복음서와 함께 기묘한 결론에 도달한 것을 인정해야만 한다. 우리들은 그것을 사회라고 부르면서 공공연하게 가장 완전한 분리와 고립 속에서 헤매고 있다. 우리들의 생활은 상호 부조하는 것이 아니라 오히려 "공명정대한 경쟁" 등으로 이름 붙여진 정당한 전쟁규약을 구실로 한 상호 적대적인 것이다. 우리들은 어디에서나 현금지불 같은 것이 인간과 인간을 맺어주는 진정한 관계가 아니라는 것을 완전히 망각했다. 우리들은 현금지불만이 인간이 맺는 모든 계약을 해제하고 결제하는 것이라고 생각하는 데에 조금도 의심을 품지 않는다. 자본가 공장주는 "내가 부리는 노동자들이 굶고 있단 말인가? 더구나 나는 그들을 정당하게 시장에서 데려다 고용하지 않았는가? 나는 그들에게 끝자리 6펜스도 떼지 않고 약속한 금액을 정확하게 지불하지 않았는가? 그 이상 나와 그들은 무슨 관계가 있는가?"라고 말한다.……확실히 배금사상의 숭배는 비참한 신앙이다.

　　칼라일에 의하면 자본가와 그 아내의 관계 역시 99퍼센트는 "현금지불"에 지나지 않는다. 이와 같이 화폐로 칭칭 동여매어져 있는 부르주아 계급의 비참한 노예상태는 부르주아의 지배에 의해서 언어에까지 파급되었다. 화폐는 남편의 가치를 결정한다. 어떤 남편은 1,000만 파운드의 값어치가 있다. 다시 말하면 그는 1,000만 파운드의 돈을 가지고 있다. 돈을 가지고 있는 인간은 "존경할 만한" 사람이며 "인간 중에서 보다 훌륭한 부류"에 속하며 "영향력을 행사한다." 그가 하는 행동은 모두 그가 속한 사회에서 획기적인 것이다. 폭리정신이 모든 언어에 나타나 있으며, 모든 관계가 상업언어로 나타나고 경제적인 범주 속에서 해석된다. 칼라일의 글에 따르면 판매자와 구매자, 수요와 공급은 영국인이 인간생활을 판단하는 논리이다. 특히 흥미 있는 것은 칼라일의 다음과 같은 한 구절이다.

영국인이 "존경해야 할 사람"이라든가 "인간 중에서 보다 훌륭한 부류" 등으로 부르는 상류계급이 오히려 정신적으로 저열하고 유연성이 없다는 점을 주목해야 한다. 모든 힘, 활동, 내용이 그렇다. 시골 귀족은 사냥을 하고 화폐귀족은 책을 쓴다. 그리고 만약 그것이 정도가 심해지면, 그들은 마찬가지로 공허하고 나약한 문학에 빠진다. 정치나 종교에 대한 편견은 대를 이어서 전해진다. 오늘날 그들은 완성된 모든 것을 쉽게 손에 넣으며 옛날과 마찬가지로 이제는 원리에 고심할 필요가 없다. 그러한 원리는 오늘날 빈틈없이 완성된 상태로 일찍이 요람 속으로 날아들어온다. 사람들은 그것이 어디로부터 오는지 모르고 있다. 그럴 필요가 있는가? 그들은 훌륭한 교육을 받고 있다. 다시 말하면 그들은 학교에서 로마인이나 그리스인 때문에 쓸데없이 고통받지만, 그럼에도 불구하고 그들은 "존경할 만한" 사람이다. 즉 그들은 수천 파운드의 재산을 가지고 있기 때문에, 가령 아내가 없다고 할지라도 아내 이외에는 더 이상 아무것도 바랄 것이 없는 사람들이다.

게다가 그들은 사람들이 "정신"이라고 이름 붙인 "허수아비"이다. 이들과 같은 생활에서는 정신은 어디로부터 오는가? 가령 정신이 온다면 그것은 그들의 어디에서 그 거처를 찾을 것인가? 이 경우 모든 것은 중국식으로 결정된다. 협애한 한계를 넘어서는 사람은 화 있을 지어다. 오랫동안 굳어져왔던 편견에 반대하는 사람은 세 배나 화 있을 지어다. 이 편견이 종교적인 것이라면 그 사람은 아홉 배로 슬프다. 그 이유는 모든 질문에는 두 가지 대답, 즉 휘그 당과 토리 당의 대답밖에 없기 때문이다. 그리고 이 두 대답은 그 옛날에 두 정당의 현명한 의전관(儀典官)에 의해서 결정된다. 우리들에게는 그에 대한 심사숙고라든지 형식이 필요없다. 그 모두가 빈틈없이 이루어졌기 때문이다. 디키 코브던, 또는 존 러셀 경이 그렇게 말했으며, 보비 필이나 특히 "대공", 예를 들면 웰링턴 대공이 그렇게 말했다고 단언해도 좋다.

그런데 "지식계급"이 가진 공공연한 편견은 토리 당이거나 휘그 당이거나 간에 고작해야 급진파 흉내에 지나지 않는다 —— 이미 그것도 완전히 그렇지는 않지만, 교양 있는 사람들의 모임에 가서 우리는 차티스트이다, 또는 우리는 민주주의자이다라고 말씀해보시라

—— 사람들은 당신의 상식을 의심하고 당신을 모임에서 쫓아내버릴 것이다. 아니면 나는 신, 그리스도 따위를 믿지 않는다, 나는 배반당해 팔린 것이라고 말해보시라. 더욱이 나는 무신론자라고 고백해보시라. 그렇게 하면 사람들은 그 후부터는 당신을 마치 적색의 이방인처럼 취급할 것이다. 설령 자유를 누리는 영국인이 한번 진심으로 (이런 일은 우선 드물지만) 모유와 함께 마셨던 편견의 속박을 벗어난다고 해도 그는 역시 자기 신념을 자유롭게 말할 용기를 내지 못할 것이다. 이때에도 그는 세상에 대해서는 가능한 한 관용적인 견해를 가지고 있는 듯이, 자기와 같은 사고방식을 지닌 사람과, 때때로 두 사람끼리 대화할 때 내놓는 의견만으로 만족하고 있다.

영국의 부르주아 계급 중 칼라일같이 총명하면서도 무자비한 비평가는 그리 많지 않았지만, 그렇다고 해서 그런 비평가가 칼라일 한 사람만은 아니었다. 당시 맨체스터의 상인이었던 프리드리히 엥겔스의 다음과 같이 명쾌한 묘사도 역시 동시대의 것이다.

영국 부르주아 계급처럼 극도로 풍기가 문란하고 사리사욕으로 가득 차 있어서 손을 댈 수 없을 만큼 타락한, 마음속까지 썩어버려 어떤 진보도 담당할 수 없는 무능력한 계급을 일찍이 나는 보지 못했다 —— 여기에서 내가 이야기하려는 것은 무엇보다도 먼저 본래의 부르주아 계급, 특히 자유주의적이며 곡물법을 폐지하려고 노력했던 부르주아 계급이다. 이러한 사람들의 생각으로는 이 세상에 사람이 존재하는 까닭은 모두 오직 돈을 벌기 위한 것이므로 자기 자신들도 예외는 아니다. 그것은 이들이 오로지 돈을 벌기 위해서 태어났으며, 쉽게 돈을 벌 때 이외에는 아무런 기쁨도 느끼지 못하고 손해를 볼 때 이외에는 아무런 슬픔도 느끼지 못하기 때문이다. 이와 같이 소유욕과 금전욕만이 지배하는 상황에서는 사물에 대한 인간다운 사고방식이 조금도 더럽혀지지 않은 채로 남아 있는 것은 불가능하다.

종교에서의 영국 부르주아 계급의 위선에 관해서 엥겔스는 1844년 「독일-프랑스 연보」에서 이렇게 쓰고 있다.

슈트라우스(독일의 신학자, 1808-74/역주)의 「예수의 일생」과 그의 명성이 바다를 건너왔을 때, 어떤 "진지한" 사람도 그 책을 번역할 용기가 없었으며 어떤 유력한 출판업자도 그것을 인쇄할 용기가 없었다. 마침내 어떤 사회주의자 독서가 —— 즉 세상에서 유행을 가장 늦게 따르는 계층에 있는 인간 —— 가 그것을 번역하고 이름도 없는 사회주의자

정숙(우드워드, 영국의 캐리커처, 1801)

출판업자가 권당 1페니짜리의 가제본으로 출판했다. 그리고 맨체스터, 버밍엄, 런던의 노동자들이 슈트라우스의 최대의 독자층이 되었다.

1840년대에 묘사된 영국 부르주아 계급의 이런 모습은 1860년대에도 역시 마찬가지였으며 오늘날에도 본질적으로는 변화하거나 개선되지 않았다. 오히려 오늘날에는 그 모습이 어느 정도 은폐되어 있을 뿐이다.

그러나 가장 중요한 것은 영국 부르주아 계급의 특징에 대해서 서술한 것들은 모두 근대 자본주의적 생산양식을 가진 그밖의 다른 국가에도 적용된다는 점이다. 칼라일은 단지 국제적 부르주아 계급밖에 묘사하지 않았지만, 거기에는 참으로 특별하다고 할 수 있는 이야기란 하나도 없다. 실제로 그러한 것이 발생할 여지는 없다. 이와 같은 특징은 그러한 성격을 지닌 영국 정신에 근거해 있는 것이 아니라 오히려 자본주의적인 치부가 자본가에게 미치는 불가항력적인 영향에 근거해 있기 때문이다. 그리고 각국이 공업에서 자본주의적 생산양식을 갖춘 순서대로, 또 이 발전이 각국의 특수한 조건에 맞게 이루어지는 강도에 따라서 유산계급에게 특수한 부르주아적 특징이 형성된다. 이러한 특징은 장기간 수공업적 생산양식이 지배적이었던 나라들 —— 예를 들면 프랑스, 이탈리아, 스페인 —— 에서는 처음에는 결코 전형적이 될 수 없었으나, 대공업의 발달이 애초부터 낡은 생산방식을 구축할 필요도 없고 마음먹은 대로 대공업의 특유한 경향을 발전시킬 수 있었던 미국과 같은 나라에서는 그만큼 전형적이며, 따라서 그만큼 극단적인 형태로 나타났다. 미국 부르주아 계급에게는 이와 같은 고유한 부르주아적 모든 특징이 옳지 못하게도 극단적이 되었다. 이러한 측면에서는 미국은 오늘날에도 첨단을 걷고 있다. 이곳에서는 인간이란 정교하게 조립된 계산기이며 이러한 기계는 장식용 곡선마저 모조리 제거되었다.

자본주의적 생산양식이 모든 생활의 토대가 되었기 때문에 사회조직 전반에서의 자본주의의 필요성과 자본가에게서의 이러한 특수한 필요성은 결국 같은 것이었다. 이 일반적인 필연성은 모든 것이 상품이 되고, 인간의 행위와 인간의 관계 역시 모두 자본주의화되었다는 것을 의미했다. 감정, 사고방식, 연애, 예술 등 모든 것이 어디에서나 화폐가치로 계산되었다. 심지어는 인간의 품위까지도 그 교환가치에 의해서 결정되었다. 이것이 모든 것을 지배하는 상품성이다. 사물에 대한 그밖의 사고방식은 우스꽝스러운 것으로 조소거리가 되었으며 아무리 좋은 경우라도 경멸이 섞인 동정을 사는 정도가 고작이었다. 확실히 화폐가 역사에 등장한 이래, 어느 시대에서나 물질적인 이익이 사물을 규정하는 수단이 되었다. 이런 점이 화폐의 혁명적 작용이었다. 금전결혼은 그 후 언제나 존재했으며, 예술이나 과학에서조차 시대나 장소를 막론하고 "돈벌이"를 원했다. 그러나 옛날과 현대의 차이는 근대 자본주의 시대가 화폐를 제외한 모든 척도를 물리침으로써 순수한 상품성, 즉 "가격은 얼마인가", "이문은 어느 정도인가", "이자는 얼마인가"만을 오직 하나의 척도로서 높인 데에 있다.

이와 같은 사물의 일반적 본질을 은폐하려는 시도는 오늘날에 와서는 마음대로 되지 않는다. 그것은 폭력을 사용함으로써만이 묵인될 수가 있고 참으로 무지할 때만이 그것에 무관심해질 뿐이다. 거기에서 인간은 훨씬 전부터 그와 같은 것이 사물의 "자연적인 것"이었다고 선언하는 적절한 생각을 마련했다. 실제로 그대로 되었지만, 그것은 사유재산을 기초로 한 자본주의적 생산양식의 토대 위에 세워진 사회 속에서만 자연적인 것이다. 그리고 이 범주에서 그것은 역시 합리적이다. 그것은 자본주의적 생활법칙을 지탱하기 때문이다.

자본축적이라는 대단히 무서운 방법이 자본주의의 인생철학과 일치하는 것은 당연하다. 인정이 사라진 곳에서는 겸양이라는 것이 존재하지 않기 때문이다. 이러한 무서운 방법의 기원을 파헤치기 위해서는 근대 자본주의의 이른바 원시축적 시기까지 거슬러올라가서 살펴보아야 한다. 그 이유는 원시축적의 토대가 자본주의의 본질을 가장 분명하게 드러내기 때문이다. 가장 빨리 자본주의 단계에 들어섰던 네덜란드와 영국의 경우, 산업 자본가의 토대는 노예무역이었다. 참으로 무자비한 인간사냥, 즉 극히 비열한 행위에서 자본주의가 탄생했다. 노예무역에서 창출된 이윤은 엄청난 것이었으므로, 네덜란드인이나 영국인들은 모두 기독교적 망설임을 팽개치고 앞장서서 인간사냥과 노예무역을 합리화하는 구실을 공공연히 논의하게 되었다. 칼 마르크스는 「자본론」에서 이렇게 쓰고 있다.

방탕한 부자들(롤랜드슨의 캐리커처, 1809)

by Tho.ˢ Tegg Nᵒ 101 Cheapside

매뉴팩처 시대에 자본주의적 생산이 발달함에 따라서 유럽의 여론은 먼저 수치심과 양심의 마지막 조각까지 잃어버렸다. 어느 나라 국민이나 자본축적의 불명예스러운 수단을 염치없이 자랑하게 되었다. 가령 애덤 앤더슨이라는 정직한 사람이 펴낸 소박한 「상업연감」을 읽어보면 충분히 알 수 있다. 이 책에서 앤더슨은 지금까지 아프리카와 영국령 서인도 제도 사이에서만 가능했던 흑인매매를 앞으로는 아프리카와 스페인령 아메리카 사이에서도 가능하게 한 특권을, 위트레흐트 평화회의에서 영국-스페인 조약을 통하여 영국이 스페인으로부터 억지로 빼앗았던 사실을 영국의 국가정책의 승리라고 선전하고 있다. 영국은 1743년까지 스페인령 아메리카에 매년 4,800명의 흑인을 공급할 권리를 획득했다. 이것은 동시에 영국의 밀무역을 얼버무리기 위한 정부의 가면이 되기도 했다. 리버풀은 노예무역을 배경으로 크게 번창했다. 노예무역이 이 도시의 원시축적의 방법이었다. 그리고 리버풀의 "명예"는 오늘날까지 줄곧 "상업적 기업정신을 정열적으로 높이고 훌륭한 선원을 만들어내며 막대한 금을 가져다주었던" 노예무역의 핀다로스가 되었다. 리버풀에서 노예무역선으로 사용되었던 선박은 1730년 15척, 1751년 53척, 1760년 74척, 1770년 96척, 1792년 132척이었다.

예를 들면 아메리카 원주민처럼 자본주의의 이해관계에 장애물이 되었을 뿐만 아니라 노예로 적합하지 않은 경우 그들은 재빨리 계획적으로 절멸의 대상이 되었다. 마르크스는 이에 대한 실례로 다음과 같이 현상금이 걸린 대량 살인에 대해서 쓰고 있다.

서인도 제도처럼 수출무역만을 하는 식민지나 멕시코, 동인도와 같이 강도살인이 횡행했던, 자원이 풍부하고 인구가 조밀한 나라에서는 원주민에 대한 대우가 매우 난폭했다는 것은 말할 나위도 없었다. 그러나 진정한 의미의 식민지에서도 원시축적의 기독교적 성질은 버려지지 않았다. 이 신교의 근엄한 열성분자 청교도들은 1703년 그들 집회의 결의에 따라서 구리빛 인디언 머리 한 개 또는 포로 한 명에 대해서 40파운드의 상금을 걸었으며, 1720년에는 머리 한 개에 100파운드 그리고 1744년에는 매사추세츠 해안에서 어떤 종족을 반도(叛徒)라고 선언한 후에는 다음과 같은 상금을 걸었다. 즉 12세 이상의 남자 머리 한 개에 새 화폐로 100파운드, 남자 포로 한 명에 105파운드, 여자와 어린아이 포로 하나에 55파운드, 여자와 어린아이 머리 한 개에 50파운드라는 상금을 내걸었다.

실제로 그 이익이 엄청난 것이었으므로 그들은 어떤 일이 있더라도 이 장사에서 손을 뗄 수가 없었다. 따라서 그들은 모든 경우를 합리화하기 위한 자기 기만으로 하느님까지도 받들어모셨다. 영국 의회는 노예무역의 전성시대에 토인 사냥과 머리껍

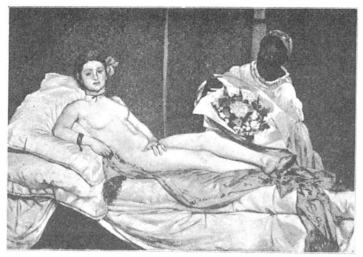

올림피아(에두아르 마네, 유화)

질 벗기기는 "하느님과 자연이 우리들에게 내려주신 수단"이라고 재빨리 선언했다.

그와 같은 물질적 토대 위에서 탄생하여 가장 강력하게 그 힘을 빨아들였던 계급이 자기 나라라고 해서 모든 것을 포용하는 박애주의자 흉내를 낼 수 없었던 것은 당연하다. 이 계급은 그와 같은 것에 전혀 관심이 없었다. 아니 오히려 그들은 신세계에서 어떤 장애도 없이 실행할 수 있었던 방법을, 설령 공공연하지는 않더라도, 자기 나라에서도 휘두르고 싶은 욕망을 가지게 되었다. 따라서 대공업이 발전하기 시작한 처음 10년 동안 유럽 임노동자의 운명도 허울을 쓴 노예제에 지나지 않았다.

거인의 발걸음처럼 전진한 공업이 가장 먼저 선택한 것은 그지없이 순종적인 노예였다. 자본주의가 대중 가운데에서 무엇보다도 먼저 자기 공장으로 억지로 끌어들였던 "손"은 바로 "조막손"이었다. 아직 부모의 다정한 보살핌의 손길이 필요한 어린이들의 애처로운 조막손은 부모의 손을 잡고 있는 것이 아니라 그 손에서 끌려나와 아침 일찍부터 밤 늦게까지 노동, 예를 들면 방적기계 바퀴 돌리기나 잡동사니 골라내기 등을 통하여, 탁자 쇠사슬에 묶인 흑인노예보다도 더 무자비하게 혹사당했다. 물론 이러한 것은 개개 공장주의 개인적인 악의에 의한 것이 아니라 기계 때문에 강한 근력이 쓸모없게 되자 나타난 단순한 하나의 변화였다. "기계 때문에 강한 근력이 쓸모없게 되자 힘이 없거나 혹은 육체적 발육이 미숙하고 사지가 아주 연약한 노동자도 고용할 수 있게 되었다. 이 때문에 여자와 미성년자의 노동은 자본주의가 기계를 이용한 당시의 최초의 언어였다."(마르크스)

이러한 사실을 가장 특징적으로 보여준 곳은 역시 영국이었다. 그러나 이 경우에도 공업의 변혁이나 발전이 다른 국가에서는 인도적으로 행해졌기 때문이 아니었다. 그것은 영국에서는 앞에서 설명한 이유로 공업발전이 처음부터 대규모의 형태를 취하고, 그 결과 매우 풍부한 자료가 연구가의 손에 들어갔기 때문이다. 우리들은 영국에서의 공장제 기계공업의 초기 단계에 관해서 쓴 특징적인 기사를 이미 가지고 있다. 18세기 말엽에 존 필든은 이렇게 기록하고 있다.

더비셔, 노팅엄셔, 특히 랭커셔에서는 수차를 이용할 수 있는 강줄기를 따라서 큰 공장이 세워졌으며, 오직 그곳에서 발명된 기계가 사용되었다. 도시로부터 멀리 떨어진 이런 지방은 수천 명의 직공이 급히 요구되었다. 그 가운데에서도 당시 인구가 비교적 적었던 불모지 랭커셔에서는 무엇보다도 노동력이 가장 필요했다. 특히 미성년자들의 작고 민첩한 손가락이 가장 필요했다. 그로 인해서 런던이나 버밍엄, 기타 지역의 각 교구의 빈민 수용소에서 도제(!)를 확보하는 것이 재빨리 관례화되었다. 7세부터 13-14세까지의 의지할 곳 없는 어린이들 수천 명이 북쪽으로 수송되었다. 도제에게 옷과 음식물을 제공하고 공장 부근의 도제 오두막집에 기거시키는 것이 주인(다시 말하면 아이들 도둑)의 의무였다. 도제의 노동을 감시하는 감독제도도 만들어놓았다. 아이들이 체념하고 노동하는 것이야말로 이러한 노예감독의 이익과 직결되었다. 그 이유는 그들이 받는 급료는 아이들이 착취당하는 생산량에 비례했기 때문이다. 그 당연한 결과는 요컨대 잔혹 그 자체였다.……대부분의 공장지대, 그중에서도 랭커셔에서는 공장주에게 맡겨졌던 이토록 티없고 의지할 데 없는 아이들에게 참으로 무자비한 학대가 가해졌다. 그들은 심한 노동으로 죽지만 않을 정도로 혹사당했으며, 이 세상에서 가장 교묘한 잔혹함으로 결박당했고 쇠사슬에 묶여 고문당했다. 채찍으로 노동을 강요할 경우, 그들은 대개 뼈 속까지 허옇게 드러날 정도로 맞았다.……그런가 하면 드물게는 자살로까지 내몰리는 경우도 있었다.……더비셔, 노팅엄셔, 랭커셔의 인가에서 떨어진, 경치 좋고 로맨틱한 계곡은 고문은 물론 종종 끔찍한 살인이 일어나는 적막한 지대로 변했다!……공장주의 이윤은 막대했다. 이윤은 이리와 같은 그들의 욕망을 자극시킬 뿐이었다. 공장주는 야근까지 시키기 시작했다. 다시 말하면 그들은 A조 노동자들에게 녹초가 되도록 주간노동을 시킨 후 그 다음에는 B조를 밤늦게까지 묶어두는 것이었다. 결국 주간조는 야간조가 빠져나올 때만 침대 속으로 들어갈 수 있는 방식이었다. 그 때문에 침대가 차가워지지 않는다는 것이 랭커셔의 민화(民話)가 되었다.

이 기록 속에서 순수한 노예노동으로서의 미성년자 노동의 특징에 대해서 내가 앞에서 서술한 모든 것이 이미 증명되고 있다. 그리고 그 아이들은 노예와 조금도 다름없는 대우를 받았다. 공장주들 가운데 어떤 사람들은 직접적으로, 또 어떤 사람들은 브로커를 통해서 재빨리 손을 써서 런던이나 버밍엄의 빈민 수용소에 수용되어 있는 아이들을 넘겨주도록 의뢰했다. 빈민 수용소는 언제나 기꺼이 그러한 의뢰에 응했다. 그 덕택에 빈민 수용소는 아이들을 부양하는 부담에서 가장 간단한 방법으로 벗어났다. 그 이후 갈 곳 없는 아이들은 전혀 의지(意志)가 없는 상품과 같이 이러한 박애주의자의 손에서 다른 사람의 손으로 건네졌다. 1815년 로버트 필경이 아동보호 법안을 제출했을 때 의회의 프랜시스 호너는 다음과 같이 설명했다.

파산자의 값나가는 물건과 함께, 이러한 단어를 사용하는 것이 허용된다면, 공장의 아이들이 재산의 일부로서 공공연히 경매에 붙여져 헐값으로 팔리고 있다는 것은 잘 알려진 사실이다. 2년 전(1813년) 비참한 사건 하나가 고등법원에 회부되었다. 그것은 한 무리의 아이들에 관한 사건이었다. 런던의 어떤 교구에서 아이들을 어떤 공장주에게 보냈는데, 그 공장주는 그들을 다른 공장주에게 전매(轉賣)해버렸다. 이 아이들이 마침내 기아에 허덕이다 빈사상태에 이른 것을 두세 사람의 박애주의자들이 발견했다. 게다가 이보다 더 비참한 사건이 의회 조사위원의 일원으로 있는 필에게 보고되었다. 몇 년 전에 런던의 어떤 교구와 랭커셔의 아무개 공장주가 계약을 체결한 일이 있는데, 그것은 건강한 아이들 스무 명당 백치 아이 한 명을 덤으로 끼워서 공장주가 사간다는 것이었다.

아이들이 특히 방적공장에 어느 정도로 많이 고용되었는가는 1788년 랭커셔에서 남성 노동자가 2만6,000명, 여성 노동자가 3만1,000명인 데에 비해서 아이들은 약 3만5,000명으로 그 대부분이 10세 이하였다는 사실이 증명하고 있다. 예를 들면 아이들은 자수공장과 모든 잡화공장에 대량으로 고용되었다. 그러나 경노동을 필요로 했던 공장뿐만 아니라 어떤 공장에서든 미성년 노동력이 직접 성인 노동력을 쫓아낼 정도로 미성년 노동력의 고용은 만연해 있었다. 1865년에도 아직 버밍엄이나 그 교외에 있는 금속제품 제조공장에서는 "대부분의 중노동을 부녀 노동자 1만 명 말고도 미성년 노동자가 3만 명"이나 맡아 하고 있었다.

가내공업이 중심이었던 매뉴팩처에서는 불행한 아이들에게 놀랄 정도로 긴 노동 시간 —— 대개 아침 5시부터 밤 10시까지 —— 이외에도 참으로 무서운 다른 부수

빈민들의 숙박소(오노레 도미에, 목판화, 1840)

조건이 덧붙여졌다. 어디까지나 가내공업이 중심을 이루었던 레이스 공업에서 이에 관한 예를 두 가지만 들어보겠다. 1864년의 아동노동 법안에 관해서 영국 의회가 결정한 위원회의 보고에는 특히 이렇게 쓰여 있다.

대략 20제곱피트 정도의 작은 작업실에 14-20명의 미성년자들을 콩나물 시루처럼 꽉 집어넣는 일은 노팅엄의 경우 다반사이다. 미성년자들은 권태와 단조로움만으로도 지칠 정도로 피로했지만, 게다가 건강에 매우 해로운 온갖 조건하에서 혹사당하면서 24시간 중 15시간 이상 콩나물 시루 같은 작업장에 갇혀 있을 수밖에 없었다.……그 가운데 가장 어린 아이들조차 놀랄 정도로 긴장된 주의력과 민첩한 행동으로 일하게 하며, 손을 한시라도 쉬거나 늦추지 못하게 한다. 사람들이 그런 아이들에게 무엇인가 질문을 해도 그들은 일각을 놓친다는 공포 때문에 일에서 눈을 떼지 않는다. 노동시간이 연장될 때는 "마나님"이 그들을 분발시키는 방법으로서 "긴 막대기"를 시간에 따라 몇 번씩이나 휘둘렀다. 아이들은 시간이 지남에 따라서 피로가 더해가지만 단조롭고 눈을 해치며 더구나 자세를 흐트러지지 않는 것만으로도 피로한 장시간 노동에 속박된 채 마치 작은 새처럼 끝까지 쉬지 못한다. 그것은 정녕 노예노동이다.

매뉴팩처의 대부분의 주인들은 나이 어린 가내노동자를 3,000여 명이나 부려먹고 있었다. 아이들의 평균 연령은 6세였다. 그런데도 주인들은 이 평균 연령보다 더 어린 아이들을 돈 버는 도구로 혹사시킬 정도로 냉혹했다. 앞 보고서의 다른 부분에는 이렇게 쓰여 있다.

어떤 레이스 공장에는 18명의 처녀와 부인들이 있었는데 1인당 공간이 35세제곱피트였고, 다른 레이스 공장에는 18명, 1인당 24.5세제곱피트로 참을 수 없을 정도로 심한 악취를 풍기고 있었다. 이 공장에는 기껏해야 두 살 반밖에 안 된 어린아이가 일하고 있었다.

황린(黃燐) 성냥 공장에는 어디나 할 것 없이 미성년자들만 고용되어 있었으며, 더구나 이곳 미성년자들은 무척 어렸다.

이토록 지독한 노동조건으로 미성년자를 대량으로 혹사시키는 것은 아동살인과 다를 바 없는 비참한 사실이었다. 실제로 아동노동은 19세기 후반까지 매우 조직적인 아동살인이었다. 증기는 수십만 명의 어린 시체 위에서 세계에 대한 자기 지배를 구축했다. 그리고 노동자들도 이것을 알고 있었다. 버밍엄 출신인 시인 에드워드 폴 미드가 1844년에 발표한 "국왕 증기"라는 시에서 노래한 것은 노동자의 비참한 운명이었다.

국왕이 있다. 화를 잘 내는 군주가 있다.
그것은 시인이 그린 국왕의 모습이 아니라,
백인노예가 알고 있는 폭군이었다.
이 야만적인 국왕이 증기이다.

증기의 팔은 하나, 철제(鐵製)였다.
하나이지만
그 팔에는 마력이 깃들어
수백만의 인간을 쓰러뜨린다.

그 옛날 힘몬 계곡에 살고 있던
그의 선조, 무서운 몰록처럼
증기의 내장은 시뻘건 불꽃이며, 그의 먹이는 아이들이다.

증기의 사제들은 인간이 아니다.
오만하며, 광포하고, 피로 살찐 그들.
사제들은 거인의 커다란 팔을 놀리는 것이 —— 치욕스럽다!
마법의 힘으로 피를 황금으로 만든다.

그들 신의 천한 황금을 위해서
그들은 태연자약하게 인간의 권리를 유린한다.
여자의 고통 따위는 놈들에게는 농담거리이며,
남자의 눈물 따위는 놈들에게는 웃음거리이다.

배고픈 이의 단말마의 절규도
놈들의 귀에는 음악으로밖에 들리지 않는다.
젊은 여자나 아이들의 해골이
국왕 증기의 지옥을 가득 메운다.

이 세상이 지옥이다. 온 나라 전체에
놈들은 죽음을 흩뿌린다.
증기가 지배한 뒤에는 인간의 육체도, 정신도
함께 살해되었기 때문이다.

그렇기 때문에 야만적인 몰록, 증기를 쓰러뜨려야 한다.
노동하는 수천의 인간들이여, 모두
그들 손을 꽁꽁 묶어라, 그렇게 하지 않으면,
그들이야말로 우리나라를 밤새 부숴버릴 것이다.

그 무서운 손끝이
오만하게 황금으로 부풀어오르고 선혈로 물든 공장주들을,
놈들의 도깨비 신과 함께
인민의 분노로 쓰러뜨려버리자.

이것이 시적인 과장이 아니라는 점은 미성년 노동을 조사하기 위해서 영국 의회가 1840년에 임명한 위원회의 보고가 증명하고 있다. 1842년에 간행된 보고서는 N.W. 시니어의 말을 인용해서 "자본가와 부모의 물욕, 이기심, 잔혹성으로 인한 아이들이나 연소자의 타락과 파괴에 관해서, 지금까지 세상 사람들이 한번도 보지 못한, 참으로 무서운 광경"을 묘사했다.

앞에서 잠깐 언급했듯이 미성년 노동력과 더불어 여성 노동력도 매우 욕심나는 것이었다. 여성은 여러 가지 산업에 특히 적합할 뿐 아니라 성격 면을 보더라도 언

제나 남성보다는 매우 유순한 노동자였다. 여성은 항상 가장 예속적인 인간이었다. 남성과 공통된 이유는 차치하고서라도 여성은 거기에 더하여 가장 고귀한 감정, 즉 헌신적인 모성애로 인해서 기계와 공장에 매여 있었다. 수천만의 여성들이 아버지 없는 자기 아이들에게, 혹은 아버지의 벌이만으로는 충분히 배부르게 먹일 수 없는 자신의 아이들에게 필요한 빵을 사주기 위해서 매일매일 몇 시간이나 걸어서 공장에 일하러 갔다. 어머니들은 이러한 헌신적인 모성애 때문에 여성에게 무척 위험한 중노동까지도 무리하게 떠맡게 되었다. 어머니들은 무거운 돌을 짊어지고 공사판의 흔들거리는 사다리를 올라가야 했으며, 웅웅거리는 미싱 바늘을 한눈 한번 팔지 않고 응시해야 했다. 더욱이 모성애 때문에 어머니들은 특히 노동시간이 점점 더 늘어나도, 공장주들이 어떠한 모욕을 주더라도 실업자가 되지 않으려면 더욱더 온순하게 참고 견뎌야만 했다. 영국에서 유행복을 만드는 봉제 여공들의 노동상태에 관한 1842년의 보고서는 이렇게 쓰고 있다.

1년에 4개월 정도 계속되는 유행 시즌 동안은 일류 상점에서도 노동시간은 매일 15시간이며, 급한 일감이 있을 때는 18시간 이상이 된다. 그런데 대부분의 상점에서는 이 시즌 동안 전혀 규정된 시간이 없이 일을 시키므로 소녀들에게 주어지는 휴식과 수면을 위한 시간은 24시간 가운데 6시간 이상 되는 경우란 좀처럼 힘들며 대개는 3시간에서 4시간, 때로는 2시간밖에 주어지지 않기 때문에 결국 소녀들은 19시간 내지 22시간이나 일을 하게 된다. 이 경우는 밤새도록 일하지 않아도 되는 경우이고 밤새도록 일하는 경우도 허다하다. 따라서 소녀들은 과로로 인하여 몸이 말을 듣지 않아 더 이상 1분도 바늘을 움직일 수 없게 되어야 일을 마친다. 의지할 데 없는 소녀들은 9일간 계속해서 옷도 벗지 않고 때로는 홑이불 밑에서 그저 잠깐 동안밖에 쉴 수 없는 것은 물론이고 되도록이면 짧은 시간에 음식물을 삼키도록 빵을 잘게 잘라서 받는 경우도 있다. 요컨대 이처럼 불행한 소녀들은 노예의 정신적인 채찍, 즉 해고의 위협 때문에 열네 살에서 스무 살가량 되는 연약한 소녀들은 물론이고 힘센 남자 어른들도 참고 견딜 수 없을 정도로 긴 시간 동안 휴식도 없이 노동에 묶여 있다. 거기에다 작업장이나 침실의 축축한 공기, 구부정한 자세, 종종 거칠고 소화가 잘 안 되는 음식 등은 말할 것도 없다.

다음의 예는 영국 봉제 여공의 일반적인 상태를 잘 보여주고 있다.

이러한 봉제 여공들은 보통 조그만 다락방에서 참으로 비참한 생활을 하고 있다. 이 경우 한치의 여유도 없이 많은 여공들을 꽉꽉 집어넣어 겨울에는 동거인들의 육체적인 온기가 대부분 유일한 난방수단이 되었을 뿐이다. 이런 방에서 일을 할 때 소녀들은 등을 구부리고 앉아서 아침 네다섯 시부터 한밤중까지 바느질을 계속하는데다가 대소변도 제대로 보지 못해서 2-3년 내에 건강을 해치게 되어 일찍 죽어버릴 것이다.

이토록 혹사당하는 소녀들의 1주일 수입은 2.5실링에서 3실링 정도였다.

일하라, 일하라, 일하라!
머리가 어찔어찔해질 때까지!
일하라, 일하라, 일하라!
눈알이 빠질 때까지!

테두리, 섶, 밴드,
밴드, 섶, 테두리
단추 위에서 나는 존다.
여자는 꿈속에서도 바느질을 계속한다.

그 당시 작곡되었던 "셔츠의 노래"의 슬픈 리듬은 이렇게 울린다. 봉제 여공들은 눈물로 실과 옷감이 얼룩질까봐 제대로 울 수조차 없다. 눈물이 흐를 때는 더욱이 바느질을 할 수 없다. 여자들의 다른 어떤 직업도 그녀들의 운명을 반대방향으로 돌려놓지는 않았다. 어디를 가도 가장 고통스럽고 건강에 치명적인 노동조건, 즉 장시간의 노동, 극히 낮은 보수, 굴욕적인 대우가 그들의 어깨를 짓누르고 있었다. 이러한 이유에서 공장에 붙들려 매여 있는 여자들에게도 공장에서 일하는 아이들과 마찬가지로 비참한 운명이 가로놓여 있었다. 국왕 증기가 지배하기 시작하면서 그 국왕 때문에 어린아이들의 육체뿐 아니라 여자들의 육체까지 희생물로 바쳐졌다. 그리고 결핵, 티푸스, 특히 고통스러운 부인병이 수백만 젊은 여성들을 죽음으로 몰고 갔다. 부인

프롤레타리아의 숙명(도미에, 목판화)

272

들의 태내에 있는 새로운 생명도 이미 그 안에서 빈곤의 낙인이 찍혔다. 프롤레타리아의 갓난아이들 대부분은 모체 안에서부터 이미 기아에 허덕였기 때문이다. 부인들은 거의가 조산을 했다. 대부분의 부인들은 태아를 출산 예정일까지 품고 있을 수 없었으며, 모두 언제나 그랬듯이, 태아는 사산되었다. 그런데 1840년 맨체스터의 통계에 따르면 살아서 태어난 갓난아이들 가운데 57퍼센트가 세 살까지도 살지 못했다. 이 57퍼센트 중 3분의 2에 해당하는 갓난아이가 다시 젖먹이 때에 죽어야 했다. 이것은 놀랄 일도 아니다. 죽지 않는다고 하더라도 갓난아이들은 빼빼 말라 있었던 것이다. 가난 때문에 도저히 공장에 나가지 않으면 안 되는 어머니들의 젖은 쓸모없이 버려졌다. 애스틀리 경은 한 조사에서 특히 다음과 같은 예를 들고 있다.

스무 살이 된 M.G.에게는 아이가 둘 있다. 둘째는 젖먹이이기 때문에 나이가 조금 많은 큰애가 돌보고 있었다. 애들 엄마는 매일 아침 5시에 공장에 나가 밤 8시에 돌아왔다. 하루내내 젖이 흘러 옷이 흠뻑 젖었다. H.W.에게는 아이가 셋이나 있지만 매주 월요일 아침 5시에 집을 나와서 토요일 밤 7시에야 돌아갔다. 아이들 때문에 집안 일이 많이 밀려 있어서 엄마는 다음날 새벽 3시가 되어도 잠자리에 들 수 없을 정도였다. 엄마는 자주 젖이 흘러 탁자까지 흠뻑 젖어도 그 자세대로 일을 계속하도록 강요되었다. 이 여공은 분명히 이렇게 말했다. "젖이 흘러내리면 견딜 수 없을 정도로 고통스러워요. 젖에 옷이 흠뻑 젖어버리지요."

수면제도 젖먹이 아이들에게 무서운 해독이 되었다. 미싱을 붙들고 있어야 하는 가난한 어머니들은 아이들에게 시간을 할애할 수 없었기 때문에 갓난아기에게 수면제를 먹여서 재울 수밖에 없었다. 그렇게 하면 미싱을 놀리지 않고 일을 할 수 있었기 때문이다. 살아남은 갓난아기들에게는 유전적 요인이나 영양부족으로 인해서 구루병 또는 선병(腺病)이 항상 붙어다녔다.……

노예제, 원주민 사냥, 머리껍질 벗기기, 유아나 여자의 학살 —— 이러한 것들이 근대 자본주의의 기원이었다. 그러나 그것만으로도 아직 충분하지 않았다. 노동대중이 부르주아 국가에서 획득한 자유는 결국 부르주아 계급에게 수탈당할 수밖에 없는 자유에 불과했으며 평등은 기아와 궁핍의 평등이었다. 남성 노동자의 운명도 여성들 못지 않게 비참했다. 그들이 바치지 않으면 안 되는 피의 희생은 참으로 무서운 것이었다. 그들의 힘으로 가동되는 기계는 매년 수십만 명의 사람들을 눌러

쓰러뜨렸다. 전쟁에서도 그토록 많은 희생자가 나오지 않았다. 그리하여 만인에 대한 평등한 운명은 바로 만인의 결핍, 빈곤, 절망이었다. 앞에서 언급했던 아동노동에 관한 의회 보고서는 또한 부모들이 자기 자식들에게 가하는 잔혹한 행위에 대해서도 이야기하고 있다. 부모가 기아에 허덕이고 있다는 사실만으로, 즉 부모의 벌이가 시원치 않아 비록 몇푼 안 되는 돈이지만 아이들이 매일 벌어오는 돈이 생활비의 적자를 메우는 데에 필요하다는 사실만이 그 행위를 정당화한다. 대중은 생산수단을 소유한 이가 산처럼 높이 쌓아올린 부의 바로 옆에서 굶주리고 있었다. 앞에서 인용한 「과거와 현재」에서 칼라일은 이렇게 말하고 있다.

영국의 상황은……이 세상에서 일찍이 볼 수 없었던 것으로 가장 불길하고 기괴한 상태라고 생각하는 것이 옳다. 영국은 부와 여러 가지 생산물, 인간의 요구에 부응한 다양한 종류의 물건으로 가득 차 있다. 그러나 한편에서는 사람들이 영양부족으로 죽어가고 있다. 영국의 토지는 이전에 받아본 적이 없는 은총을 받아 살찌고 넓어져가고 황금을 낳는 작물로 물결치고 있으며 공장이나 산업기계에 파묻혀 있는가 하면 세상에서 다시없는 가장 강력한 최고의 도구로서 가장 순종적이라고 인정되는 1,500만 노동자들로 가득 차 있다. 이러한 사람들이 여기에 있는가 하면 그들이 세운 사업, 그들이 실현한 결과도 여기에 있다. 바로 그것은 우리들 주변에 풍부하게, 넘칠 정도로 널려 있다. 그렇지만 앞에서 본 마법과 같은 불행한 명령이 내려져 있다. "여기에 손대지 말라. 너희들 노동자, 너희들 노동자 나으리, 너희들 게으른 사람들아, 너희들 중 한 사람이라도 이것에 손댈 수 없다. 너희들 중 한 사람이라도 이것을 넘보아서는 안 된다. 이것은 마법에 걸린 열매이니라."

칼라일은 나아가 현실적으로 일어난 일을 예로 들면서 이것을 보충했다.

스톡포트(체셔)의 순회재판에서 어떤 아버지와 어머니가 자식 세 명을 독살한 사건이 고발되어 유죄판결을 받았다. 즉 아이 하나가 죽으면 "매장협회"에서 약 3파운드8실링의 돈이 나오므로 그 돈을 사취하려고 했던 것이다. 고발당한 그들은 유죄판결을 받았다. 항간의 소문에 의하면 당국은 이러한 사건은 이 한 건에 그치지 않고 너무 많아 세밀히 조사하지 않는 편이 더 좋을 것이라고 넌지시 말하고 있다고 한다. 이러한 실례는 빙산의 일각 같은 것이므로 그 아래에 있는 것은 아직 드러나지 않고 숨겨져 있다. 그들도 인간인 이상 어머니와 아버지는 이렇게 말했다. "우리들은 어떻게 해야 기아에서 벗어날 수 있을까요. 우리들은 이 어두운 움막에 깊이 빠져 있는데도 구원의 손길은 너무 멀리 있군요." 그렇다. 우골리노의 기아탑(단테의 「신곡」 지옥 편에 나옴/역주)에서는 참으로 무서운 일이 일

274

어나고 있다. 가장 사랑하던 어린 고다가 아버지 무릎에 쓰러져 죽었다. 이 스톡포트의 부모는 생각 끝에 넌지시 말을 건넨다. 애절하게 굶주리고 있는 우리 어린 톰은 하루종일 먹을 것을 달라고 보채면서 울고 있다. 톰은 이 세상에서 괴로움만 당할 뿐 즐거운 일은 한 번도 맛보지 못할 것이다. 톰을 단숨에 불행으로부터 벗어나게 하려면 어떻게 하면 될까? 톰의 죽음은 운명이므로 우리들도 결국 톰의 명을 보존하는 것이 불가능한 것이 아닐까? 그와 같은 생각을 넌지시 부모들은 서로 내비쳤다. 톰을 죽인 후 받았던 것은 모두 먹을 것을 사는 데에 써버렸다. 이번에는 애절하게 굶주리고 있는 어린 잭이 살해될 차례인가, 아니면 애절하게 굶주리는 어린 윌의 차례인가? —— 어쩌면 이렇게 지독한 세입(歲入) 위원회인가? —— 적에게 포위되어 기아에 쫓긴 도시, 예를 들면 신의 노여움을 사서 몰락한 고대 예루살렘의, 최악의 비운을 겪게 되었던 폐허에서는 "동정심 많은 여자들마저 자기 손으로 자기가 낳은 아이들을 구워서 먹을 것을 만들어야 한다"는 예언이 있었다. 엄숙한 히브리인의 상상으로도 이 이상 더 암울한 불행의 심연을 생각할 수 없었다. 이것은 타락하여 신에게 벌을 받았던 인간의 말로였다. 그리고 모든 종류의 물질이 길거리에 넘쳐흐르고 눈으로 볼 수 없는 마법을 제외한 그 무엇에 의해서도 포위되어 있지 않는 근대 영국에 살고 있는 우리들은 점점 말세에 가까워지고 있는 것은 아닌가? 이러한 일이 어느 곳에서 일어나고 있는가? 이러한 일은 어떤 맥락에서 일어나고 있는가? 또 어떤 맥락에서 일어나지 않으면 안 되는 것인가?

이 사건은 1841년에 일어났다. 5개월 전에 리버풀에서 이와 똑같은 이유로 친자식 셋과 의붓자식 둘을 독살한 볼턴 출신의 베티 율리스가 체포되었던 사건이 있었다는 것을 덧붙여둔다.

주택상태를 재검토하는 것은 언제나 노동계급의 상태를 전체적으로 파악하는 데에 가장 확실한 판정기준이다. 다시 말하여 노동자의 수입이 늘고 노동시간이 짧아져서 반드시 필요한 수면시간 이외에 좀더 여가시간이 주어지게 되면 그때 비로소 주택상태가 좋아지기 때문이다. 한편 노동자의 상태가 전체적으로 나빠지면 주택상태도 항상 나빠진다. 프롤레타리아는 상태가 나빠지면 당장 생활비를 줄이게 된다. 그들은 주거비를 가장 손쉽게 절약할 수 있는 것으로 믿는다. 그러므로 짧은 밤에만 자기 시간이 주어져서 가정생활이라는 것이 밤에밖에 없다면 그들은 경우에 따라서는 밤 동안의 휴식을 동굴 속에서 취해도 만족해한다. 따라서 수백만의 노동자는 수십 년 동안 주택이라고 해야 고작 초라한 동굴에 만족하지 않으면 안 되었다. 최근에 이르러서야 비로소 주택상태가 개선되었다. 영국인 의사 헌터는 1866년 광범위한 주택조사를 실시했는데 그 가운데에서 런던에 관해서는 다음과 같이 썼다.

다음의 두 가지 사실만은 확실하다. 첫째로, 런던은 약 스무 군데의 커다란 식민지가 있으며 각 식민지에서 약 1만 명의 사람이 죽어간다. 이런 비참한 상태는 영국 이외의 다른 나라에서 일찍이 보아왔던 어떤 비참함과도 비교할 수 없을 정도이다. 그것은 무엇보다 이 사람들이 살던 지독한 주택상태 때문이다. 둘째로, 이러한 식민지의 주택에 사람이 꽉 차서 더욱 지독하게 황폐해진 상태는 20년 전보다 더 심각하다.

또다른 데에는 이렇게 쓰여 있다.

세상 사람들이 런던이나 뉴캐슬의 대부분 지역에서의 생활은 지옥이라고 해도 지나친 말이 아니다.

그리고 헌터 박사는 노섬벌랜드와 그외 지역에 거주하는 광산 노동자들의 주택상태에 대해서 언급했는데, 런던 이외의 지역에서도 노동자들의 생활은 참고 견딜 수 없을 정도라고 말하고 있다. 더욱이 브래드퍼드에 있는 노동자 보험회사 대리점의 리스트는 현대의 주택상황을 부조처럼 상세히 보여주고 있다. 보험회사에서 실시한 조사에 따르면, 이 거리에는 여섯 개의 방이 있는 집에서 한 방에 평균 열 명에서 열한 명, 어떤 방에서는 열두 명이, 방 세 개가 있는 집에서는 한 방에 평균 열세 명, 많은 경우에는 열여섯 명이, 그런가 하면 방이 두 개가 있는 집에서는 한 방에 평균 열일곱 명에서 열여덟 명이 기거하고 있었다고 전해진다. 이 경우 "살고 있다"라는 표현은 사용할 수조차 없다. 그러나 이것은 그래도 좀 나은 편이었다. 이 도시 저 도시에 엄청나게 늘어나 무리지어 떠도는 룸펜프롤레타리아트의 대부분은 지금도 아직 거처가 없어서 창고, 빈 나무통, 빈 상자, 다리 밑에서 누워 자야만 한다. 이반 블로흐(오이겐 뒤렌)가 1910년에 발행한 베르날도 데 퀴로스의 「마드리드의 범죄와 매춘」에는 이른바 골포(golfo), 즉 부랑민의 생활이 묘사되어 있다.

마치 원시인이 지구상에 살고 있는 듯이 그들은 이 도시에서 자연으로부터 얻을 수 있는 것만을 먹고 살며, 지상에 있는 것을 닥치는 대로 훔치고 있다. 양배추 꼭지를 모을 때는 도둑질이 손쉽지만, 사격장에서 탄환의 뇌관이나 파편을 훔치는 일은 위험하여, 이 경우는 대개 목숨을 걸어야 한다. 그들은 이따금 시냇가에서 물고기를 잡는다든지, 시골에 가서 도마뱀을 잡는다든지, 거리에서 쥐를 잡는다든지 해서 벌판 한가운데나 끄트머리에 자리잡은 그들의 집에서 그것들로 먹을 것을 만들었다. 더 운이 좋은 경우는 싸구려 여인

숙이나 일일 숙박소, 그들이 말하는 "룸펜 호텔"에 살면서 들어가지만 그렇지 못한 경우는 구호원이나 무료 숙박소를 찾아다녀야 하며 거기도 너무 늦게 갔을 때는 벽돌 아궁이 위에 자리를 잡거나 따뜻한 분뇨통 위에서 참고 견뎌야 하며, 아니면 마치 원시인처럼 동굴 속에서 자거나, 도시에서도 한적한 지역의 외진 곳이나, 차도 위, 남의 집 처마 밑에서 자거나 한다. 이때도 동정심이라곤 전혀 없는 야경 경찰관이 끊임없이 방해하기 때문에 자는 것이 아니라 깜빡깜빡 졸 수 있을 뿐이다.

이러한 빈민들 가운데에서도 더욱 가난한 사람은 겨울이 되면 숙박소로 피난했는데, 데 퀴로스는 그 숙박소를 다음과 같이 묘사했다.

이전에는 이 지역, 지금 암파레 거리로 불리는 옛날의 코마드레 거리에는 유명한 숙박소가 있었다. 단골 손님들은 이 숙박소를 "뚱뚱보 아저씨네 창녀집"이나 "밧줄 여인숙"이라고 불렀다. 그곳에서 묵는 사람들이 그렇게 부르는 것을 들었다. 방 한가운데에 밧줄 한가닥이 쳐 있으며 손님들이 쉴 때는 허리를 구부린 채 밧줄에 기대서 잠만 잘 뿐이다. 이밧줄은 또한 하인 역할도 했다. 그것은 뚱뚱보 주인 아저씨가 손님들을 깨울 때 그들이 일어나려고 하지 않으면, 한쪽 벽에 묶어둔 밧줄을 풀어버림으로써 자던 사람들이 순식간에 마루 위로 엎어져버리기 때문이다. 그때 아저씨는 "이 자식아, 일어나, 일어나" 하면서 큰소리로 야단친다.

이러한 숙박소는 스페인뿐만이 아니라 19세기 중엽까지는 대부분 영국이나 프랑스의 대공업 도시에도 있었다. 1840년에 그렸던 도미에의 스케치는 파리에 있는 이러한 숙박소 시설들을 적나라하게 보여주고 있다.

대부분의 프롤레타리아의 생활이란 보통 때에도 대개 아사 직전의 상태에 있지만, 자본주의적 생산양식의 숙명인 공황이 닥치면 아사가 정면으로 내습한다. 이것은 수천 명의 프롤레타리아들이 도저히 모면할 길이 없는, 어떻게 할 수도 없는

뚱쟁이와 미성년 창녀(펠리시앵 롭스, 부식동판화)

운명이었다. 아사는 실제로 이 수십 년 동안 영국 공업도시에 으레 붙어다니는 현상이 되었다. 노동자가 이와 같은 공황 시기에, 예를 들면 1866년 면직물 공업을 습격했던 대공황 때처럼, 자신들의 비참함을 호소하면서 가두시위를 일으킬 용기를 가진 경우에는 이러한 대중 비극은 그 원인 때문이 아니라 오히려 시위 사실 때문에 일반 시민의 공포를 불러일으켰다. 1866년 4월 4일 실업 노동자와 기아 노동자가 일으켰던 시위에 대해서 그 다음날 「스탠다드 신문」은 이렇게 보도하고 있다.

어제 무서운 연극이 메트로폴 일각에서 펼쳐졌다. 오스텐드의 수천 명의 실업 노동자들이 손에 손에 검은 깃발을 들고, 집단적인 행진이라고는 할 수 없지만, 상당한 인파를 이루었는데 그 자체가 사람들을 압도했다. 우리들은 이들 노동자들이 얼마나 고통받고 있는가를 생각해본다. 그들은 굶주림으로 죽어가고 있다. 그것은 간단한, 그럼에도 불구하고, 무서운 사실이다. 이러한 사람들이 4만 명에 이른다는 것이다.……현대의, 이 훌륭한 메트로폴의 한쪽에서는 세상에서 일찍이 본 적이 없는 엄청난 부가 축적되고 있음에도 한쪽에서는 4만 명의 사람들이 구원의 손길도 없이 굶주리고 있다! 이들 4만 명은 현재 그밖의 다른 지역으로도 파고들어온다. 그들은 24시간 동안 굶주린 배를 움켜쥐고 우리의 귀에 자신들의 비참함을 호소한다. 그들은 하늘을 향하여 절규한다. 그들은 초라한 공동주택에서 생활하며 일을 찾을 수도 없고 비생산적인 일이지만 걸식마저도 할 수 없다고 우리들에게 말한다. 지역 구빈세의 부담자들도 교구의 청구 때문에 빈곤의 경계선에까지 내몰렸다.

공황 때는 수십만 인간에게 "구호원(workhouse)"이 대개 아사를 모면할 수 있는 유일한 구원의 동아줄이었다. 기독교의 자선사업 단체가 굶주린 대중에게 베푸는 "구호"는 보통 한 조각의 빵과 매일 6페니가량의 위로금에 불과했지만, 그들은 그 대가로 엉킨 마사 부스러기를 풀거나 돌 깨는 작업을 해야만 했다. 이와 같은 "구호원"으로 수많은 실업자들이 몰려들었다든가, 1866년부터 1867년에 걸쳐서 면직물 공업을 습격했던 대공황 때에 이 "구호원"이 실업자들로 만원을 이루었다는 것에 관해서는 1867년 1월 「모닝 스타」의 기자가 상세하게 쓴 기사 가운데에 다음과 같이 묘사되어 있다.

나는 포플러에 있는 "구호원" 입구에 들어가는 데에 매우 고생을 했다. 거기에는 굶주린 사람들이 새까맣게 몰려들어 행렬을 이루고 있었다. 그들은 빵 배급표를 얻으려고 기다리고 있었지만, 배급시간은 아직 멀었다.

목욕(앙리 르롤, 유화)

"구호원"에 사람들이 크게 몰려들어 만원을 이룬 광경에 대해서는 이렇게 쓰여 있다.

　안마당 한쪽 모퉁이에 구루병 환자처럼 구부러진 조그만 목조건물이 있었다. 문을 열자, 빽빽이 들어찬 사람들이 서로 몸을 따뜻하게 하기 위해서 모두 어깨와 어깨를 꼭 붙이고 있는 광경이 눈에 들어왔다. 그들은 선박용 밧줄을 푸는 데에 남에게 지지 않으려고 경쟁하고 있었다. 그들이 원하는 것은 최소한의 먹거리였으므로, 아무리 긴 시간 동안이라도 일할 수 있었다. 왜냐하면 인내가 바로 명예였기 때문이다. 이 한 채의 "구호원"에만 해도 7,000명의 실업자가 수용되어 있었다. 그중에서 수백 명은 6개월 전 혹은 8개월 전까지는 이 나라에서 숙련 노동자로서 최고의 임금을 받던 사람들이었다. 자기 수중에는 단돈 한푼이 없더라도 전당포에 잡힐 물건이 아직 남아 있는 한, 교구의 구호원 따위에는 들어가지 않으려는 사람이 많지 않았다면, 여기 있는 사람들의 숫자는 지금의 배가 되었을지도 모른다.

그뿐만 아니라 이 기자는 실직한 노동자의 주택이 어떤 상태인가를 보도하고 있다. 그에 관한 여러 가지 기사들 중에서 여기에서 인용하는 두 가지는 가장 짧은 기사이다.

다음으로 방문한 집은 조선소에서 일하던, 아일랜드 태생의 어떤 아주머니 집이었다. 이 아주머니는 제대로 먹지 못해 병이 나서, 입은 옷 이외에는 아무것도 가진 것이 없이 요 위에 길게 누워 있었다. 침구를 모두 전당포에 저당잡혔기 때문에 깔개를 요로 쓰고 있었다. 아이들이 대신 어머니를 간호하고 있었지만, 그런 아이들에게는 아직 어머니의 보살핌이 필요할 것 같았다. 19주 동안 일자리를 찾을 수 없었기 때문에 이 집은 무일푼이 되어버렸던 것이다. 아주머니는 비참한 과거를 이야기하면서 앞날이 정말 암담하다며 한숨을 내쉬었다.……그 집을 떠나 밖으로 나오자 한 청년이 우리들 쪽으로 달려와서 우리 집에 오셔서 우리 가족들이 어떤가를 한번 봐주십사 하고 부탁했다. 청년을 따라가서 보게 된 광경은 그의 젊은 마누라, 사랑스러운 두 아이, 쌓여 있는 전당표, 그 때문에 가재도구라고는 하나도 없는 텅 빈 오두막 같은 방이었다.

그렇지만 공황 때, 노동자 계급을 완벽하게 습격한 대중빈곤의 이토록 참혹한 모습은 어떤 산업부문에서는, 그중에서도 특히 가내공업 노동자에게는 10년 이상 계속되었는가 하면, 이런 그들의 비참함은 인도주의자들이 한결같이 떠드는 소리에도 불구하고 현대까지 그대로 남아 있다는 점을 영국 정부 스스로 인정해야 한다. 영국의 상원은 19세기의 전환기에 실시한 이른바 스웨팅 시스템(sweating system: 노동력을 착취하는 시스템/역주)의 조사결과를 다음과 같이 정리할 수밖에 없었다.

우리들은 이 폐해를 과장할 수 없다. 최하류 노동자 계급의 수입은 가까스로 살아나갈 수 있을 정도로 적다. 노동시간이 너무 길기 때문에 노동자의 생활은 일생 동안 고통의 연속이며 작업은 혹독하고 거의가 건강을 해치고 있다. 위생상태는 노동자에게 유해한 것임은 말할 나위도 없고 일반 대중에게도 위험하다. 왜냐하면 전염병 감염의 위험이 있는 작업장에서 만들어진 의류에 병균이 묻어 있기 때문에 그 전염병이 크게 번질 수 있다. 우리들은 이와 같은 의견이 틀림없음을 믿고 있다. 우리들은 수난받는 이들이 자신들의 운명을 묵묵히 감내해가는 용기를 보고 경탄하는 우리들의 심정을 세상 사람들에게 알릴 의무가 있다고 생각한 것이다. 우리들은 과장함으로써 세상의 동정을 사는 일 따위는 전혀 생각하지 않는다.

이미 이야기했듯이 필자는 산업의 변혁과 그 발전의 시대에 노동자 계급이 쌓아올린 업적에 관해서 영국 역사에 나타난 사실과 기록을 지금까지 인용했지만, 그것은 영국이 세계에서 선두로 근대 자본주의의 대표적인 나라가 되었기 때문일 뿐, 자본주의 발달이 늦은 다른 나라에서는 영국과 같은 현상이 나타나지 않았기 때문은 아니다. 선진 자본주의 국가는 후진국에 오직 자신의 장래만을 가리켜 보여주었다. 그 때문에 위선적인 쇼비니즘은 대개 스스로를 은폐하기 위해서 가는 곳마다 자선을 베풀었다. 더욱이 독일 노동자의 상황을 설명하는 몇몇 실례는 이 점을 뒷받침해준다. 이에 관해서 나는 아주 최근의 기록을 인용하고자 한다. 1890년대의 통계에 의하면, 빈에서는 봉제공 100명 가운데 62명이 폐결핵으로 사망했다. 이 시대의 베를린 세탁부들에 관한 보고서 중에는 이와 같은 종류의 많은 기록말고도 다음과 같은 기록도 있다.

　동료의 보고에 따르면, 이 여공은 이전에는 미싱사로 여성복 재킷을 만들었는데, 그러다가 병이 들어서 지금은 셔츠 단춧구멍을 손으로 만들고 있다. 여공은 단춧구멍 한 타스에 15페니히를 받고 있다. 1주일 수입은 도매상으로부터 들어오는 주문량에 따라서 3마르크에서 4마르크 정도에 지나지 않는다.

전직 목사인 파울 괴레는 1906년에 자신이 조사한 광산의 가내 노동자들의 생활상태에 대한 팸플릿을 발표했다. 그 가운데 가내노동자의 가족수입에 관해서 다음과 같은 상세한 통계치가 있다. 장난감 제조공의 연간수입 —— 가족으로는 부인과 평균 두세 명의 자녀 —— 은 350마르크에서 기껏해야 450마르크였고, 못 제조공의 연간수입은 450마르크에서 기껏해야 500마르크였다. 여기에서 프로이센 인구의 56퍼센트의 수입이 1년에 900마르크 이하였다는 점을 첨가해둔다. 괴레는 광산의 가내노동자들의 바깥의 강요에 의한 "생활"에 대해서 이렇게 말하고 있다.

　광산에 사는 가난하고 불행한 사람들이 1년 내내 겪는 빈곤은 그들의 보잘것없는 생계나 수입상태에 따른 자연스러운 결과이다. 1년 수입이 350마르크에서 400마르크라면, 하루 수입은 1마르크7페니히 정도이다. 대개의 경우 이 1마르크7페니히로 다섯 명 이상의 가족이 먹고살아야 한다. 이것으로는 가족 1인당 20페니히 내지 30페니히도 안 될 정도이다. 더욱이 이 수익으로 주택, 의류, 연료, 등화, 특히 가족 전체에게 필요한 식료품 비용을 지불해야 한다. 이런 광경을 자기 눈으로 보지 못한 사람은 이와 같은 사실을 액면 그대로 믿지도 않을뿐더러 그러한 일은 있을 수 없다고 말할 것이다. 그렇지만 그들은 이와 같은 곡예를 벌여야 한다. 그러나 그 누구도 어떻게 그런 곡예를 할 수 있느냐고 묻지 않는다. 곡예는 먹을 것을 절약함으로써만이 가능하다. 음식물의 주종을 이루는 것은 빵과 아마인 기름(마가린 등은 비싸서 먹을 수 없으며, 진짜 버터 등은 더더욱 그렇다), 커피

신부(베를린의 석판화, 1859)

(물론 대용품에 불과할 뿐 아라비아산 진짜 커피는 입에 댈 수도 없다) 그리고 감자 등이다. 이중에서 감자가 주식이다. 꼭두새벽부터 감자이다. 물론 낮에도, 밤에도 감자이다. 광산촌의 장난감 제조공 아내들의 요리법이란 지칠 줄 모르는 창의력으로 감자를 재료로 이따금 새로운 요리를 만든다든가 감자가 그들의 허기진 배를 채워주는 것은 물론 언제나 맛있고 기분 좋도록 입에 맞도록 만드는 것이다. 육류 따위는 정말 아주 조그만 부스러기조차도 상상할 수 없으며 말고기라고 해도 엄청난 진수성찬이다. 그들이 가장 잘 먹는 유일한 고기는 청어이다. 그래서 청어는 광산촌 잉어라고도 불리고 있다.

가난한 가내노동자가 어느 모임에서 괴레 목사가 쓴 기사를 비통한 어조로 증명했다. 그 노동자는 이렇게 말했다.

우리 식구가 가지고 있는 것은, 솔직히 말해서, 우리들이 몸에 걸치고 있는 옷뿐입니다. 얼마 전에 행상 아주머니가 속옷, 침구, 기타 그 부류의 여러 가지 물건들을 가지고 우리집 문을 두드렸습니다. 그 아주머니는 이런저런 물건을 내보이면서 점점 물건가격을 내렸습니다. 저와 아내는 일을 해야만 했기 때문에 사양했습니다. 그러나 그 아주머니는 왈칵 기분이 상해서 "당신네들은 가지고 싶은 게 하나도 없어요?"라고 소리를 쳤습니다. 제 아내는 기회를 놓치지 않고 "필요하죠, 필요하죠, 수백 가지나 필요하죠, 아주머니. 셔츠, 바지, 스커트, 양말, 손수건, 이부자리, 이것저것 다 필요하죠. 그렇지만 그것을 살 수 있는 가장 중요한 돈이 한 푼도 없답니다"라고 절규했습니다.

이제까지 인용했던 모든 예는 민중이 분노하여 "고용주의 20페니히는 형리(刑吏)이다"라는 노래를 만들었던 60년 전의 광산촌의 가내노동자의 모습만이 아니다. 지금도 그와 같은 모습을 보는 것은 힘들지 않다. 지금도 말고기, 소시지 한 토막은 수천 세대의 가내노동자의 가족에게는 훌륭한 식사이다!

베를린에서 조사한 다음과 같은 수치는 대도시의 노동자 계급의 주택상황을 잘 보여준다. 1910년 통계국이 조사한 바에 따르면, 75만7,000호의 주택 가운데 21만8,000호는 방 두 개와 부엌, 25만3,000호는 방 한 개와 부엌, 4만 호는 방 한 개만, 5,000호는 부엌만 있었다. 다시 말하면 베를린에서 사는 세대 중 4만5,000세대는 지금도 아직 방 하나로 만족해야 하며 그곳에서 하나에서 열까지를 다 해야 한다. 그런데 한 세대는 평균 다섯 명이므로 방 두 개와 부엌만 있는 주택 역시 결코 넓다고 말할 수 없다. 결국 베를린 인구 중 3분의 2 이상(75만7,000호 가운데 51만5,000호)은 지금도 인간다운 생활을 못 하고 있는 것이다. 구스타프 사바트가 1896년 10월 24일자 봉제업계 신문에 썼던 "함부르크 봉제공장 두세 군데의 실태"라는 기사는 프롤레타리아의 주택이 어떤가를 잘 보여주고 있다. 사바트는 이렇게 쓰고 있다.

니데른슈트라세 지역에 일류 소매점에서 하청을 받아 일하는 한 노동자가 살고 있다. 이 노동자의 집을 가려면 우선 그 앞집에서 거의 10미터 정도 되는 좁고 침침한 길을 지나야만 한다. 이 길의 폭은 거리에 면한 입구가 1미터, 중간은 86센티미터이다. 길을 지나가면 조그만 동네가 있는데, 바로 거기에 유명한 함부르크의 빈민굴이 있다. 좁고 급경사진 계단을 올라가면 2층으로 된 아파트가 있다. 계단은 굉장히 가파르기 때문에 올라갈 때도 무릎이 계단에 부딪치지 않도록 무척 신경을 써야만 한다. 그러나 이 계단은 내려올 때가 더 위험하다. 이 노동자의 말에 의하면, 그들은 익숙해져 있지만, 아이들은 계단에서 곧잘 굴러떨어지곤 한다고 한다. 아파트에 들어서면 그곳이야말로 생지옥이다. 아파트 시설은 이 세상의 것이라고는 상상할 수 없을 정도로 형편없다. 그 내부는 칸막이로 셋으로 나뉘어 있는데, 그들은 그 하나하나를 방이라고 부르고 있었다. 작업장으로 쓰고 있는 방은 그다지 크지 않은 작업대와 미싱, 찬장 등으로 꽉 차 있어서 공간이라고는 두 사람이 동시에 가까스로 드나들 수 있을 정도이다. 소위 거실이라는 곳에는 침대 대용으로 쓰이는 소파, 서랍장, 식탁 그리고 의자 두 개가 있는데 그것만으로도 방이 꽉 찬다. 세번째 "방"은 창문이 없어서 방 속은 칠흑같이 어둡고 옆방으로부터도 공기도 빛도 들어오지 않는다. 이곳이 침실이지만 너무 좁기 때문에 침대 두 개만으로도 꽉 찬다. 더욱이 천장이 너무 낮아서 보통 키 정도의 사람도 머리가 바로 천장에 닿는다. 이 아파트 한 가구에 살고 있는 가족은 모두 여섯 명으로 부부와 아이들 넷이다. 그냥 듣기에는 2층에다가 방 세 개짜리 집이라면 어딘지 모르게 근사해 보이겠지만 황금빛이라고는 아무 데에서도 찾을 수 없었다.

그런데 노동자의 경제적 상황은 노동자들의 조직적인 힘이 커감으로써 초기 대공업 발달시대에 비해서 어느 나라에서나 근본적으로 개선되었다고 말하는 사람도 있겠으나, 한편으로는 오늘날에야 비로소 겨우 근대적인 상품생산 단계에 발을 들여 놓은 스페인이나 이탈리아 같은 국가는 아직 대중빈곤 초기의 적나라한 모습을 드러내고 있다는 점을 덧붙여 인식해야 한다. 가령 스페인에는 아직 수천에 이르는 사람들이 지금도 1년 내내 동굴에서 살아가고 있다. 이 동굴은 최하층의 빈민들이 도시 근처의 구릉이나 산의 부드러운 모래땅을 쇠붙이로 파서 만든 집이다. 마드리드에는 이와 같은 동굴 집이 큰 동네를 이루고 있다. 물론 그것은 이곳뿐 아니라 그 외의 도시에도 많다. 베르날도 데 퀴로스는 앞에서 인용한 책에서 주택구조, "낭비" 그리고 동굴 집에 거주하는 사람들을 위협하는 위험을 이렇게 쓰고 있다.

마드리드의 동굴 거주민의 중심지는, 요즈음은 사람이 살지 않는 황무지로, 파세오 델 레이(왕의 산책로)가 아레네로스 구릉까지 이어져 있는 산중턱에 자리잡은 마타네 델 프린시페 포이다. 가족이 없는 유랑민들인 젊은 골포 즉 부랑자, 걸인, 매춘부들이 자기가 살 동굴 집을 만들기 위해서 산에서 갱도를 파고 있다. 그 성격으로 볼 때 잠자리용과 진짜 동굴 두 가지가 있다. 둘 중 어떤 곳에는 열두 명이 넘는 사람들이 살 수 있을 정도로 큰 것도 있다. 골포들이 숟가락이나 양철 조각 따위로 튼튼하게 이러한 동굴을 팠던 것이다. 그들은 입구의 4분의 1가량은 벽돌로 쌓아 그곳에 사는 사람들을 모두 수용할 수 있도록 동굴을 만들었는데 그 하나하나는 토목기술의 걸작품이라고 할 수 있다. 그러나 인간의 손이나 자연의 힘으로 다시 파괴된 동굴도 많이 있다.

마치 양치기가 자기 양떼를 정성껏 돌보듯이 골포들은 이런 동굴을 지키는 것을 큰일로 여기고 있다. 조금 전까지는 난폭한 남자, 즉 직업적으로 폭력을 휘두르던 사람으로 일종의 정치를 행했지만 이제는 자신의 죄의 대가를 치르고 있는 것이다.

동굴 속에는 생활하는 데에 특히 필요한 것들이 갖추어져 있다. 예를 들면 겨울을 대비한 거적이라든지 일상 부엌 용구에서부터 토층이나 갈라진 벽 틈에는 인쇄물이나 종이조각들이 있으며, 특히 범죄인의 생활에 관한 통속소설의 동판화도 눈에 띈다. 우리들은 그 속에서 콩데와 살라자르가 쓴 「여왕 도적」이나 페르난데스와 곤살레스가 쓴 「호세마리아

와 템프라닐레」를 보았다. 서민들은 이와 같은 책을
실제로 즐겨 읽지만, 그렇다고 해서 이러한 사실들
을 그렇게 중시하지는 않는다. 그들은 동굴 입구에
있는 화덕에서 요리를 하거나 식기를 씻으며 또 화
장을 하기도 한다.

여기에서는 산사태와 범람과 같은 큰 위험이 동굴
인들의 생활을 위협하고 있다. 우리들은 한 예로 감옥
부근의 비탈이 무너져 "골포들의 여왕"이 깔려죽은 사
건을 상기하고 오싹했다. 호우 때는 가장 용감한 사람
마저도 죽음으로 몰아넣을 것이다. 참으로 무시무시
한 급류가 산꼭대기에서 흘러내려와 여기저기 있는
동굴을 전부 휩쓸어버리는 경우도 있다. 이때 급류에
휩쓸린 사람은 급류와 함께 아래로 흘러내려가야만
목숨을 건질 수 있다. 이와 같은 일은 동굴인들의 생

스페인의 농염한 매춘부(1880)

활에서 드물지 않게 일어나는 에피소드이다. 동굴 안에서는 남녀노소가 뒤섞여 잡혼 생활을
하고 있는데 내일 밤도, 또 내일 밤도 이토록 슬픈 사람들 중 살고 있는 동굴 집은 안전하게
보호받지 못한다. 이곳 사람들이 한 사람이 숨을 쉬기 위해서는 몇 세제곱미터의 공기가 필
요한지 고려하고서, 그 지식을 바탕으로 만든 통풍망도 막히는 경우가 자주 있다.

스페인을 여행하는 보통 사람은 대개 그라나다에 있는 집시들의 동굴 집만을 볼
만한 것으로 생각한다. 이때 여행자는 소위 집시의 왕이 살던 동굴 집으로만 안내
된다. 이것은 돈을 잘 쓰는 외국인을 위해서 만들어진 것이다. 그렇기 때문에 이
동굴 집은 집시들이 살던 집의 진짜 모습도 아닐뿐더러, 보통 동굴 집의 모습도 물
론 아니다. 그럼에도 불구하고 여러 가지 점에서 볼 때 이러한 동굴 집에 사는 사람
들 쪽이, 도시 구석의 더럽고 온갖 병균과 절망의 끊임없는 습격을 당하는 빈민굴
로 내몰린 대부분의 프롤레타리아트에 비해서 부러운 사람들로 간주되고 있다. 바
르셀로나나 마드리드 거리를 걸어가면서 이런 빈민굴 주택을 한번 본 사람은 진짜
비참함이 어떤 것인가를 목격할 것이다. 스페인의 공업은 대규모적이지는 않았지
만 그럼에도 부녀자와 어린이들의 지옥 같은 상황은 이 나라에도 어김없이 갖추어
져 있다. 그와 같은 지옥 중에서도 가장 무자비한 상황은 스페인에서 태양열이 가
장 강하다고 일컬어지는 남부지방의 안달루시아에서 커다란 입을 벌리고 있다. 그

것은 바로 그라나다의 유명한 국영 담배 공장이다. 그 희생자는 5,000명의 담배 공장 여공들이다. 여공들은 손가락을 재빨리 놀려서 날마다 3,000개피의 담배를 말아야 한다. 이 국영 담배 공장을 찾는 사람의 눈앞에 펼쳐지는 광경은 소름이 끼칠 정도이다. 길이 150여 미터에 이르는, 천장이 낮은 터널 속에 여공들이 다섯 줄로 빈틈없이 의자에 걸터앉아서 담배통을 향해서 몸을 앞으로 숙이고 있다. 5,000명의 여공들이 오직 이 한 군데 터널 속에서 일하고 있고 수천 파운드의 담배가 작업대와 작업통 속에 꽉 쌓여 있지만, 신선한 공기가 들어오는 통풍창은 하나도 갖추어져 있지 않다. 스웨덴 소설가 안데르센 넥쇠가 최근 「안달루시아 여행기」에서 여자와 어린 아이가 함께 있는 그라나다의 이 지옥을 생생하게 묘사했다. 어린이들이란, 많은 여공들 옆에 놓여 있는 요람 속에서 자고 있거나 놀고 있는 그녀들의 어린 아이들을 말한다. 스페인의 가난한 담배 공장 여공들은, 슬프게도, 돌봐줄 사람이 없는 자식들을 공장에 데리고 와서 아이에게 햇볕 대신에 지독한 담배 먼지를 뒤집어씌우고 있다. 이런 상황을 넥쇠는 이렇게 묘사한다.

거기에는 —— 우리들 바로 앞에 있는 담배 상자와 작업대에 반쯤 가려진 아래쪽에는 —— 편편하게 깎은 막대기로 얽어 짠 목제 요람이 있다. 그 곁에 앉아 있는 핼쑥한 여인은 두통을 가라앉히려고 양쪽 관자놀이에 흰 고약을 붙이고 있다. 담배에서 나오는 갈색 먼지가 여인의 머리카락과 요람 안에 있는 흰 이부자리 위에 수북히 쌓여 있는가 하면 어린아이의 도톰한 콧구멍 가장자리에 모여 있다. 한편 갓난아이는 소음과 먼지 투성이인 공기도 아랑곳없이 새근새근 자고 있다. 그러나 그 아이의 볼에는 홍조라고는 전혀 찾아볼 수 없다. 그 어머니의 표정을 보면, 비뚤어진 것 같은 얼굴에 아이가 울 때마다 미소가 나타나곤 한다. 그것은 마치 석회를 하얗게 칠한 담벼락이 붉은 태양빛을 머금은 것 같다.

터널을 따라서 또다른 요람들이 늘어서 있다. 그것은 모두 40여 개 정도이다. 어떤 요람 속에는 갓난아이가 가만히 앉아서, 마치 담배말이 일을 연습이나 하고 있는 듯이 담배를 장난감으로 가지고 놀고 있다. 내가 갓난아이 하나에게 가까이 다가가자 그 아이는 겁에 질려서 자기 어머니에게 "엄마 저 아저씨 아는 사람이야?"라고 물었다. 옆에 있는 여자들은 큰 소리로 웃었고, 그 아이 어머니는 힐끗 나를 쳐다보더니 웃으면서 고개를 저었다.……

그곳에는 공기가 희박한 곳에서 살고 있는 천사, 곧 저 깊은 하수구 속에서만 번식하는 박테리아가 있다. 그러나 이런 박테리아인들, 인간도 그렇듯이, 이곳에서 살아갈 수 있을까? 여기에는 모든 위생학을 조소하면서 3대에 걸친 여인들이 의자에 걸터앉아 4대째 어

소풍(핀고트, 석판화, 1859)

린아이를 콧노래를 부르면서 교대로 얼르고 있다. 그들은 우리들에게 40세가량 된 어머니를 소개해주었다. 그녀는 울고 있는 갓난아이에게 젖을 먹이고 있었다. 이 공장에는 80여 년간 일하고 있는 106세 된 노파도 있었다.

이러한 사실은 봉건제도가 붕괴하는 과정에서 나타나게 된 부르주아적 자유와 만인의 행복이라는 사상이, 자본주의가 노동자 계급에게 현실적으로 어떻게 살아가도록 했는가를 증명하는 극소수의 기록이다. 나는 이에 관한 예를 산더미만큼 제시할 수 있다. 왜냐하면 이와 같은 현상, 즉 자본주의가 성립되는 곳이면 어디에서나 —— 오늘날에는 자본주의가 어떠한 벽촌이라도 지배하고 있다 —— 자본주의가 창출한 거대한 부에는 언제나 대중빈곤이 따르는 것이 그 특징이기 때문이다. 빈곤이 이토록 광범위하고도 놀라운 양상으로 지금까지의 유럽 세계사에 기록된 적은 한번도 없었다. 빈곤은 이제 산발적으로 나타나는 현상이 아니다. 자본주의 성립과 더불어 빈곤은 대부분의 인간에게는 모면할 수 없는 대표적인 숙명이 되었다. 부르주아의 발전에 대한 보수적인 반대파는 혁명이 불러일으킨 광경에 공포감을 부여하기 위해서 프랑스 대혁명의 공포를 수천에 달하는 그림과 문장으로 묘사했다. 확실히 부르주아 국가는 온몸에 피의 세례를 받았고 근본적으로 그럴 준비가 되어 있었으므로 급기야 피투성이가 되었다. 대공업의 증조 할아버지와 증조 할머니 뻘이 되는 우리의 상업 자문관(Kommerzienrat : 1919년까지 상공업 부문의 공로자에게 준 칭호/역주)이나 은행장은 결코 고상한 부류의 인간들은 아니었다. 그럼에도 무지한 이나 위선자만이 혁명의 공포에 대해서 이른바 "마음 속의 깊은 분노"를 숨김없이 털어놓는다. 프랑스 혁명이 낳은 무서운 행동도 전체적으로 보다면, 프롤레타리아의 육체를 야금야금 갉아먹고 수십 년에 걸쳐서 대공업의 변혁과 발전이 제멋대로 난폭하게 굴었던 행동에 비하면 마치 어린이의 유희와 같은 것이었다. 기요틴(단두대)은 전부 합쳐서 5,000명도 안 되는 사람의 목을 잘랐지만, 근대 자본주의, 즉 작금의 거대자본은 긴 세월에 걸쳐서 인류의 5분의 4의 뜨거운 피를 빨아먹으면서 이룩된 것이었다.

그런데 행여 독자들이 봉건제도의 신봉자를 끌어내어 그에게 농촌의 목가적인 상태를 바리새인처럼 지껄이게 한다면, 지금까지 설명한 것은 불충분할 뿐 아니라 새빨간 거짓말이 될 것이다. 만약 독자가 농업 노동자의 운명은 절망적이지만 그렇게까지 지독한 상태는 아니라고 말한다면 그것은 말하자면 극단적인 특징이 아닐 것이다. 이 경우에도 주택상태만 들어 이야기해도 충분하다. 농업 노동자의 주택상태는 어떤 묘사라도 모조리 일축해버릴 것이다. 이에 관해서는 앞에서 인용했던 헌터 박사가 1865년에 실시한 주택조사 보고서에 나오는, 짧지만 모든 상황을 말하고 있는 다음에 열거한 세 가지 증거만으로도 충분하다.

버크셔의 예는 이렇다.

8가(街)에서는 집 한 채가 (1주일 간격으로) 임대된다. 이 집은 폭이 2.1미터, 높이가 4.5미터, 부엌 높이가 1.8미터이다. 침실에는 창이나 난로, 출입구도 없을뿐더러 통풍창도 없다. 마당 한 뼘도 찾을 수 없다. 얼마 전까지 한 남자가 다 큰 딸 둘과 아들 하나와 함께 이 집에서 살았다. 아들과 아버지가 한 침대에서 잤으며, 딸 둘은 복도에서 잤다. 이 가족이 여기에서 살 때는 딸 둘에게 아이가 하나씩 있었는데 딸 하나는 해산하기 위해서 "구호원"에 가서 아이를 낳고서 다시 돌아왔다.

베드퍼드셔의 예는 이렇다.

조사한 열일곱 채 가운데 네 채에는 침실말고도 방이 많았지만, 역시 사람들로 초만원이었다. 오직 잠만 자는 비좁고 누추한 집 안에는 아이들 셋을 데리고 있는 어른 세 명과 여섯 명의 아이들이 있는 부부 한 쌍이 살고 있었다.

성홍열이 휩쓸던 당시를 묘사한 버킹엄셔의 예를 보자.

열병에 걸린 젊은 여자가 밤에는 한방에서 아버지와 어머니, 그 여자의 사생아인 남자아이 둘, 남동생 둘, 그리고 여동생 둘, 그 여동생들의 사생아 둘 해서 모두 열 명과 함께 자고 있었다. 몇 주 전만 해도 이 방에서는 열세 명의 아이들이 누워잤다.

그러나 이와 같은 예는 예외적인 것이 아니다. 헌터 박사의 보고는 어느 페이지나 모두 같은 어조이다. 그리고 독일의 경우는 지금도 같은 상황이 계속되고 있다.

농장 고용주가 농업 노동자들에게 허용한 공기와 음식물은 그들이 살아가는 데에 꼭 필요한 최저량뿐이었다. 그리고 교육의 경우도 자기에게 이익이 되는 정도밖에 허용하지 않았다고 해도 실제로 이상할 것이 하나도 없다. 이에 대한 증거로는 동 (東)엘베 의회에서 농장 출신의 국회의원이 최근 농촌지방에 보습학교를 설립하는 데에 반대하면서 행한 연설이 있다. 그 의원은 이렇게 말했다.

여러분들은 보습학교를 통하여 특별히 건실하고 근면하고 열성적인 인간을 만들 수 있으리라고 생각하고 계십니다. 그것은 훌륭한 생각이십니다. 그러나 나는 국민 경제력이라는 것이 가능한 한 높은 교육수준에 의해서 규정된다는 의견에는 찬성할 수 없습니다. 어느 정도의 교육은 필요하겠지만 너무 많이 가르치면 오히려 해가 됩니다.(큰 웃음소리) 청년들은 고전학에 대한 교육을 받으면 곧 육체노동을 하려고 들지 않습니다. 특히 나 같은 지주들은 세 명 또는 다섯 명 이상의 청년들이 모여서 함께 이야기를 하게 되면 그들이 더 이상 일을 하려고 하지 않게 되어 신경이 쓰입니다. 원래 초등학교는 아이들에게 필요한 지식을 가르치는 것을 목적으로 하고 있었습니다. 육체노동을 해서 생활비를 벌지 않으면 안 되는 데에도 종교 외에도 산수나 읽고 쓰기까지 배우려는 인간은 마치 지식계급인 것처럼 행세합니다. 농촌에 필요한 것은 육체노동입니다. 육체노동을 하기 위해서 태어난 인간이 도대체 무엇 때문에 머리에 많은 지식을 집어넣어야 합니까? 나로서는 전혀 이해되지 않습니다. 청년들은 여러 가지 도구에 대해서 너무 많이 알지 않는 편이 더 행복합니다. 현대와 같이 인본주의적인 이상이 만연해 있는 한 이 세상은 잘 굴러가지 못할 것입니다. 청년들의 방종을 주먹으로 억눌러서 단념시키지 않으면 무엇 하나 제대로 만들 수 없습니다. 만약 교사들이 청년을 단념시킬 수 없다면 그 교과서는 피소되어야 합니다. 그 때문에 교육계에서는 이러한 주먹을 모두 알고 있는 듯한 표정을 짓고 있습니다. 만약 집행권을 가진 국가권력에 그들을 세게 억눌러도 된다는 권리가 주어진다면, 보습학교 따위는 필요 없을 것입니다. 나는 그것이 바람직하다고 생각합니다. 우리들의 신께서는 이 세계를 지배하시고, 곤봉은 인간을 지배합니다.

이 연설은 결코 독창적인 것이 아니다. 그것은 신의 최고의 법률로서 어떤 것은 박차를 가지고 태어나며, 어떤 것은 채찍을 가지고 태어난다고 선언한 사람들이 오래 전부터 애용했던 변함없는 처방전이다. 그렇지만 이 처방전도 사실상 그외의 다른 어떤 것을 의미하지는 않는다. 이 점에서 역시 그 처방전은 의회 의사록으로서의 문화사적인 가치가 있다. 그것은 너무나 노골적이었다는 장점만을 지니고 있다. 더욱이 이 연설은 아주 최근에 있었던 것이다.

정치적, 경제적 측면에서와 마찬가지로 성적 측면에서도 관념이 그 대립물로 완전히 전화하는 것이 근대 자본주의 발달에 따른 논리가 되었다. 나는 이 대립물, 즉 앞에서 이야기한 바 있는 부르주아적인 성사상으로서의 일부일처제를 이상으로 하고 그 이상에 열광하는 정열적인 연애가 현실적으로 마침내 어떻게 발전했는가를, 대표적인 실례를 들면서 이야기하려고 한다. 이 점에 관해서는 앞으로 더 자세하게 설명할 생각이므로 여기에서는 대략적인 윤곽만을 말하고자 한다. 그것은 자본주의의 선각자가 가진 최고의 성사상과 부르주아 시대에 나타난 실질적인 연애행위 사이의 모순으로부터 자본주의적 도덕의 본질이 드러나기 때문이다. 이것은 결론을 내릴 때 다시 서술할 것이다.

사물의 발전이 어떻게 해서 각 방면에서 즉각적으로 대립물에 이르렀는가를 파악하는 것은 그렇게 어렵지 않다. 부르주아 시대에는 어떤 형태의 방탕이나 성에 관한 모든 악덕도 예비되어 있다. 사람들은 특이한 방탕의 양상을 더욱더 음란하게 묘사할 수 있지만, 그런 식으로 묘사하지는 않는다. 이러한 현상은 사회의 두 극, 즉 상류층에도, 하류층에도 해당된다. 한편 사람들은 자본주의가 발달함으로써 성적 측면에서 나타나는 무서운 악덕이나 범죄를 자본주의의 내적 모순에 의해서 설명하지 못했다. 부르주아 시대에는 아무리 세련되었다고 할지라도 결국 그 결실을 맺을 수 없었던 앙시앵 레짐 때와 같은 방탕 따위는 눈에 띄지 않는다는 점을 곧 인식하게 된다. 그렇지만 자본주의적 대중현상으로 고양시킨 덕택에, 무도할 정도로까지 뻔뻔스러운 방탕이나 빈곤이 인간을 도덕적으로 타락시키는 현상이 나타났다.

자본주의가 발달함으로써 —— 최초의 현상에서부터 —— 대규모로 부를 축적한 자본가라는 계급은 온갖 사치스러운 향락에 빠질 기회를 가지게 되었다. 자본주의 이전 시대에는 권력을 장악한 전제군주와 대금융 자본가나 부유한 궁중귀족들만이 자신들만을 위해서 만들어진 향락을 누렸다. 이것은 다름이 아니라 절대주의 시대에는 극소수 사람들만이, 기껏해야 200명 정도의 사람들만이 즐길 수 있었던 것을 오늘날에는 수십만 명의 사람들이 즐기게 되었다는 것이다. 실제로 오늘날에는 수십만의 사람들이 이처럼 극도로 사치스럽고 에로틱한 대접을 받게 되었다. 무엇이든지 할 수 있다는 자신감과 함께 각국의 수천 명의 사람들은 마치 서로 상의나 한 듯이 힘이 미치는 한 세련된 에로틱한 방탕에 빠지고 싶다는 욕망을 드러냈고, 그것은 갈수록 나날이 새롭게 나타나고 있다. 확실히 이 욕망은 최후의 욕망이다. 수백만에 달하는 대중을 마치 미치광이처럼 혹사시키기 위해서는 비상하게 머리를 굴려야 했으므로, 그들은 그 배출구로서 매우 강력한 마약을 탐하게 되었다. 순진한 양치기가 지은 전원시 따위는 혼란해진 신경을 진정시키거나 순화시키지 못했다. 더구나 새로운 자극을 주지도 못했다. 그러한 사람들에게는 지극히 일시적인 향락만이 있을 수밖에 없었다. 세련된 사랑의 진수성찬을 먹고 싶어하는 대중적인 요구에 의해서 이 방면에도 자본주의적으로 조직된 영업이 대두되어 아주 광범위한 요구까지 충족시켜주게 되었던 것은 지극히 자연스러운 일이다. 특별히 에로틱한 향락을 맛보고자 하는 행위는 손님들로서는 이제 그렇게 어려운 일이 아니었다. 이것 또한 커다란 요구였다. 그들은 언제나 어떠한 향락이든지 맛볼 수 있었으며, 또 맛보지 않으면 안 되었다. 그들은 1주일에 한 번이나 이틀에 한 번, 때로는 매일 두세 시간, 지극히 기분 좋게 또 아주 고상하게 제공되는 향락을 누릴 수 있게 되었다. 즉 그들은 이전부터 연애도 일종의 상거래라고 생각하고서 포목을 사고 팔 때와 같이 거리낌없이 돈을 지불했다. 최고의 자연력으로 금지한다면 또 몰라도 인간의 힘 따위로는 도저히 이 영업의 외적인 정당성을 파괴할 수 없었던 것이다. 이 문제의 바탕에도 자본주의 발달의 결과, 인간과 인간 사이의 모든 관계에서 이상적인 광채가 조직적으로 잘려나감으로써 그 관계가 금전수수 관계로 변질되어버렸다는 전제가 분명히 있었다. 여자라고 하는 존재는 어떤 의미에서 모두 가격이 매겨지고 있었다. 따라서 아무리 변덕스럽거나 터무니없는 기준일지라도, 여자에게 정확한 가격을 매겨두어야 했다. 그리고 모든 사물에는 마찬가지로 빈틈없이 "가격"이 붙어 있었다. 때로는 엄청나게 비싼 것도 있었지만 반드시 "가격"은 형성되어 있었다. 따라서 어떤 욕망을 채우고 싶다는 것은 자신이 도대체 어느 정도의 돈이 필요한가라는 문제가 된다. 그것이 최후의 결론이다. 오늘날에도 자신의 변덕을 충족시키기 위해서 여유 돈을 쓸 수 있는 사람은 어떠한 변덕이라도 충족시킬 수 있다. 이것을 증명할 수 있는 예는 실제로 많이 있다.

어떤 대부호가 파리의 거리나 불로뉴 숲이나 다른 곳에서 품위 있는 숙녀를 만났다고 하자. 이 대부호는 그 숙녀를 보는 순간 욕정이 도발되어 손에 넣고 싶은 욕심이 끓어오를 것이다. 그것은 그 여자와 결혼하고 싶어서가 아니라 오직 음란하게 즐기고 싶다는 마음 하나 때문일 것이다. 그리고 대부호는 대개의 경우 그 숙녀를 손에 넣을 수 있다. 설령 상대방 숙녀가 유부녀이거나 상류계급 여자라고 하더라도 어김없이 "가격"이 항상 붙어 있기 마련이니까. 상대방 여자에게 관심을 둔 신사가 반드시 해야 할 일은 밀회의 집(메종 드 랑데부)을 정하고 거기에 속달우편을 보내는 일이다. 오늘날의 파리에는 이런 장소가 90개에서 100개 정도 있다. 여자에게 정신이 빼앗긴 신사는 그 여주인에게 자신의 요구사항과 상대방 여자에게 얼마나 돈을 내야 하고 그녀는 어느 정도 요구할 것인가를 문의한다. 이 신사의 요청을 받은 여주인은 모든 것을 최대한 짧은 시간 내에 처리해준다. 이것이 유감스럽게도 지어낸 이야기가 아니라는 점은 확실한 기록이 증명한다. 프랑스 저술가 모리스 탈메르가 몇 년 전에 세상을 뜬 파리 조사국의 국장 포바로의 요청과 후원하에 이러한 밀회의 집에 관해서 조사해서 최근 발표한 대규모의 보고서는 이와 같은 뚜쟁이의 행동과 상황을 극히 상세하게 보여주고 있다. 모리스 탈메르는 면회인에게 아무쪼록 필요한 내부 사정을 확실하게 파악하고자 미리 여주인들에게 부탁해놓은 경찰국 고급간부의 안내를 받으며 이러한 밀회의 집 중에서도 가장 유명한 곳을 하나하나 둘러보았다. 두 개의 실례를 들었는데 그것은 일정한 금액을 치르면 "어떤 주문이든 틀림없이 이루어진다"는 것을 증명해준다. 가장 고급스러운 밀회의 집 중 하나를 경영하는 여주인은 다음과 같이 그 자초지종을 밝히고 있다.

최근에 어떤 신사분이 어디어디에 사는 숙녀와 알고 지내고 싶다면서 저희 집으로 찾아와서, 만약 필요하다면 자신은 4만 프랑까지는 낼 수 있다고 저에게 부탁했답니다. 그래서 저는 그 숙녀를 찾아가서 제 명함을 건네주었지요. 그 숙녀는 저를 만나주었지만, 무척 기분 나빠했습니다. "어디 사시는 누구신지요?" "당신은 제 명함을 보시지 않으셨나요?" "보았어요. 그렇지만 난 댁의 명함 따위에는 관심도 없답니다." "부인, 실은 제게 친구가 있는데요, 그쪽에서 당신과 어떻게든 가까이 지내고 싶다고 말씀하셨어요.……그분은 돈을 아주 잘 쓰시는 분이랍니다." "도대체 무슨 말씀을 하는 건지 모르겠군요. 또 당신이 무슨 일로 저희 집을 찾아오게 되었는지도 전혀 모르겠네요." "실례합니다만, 당신은 제 명함을 가지고 계신가요?" "네, 가지고 있어요." "그것을 당신이 가지고 계신다고 해서 나쁠 것은 없겠죠.……만약 사정이 허락하신다면, 저에게 편지를 해주세요.……실례했습니다, 부인." "안녕히 가세요, 부인." 그로부터 8일째 되는 날 편지가 왔습니다. 우리집 건너편에 있는 백화점의 독서실로 나오기를 바란다고 썼더군요.……제가 그곳으로 나가자 그 부인은 내 얼굴을 보면서 뻔뻔스럽게 이렇게 말했습니다. "저, 부인, 일전에 저희 집에 오셨을 때, 부인께서 매우 관대한 말씀을 하셨던 것을 기억하고 있어요.……당신께서 그때 제게 도대체 무슨 말씀을 하셨는지 저로서는 도저히 이해할 수 없었어요. 괜찮다면 좀더 상세하게 말씀해주실 수는 없을까요?" "부인, 사실 제게는 친구가 있어요. 그쪽에서 1만 4,000프랑을 낼 수 있다고 하십니다." "저, 제가 한번 생각해보겠어요.……부인, 그럼 실례하겠어요." "안녕히 가세요, 부인." 다시 8일이 지나 그 부인에게서 편지가 왔는데, 일전에 만났던 곳에서 한번 더 만나자는 내용이었습니다. 저는 그 부인을 만나서 물었습니다. "부인, 생각해보셨어요?" 그러자 부인은 담담하게 말했습니다. "생각해봤어요, 부인. 그 정도로는 너무 싼 것 같군요." "저, 그러면 그 신사 분께 말씀드려보겠습니다." 그래서 그 거래는 2만 프랑으로 이루어졌습니다.

또다른 밀회의 집의 여주인의 다음과 같은 말도 앞의 것과 전혀 다를 바 없다. 이 경우 면회자 모리스 탈메르는 남자 손님들이 상대방 숙녀가 어떤 여자인가를 항상 알고 있는가에 대해서 우선 물어보았다. 이에 대한 답은 다음과 같다.

"그게 바로 문제이지요.……일반적인 거래에서는 결코 이름을 말하지 않는 것으로 되어 있답니다. 그렇지만 소위 값비싼 거래에서는 상대방 여자의 이름을 언제나 말씀드리게 되어 있지요. 말씀드린다는 것은 이 경우 이름이 가격의 일부이기 때문이죠. 사정에 따라서 거래는 이름만으로 좌우되기도 합니다. 가령 어떤 손님이 저희들을 통해서 어디어디 사는 숙녀와 가깝게 지내고 싶다고 주문을 하는 경우가 여기에 해당하지요. 손님들은 종종 우리들에게 사교계 숙녀들의 집으로 찾아가게 하죠. 그래서 이번에는 우리들이 사교계 숙녀와 함께 값이 매겨진 숙녀들 집으로 가게 됩니다.……이럴 때 우리들은 이중의 방법으로 일을 처리해나갑니다. 다시 말하면, 대상이 되는 숙녀들에게 여주인 집에 고용되어 있는 정보를 담당하는 여자를 붙여놓든가 아니면 직접 우리들이 맡는답니다.……우리들은 대개의 경우, 일명 사냥개에게 일을 명령하게 되는데 매일 아침마다 그 숙녀의 집을 찾아가게 하지요. 명령을 받은 사냥개 여자는 눈에 띄지 않게, 기껏해야 주문품을 보낸다거나 주문을 받아오든지 하며, 오직 마담하고만 이야기하고 용무를 듣는 정도로 관계합니다. 그런 여자는 어차피 만나주지 않거나 우리집 개가 그 여자와 부딪친 곳에서 쫓겨나는 정도가 고작이에요. 일반적으로 그런 여자는 만나주질 않지만, 만나주지 않는다고 해서 또는 우리집 개가 그 여자 집에서 쫓겨났다고 해서 실망하는 것은 아직 시기상조죠. 이런 일은 결국 가격 문제라는 것을 알게 될 것입니다. 우리들은 여염집 부인들을 상대할 때는 다른 방법을 쓰지요. 그래도 주머니에 돈이 가득 들어 있는 양반들은 그런 여자에게도 예사로 다가갑니다. 이런 숙녀들도 값을 너무 낮게 이야기하면 얼굴을 붉히지만, 값이 높을 때는 부끄러움 따위는 그다지 문제로 삼지 않더군요.……그 다음에는 제가 직접 나서서 세련되게 일을 처리할 수 있습니다. 아니면 저는 예를 들면 그 숙녀가 어느 양장점을 잘 가는지를 조사합니다. 그리고 나서 그 양장점 주인과 얼굴을 터놓게 되죠. 그런 뒤에 점찍어놓은 숙녀가 양장점에 있을 때에 일부러 들어가서 그쪽과 이런저런 잡담을 주고 받습니다. 저는 그 숙녀의 화장 맵시를 입이 닳도록 칭찬하고 한술 더 떠서 여러 가지 이야기를 하면서, 이야기 틈틈이 예의 그 이야기를 끄집어낸답니다. 그리고 이쪽 계획에 양장점 마담을 끌어넣는 일도 있습니다. 그러나 마담이 저의 뜻대로 행동하지 않을 때는 양장점의 가게 아가씨를 언제나 이용할 수도 있지요. 그래서 제가 직접 맞대놓고 말할 수 없는 이야기는 가게 아가씨가 상대편 숙녀에게 건네줍니다.……" "그러면 가게 아가씨는 그때 어떤 얘기를 하게 되지요?" "언제나 돈 얘기죠.……가게 아가씨는 그 숙녀에게 눈에 확 띌 정도로 화장하게 한 뒤에 저와 만날 수 있도록 다리를 놓아줍니다. 그쪽에서 가격을 딱 부러지게 이야기하지 않을 때는 아가씨는 온갖 방법을 동원하여 가격을 정하려고 애쓰지요. 여자에게 이쪽 이야기가 통하지 않을 때는 적어도 당분간만은 가게 아가씨에게 그 이야기를 하지 말도록 합니다. 말이 통했을 때 (그것은 얼굴 표정으로 곧 알 수 있습니다)는 그곳에서 즉시 거래가 이루어집니다. 그외에 그 여자가 자동차를 가지고 싶다고 희망할 때는 우리들은 그쪽과 연락을 취하기 위한, 실제로 목적한 대로 구실이 생기게 됩니다. 이럴 때 저는 이런저런 구실을 붙여서 그 숙녀의 집을 방문합니다. '부인, 실례하겠습니다. 어떤 분께서 나에게 부인의 자동차 이야기를 하시더군요. 나 역시 자동차 하나를 가졌으면 하는 계획을 가지고 있답니다. 나는 부인께서 가지시려는 자동차에 최신식 장식을 해드리고 싶습니다. 이쪽에서 바라고 있는 일이니깐요, 부인. 그런 일은 아무것도 아니랍니다. 더 원하시는 것을 말씀해주시면 고맙겠군요.' 그래서 서로 알게 되면, 이번에는 한발한발 구체적으로 들어가 대강 이야기가 마무리됩니다.……한마디로 말씀드리면, 오늘날에는 돈만 내면 어떤 여자든지 항상 당신의 뜻을 거역

294

하지 않고 받아들입니다. 돈만 많이 내겠다고 마음먹고 계신다면 그런 여자와 서로 알고 지내기 위해서 사용하게 될 어떤 방법이든 쓸모가 있습니다. 그러나 돈을 조금밖에 내지 않는다면, 아무리 훌륭한 방법도 소용이 없을 거예요. 한번 시도해볼 작정이시라면 2만 프랑을 큰맘 먹고 내보세요. 그러면 어떤 여자든지 당신의 말을 받아들일테니 주먹다짐 따위는 하지 않아도 될 겁니다. 당신은 산보할 때, 처음으로 말을 걸게 될 거예요. 그것은 목적한 일을 순서대로 진행시키는 것이지요. 예를 들면 나는 이렇게 말씀드립니다. '제 남자 손님들 중에 2만 프랑을 낼 수 있다고 말하는 사람이 있지요. 그쪽은 1개월 내에 그 돈을 건네줄 수 있답니다.' 저는 상대방 숙녀에게 이 사실을 미리 알려주기 위해서 그 돈을 준비해두어야 하지요.······그래도 부인이 거절하게 되면······제 고객은 더욱더 진지한 방법을 택할 수밖에 없습니다.······기름진 한아름의 선물은 여자에게 무척 매력적인 것이죠."

세번째 실례는 이러한 사소한 신소리와는 달리, 더 많은 돈이 자본이라는 자석으로부터 즉시 내던져지는 것을 설명한다. 어떤 밀회의 집의 여주인은 모리스 탈메르에게, 자신이 고객에게 다리를 놓았던 상류층의 아름다운 미국 부인에 대해서 이야기했다. 어떤 방법으로 주선했는가 하는 질문에 여주인은 다음과 같이 대답했다.

이 미국 부인은 어떤 공장주의 아내였답니다. 남편은 부인과 별거상태에 있었지만 매년 10만 프랑씩 보내주고 있었죠. 저는 어떤 돈 많은 미국인으로부터 어느 정도의 값에 그 부인이 허락할 것인지를 물어보고 와서 시원스럽게 얘기해달라는 요청을 받게 되었습니다. 그 부인이 10만 프랑을 요구하자 남자측은 주저않고 10만 프랑을 냈답니다.

이와 같은 현상의 본질은 무엇인가? 대부분의 남자는 기혼여성과 즐기는 것이 매춘부와 관계하는 것보다 더 즐겁기 때문에 이러한 향락을 위해서 큰돈을 낸다. 그 때문에 수백만 기혼여성은 조직적으로 그러한 "거래"를 하려고 작심한다. 어떤 부인은 매주, 또 어떤 부인은 일 년에 몇 주일만 거래를 하는가 하면, 또 어떤 부인은 될 수 있으면 자주 거래를 하려고 한다. 조직적으로 이러한 "거래"가 이루어지기를 바라는 부인에게는 앞에서 얘기한 내용에, 정확히 말하면 앞에서 인용한 실례에 더 덧붙일 내용이 있다. 이 점에 관해서 질문했을 때, 탈메르는 다음과 같은 실정을 듣게 되었다.

세상에는 일반적으로 상상하는 것보다 더 많은 부인들이 밀회의 집을 들락거린다는 것을 믿어도 큰 무리가 아닐 거예요. 만약 당신이 정말 그 속사정을 알게 된다면, 깜짝 놀라 겠지요. 이런 부인들은 대부분 돈 때문에 우리 집으로 오게 됩니다. 저는 소위 이런 부인들에겐 은행가와 같은 입장이라고 할 수 있죠. 개중에는 5만 프랑 이상의 이자를 물어야 하기 때문에 1,000프랑의 돈에도 아쉬워하는 부인을 알고 있어요. 어떤 부인은 500프랑의 돈에 곤란을 겪기도 합니다.……이런 부인들은 항상 돈 얼마 때문에 우리 집에 계속해서 오게 되죠. 제 경우 밤에 집에 있는 날은 1주일에 두 번밖에 안 됩니다. 그런 날 밤에는 부인들이 끊이지 않고 찾아오지요. 부인들은 자기가 바라는 것이나 부족한 것, 또 어떤어떤 종류의 거래가 가장 적당한가를 제게 귀띔해준답니다. 만약 당신이 그 이야기를 듣게 되면, 깜짝 놀라실 거예요. 이런 부인들은 상대방이 누구이든 간에 언제나 마찬가지입니다. 그런 상대가 처음에 우리 집으로 찾아오시면, 무엇보다 먼저 이렇게 말씀하십니다. "나는 한 달간만 거래하고 싶소.……어쨌든 돈은 있소.……그렇지만 그다지 많진 않소. 저……그 정도면 괜찮겠소?" 상대할 부인은 얼마 지난 후 차 마실 시간이 되면 얼굴을 내밀고 탁 털어놓고 말한답니다. "제가 어느 정도를 원하는지 당신에게 말씀드리겠어요.……한 달에 두 번 정도는 집에서도 무방해요." 그리고 나서 얼마 안 있어 다시 만나게 되지요. "이번은 가격이 너무 쌌어요. 그래서 거래가 이뤄지지 않았어요. 어쨌든 더 바란 것이죠.……나는 당신과 매주 거래를 하고 싶어요." 그렇더라도 이런 부인이 바라는 것은 약속한 대로 많은 돈을 받는 것입니다. 현찰을 보게 되는 순간에 부인들은 곧 허락하게 되지요.

이런 부류의 부인이라고 해서 계급이 정해져 있는 것은 아니다. 아래로는 비참한 소시민의 아내나 하급 공무원의 아내로부터, 위로는 최상류층의 부인까지 있다. 부인들은 이런 방법으로 적자를 메우거나 애인을 뒷바라지할 돈을 조달한다. 탈메르의 조사는 오늘날에도 이와 같은 방법으로, 그들의 표현대로, "상거래"를 하는 기혼여성이 많다는 사실에 관해서 상세하게 보고하고 있다. 그는 이 문제를 집중적으로 연구해서 그 결과를 「사회 밑바닥」이라는 책에서 증명했다. 나는 이 점에 관한 확실한 증거로서 저자 탈메르와 앞에서 인용한 파리 조사국의 국장 포바로 사이에 이루어졌던 대담을 인용하고자 한다.

포바로 국장은 나에게 "당신은 사교계에 자주 나갑니까?"라고 물었습니다. "아닙니다." "그럼, 당신은 사교계에서 자주 눈에 띄는 사람들도 모르고 계시군요." "아무도 모릅니다." "그렇습니까? 잠깐만……" 그는 벨을 눌러서, 들어온 직원에게 어떤 서류를 가지고 오도록 지시했습니다. 가지고 온 것은 커다란 서류철이었습니다. 그는 그 서류철을 펴서 커다란 사진 한 장을 끄집어냈습니다. 그리고 그것을 내게 보여주면서 "이 사람을 알고 계십니까?" 하고 물었습니다. "모르겠군요." "잘 알겠습니다." 그것은 무도회 옷을 입은 젊은 부인의 사진이었지요. 그 부인은 귀티나는 용모의 뛰어난 미인으로 갈색 머리에 푸르스름한 깃털을 꽂고 다이아몬드 목걸이를 걸고 있었습니다. 고운 손에는 부채를 펼쳐들고 있었으며, 공원을 배경으로 벤치에 걸터앉아 있었습니다. 포바로 국장은 그 사진을 다시 한번 자기 쪽으로 끌어당기면서 말을 이었지요. "보시다시피 이 여성은 사교계 부인입니다.……이 부인은 한번도 사회적 지위를 잃거나 스캔들에 휘말린 적이 없답니다. 그녀의 주위는 상류층 출신뿐입니다.……매우 총명하고 이지적이며 예술적인 재능도 있습니다.……그러나 정열 따위는 물론이고 죄의식도 없는데다가 더구나 도덕심은 조금도 없습니다. 원래 자기 행실이 탄로나면 볼 면목이 없다고 말씀드리는 것은, 이 부인은 어느 유명한 뚜쟁이와 함께 요사이 부쩍 얘기되는 상거래를 하기 때문입니다. 이 부인과 한 번 거래하려면 1만 프랑 이상이 든다는군요.……참으로 비싼 가격입니다.……대개 일 년에 3-4회의 상거래를 한답니다.……횟수도 그리 적지 않은 셈이지요.……그렇게 해서 뚜쟁이는 2,000프랑, 그 부인은 8,000프랑 이상을 받는 것입니다.……일 년에 평균 2만5,000에서 3만 프랑의 수입이 되지요.……이 돈은 이 부인의 일 년 예산에서 적자 나는 돈과 꼭 일치하는 금액입니다.……그 수입으로 모든 것이 해결되므로 부인은 자기 재산에 땡전 한푼 손대지 않아도 되는 것입니다.……"

앞에서 설명했듯이 파리 조사국 국장의 보고에 따르면, 중산층 회사원의 부인마저 "적자 메우기"를 위해서 이러한 방법을 쓴다고 한다. 더욱이 포바로는 탈메르에게 다음과 같이 설명하고 있다.

"상거래를 한다"는 말이 어떤 계급의 바람둥이에게 무엇을 제공하고 그 결과 어떠한 타락을 초래하는가를 여자들은 믿지 않았던 것입니다. 당신이 이따금 아무 호텔에나 그곳 도어맨들의 대기실에서 한 시간가량 머물기만 하면 참으로 아름답고 애교 넘치는, 정말 호감이 가는 부인이 그곳에 얼굴을 내미는 것을 보게 될 것입니다. 더구나 도어맨이 그 부인에게 가장 신성한 서약을 하는 것도 보게 될 것입니다. 그 여자는 어느 회사원의 부인으로 자녀도 있으며 부부 사이도 좋고 교육도 받은 인텔리 여성으로서 상당히 좋은 가문 출신입니다. 한마디로 말하면, 전혀 하나도 흠 잡을 데가 없고 모든 행동이 예의바릅니다. 이 부인은 대기실에서 아주 교묘한 인사를 받게 됩니다. 당신은 이 아름다운 부인이 무엇을 할지 물론 모르시겠지요? 부인은 밀회의 집에서 온 것입니다. 그런가 하면 가장 밑바닥의 밀회의 집에서도 주문이 오면 하루에 서너 번 이상 상거래를 합니다. 이 부인은 월급쟁이의 전형이랄 수 있는 남편의 양해를 얻어서 매춘을 하고 있는 것입니다. 당신은 아마

구두 주걱(1860)

한 번 정도는 그 부인과 마주치게 될 것입니다. 당신이 그 부인과 몇 마디 나눠본다면, "참으로 성실한 여자로구나" 하고 느끼게 될 것입니다. 또한 그녀의 남편이 회사에서 고객을 상대로 사무를 처리해나가고 일에 열중하는 모습을 본다면, "참 건실한 사람이로구나. 나무랄 데 없이 훌륭한 사원이군" 하고 느끼게 될 것입니다. 더욱이 당신이 그 부인의 집을 방문한다면, "부부 사이가 참으로 좋구나" 하고 느낄 것입니다. 실제로 그들 사이에는 잡음도 없고 스캔들도 없으며 나쁜 습관이나 비열한 근성을 연상시킬 만한 것도 하나도 없습니다. 처음부터 끝까지 예의바릅니다. 그러나 당신이 좀더 깊이 관찰해보면, 제가 말씀드린 것이 사실이라는 점에 동의하게 될 것입니다. 그리고 이 아름다운 부인은 그토록 여러 남자와 관계를 맺으면서도 우리 조사국 사무실에서 근무하는 여유까지 가지고 있습니다.

사교계 부인이나 정숙한 부르주아 부인은 상거래의 대가로 도대체 어떤 일을 요구받게 되는가? 우리들에게는 이것이 아직 의문점으로 남아 있다. 대답은 이렇다. 남성의 부패한 욕망이 직업적인 매춘부에게 요구하는 행위를 그대로 전부 행하는 것이다. 이러한 사교계 부인이나 부르주아 부인은 절제를 모르는 이의 변태적 행위나 욕망까지 빈틈없이 채워주게 된다. 사실의 핵심은 거기에 있기 때문이다. 아마추어 부인과 직업적인 매춘부가 취하는 태도에 어떤 차이가 있는가라는 질문에 대해서 어느 뚜쟁이는 다음과 같이 말하고 있다.

당신은 아마추어와 프로 사이에 전혀 차이가 없다는 점을 인정하게 될 거예요. 우리 집에 드나들게 되면 그 순간부터 상류계급 부인과 비천한 매춘부 사이에는 전혀 구별할 것이 없어집니다. 아니, 오히려 중대한 차이가 생긴다고 해야겠군요. 아마추어와 프로를 비교해보고, 아마추어 부인 쪽이 더 좋다고 하는 것은 이상하더군요. 저는 사교계 부인 중에 정숙하다는 말에 어울리는 부인을 본 적이 없답니다. 정숙하다는 것은 그런 부인들에게는 참으로 좋은 말입니다. 그렇지만 사교계 부인 중 정숙하지 않다는 말을 들어도 싼 부인들은 이젠 셀 수 없을 정도로 많지요. 직업적인 매춘부 중에는 양심의 가책 때문에 자신에게 주어진 인생을 스스로 포기하는 것을 자주 보게 됩니다. 그렇지만 아마추어 부인들에게서는 그러한 양심의 가책이라는 것이 전혀 없는 것 같더군요. 저는 단골 직업여성이나 여배우들에게 호출 편지를 보내지만, 그녀들은 대개 거절합니다. 그러한 여자들은 저에게 "역시 싫습니다. 그런 일은 저에게는 너무 어처구니없는 일이군요.……그럴 마음은 없습니다……"라든가 "지금 한창 연습중입니다.……어제 출연이 있었고……물론 오늘도 출연해야 합니다.……내일은 낮 공연에 나갑니다.……호의는 감사합니다만, 거절하겠습니다"라는 답을 보내옵니다. 그러나 아마추어 부인, 특히 사교계 부인은 어떤가요? 이들은 필요하다면, 특별열차를 타고라도 와서 당신과 즉시 오후의 반나절 동안 두세 번이나 상대하고 가겠지요.

포바로 스스로도 "사교계 부인들만큼 상거래에 열심인 여자들은 정말 없습니다. 남자들은 이런 부인들에게, 일반적으로는 가장 타락한 매춘부에게만 요구할 수 있는 것조차 거리낌없이 요구하죠. 오히려 사교계 부인들 쪽에서 가장 음탕한 성교를 요구합니다"라고 말했다. 여자 쪽이 더 적극적이라는 점과 더불어 후자 쪽이 이치에 맞다고 말했다. 이른바 정숙한 부인을 상대한다는 묘미의 극치는 바람둥이에게는 그녀와 이 세상에서 가장 외설적인 유희를 한다는 데에서 찾을 수 있었다.

근대적인 에로틱한 방탕으로, 이와는 다른 특수한 면이 영국에서 드러나고 있다. 소위 처녀 정복광이라는 것이다. 영국에서는 처녀성 향락이 가장 인기 있는 미식이다. 그러나 이런 목적으로 어린 처녀, 특히 솜털도 벗지 않은 소녀를 유혹하는 행위는 —— "영계"는 모두 탐내는 것이기 때문에 —— 돈 잘 쓰는 많은 남자들에게도 그리 간단한 일이 아니다. 상대방이 아이여서 길들이기 쉽다는 점은 있지만, 그들에게는 유혹하는 데에 필요한 시간이나, 특히 문제가 되는 서민층과의 직접적인 연락망이 없다. 더구나 이외에도 대부분의 남자들은 이런 류의 향락을 1년에 한 번 정도가 아니라 1주일에 한 번, 적어도 2주일에 한 번씩은 맛보기를 원하고 있다. 따라서 영국에서는 욕망의 수요를 책임지고 떠맡아서 모든 고객에게 언제라도 일정한 가격으로 온갖 처녀들을 제공하는 합법적인 산업까지도 나타났다. 이러한 처녀들은 어떤 사람인지도 모르며 또한 이름조차 알지 못하는 손님에게 언제 어느 때라도 처녀성을 바칠 수 있도록 기다리고 있는 것이다. 게다가 이와 같은 산업은 손님으로부터 특별한 주문이 있으면 처녀를 강간용으로까지 제공했다. 이 경우, 대상이 되는 처녀는 저항할 수 있기는커녕 손님의 노리개가 되어버린다. 이러한 주문이 쇄도하자 영국에서는 처녀 공급이 구매자의 안전과 이익을 위해서 명실공히 도매업의 자리까지 차지하게 되었다. 그 덕택에 처녀를 사는 사람은 자기가 원하는 "등급", 연령, 맵시, 금발, 갈색 머리 등과 같이 자기 기호에 맞는 여러 종류의 처녀를 손에 넣었다. 그뿐만 아니라 이 여자들은 육체적으로 아직 한 번도 남자와 접촉해본 적이 없는 정말 이름 그대로 "숫처녀"라는 의사의 증명서까지 구매자의 손에 쥐어준다.

나는 이러한 처녀라는 상품을 취급하는 대산업적 조직에 대해서 확실한 증거를 가지고 있다. 그것은 「팰 맬 가제트」의 편집장이며 유명한 평화주의자인 스테드 씨가 1884년에 캔터베리 대주교와 그 교회 수뇌부 두 명의 후원하에 실시했던 치밀한 조사이다. 스테드 씨가 자신이 수집한 엄청난 조사의 놀라운 결론을 "근대 바빌론에서의 처녀 제물"이라는 제목하에 「팰 맬 가제트」에 발표함으로써 전세계적으로 센세이션을 일으켰던 것은 이미 알려져 있는 사실이다. 스테드 씨는 이 조사의 결론을 다음과 같이 정리하고 있다.

처녀능욕, 우리가 문제로 삼는 이 부분을 마치 냉정한 철학적 연구처럼 담담하게 서술하는 것은 아주 냉철하고 매우 과학적인 관찰자로서도 힘든 일이다. 면밀하고 일관성 있는 조사에 의해서 가까스로 밝혀낸 사실은 너무나도 놀라운 것이었다. 그것은 독자에게 심각한 불쾌감을 줄 것이기 때문에 이와 같은 문제에는 가장 명백한 증거뿐 아니라 어떤

증거라도 의심하는 회의주의로써 접근하는 것이 한층 더 필요하다. 놀라운 사실은 우리나라에서 하나의 매춘조직이 광범위한 조직망을 펴고 있다는 점이다. 처녀능욕은 그 조직에서 가장 흔히 일어나는 사건이다. 상대 처녀는 대부분 미성년자로서 성범죄가 무엇인지도 모를 정도로 나이가 어리며 자기 의지가 없는 희생자이기 때문에 이와 같은 능욕을 저지른 이는 완전범죄자가 되어버린다. 모든 일이 간단하고도 효과적으로 진행되어 아직 그러한 범죄가 실제로 용이하게 일어날 수 있다는 증거를 잡지 못한 사람으로서는 이해하기 힘들 정도이다.……

어떤 처녀는 간단히 올가미에 걸려들어서, 어떤 때는 술에 만취되어, 또 어떤 때는 자물쇠가 잠긴 방 안에서 있는 힘을 다해서 저항하다가 마침내 처녀성을 강탈당해

영국의 미인(동판화, 1820)

버렸다. 이런 경우 힘이 약한 쪽이 지는 것은 당연하다. 어떤 처녀는 합법적으로 알선되기도 한다. 처녀들은 두당 얼마씩이라는 식으로 팔리든가 아니면 이런저런 미끼에 걸려서 재앙의 방에 감금되어 그들이 생명보다도 더 고귀하게 생각하는 것을 강탈당할 때까지 상대 남자는 그 방에서 처녀를 내보내지 않는다.

더욱이 이런 사업이 탄로날 위험이 전혀 없다는 점도 다음과 같이 쓰여 있다.

여행용 접이식 구두 주걱

　이 조사를 시작하기 전에 나는 런던의 범죄자들의 생활 전모에 관해서 매우 정확한 정보를 손에 쥘 수 있는 지위에 몇 년간 근무했던, 아주 능력이 뛰어난 공무원 한 사람과 허심탄회하게 이야기를 했다. 나는 그 사람에게 "나를 정중하게 안내해주던 어느 상류층 저택의 수위가 나더러 아직 유혹당한 적이 없는 처녀가 필요하다면 알선하겠다고 말했습니다. 물론 돈이 든다고 했습니다만 사실입니까?" 하고 물었다. 그 사람은 조금도 주저하지 않고 "사실입니다" 하고 대답했다. 나는 "얼마 정도입니까?" 하고 다시 물었다. 그 사람은 "그건 좀 어려운 질문입니다. 스코틀랜드 야드(런던 시 경찰국/역주)에서 제가 직무상 우연히 알게 된 사건이 있습니다. 이때는 그런 사람들의 협정가격이 20스털링으로 정해져 있었습니다. 램버스에 사는 사람들은 그 정도의 돈으로 딸 같은 처녀들을 빈민가에서 사들이는 상거래를 합니다. 이와 같은 거래가 런던에서도 번창일로에 있다는 사실은 틀림없습니다." 나는 그러나 "그런 처녀들이 이런 상거래를 스스로 원합니까, 아니면 하는 수 없이 끌려갑니까?"라고 질문했다. 그 사람은 나의 질문에 깜짝 놀란 얼굴을 하고서 큰 소리로 "스스로 원하는 처녀야 극히 드물죠. 대부분의 처녀들은 자기가 어떻게 되는지를 알지 못합니다"라고 대답했다. 나는 당황해서 "당신 말씀의 진정한 의미는, 즉 법률적인 의미의 강간이 처녀들에게 끊임없이 일어나고 있다고 말씀하시는 겁니까?"라고 물었다. "그렇습니다." 나는 무의식중에 이렇게 말했다. "그런 것을 생각할 수 있다는 것만으로도 아마 악마조차도 분개하게 만들 겁니다." "그렇습니다. 그러나 그와 같은 생각은 악마도, 가까이 있는 사람들도 분개시키지 않아요. 가난한 집 딸 따위가 아무리 아우성쳐도 소용없습니다. 누가 누굴 죽일 작정을 하면 살해당하는 남자나 여자가 아무리 발버둥쳐도 기껏 2분가량 걸립니다. 아무리 길어도 5분을 넘길 수 없습니다."그렇지만, 파출소에는 항상 경찰이 있지 않습니까?"경찰에게는 설령 그런 소리를 들어도 간섭할 권리가 없습니다. 만약 경찰에게 여자의 비명이 들리는 집으로 들어가도 좋다는 권리가 있다면, 경찰은 의사와 마찬가지로 여성이 해산을 할 때라도 언제나 입회해도 좋다는 뜻이 됩니다. 그런 집으로 끌려들어간 처녀를 도와줄 사람은 아무도 없기 때문에, 확실하게 단정할 수는 없지만 당하기 마련입니다."그런 능욕은 범죄로서 법률이 의당 처벌해야 합니다. 처녀 쪽에서 소송을 할 수는 없습니까?"처녀 쪽에서 어떻게 상대방을 법률적으로 고소할 수 있습니까? 여자는 상대방의 이름을 전혀 모릅니다. 가령 여자가 길을 가다가 상대방과 우연히 마주쳤다고 해도, 여자는 그 자의 얼굴을 기억할 수 없죠. 또한 여자 쪽에서 바로 그 사람이었다고 말해도 누가 그것을 믿어줄까요? 처녀성을 강탈당한 여자는 그것만으로는 언제나 확실한 증거를 내세울 수 없는 것입니다. 즉 여자가 가난한 집안 출신이었다는 사실은 결국 그 여자가 합의해서 그런 일이 벌어졌다는 증거가 되어버립니다. 대저택의 수위나 고용인은 그 여자가 합의했다고 증언해버릴 것입니다. 그들은 비명 소리 따위는 전혀 듣지 못했다고 증언할 것입니다. 결국 너는 모험을 한 여자라다는 판결이 내려지는 것으로 끝날 것입니다."이런 일이 지금도 여전히 일어나고 있습니까?"여전한 실정입니다. 남자가 돈을 가지고 있고, 또한 뚜쟁이들이 교묘하게 계획하고 여성이 약해서 세상을 모르는 한, 당신은 이런 일을 뿌리 뽑을 수 없을 것입니다."

뿐만 아니라 저자도 증명하듯이 런던의 대부분의 경찰이 색주가와 한패가 되어 있다는 사실도 여기에 덧붙일 수 있다.

처녀의 육체가 어느 범위까지 요구되며 또 소비되고 있는가에 대한 대체적인 가늠은 다음의 예가 시사하고 있다. 스테드 씨가 밝혀낸 예가 단지 이 한 가지만은 아니라는 점을 주지하기 바란다! 이 점에 관해서 스테드 씨는 다음과 같이 쓰고 있다.

다음으로 나는 그 방식에서 전혀 유례가 없는 예를 하나 들어보겠다. 나는 런던에서 가장 크고 번창한 어느 소개소의 여주인에게 이야기의 실마리를 만들기 위해서 "처녀 주문은 상당히 줄었다는 얘기를 최근에 들었습니다만" 하고 물어보았다. 그 질문에 대해서 늙은 여주인은 이렇게 대답했다. 이 여자는 이상한 영업을 하고 있지만, 성격이 강인하고 매우 진지하다는 점에서 비천한 여자들과는 상당히 달랐다. "우리들의 경험으로는 그렇지 않답니다. 저부터 말씀드리자면 그 방면의 영업은 상당히 성행하고 있고 주문은 매일 쇄도하고 있습니다. 가격은 떨어졌을지 모르지만, 그 이유는 손님들이 큰 주문을 하시지 않게 되었기 때문이지요. 예를 들면, 저희 고객 중 한 분이신 박사님은 지금까지는 200마르

302

호기심(작자 미상, 동판화, 1810)

크 가격으로 1주일에 한 명꼴로 처녀를 사셨지만, 이제는 100-140마르크 정도의 값으로 2주일에 세 명꼴로 처녀를 사십니다." 이때 나는 무의식중에 "예, 당신은 신사 한 분에게 매년 70명의 처녀를 대주시는군요"라고 소리질렀다. 그 여자는 "그렇습니다. 만약 우리들이 더 공급할 수만 있다면, 그쪽은 1년에 100명의 여자를 살 겁니다. 게다가 그쪽의 주문은 항상 16세 이하의 처녀랍니다."

여기에서는 이상의 세 가지 인용만으로 만족하기로 하고 그밖의 자세한 것은 다른 곳에서 서술하고자 한다. 여기에서 꼭 한 가지 말하고 싶은 것은 이와 같은 현대의 폭로가 전세계에 던진 센세이션도 그다지 효과가 없었다는 점이다. 모든 것이 이전과 마찬가지였다. 다시 말하면 이 조사의 결과, 공적으로 영국 전체가 심각한 충격을 받았다는 정도뿐이다. 처녀의 몸값이 계속해서 오른 것은 틀림없다. 그러나 공급자들은 탄로날지도 모른다는 우려는 있었으나 실제로 손해를 입지 않았을뿐더러 이 영업은 방해받지도 않았다.……

절대주의가 유럽에서, 가령 러시아에서처럼 강력한 저항 없이 존속한 경우에는, 그것이 자본주의의 새로운 업적과 더불어 독특한 에로틱한 성향으로서 뻔뻔스럽게 전사회에 화풀이하는 식으로 절대주의의 고유한 관습 속에도 그대로 남아 있었다. 이에 대한 실례로서는 수년 전에 러시아의 어떤 대공(大公)이 보여주었던 다음과 같은 "에피소드"가 있다. 베를린의 신문은 이 "에피소드"를 생생하게 보도했다.

오늘 낮 12시, 상트 페테르부르크의 일류 레스토랑에서 러시아 사교계의 저명인사들이 모였다. 살롱은 밀치락달치락 하는 소란 속에서 빈 자리가 하나도 없는 성황을 이루었다. 그때 대기실 문이 열리면서, 전라(全裸)의 앳된 미인 둘이 나왔다. 이 두 여자는 쾌활하게 재잘거리면서 넓은 공간을 걸어다녔다. 그 순간 넓은 살롱 안에는 말소리가 뚝 그쳤고 곧 이어 귀족부인들이 졸도하는 등 큰 소동이 일어났다. 신사 두세 명이 경찰을 부르러 달려 나갔다. 레스토랑 주인은 두 나체 미녀들에게 큰 타올을 주고서 정중한 태도로 "아무쪼록 여기서 나가주십시오"라고 부탁했다. 나체 미녀들은 주인을 보고서 코웃음을 치면서 레스토랑 안을 유유히 거닐었다. 이 장면을 목격한 저명인사들은 어떤 사람들은 질겁을 하고 분개해하기도 했지만, 대부분은 정신 없이 기뻐하며 어쩔 줄 몰라했다. 이 여자들을 데리고 나가려고 경찰이 달려왔을 때, "미인"이 나왔던 그 대기실에서 한 러시아 대공이 나타나 큰 목소리로 소리쳤다. "여자들에게 손대지 마. 내가 그 여자들에게 옷을 벗도록 부탁했어."

지금까지는 사회 상류층의 "도덕"을 여러 측면에서 얘기했지만 이제부터 얘기할, 노동자 대중으로 이루어진 그 반대 계급도, 오늘날에는 크게 향상되었으나, 1860년대까지는 지배계급의 본보기에 결코 뒤지지 않았다. 그들은 외관적으로만이 아니라 그 내용 면에서도 뒤지지 않았다. 프롤레타리아 계급의 방탕은 언제나 거칠었다. 그것은 그들에게는 언제나 빈곤이 뒤따랐으며, 당연한 귀결로서 불결함이 곁을 떠나지 않았기 때문이다. 이에 반해서 향락생활에 많은 돈을 뿌릴 수 있는 소위 사교계의 방탕은 언제나 훌륭하고 고상한 것이었음은 당연하다.

근대 자본주의는 유산계급에게 수천에 달하는 즐거움을 주었지만, 한편 자본주의에 의해서 직접적으로 프롤레타리아로 전락한 인민대중에게는 인생에서 두 가지 즐거움, 즉 술과 타락한 성적 유희만을 너그러이 허락했다. 다시 말하면 그들은 이 두 가지 유희로써 자기 목을 조르는 과중한 노동이나 고통을 잊을 수 있는 기분전환을 해도 좋았다. 이처럼 프롤레타리아가 향락을 누릴 기회가 적어진 당연한 결과로서 "노동자는 인생에서 그 무엇인가를 가지기 위해서 모든 정열을 이 두 가지 즐거움에만 바치고 이 즐거움들에 정신을 잃고, 부끄러움도 수치심도 잃어버릴 것이다. 인간이라는 존재가 동물에게서만 볼 수 있는 상태로 전락해버린다면, 그러한 인간은 반항하든가, 그렇지 않으면 동물의 상태로 몸을 망쳐버리는 것 외에 다른 길은 없다." 노동자, 특히 영국 노동자에게 이와 같은 특징이 나타났던 시기(1844)부터 영국의 프롤레타리아 계급은 대부분 동물적인 생활로 몸을 망쳐버리는 후자의 길을 걸어갔다. 이에 반발하게 되는 경향은 그들이 계급의식에 눈뜬 후기까지는 나타나지 않았다. 근대 자본주의에 들어선 그밖의 다른 국가들 역시 이와 동일한 발전을 경험했다. 단지 이런 국가들 중에서도 특히 프랑스와 독일에서 근대 자본주의 발달의 제1기는 영국에 비해서 매우 짧았다. 그 이유는 프랑스와 독일에서는 대공업의 착취에 이어서 대중의 정치적 해방이 곧바로 요구되었기 때문이다.

다양한 연령층의 남녀가 찌는 듯한 작업장에서 함께 노동하는 현실이야말로 노동자 대중의 성적 욕망을 최초로, 도저히 어떻게 할 수 없을 정도로 자극했다. 이러한 상황은 대공업 발달의 초기에는 어느 국가에서나 흔히 볼 수 있었다. 일부는 더위 때문에, 일부는 일하기 쉽도록 어느 공장 여공들이든 간에 모두 옷을 얇게 입었다. 대부분의 공장, 예를 들면 광산에서는 남녀 가릴 것 없이 모두 반나체였다. 남자광부의 경우는 신발말고 옷이라고는 바지만 입고 있었으며, 여자광부들은 일하는 데 편리하도록 셔츠와 짧은 치마만 입었다. 사정이 이럴진대, 사고가 나지 않는 것이 오히려 이상했다. 그곳에서 일하는 사람들이 열이면 열, 지적교육도, 도덕교육도 받은 적이 없는 남녀집단이라는 점을 감안해보면, 유혹은 더더욱 심할 수밖에 없었다. 남녀간의 잡담이나 교제방식은 누구나 다 그와 같은 분위기 속에서는 참으로 조잡하고 천박해지지 않을 수 없었다. 정신적 순결이 끊임없이 새로운 위험에 부딪치고 폭력에 의해서 파괴되는 경우, 육체적 순결 따위는 문제가 되지 않았다. 따라서 남녀 모두 나이가 들면, 하나도 남김없이 육체적 순결을 잃어버렸다. 이와 같은

수많은 욕망(채색 석판화, 1850)

이유에서 성교는 정신을 토대로 이루어진 것이 아니라 대부분 욕구충족을 토대로
해서 이루어졌다. 남자뿐만 아니라 대부분의 처녀나 부인들 중 젊은 여자들은 직장
동료들과 한쪽 구석에서 관계했다. 그리고 대부분의 사람들은 동시에 몇 사람과 관
계하기도 했다. 연애의 즐거움 따위는 찾아볼래도 찾아볼 수 없었다. 이 때문에 남
녀가 함께 일하는 공장에서 이루어지는 야간작업은 아주 퇴폐적인 풍기문란의 결과
를 가져왔다. 그것은 야간작업을 할 때, 공장 내에서 손쉽게 여공들을 유혹할 수
있었기 때문이다. 정부의 통계에 따르면, 야간작업의 빈도에 비례해서 사생아 수가
늘어나는데, 대개의 경우 그 배가 되었다고 한다. 1830년대까지 영국의 경우 공장
독신여성의 거의 반 정도가 보통 항상 임신중이었다고 한다. 여공 쪽에서 요구를
들어주지 않을 때는 거침없이 방자하고 거친 폭력이 사용되었다. 런던에서는 1850
년에만 해도 강간으로 인한 고소가 2,000여 건이나 되었다. 그러나 대개의 여자들
은 억울하지만 별도리 없이 체념했다. 이 경우 공장의 고용관계 때문에 모든 여공
들이 좋든 싫든 간에 이와 같은 파렴치한 요구를 들어주어야만 하는 간접적 강제의
예는 이 가운데 포함되지 않았다. 여공들은 임노동을 할당받기 위해서 자신의 육체
를 공장 작업반장에게 바치는 동시에 직장을 잃지 않으려고 공장주에게 바치기도

했다. 이에 관해서 프리드리히 엥겔스는 「영국 노동자 계급의 상태」에서 이렇게 쓰고 있다. "공장에 고용되면, 기타 고용관계와 마찬가지로, 또는 그 이상으로 고용주에게 '처음 잡술 권리'를 주는 것은 당연하다. 공장주는 이 방면에서도 자기 공장에서 일하는 여공들의 육체와 미모를 자기 소유로 할 권리를 가지고 있었다. 그렇지 않아도 정조를 잃기 쉬운 젊은 여공들의 저항을 꺾는 데에는 100명 중 99명까지는 아니더라도 열 명 중 아홉 명은 요구를 듣지 않으면 목을 자르겠다고 윽박지르기만 해도 충분했다." 실제로 대부분의 공장은 일터인 동시에 공장주의 하렘이었다. "거의 모든 공장주가 사회적인 체면 같은 것은 문제삼지 않는, 전혀 교육받지 않은 벼락부자들이었다." 초기 대공업시대에는 그런 일이 다반사로 일어났으며, 그후 1840년대와 1850년대, 심지어 여러 공판기록에서도 알 수 있듯이, 현대에도 여전히 드물지 않았다. 윌리엄 스테드는 1884년에, 영국의 상황에 관해서 다음과 같이 쓰고 있다.

런던 사교계의 일부 인사들은 터키의 술탄이 하렘의 여자를 바라보는 것처럼 귀부인들을 바라보고 있다. 상점주인들 또한 확실히 자기 상점에 가장 예쁜 여자를 고용하려고 한다.

뿐만 아니라 스테드는 이렇게 쓰고 있다.

수백 명의 처녀들을 고용하고 있는 많은 회사들이, 설령 아무리 나무랄 데 없이 관리되고 있더라도, 유곽으로 통하는 무서운 대기실에 불과하다는 의견을 증명하기 위해서 나는 실제로 여러 가지를 배웠다.

나는 앞에서 비참한 주택상태를 특히 자세하게 설명했다. 지금도 대부분의 노동자들이 그렇지만 이전에는 모두가 그런 곳에 빽빽하게 몰려살고 있었다. 주택상태는 일반적인 풍기상태를 좌우하는 가장 중요한 요소이다. 방이 많은 경우에는 동거인의 풍기에 대한 요구가 자연히 높아져서 성생활은 전체적으로 순화되었다. 이와 반대로 방이 적은 경우는 일반적으로 퇴폐풍조가 즉각적으로 나타나게 된다. 1870년대까지는 어디에서나 그랬듯이, 대중주택이라고 해야 아직 캠프 같은 것에 불과했기 때문에 그들의 성행위 역시 몹시 추잡한 형태를 취할 수밖에 없었다. 이것은 또한 그 시대의 특징적인 현상이었다. 연애는 거의 모든 경우 음탕한 행위에 지나지 않았다. 동거인들 역시 형님 먼저 아우 먼저 하는 식이었던 것이다. 즉 이처럼 비참한 주택에서는 수치심이라는 것은 자랄 수도 없었다. 아이들에게도 수치심이 결코생길 수 없었고 이전에 수치심이 있던 어른도 그런 주택에서 살다보면 혼란에 빠져버리게 되었다. 그토록 좁은 집에서는 모세의 계명 "간음하지 말라"까지도 저절로짓밟혀버리는 것이 당연한 귀결일 것이다. 아이들과 어른이 좁은 방에서 시루 속의콩나물처럼 꽉 끼어서 자고 침대와 침대가 달라붙어 있는 경우, 아이들은 아직 사춘기에 접어들기 훨씬 이전부터 성생활에 대한 다양한 실습을 하게 될 것이다. 성욕이아직 잠자고 있어야 할, 이마에 채 피도 마르지 않은 나이의 어린이들이 모방충동만으로 아버지와 어머니 또는 잠자리마저 딱 붙어서 자기와 함께 자고 있는 누이와매형이 하는 짓을 본 그대로 주저하지 않고 자기들끼리 실습하려고 한다. 열두 살,아니 그보다도 나이가 어린 임신부가 그 시대에는 드물지 않았다. 초기에는 대부분형제자매끼리 그런 일이 저질러졌기 때문에 그 시대만큼 근친상간이 많은 시대도없었다. 어머니가 자기 아들의 아이를, 딸이 자기 아버지의 아이를 배기도 했다.하나밖에 없는 방에서 하숙을 쳐야 하는 경우 그 집의 풍기란 더없이 문란했다. 주간노동에 시달려서 파김치가 되어 자고 있는 여공은 비몽사몽간에 몸을 허락하지만, 대부분의 경우 자기 몸을 탐하고 있는 상대가 남편인지, 오빠인지, 동생인지,아니면 하숙인인지를 전혀 몰랐다. 의회의 방문자가 이 문제에 관해서 질문을 했을때 극도로 초췌해진 영국 노동자의 아내는 "상대가 누구라도 결국 마찬가지입니다"라고 아무 표정 없이 대답했다.……모든 사람이 이와 같은 방식으로 성욕을 채웠다. 남녀가 같은 공장에서 함께 일한다는 현실이 풍기문란의 가장 큰 온상이 되었다. 노동자의 실정에 대한 조사나 보고는 모두 이와 동일한 결과를 뒷받침하고 있었다. 1864년의 영국의 미성년자 노동에 관한 의회 조사단의 보고는 이렇다.

    무지와 악덕이 이러한 생활을 하고 있는 사람들 사이에 만연하고 있는 것은 사실상 이상할 것이 없다.……그들의 도덕관은 최저 수준에 있다.……대부분의 여성들은 사생아를낳고 있으며, 그것도 범죄통계 전문가조차 몸서리칠 정도로 어린 나이에 그런 실정이다.

    지금까지 몇 차례 언급한 헌터 박사도 자기가 실시한 주택조사에 관한 보고서에서 이렇게 쓰고 있다.

우리들은 빈민들이 놀라울 정도로 증가하고 있는 현대에 이전의 아이들이 어떻게 교육받았는지 모른다. 이 나라에서 타의 추종을 불허하는 상태, 즉 한밤중에 반 정도는 술에 만취한, 음탕하고 싸우기 좋아하는 여러 연령층의 어른들과 함께 살고 있는 상태에서 미래의 행동에 대해서 교육을 받고 있는 위험한 계급으로서의 오늘의 아이들에게 훌륭한 품행을 기대하는 사람은 너무나도 뻔뻔스러운 예언자이다.

그리고 헌터 박사는 다른 장에서 이렇게 쓰고 있다.

젊은 부부는 같은 방에서 함께 자고 있는 다 큰 형제나 자매에게 훌륭한 본보기가 되지 못한다. 설령 우리들에게 그러한 본보기를 기록하는 것이 허용되지 않더라도, 심한 번민이나 이따금 일어나는 자살이 근친상간의 죄를 범한 여성의 운명이라는 것을 직시하고 깨닫게 하는 자료가 산더미처럼 쌓여 있다.

스페인의 가장 가난한 프롤레타리아 계급에게는 근친상간이 오늘날에도 상당히 만연되어 있는 실정이다. 베르날도 데 퀴로스는 앞에서 언급한 책에서 이 점에 관해서 다음과 같이 쓰고 있다.

그들은 똑같은 밥그릇의 밥을 먹듯이 같은 잠자리에서 자고 있기 때문에 남자는 밤에 본능적인 충동과 반무의식 상태에서 자기 딸이나 누이 혹은 곁에 자는 여자의 팔에 안기게 된다.
연구자는 종종 서너 명이 동거하는 광경을 우연찮게 맞닥뜨리게 되었다. 예를 들면, 아내가 남편과 정부와 함께 살고, 남편이 아내와 정부 혹은 그와 유사한 여자와 난잡한 동거 생활이나 뒤범벅이 된 생활을 하거나 심지어는 동성애 관계를 맺고 있다. 그들에게는 정부를 두는 일이 보통이다.

온갖 공장에서 일하는 아이들을 음습해오는 특수한 풍기상의 위험에 관한 보고도 많이 있다. 영국에서는 벽돌 공장이 항상 가장 위험한 경계의 대상이 되었다. 1866년의 의회 조사단의 상세한 보고에서는 이렇게 말하고 있다.

큰 도덕적 타락 없이 아이들이 벽돌가마의 지옥을 거치는 것은 불가능한 실정이다.……어린 시절부터 천박한 이야기를 줄곧 귀로 듣고, 지저분하고 음탕하며, 수치심을 찾을 수 없는 습관이 몸에 배어 무지하고 야만적으로 자라난 어린이들은 범죄자, 불량배, 방탕아가 될 것이다. 타락의 놀라운 원인은 주택상태에 있다. 벽돌 주조공(벽돌 공업의 숙련공이나 반장)은 일곱 명의 직공으로 짜인 팀과 함께 자기의 좁은 집에서 먹고 잔다. 자기 가족이든 아니든 성인 남자, 청년, 딸이 좁은 집에서 함께 잔다. 이 좁은 집에는 방이 보통 두 개, 드물게는 세 개 정도가 있다. 방은 지하실에 있어서 환기도 안 된다. 몸은 낮 동안 흘린 땀으로 끈적끈적해져 있기 때문에 보건이나 청결, 예의라는 것은 아무 데서도 찾아볼 수 없다. 이와 같이 대부분의 작은 집들은 난잡, 불결, 먼지 구덩이……의 진정한 모델이다.……나이 어린 여자들을 이런 일에 부려먹는 제도의 가장 큰 폐해는 일반적으로 여자들을 어린 시절부터 죽을 때까지 극히 불량한 깡패들에게 전생애를 결박시키는 데 있다. 여자들은 자연히 '그대는 여자다'라고 가르침을 받기도 전에 야비하게 입정 사나운 탕녀가 되어버린다. 낡은 옷이지만 상당히 깔끔하게 입고, 다리는 무릎 위까지 완전히 드러내고, 먼지나 때투성이의 머리와 얼굴에 기름과 분을 바르고서 여자들은 조심성이나 수치심 같은 감정은 모두 경멸하도록 배운다. 식사 때는 땅바닥에 누워 자거나 근처 운하에서 몸을 씻고 있는 젊은이를 구경하거나 한다. 주간의 중노동이 끝나면, 여자들은 고급옷을 입고서 남자들의 동반자가 되기 위해서 술집에 간다.……가장 나쁜 것은 벽돌공들이 스스로 절망하고 있다는 것이다. 사람 좋아 보이는 한 직공은 사우스올필드의 부목사에게 "목사님은 악마 녀석을 여러 모로 고무시켜 그 녀석이 벽돌공보다도 훨씬 좋은 녀석이 될 수 있도록 만들 수 있는 힘을 분명히 가지고 계십니다"라고 말했다.

독자가 이 보고를 읽게 되면 —— 이 보고는 수백 가지의 유사한 보고의 견본에 불과하다 —— 성도덕이라는 것보다 더 깊은 골짜기는 이 세상에 없다고 생각하게 될 것이다. 그런데 이 기록도 농촌에 관한 기록에는 도저히 겨룰 수 없다. 1870년대까지 영국 농업노동자들 사이에서 "대부분의 아가씨들은 자기가 처녀였던 시절을 기억할 수도 없다"라는 말이 유행했다.

수년간 런던 교외에서 형사로 활약한 한 경찰관은 자기 마을의 여자들에 관해서 다음과 같이 말하고 있다.

내가 담당한 지역들 중에서 런던 교외 마을의 여자들만큼 부도덕하고 뻔뻔스럽고 수치심을 모르는 사람들은 보지 못했다.……그들은 마치 돼지 같은 생활을 하고 있다. 다 큰 아들, 딸, 어머니, 아버지가 함께 뒤섞여 자고 있다.

이른바 영국의 "노동자 부대(gangsystem)"에서는 남녀가 닥치는 대로 관계를 맺는 것이 농업노동자 집단의 전형적인 노동조직이 되어버렸다.

13세부터 18세까지의 남녀 젊은이(원래 13세인 경우는 대부분 탈퇴하지만)와 6세부터 13세까지의 남녀 아이들이 10명에서 40-50명까지 한데 모여서 집단을 형성한다. 집단에는 두목이 있다. 이 두목은 일반적으로 평범한 농업노동자이지만, 대개는 청부능력이 있거나 임기응변술에 능통한 소위 불량배나 주거가 일정치 않은 주정뱅이 탕아들이다. 이런 불량배는 차지인(借地人) 아래에서가 아니라 자기 밑에서 일할 집단을 모집한다. 두목은 대부분 차지인과 청부협정을 하게 된다. 두목의 수입은 보통 농업노동자의 수입보다 많지는 않지만, 짧은 기간에 단원들에게 가능한 한 많은 노동을 끊임없이 강제할 힘이 있으면 수입이 그만큼 많아지게 된다. 차지인들은 여자라는 존재는 남성 독재자 아래에서만 열심히 일하고, 여자와 아이들은 일단 이 단체에 들어오면 정말 앞뒤 생각 없이……자신의 힘을 다 써버린다는 것을 발견했다.……

이 조직의 어두운 면으로 첫째로 남녀 미성년자와 젊은 남녀들의 장시간 노동, 둘째로 매일 5-6마일, 때로는 7마일 이상 떨어진 농장을 왕복해야 되는 장거리 이동, 셋째로 "부대"의 퇴폐한 풍기문란을 들 수 있다. 어느 지방에서는 "감독(driver)"이라고 부르는 두목이 긴 막대기를 들고 있지만, 그 막대기를 사용하는 일은 드물고 냉혹한 학대에 대해서 호소하는 예도 거의 없다. 그는 민주적인 황제 혹은 여자 같은 사람이다. 그렇지만 두목은 자기 부하들의 인기가 필요하고 자기의 보호하에서 이루어지는 유랑생활을 미끼로 그들을 자기에게 묶어둔다. 방종과 방약무인, 이제 그들은 하늘 높은 줄 모르게 되었다. 두목은 술집에서 대개 술값을 내주며, 돌아올 때는 팔팔한 여자들을 양 옆에 끼고 갈짓자 걸음으로 행렬선두에 서게 되며 그 뒤를 아이들과 젊은 남녀들이 와자지껄하게 떠들거나 풍자조의 노래나 외설적인 노래를 크게 부르면서 따라간다. 돌아오는 길에는 푸리에가 "현화식물"이라고 불렀던 것, 즉 성기를 완전히 노출하는 것이 보인다. 열서너 살난 소녀가 같은 또래 소년의 아이를 임신하는 일은 흔한 일이다. 이런 집단에서 아이들을 공급하는 마을들은 성서에 나오는 소돔과 고모라처럼 되어서(비드퍼드 마을의 젊은 여자들의 반이 이런 집단에 들어가서 몸을 망쳐버렸다), 전 영국의 사생아의 3분의 2가 이런 곳에서 나오고 있다. 이와 같은 학교에서 길들여진 여자들이 결혼해서 지어미가 되었을 때, 도덕적으로 어떻게 되는가에 대해서는 처음부터 알조다. 그녀들이 자기가 낳은 사생아를 아편 등으로 제거하지 않는 한, 그런 아이들은 나면서부터 그 집단의 보충병이 된다.

그와 같은 일이 농촌지방에서는 "과거"의 일이 아니며 그밖의 다른 지방에서도 드물게 일어나는 상황이 아니라는 점을 알기 위해서 이런 상황을 이 이상 더 자세히 조사할 필요는 없다. 매년 추수 때면 독일의 작센 지방에서 일꾼인 폴란드인이나 갈리치아인들로 이루어진 뜨내기 농업노동자 집단 속에서는 영국의 농업노동자 집단에서 볼 수 있는 것과 꼭같은 현상이 그대로 나타나고 있다. 이런 뜨내기들의 집단에 들어간 미혼여성은 대부분 임신한 채 고향으로 돌아가지만 태어난 아이의 진짜 아버지가 누군지는 보통 전혀 알지 못한다. 대부분의 여자들은 집단 내에서 모두는 아니더라도, 어쨌든 몇 남자의 요구는 들어주어야 했기 때문이다. 떠돌이가 아니라 큰 농장에서 일하는 여자들의 경우도 대개 엇비슷했다. 그 여자들 역시 닥치는 대로 농노들이나 임시 노동자의 먹이가 되었다. 이에 관해서는 제1장에 서술한 기록의 증언을 다시 한번 읽어보기 바란다.

지금까지 서술한 상황보다도 "더 심각한" 상태는 확실히 이제까지의 역사에서 나타난 적이 없었다. 왜냐하면 그것들은 모두 부르주아 시대에 나타난 드물지 않은 대중적인 현상이기 때문이다. 따라서 "연애"에 대한 사고방식은 더욱 심각하게 타락했던 것이다.

3) 위선

공공생활과 사생활의 여러 분야에서 관념과 현실 사이에 나타나는 터무니없는 모순에 대해서 자연히 어떤 식으로든 해결이 필요하게 되었다. 그것은 이상을 포기하는 것도 아니었으며, 현실을 먼 이상으로까지 높이는 것도 아니었다. 왜냐하면 부르주아 계급은 이상을 포기하는 따위의 생각은 하지 않았으며, 현실을 먼 이상으로

민헨의 창녀(1880)

까지 높이는 것도 좋아하지 않았기 때문이다. 부르주아 계급은 이상이 없으면 도저히 살아갈 수 없었지만, 그들 자신이 현실에 참여하는 한, 그 현실을 쉽사리 포기할 의지도 없었다. 부르주아 계급은 이전에 자신들이 정치적 토대로 삼은 숭고한 이상보다도 부가 그들에게 유리하게 분배되는 현실, 즉 이 유리한 분배 덕택에 자기 마음대로 즐길 수 있는 현실 쪽이 훨씬 더 마음에 들었다. 그 때문에 그들은 눈앞에 있는 큰 도랑을 살짝 덮어두고서 현실과 이상을 병행시켜야 했다. 그들은 정치적인 면에서는 겉만 번지르르한 입헌제도를 허용함으로써 현실과 이상을 만족시켰지만 성

적인 면에서는 공공연한 위선으로써 두 가지를 만족시켰다. "죄악"은 길거리로부터 자물쇠를 걸어잠근 대문 안으로 추방되었다. 대문 안에서는 죄악이 마음대로 난폭하게 굴고 있었지만, 대문 밖에는 빈틈없이 도덕이라는 페인트가 칠해져 있었다. 그들은 한사람도 남김없이 공공연하게 도덕군자연했다. 그러나 그것만으로 만족하지 않고, 한술 더 떠서 자기들이 몰래 즐기고 있는 모든 행위를 있는 힘을 다해서 스스로 비난함으로써 한층 더 공공연하게 도덕군자연했다. 사실 그 자체를 없애는 것이 아니라, 세상의 눈이 그 사실을 볼 수 없도록 은폐하는 무화과 잎과 같은 도덕이 부르주아 사회가 천명하는 도덕률이 되었다. 부르주아 계급은 그에 따라서 관념과 현실 간에 피할 수 없는 모순을 양립시키는 교묘한 방법을 찾아냈다. 그것은 그들이 이러한 모순을 제거할 생각도 안 했을뿐더러 제거할 수도 없었기 때문이다. 그러나 부르주아 시대의 지배계급은 자발적으로 이러한 모순을 해결하려고 적극적으로 나서지 않고 있다가 주변 사정으로 인해서 싫든 좋든 간에 그렇게 하지 않을 수 없게 되었다. 이미 이 장의 첫머리에서 얘기했듯이 부르주아 사회는 최초의 사상적 처방전으로서 도덕적인 세계질서의 실현을 표방했을 뿐만 아니라 그것이 자신들의 생활을 그다지 위협하지 않는 한 역사발전의 어느 시점까지는 도덕적 세계질서를 표방할 수밖에 없었다.

각각의 특수한 시대마다 사람들은 언제나 발전과정에서 가능한 한 높은 이상을 실현시키려고 노력했음에 틀림없다. 그들은 오늘날 존재하고 있는 사물이 모두 어느 정도까지는 소위 신이 원한 자연의 질서이기를 원했다. 어느 시대에서나, 특히 그렇게 함으로써 어떠한 상황에서라도 자기 존재뿐 아니라 자신의 모든 행동까지도 정당화할 수 있었다. 그러나 개개의 제도에 대해서 대중이 조작된 이미지를 무조건 믿을 필요 역시 없었다. 그것은 각 시대의 권력관계와 관련되어 있었다. 절대주의 시대에는 전혀 터무니없이 사치스러운 생활도 가능했으며 오히려 민중이 정부를 악마가 원한 자연의 질서라고 보아도 전혀 안중에 둘 필요가 없었다. 그 이유는 민중의 도덕적 분개 따위는 그들의 지배체제를 현실적으로 변화시키지 못했기 때문이다. 앞에서도 언급했듯이 이 체제는 신흥 부르주아 계급과 몰락한 봉건 대지주 계급 간의 계급투쟁에 의해서만 좌우되었다. 그 결과 왕관을 쥐고 있는 쪽은 두 계급의 어깨에 매달릴 수 있었던 것이다. 따라서 이 "입장"은 바로 두 계급의 역학관계가 불균등하게 발전함으로써만 위태로워지며, 마침내 그로 인해서 무력해졌다는

말하는 그림?(부정한 부인에 대한 영국의 캐리커처, 1809)

것은 알려져 있는 사실이다. 그렇지만 대공업 시대로 접어들면서 역사적 정세는 돌
변했다. 이 시대에 대중은 어느 나라에서나 정치적으로 최대 다수의 선거권을 가진
계층이 되었다. 그들은 농노나 하인 같은 비천한 신분에서 국민으로 지위가 향상되
었다. 다시 말하면 그렇게 함으로써만이 상품생산이라는 새로운 양식에 반드시 필
요한 대중의 모든 힘을 동원하고 이용할 수 있었기 때문이다. 한편 대중은 경제적
으로 독립된 생활을 획득함에 따라서 정신적, 정치적 해방도 맞이하게 되었다. 그
것은 당연한 결과에 불과했다. 지배계급은 이와 같은 대중의 정신적, 정치적 해방
을 방해하고 탄압했지만 막을 수는 없었다. 대중의 정신적 해방은 끊임없이 진보하

는 기술적 발전, 그에 따른 자본주의의 철저한 관철과 팽창에서 점점 더 중요한 조건이 되어감에 따라서 그것을 저지하기는 더 어려워졌다. 부르주아는 문맹인이나 노예와 함께 밭을 경작할 수는 있겠지만, 그들과 함께 매우 까다로운 정밀기계를 만든다거나 이용할 수는 없었다. 이 때문에 고도로 발달한 공업으로부터 획득되는 엄청난 이윤은 성년이 된 계급의 간단없는 비판에 의한 불유쾌함 때문에 상쇄될 수밖에 없었다. 이러한 비판의 파괴작용은 부르주아 계급 스스로가 모범을 보이고 참으로 도덕적인 세계질서라는 동화(童話)를 적어도 어느 정도까지는 대중이 신뢰하도록 만들어냄으로써만이 약화될 수 있었다. 이와 같은 필연성에서 위선의 법칙이 탄생했다. 그것은 내용, 다시 말하면 무한한 부와 그 덕택으로 무엇이든지 할 수 있는 만족스러운 생활을 가능한 한 오래도록 파괴시키지 않기 위한 형식적인 타협이었다.

이러한 갈등은 부르주아 시대와 더불어 각국에서 나타났다. 이것은 새로운 자본주의적 발전이 사회에 내재된 여러 가지 모순을 해결하지 못하고 반대로 온갖 사회문제를 야기시키는데다가 맨 처음부터 동화적인 꿈을 모두 깨버렸기 때문이다. 그러나 이 갈등은 명백한 이유로 인해서 처음에는 별로 절박하지 않았다. 그것은 프롤레타리아 계급이 우선 독립된 정치의식을 가진 계급으로서 질적으로 향상되는 것이 전제되어야 했다. 그리고 그 역사적 진보는 쉬지 않고 한걸음 한걸음씩 진행되었다. 1840년대에 비로소 프롤레타리아 계급은 어느 나라에서나 지배계급이 무시할 수 없는 정치세력으로 등장했다. 그 시대까지는 위선이라는 것은 바로 소시민계급, 즉 어느 시대에나 생활상의 좋지 못한 경제조건에 속박되어 있는 자들에게만 나타나는 계급적 도덕에 불과했다. 이에 반해서 부르주아 계급은 벼락부자같이 생활하고 행동했다. 왜냐하면 그들은 실제로 벼락부자였기 때문이다. 그들은 자만했다. 그 누구도 그들을 구속하지 않았다. 누구에게 거리낄 것이 있겠는가! 우리들이 누구의 도움을 아쉬워하겠는가! 세계는 우리들의 것! 우리들은 무엇이든지 할 수 있어! 우리들의 재산은 예언자 모세의 재산이야! 이런 것이 한층 분명한 어조와 다양한 방식으로 수없이 공표된 인생관이었다. 특히 영국 시민계급의 역사는 18세기 초부터 거의 100년간에 걸쳐서 이러한 인생관에 대해서 끊임없이 그로테스크한 본보기를 보였다. 그들은 야단법석을 떨거나 무절제한 생활을 했다. 부르주아적 자유는 무절제한 타락한 생활을 부추기거나 모든 인습을 고의로 무시하는 것을 의미했다. 어느 도시나 모두 이른바 선창가의 주막과 같았다. 벼락부자라는 존재는 비밀이나 은밀한 행동 따위에는 무감각했기 때문에 감정을 노골적으로 드러냈다. 그들은 큰소리치면서 벼락부자 티를 스스로 노골적으로 드러냈다. 만약 자신들이 그렇게 할 수 없다면 그것은 즐거움이 되지 못했으며, 가장 놀라운 기쁨도 되지 못했다. 그들의 풍채 역시 그들의 행동거지와 같았다. 손에는 때가 덕지덕지 끼고 단정한 차림새란 전혀 찾아볼 수 없었다. 품위를 지켜야 하는 장소에서라도 그들의 차림새는 앙시앵 레짐 시대 복장 특유의 거드름을 피우는 곡선을 전혀 보여주지 않았다. 그것은 보란 듯이 행동하는 벼락부자의 취미로서, 여기에는 돈이 들었단 말야라고 현란하게 과시하는 것일 뿐이었다. 그로테스크한 그릇에는 결국 그로테스크한 내용이 담긴다. 특히 그들이 몸에 달거나 늘어뜨리는 장식물이 바로 이런 점을 가장 적나라하게 나타내고 있었다. 그러나 손에 때가 덕지덕지 끼고 차림새가 늘상 조잡하며 언행이 야비하고 예의범절을 전혀 몰라도 그들은 그런 것을 제외하고는 확실히 빼어났다. 머리는 대개가 장대하고 늠름하며 더욱이 원숙해 있었다. 그럼에도 불구하고 머리 속으로는 새로운 세계가 낳은 모든 문제를 요리조리 고심하고 있는 인간이었다. 호가스나 롤랜드슨의 그림은 이런 것을 생생하게 묘사하고 있다. 영국 부르주아 계급은 대부분 벼락부자였기 때문에 그들이 개발한 향락은 모두가 예외 없이 조잡하고 야비하고 외설적이었다. 그들은 귀족적인 고결함이나 세련됨 따위는 똥이나 처먹어라는 식이어서, 배가 터지게 마시고 실컷 "연애"했다. 모든 것은 이른바 "커다란 그릇"으로 이루어졌다. 그들은 돈을 주고 양의 커다란 넓적다리를 살 수 있었다. 즉 그들은 배가 터지게 먹음으로써 나에게는 돈이 있단 말이야 하고 과시했다. 그들은 마치 대하(大河)처럼 끊임없이 왔다갔다 떠돌아다녔다. 그들은 기분내키는 대로 행동했으며 마음에 드는 것은 모조리 손에 넣었다. 그들은 저쪽에서는 딸, 이쪽에서는 그 어머니, 때로는 모녀를 동시에 손에 넣었다. 특히 그들 사이에서 남의 아내를 유혹하거나 심지어 유괴하는 일이 유행했다. 영국인들의 방종과 분방함은 일상적이어서 어디에서나 속담으로 나타날 정도였다. 영국인은 어느 나라를 가더라도 이 방면에서 곧 두드러졌다.

영국의 부르주아 계급처럼 어깨춤을 추는 졸부 취미는 어느 나라에서도 찾아볼 수 없었다. 왜냐하면 자유분방한 발전을 위해서 영국에서처럼 유리한 조건은 어느 나라에서도 주어지지 않았기 때문이다. 그러나 새로운 시대의 인간이며 동시에 그 시대의 지배자였던 이와 같은 인간은 본질적으로는 어느 나라에서든 방치되어 있었다.

자전거 타는 숙녀들(아이작 크룩섕크, 영국의 동판화, 1819)

프랑스 혁명 시대의 그리모 드 라 레니에르는 혁명에 의해서 갑자기 출세한 부르주아 졸부에 관해서 이렇게 비판하고 있다.

인간의 재산관계의 변혁이나 혁명의 결과로서 부가 이제까지의 소유자와는 다른 인간의 손에 집중되자 그것은 순전히 동물적인 향락에 대한 즐거움으로 이어졌다. 갑작스럽게 돈을 모으게 된 이런 부류의 파리인들의 심장은 비둘기의 모래 주머니같이 변화되었다. 그들의 바램은 식욕뿐이고 감각에 대해서 말하면 낮간지러울 뿐이다.

그 시대의 유명한 프랑스 풍속작가 메르시에는 총재정부와 제1제정 시대의 부르주아 계급의 졸부 취미를 인정하고 다음과 같이 쓰고 있었다.

이런 사람들의 연회에서 벌어지는 잡담만큼 듣기 고역스러운 것도 없다. 진수성찬을 산더미처럼 차려놓은 식탁에서 이야기라고 해야 고작 식단표, 조리사의 솜씨, 새로운 스튜 요리의 발명자, 지하실에 들어 있는 포도주의 가격, 연회와 그 호화스러움에 대한 것뿐이었다. 실컷 먹고 마시는 일이 모든 사람에게 정말 강요되었다. 이와 같은 강요는 그들에게 휴식이라는 것을 허용하지 않았다.

독일에 관해서도 함부르크의 요한 페터 갈라스는 어떤 책에서 이렇게 썼다.

이런 사람들의 화제라면 복장, 미용, 연회, 이혼, 파산에 한정되어 있었다. 그들은 일반적으로 배부르게 먹고, 그뒤에는 트럼프의 일종인 부이요트 놀이를 시작하거나 카릭을 타고 산책을 하고, 돌아와서는 커피를 마시고 확실치 않은 것을 수다스럽게 얘기하며 턱이 빠질 정도로 크게 하품을 하고 마침내 침대로 들어가는데, 다음날도 오늘 했던 일을 또 반복한다.

한편 세계의 새로운 주인공은 어느 나라를 막론하고 처음에는 졸부 취미를 가진 벼락부자들이었지만, 독일과 프랑스의 경우 그들은 오히려 소시민의 프록코트를 입고 활약했다. 얼핏 보면 점차 졸부 취미에서 탈피해서 성장한 듯이 생각되겠지만, 그들은 졸부 취미에 너무나도 빠져 있었기 때문에 새로운 시대와 더불어 그것을 일시에 제거할 수 없을 정도였다.……

사태는 급변하여, 좀더 적절한 표현을 빌리면, 부르주아 시대의 주제넘은 호황의 최후는 먼저 영국에서 1820~30년에 시작되었다. 영국은 이러한 사태가 매우 심각했기 때문에 얼핏 보기에는 이 시기부터 새로운 시대가 마치 붕괴해버린 것 같은 착각을 일으킬 정도였다. 이 시기를 기점으로 해서 인간과 자연의 외관은 이전의 시대와 비교해서 갑자기 변했다. 실제로 내용 면에서도 새로운 복장이 강요한 것에 한해서만이 크게 변화했다. 부르주아 계급은 새 프록코트만 입으려고 했다. 만약 사회의 진정한 일원으로 보이기를 원한다면, 사람들은 너도나도 그 후 존경스러운 부르주아의 견고한 프록코트를 공개적으로 입어야 했을 것이다. 프랑스와 독일에서는 이 변화가 초기에는, 설령 철저했다고 할지라도, 거의 드러나지는 않았다. 이미 서술했듯이 프랑스와 독일의 경우, 새로운 시대의 인간은 그때까지의 도시상인의 프록코트를 결코 벗지 못하고 있었으므로, 새로운 생활조건에 금방 위엄 있게 자신을 맞추기 위해서는 진지하고 "점잔빼는" 표정을 짓는 것만으로도 족했던 것이다.……

공공생활의 외관에서 일어난 급격한 변화는 한층 더 특수한 사정, 즉 대공업 발전이 그 시대에 경험한 특수한 경제상태에 의해서 훨씬 더 빨라졌다. 소개업은 점점 더 수익성이 높은 사업이 되었을 뿐만 아니라, 공업이 대규모로 발달하고 그에 따라서 공장이 확장되어갔으므로 더욱더 온 힘을 발휘해야 했다. 더욱이 이제는 뻔뻔스러운 경쟁이 뒷골목 도처에서 은밀하게 자리잡게 되었다. 즉 부르주아는 자숙해야 했다. 그렇지만 아무리 자숙했다고 해도 유산계급에서는 그 후 이상으로서의

318

크룩생크의 캐리커처(1816)

도덕적 모범을 모든 사람에게 공개적으로 과시하는 도피의 길밖에 남아 있지 않았던 것은 아니다. 더구나 지금까지의 식도락을 제사 지내는 날에만 즐기는 것은 더더욱 아니었다. 이 시대에 프롤레타리아 계급이 그들의 지배적인 요구를 앞세우고 사무실에 우르르 몰려와서 자기들이 창출한 잉여가치를 적어도 점잖게, 해고당한 동료들에게 분배해주어야 한다는 강경한 주장을 하는 상황에서는 그렇게 해야만 했던 것이다. 노동자의 권리에 대한 다양한 요구를 자본가에게 가능한 한 납득시키기

교회로 가는 길(힙, 소묘, 「질 블라스」에서, 1899)

위해서는 부르주아 계급이 처음에 주창한 도덕적 세계질서와 그들의 실천내용을 하나하나 비교하는 것이 통찰력 부족한 프롤레타리아 계급으로서는 가장 용이한 일이었음은 말할 나위도 없다. 유산계급이 대중을 정치적으로 감독할 권리가 있다는 것은 오늘날에도 대중은 도덕적으로 열등하다는 전제가 있을 때만 가능할 뿐이다. 그런데 바로 이러한 대중이 점점 스스로 높은 도덕을 지키려는 자각이 생겼을 때 그와 같은 이유는 납득할 수 없는 것이 되었다. 이런 상황하에서 지배계급이 자신들이 장악하고 있는 지배와 재산에 대한 총공격을 "과연 지당한 말이요"라고 비판의 무기로서 받아들이겠다고 생각했다면, 그들은 기껏해야 자기들 생활의 표면만을 고치는 수밖에 없었다. 그렇지 않고서는 자포자기하는 길밖에 남는 것이 없었다. 이런 점에서 그들은 패배를 처음부터 알고 있었다. 한편 이 장의 첫머리에서 이미 서술했듯이, 사회조직 자체는 그 발전의 모든 전망이 이미 실현되어 필연적인 파산이 한발한발 눈앞에 다가올 때 비로소 자포자기하게 된다. 다시 말하면 이때 비로소 "과인이 죽은 뒤에 대홍수가 나든 말든!"이라는 말이 나타난다. 그러나 지금 그런 자포자기는 어느 나라에도 나타나지 않았다. 그것은 각국의 그 후의 경제적, 정치적 발달이 확실히 보여주듯이, 부르주아 시대는 아직 상승의 초기 단계였기 때문이다. 이 때문에 이제까지의 철면피한 졸부 취미는 철면피한 위선으로 변했다. 이런 식의 탈피는 부르주아 계급뿐 아니라 그 사회조직 내에 존재하는 모든 계급에서 나타났으며 모든 인간이 이 법칙에 지배되었다. 이것은 일시적인 현상이 아니라 지금까지 줄곧 지속되는 현상이다. 그리고 이 부르주아의 지배적인 도덕에 대해서는 개인만이 아니라 모든 계급이 오늘날까지도 의식적으로 명백한 반대를 표명할 수가 없었다. 즉 자본주의 시대에 들어서자 연애는 생활 문제로서 점점 복잡하게 된 제3의 사정 때문에 특히 그렇게 되지 않을 수 없었다. 자본주의 발달은 우리들의 생활을 놀랍도록 복잡하게 만들었으며 연애도 복잡한 생활에 얽혀서 수많은 어려운 문제를 야기시켰다. 대부분의 사람들은 이런 어려운 문제를 사유재산을 토대로 한 자본주의라는 사회제도의 틀 속에서 개인적인 타협으로 해결할 수밖에 없었다. 게다가 이로 인해서 위선이 어느 정도까지는 모든 사람들에게 냉엄한 법칙이 되었다. 사람들은 지배적인 사회제도를 비판하고 반대할 수는 있겠지만 그런 사회제도 자체를 부정할 수는 없었다. 왜냐하면 지배적인 사회제도의 "바깥"에 존재하는 것도 현실 속에서가 아니라 머리 속에서만 가능했기 때문이다. 그러나 머리 속에 그려진 새로운 사회는 두루 알려진 대로 설령 이론적으로는 가능할지라도 아직 현실적으로 불가능했다.

그 이후 모든 사람들이 따라야만 하는 부르주아적 사회제도의 규칙의 핵심은 "외형적인 예의범절은 지킨다"는 것이었다. 다시 말하면 그것은 사회로부터 특별히 존경받고자 해서 그랬던 것이 아니라 이른바 "훌륭한 사회"의 일원이기 때문에 할 수

큐피드의 개선(하인리히 로소)

없이 그랬던 것이다. 가령 몸에 걸친 검은 프록코트, 품위 있는 머리 위의 더 한층 품위 있는 실크해트, 손에 낀 번쩍거리는 검은 가죽 장갑은 남성들에게는 새로운 도덕, 즉 부르주아 도덕을 위한 외형적인 상징이었다. 그것은 전형적인 예의범절의 제복이 되었다. 그리고 부르주아 계급은 이런 종류의 제복을 대단히 효과적이라고 생각했다. 프록코트와 실크해트는 엄숙한 동작밖에 허용하지 않았으며 번쩍거리는 검은 가죽 장갑으로는 촉각에 무관심할 수밖에 없었기 때문이다. 반면에 여성의 복장은 공적으로는 항상 목까지 완전히 감추는 차림이 되었다. 그 때문에 외형적인

322

예의범절의 규칙을, 그것도 여성들이 어길 때는 그들은 대부분 사회로부터 무자비하게 배척당하게 되었다.

외형적인 예의범절을 까다롭게 하는 가장 큰 의도는 공적인 행위에서 성이라는 것을 닥치는 대로 제거하기 위해서였다. 그래서 부르주아 계급은 연애 역시 표면적으로는 제거해버렸다. 그들은 세상에 대해서 귀찮아하는 듯한 얼굴을 했으며 연애 따위는 거들떠보지도 않는 체했다. 그들은 큰 소리로는 연애에 관해서 지껄이지 않았다. 다른 사람이 연애를 하는 것을 보고도 못 본 체했다. 연애는 부정되었던 것이다. 그들은 이러한 태도를 정당화시켰다. 뿐만 아니라 대화할 때에 성적인 의미가 깔려 있는 듯한 얘기는 가능한 한 피하는 것도 올바른 예의범절의 하나였다. 그런가 하면 성문제를 진지하게 논의하는 것마저 될 수 있는 대로 피하려고 했고 그런 내용을 여성과 이야기하는 것은 당치도 않은 일이었다. 정숙한 부인은 세상사나 특히 그런 내용은 아무것도 모르는 체했다. 남녀교제에서는 성적 자극을 하는 여성의 신체 부위나 복장의 이름을 입 밖에 내는 것도 있을 수 없었다. 이러한 내용은 모두 비유적으로 품위 있게 말해야 했다. 부르주아 계급은 넓적다리나 장딴지 같은 말뿐 아니라 발이라는 단어도 내뱉어서는 안 되었다. 여성의 넓적다리 같은 단어를 입 밖에 내는 일 따위는 무엄한 짓이었다. 가슴이나 유방 같은 단어는 목이라고 했고, 필요에 따라서 흉부라고 표현하기도 했다. 배라는 단어는 엄금되어 위라고 말해야만 했다. 엉덩이라는 단어는 이미 이 세상에 존재하지 않았다. 코르셋은 흉의라고 불렀다. 스커트는 품위 있게 쥐퐁이라고 불렀다. 임신했다는 단어도 사용치 못하게 되어 "희망에 차 있다"라든가 "상황이 변했다"라고 말해야 했다. 외형적인 예의범절은 유혹당하기 쉬운 모든 기회를 엄격히 피하도록 요구했다. 젊은 아가씨와 신사를 단둘이만 방에 있게 하는 것은 예의에 어긋나는 것으로 간주되었다. 자기 명예를 지키고자 하는 여성은 결코 집으로 남자를 초대해서는 안 되었다. 젊은 아가씨나 일반적으로 정숙한 지어미가 밤중에 혼자서 외출하는 것도 좋지 않았다. 또한 정숙한 지어미와 외간 남자 사이의 교제는 제3자 앞에서밖에 허용되지 않았다. 약혼한 남녀에게도 결혼식 날까지는 어른들의 사교계에서만 만나서 이야기하도록 했고 그들 멋대로 만나는 것은 허용되지 않았다. 숙녀가 외출할 때 고개를 옆으로 돌리거나 등을 돌리는 것은 좋지 않았고 가능한 한 눈을 내리깔고 걸어야 하는데 그때도 너무 빨리 걸어서는 안 되며 그렇다고 너무 천천히 걸어서도 안 되었

간통하고 있는 연인(포랭)
여자 : 마차는 아직인가요? 남자 : 그렇다고 호텔에 안 가진 않겠지?

다. 그렇게 하는 것은 간접적으로 남자들의 접근을 원하는 표시로 생각되었기 때문
이다. 정숙한 부인은 거리에서 스커트를 걷어올리는 일도 될 수 있는 대로 주의해
야 했다. 중인환시리에 스커트를 걷어올리는 행위는 갈보들이나 하는 짓이었다. 그
런가 하면 다리를 내놓는 것은 1880년대까지 줄곧 금지되어왔다. 다리가 드러나는
스커트가 등장했을 때 이런 복장은 소위 상류계급에서는 예의에 아주 벗어나는 것
으로 간주되었다. 무도회에서 가슴을 훤히 드러낸 데콜테 같은 유행복은 허용되었
음에도 불구하고 숙녀가 자기 집에서 실내복만을 입은 채로 사람을 맞이하는 것은
좋지 않은 것으로 간주되었다. 옛날에는 그렇게 하는 것이 매우 예의바른 일이었는

324

데도 말이다. 이와 유사한 예의범절의 요구를 일일이 들자면 한이 없다. 미술, 연극, 문학도 이와 같이 규중처녀의 도덕 규범에 끼워맞춰졌다. 나체는 파렴치하다는 이유에서 완전금지되었다. 나체 입상 또는 나체, 반나체를 묘사한 그림 앞에 서는 것조차도 불결한 소망이나 욕망의 표출로 간주됨으로써 진지한 인간이라면 옷을 입은 인간밖에 볼 수 없었다. 진지한 인간이 읽는 소설에서는 언제나 깨끗한 것만이 사랑받았다. 간통, 사생아, 매춘 등의 모습을 찾아볼 수 없었다. 연애는 모두 "해피 엔드, 해피 엔드"라든가 실연당했거나 "목적한 대로 되지 않았다"라는 식으로 끝났다. 이 경우 작가는 "……등", "……등"으로 일단락을 지어야 했다.

예의범절의 규범을 어긴 인간은 누구나 매우 철저하게 배척받았다. 이 경우 그들은 공적으로 진지하게 행동하든가 아니면 표면상의 형식을 짓밟아버리고 무모한 정열에 빠지든가 둘 중 하나를 선택했다. 귀한 집 딸이나 부인이 자기의 정혼한 약혼자가 아닌 또는 지아비가 아닌 남자와 입을 맞추었을 때는 당장 명예를 잃게 되었다. 가령 상대방이 그 당시 자기와 정식으로 약혼한 사이라고 해도 한 번이라도 남자에게 입술을 빼앗긴 아가씨는 이미 그 사람말고는 다른 착실한 남성과는 결혼할 수 없게 되었다. 여성의 혼전 성교는 전부 음탕한 짓으로 치부되었다. 만약 아가씨가 임신했다면 그녀는 곧장 진지한 사람들에게 백안시당했다. 그녀에게는 세상의 모든 문이 닫혔다. 또한 그녀는 항시 배척당했으며 진지한 사람들로부터 뒤에서 손가락질을 받았다. 한편 세상은 사생아를 낳은 여자를 타락한 여자로 여기고 철저하게 경멸했을 뿐 아니라 그 사생아에게까지도 일생 동안 낙인을 찍었다. 그리고 어떤 여성이 한걸음 앞서서 공공연하게 "자유연애"에 열중했다면, 세상은 그 여성을 갈보로 취급해서 호되게 다루었다.……

이러한 사실은 외형적인 예의범절에 관한 국제법 가운데서 가장 중요하고 유명한 조항들이다. 그것은 이와 같은 형태로서 일반적으로 승인되었으며 이른바 진지한 사람들에 의해서 끊임없이 언급됨으로써 공식화되었다고 해도 무방하다. 한편 비공식화된 부분, 즉 모순으로부터의 불가피한 도피에는 거의 행동에 제한이 없었다. 그것은 무조건적인 요구로서, 순결하지 않은 것은 가능한 한 몰래 하라는 유명한 성직자의 좌우명 속에 집약된다. 이 요구가 무조건 관철되면, 사회는 상황에 따라서 기꺼이 눈을 감았다. 곧 이런 조건하에서 사회는 남자에게는 모든 여자를, 여자에게는 가능한 한 더 많은 남자를 허용했던 것이다. 그리고 대부분의 사람들은 이

법칙에 따라서 자유롭게 행동했다. 돈 많은 계급의 남자는 대개 첩을 두었지만, 그렇다고 해서 함께 외출하거나 공적인 장소에 함께 나타나지는 않았다. 이 계급의 남자는 종종 매춘부를 사러 뒷구멍으로 몰래 갈 뿐이다. 그들의 말을 빌리면, 유곽은 사회라는 몸에 꼭 달라붙어 있는 지긋지긋한 페스트 종양 같은 것이다. 정숙한 부인 역시 대개의 경우 한 사람 또는 몇몇 다른 남자와 맺는 애정을 남편이 자기에게 주는 향락보다도 훨씬 바람직한 것이라고 생각했다. 그러나 부인은 고용인에게 절대로 옆길로 새지 않도록 단단히 주의시켜두기 때문에 자신과 남편이 위험에 빠

2. 아침 8시(프랑스의 채색 석판화, 1860)

질 염려도 없었다. "침실의 순결"을 어떻게든지 지키려는 정말 현명한 아내는 자기 애인에게 다른 사람들의 눈에 띄지 않도록, 약속을 정해서 밀회하자고 먼저 청한다. 숙녀들은 당대의 유행복의 예의범절이 요구하는 것에 맞게 무도복을 주문하지만, 한편 자기 마음에 드는 상대방의 에로틱한 호기심이 자기에게 집중되도록 옷을 맞추려는 의도도 반드시 가지고 있었다. 숙녀들은 무도회복을 입기는 했으나 실제로는 교묘하게 나체처럼 보이게 함으로써 그 문제를 해결했다. 외젠 펠탕은 제2제정 시대의 사회에 관한 기록에서 이 비밀장치를 다음과 같이 쓰고 있다.

예를 들면 이때에는 막내 아기의 요람 곁에서 공상에 빠진 젊은 어머니를 관찰하면 좋다.

난로에서는 불꽃이 불가사의한 멜로디를 내며 춤추고 있다. 푸르스름한 창을 통해서 달빛이 방으로 쏟아지고 있지만 아주 어둡게 해놓은 희미한 등불 때문에 실내는 어둠침침하다. 이 황홀한 석양 속에서는 째깍거리는 시계소리도 들리지 않는다. 부인은 잊을 수 없는 방문시각을 영원히 남기기 위해서 시계태엽을 부숴버렸던 것이다.

캐시미어의 넘실거리는 바다에 둘러싸인 부인은 푹신한 소파 쿠션에 파묻혀서 팔찌 낀 팔로 머리를 괴고 눈을 반쯤 감고서 이 순간에 도덕이라는 기하학적 문제를 생각했다. 즉 다음 무도회복을 머리에 그리면서 옷을 입은 채로 가능한 한 나체로 보일 수 있는 선을 찾아내려고 했다. 왜 그런지 당신은 아는가? 순진한 기병대 장교가 이 부인을 밀로의 비너스에 비교했는데, 부인은 자신이 올림포스 여신과 경쟁해서 이길 수 있다는 것을 증명하고 싶었기 때문이다.

미혼여성과 구혼자 사이에 진지한 관계가 시작되면, 그런 경우, 상류계급의 어머니는 자신의 좋은 평판을 잊지 않는 아내로서 이중적 의무를 거의 소홀히 하지 않는다. 어머니는 서로 사랑하고 있는 두 사람을 둘만이 있게 해서, 그로 인해서 나쁜 평판이 생기는 것을 허용하지 않는다. 그러나 무도회나 사교계에서 돌아오는 차 속에서는 딸의 구혼자가 보호자로서 동행하는 한 어머니는 대개 마음놓고 잠들어버릴 것이다. 이 사회에서는 연애결혼만이 허용되었다. 쌍방은 가장 고귀한 목적에 의해서 인도되었다. 남자 쪽의 좌우명은 언제나 단호하다. "나는 연애결혼만을 하겠습니다. 상대의 돈은 안중에도 없습니다." 여자 쪽의 좌우명도 역시 단호하기 마련이다. "저는 제가 진심으로 존경하는 남자하고만 결혼하겠습니다. 상대방의 지위는 안중에도 없습니다. 그런 사람을 찾지 못하면 차라리 저는 독신으로 살겠어요." 그리고 남녀 모두 이와 같은 고귀한 원칙에 따라서 행동했다. 사람들은 두 사람이 서로 미친 듯이 사랑하고 있다는 사실을 알고 있다. 양쪽 부모들도 그런 소문을 들은 사람들에게 기뻐하면서 "두 사람이 정식으로 약혼했다"고 발표한다. 양쪽 부모들은 그것을 보증하기 위해서 또 이렇게 덧붙인다. "그 청년(또는 그 아가씨)은 원하기만 했다면 더 돈 많은 사람과 맺어질 수도 있었지요. 그렇지만 그 청년(혹은 그 아가씨)은 자기가 사랑하는 상대를 오매불망하며 다른 사람은 싫다고 말했다오." 만약 누군가가 "두 가문끼리의 혼약이다. 두 가문의 재산의 결합이다"라고 무심코 말한다면 그것은 얼마나 비천한 중상모략이 될 것인가? 다만 외형적인 예의범절을 지키려는 태도가 헛고생이라고 느껴지면 그들은 부끄러움도, 소문도 잊어버리고 베일을 거침없이 벗어던지고 둘의 본심을 노골적으로 드러낼 것이다. 펠탕은 그런 광경을 이렇게 묘사하고 있다.

화장대에서(오브리 비어즐리, 소묘)

　조금 전에 나는 포부르 생 제르맹의 저명인사들이 잘 가는 도서관에 다녀왔다. 열람실에 한 청년이 있었는데, 무릎에 턱을 괴고 앉아서 대출중인 집시 소설이 반납되기를 기다리고 있었다. 그때 그는 지팡이 끝으로 박자를 맞추면서 벨린의 가극 카바티나를 흥얼거리고 있었다. 그에게 그의 건달친구 중 한 청년이 다가왔다. 그를 보자 그 청년은 느닷없이 무뚝뚝하게 "이번 결혼으로 얼마 벌었어" 하고 물었다. 그러자 상대방은 "10만 프랑"이라고 대답했다.

　도서관의 여관장이 그 소리를 듣고서 "그렇다면 당신들은 아가씨가 아니라 지참금하고 결혼하는 셈이군요"라고 물었다.

　"그런 셈이오." 두 사람은 마치 약속이나 한 듯이 대답했다.

　두 사람은 젊고 귀티를 풍기는 것을 보면, 틀림없이 부자였다. 파리에서는 환상을 좇는 나이의 폴카 추종자들 모두가 이와 같은 생각을 하고 있다.

　얼마에 결혼했는가는 일부 청년들의 한결같은 관심사이다. 그런 청년들에게는 결혼이란 한푼도 없는 텅 빈 금고를 위한 응급조치이며, 구두 가게나 양복점에 돈을 갚기 위한 최후의 도피처에 지나지 않는다. 그러나 일단 기다리고 기다리던 지참금이 손에 들어오면, 남편은 한밑천 잡은 도박꾼 같은 광포한 기분에 휩싸여, 또 계산속으로 연기한 것이지만 향락을 연기한 끝의 흥분에 휩싸여 다시 이전의 생활로 되돌아가는 것을 포기할 수 없다고 생각한다. 이제 남편은 낮에는 클럽이나 다방, 밤에는 극장에 간다. 그의 가정은 아침부터 내팽개쳐져 황량하다. 그는 무료함을 해소하기 위해서 또 아내의 의심에 양심이 찔리기 때문에 가능한 한 아내를 피해서 밤늦게 집으로 돌아온다.

이런 얘기는 부르주아 사회의 성 모럴의 특수한 위선 중에서 일부만을 그린 것이다. 그러나 무화과 잎 같은 도덕은 부르주아 시대의 생활 속에서 모조리 흐트러지기 마련이었다. 인간은 사물과 상황의 진실을 도대체 보려고 하지 않았다. 그럼에

공개적인 태형(아돌프 빌레트의 캐리커처, 1900)

도 불구하고 그들은 개인의 성도덕과 마찬가지로 사회상태도 매우 만족스럽다고 설명했다. "가난이나 비참한 상태가 이 세상에 존재한다는 것은 무슨 뜻인가? 그런 것도 있는가? 그것은 개인의 죄에 불과하다." "일하고자 하는 사람에게는 언제나 일자리가 생긴다." "저축을 하는 사람은 언제 어디서나 출세할 수 있다." "가난한 사람은 인간답게 보살핌을 받고 있지 않는가?" "병자에게는 병원, 집 없는 사람에게는 무료 숙박소, 아이들에게는 유치원, 고아에게는 고아원, 맹인에게는 맹인의 집, 불구자에게는 구호시설, 노인에게는 양로원이 있지 않는가?" "우리들은 끊임없이 전체의 행복을 위해서 애쓰고 있지 않는가?" "우리 아내들은 구제기금을 모으기 위해서 자선 바자회나 마가렛 데이를 열지 않는가? 그런가 하면 가난한 사람들을 위해서 키스하고 춤까지도 춰준다." 틀림없이 사실이 이럴진대, 그 이상 무엇을 바란다는 말인가?……

이미 서술했듯이, 이와 같은 현상은 모두 국제적이지만 미국을 제외한 어느 나라를 둘러보아도 영국만큼 위선이 기세를 떨치는 나라는 없다는 것이 우선 특징이다. 독일에서는 상류계급 부인이 넓적다리라는 단어를 입 밖에 내서는 안 되던 시대에 영국에서는 교양 있는 부인이 발이라는 단어를 입에 담는 것만으로도 예의가 없다고 간주되었다. 셔츠나 코르셋이라는 단어는 영어 사전에서 사라졌다. 만약 저술자가 그런 단어를 무심코 썼

데콜테 차림의 여성(소책자의 삽화)

다면, 그는 영국내 도서관에서 자기의 책이 즉각 폐기될 위험한 짓을 저지른 것이다. 이것은 항상 그의 집필활동에 대한 사형을 의미했다. 더욱이 그러한 단어가 사용되는 연극은 옛날에 상연된 것이라도 지금은 완전히 금지되었다. 영국에서는 과학에서까지도 성문제에 관한 진지한 연구를 금지했다. 몇 년 전에 런던에서 하벨록 엘리스의 유명한 「성심리학 연구」가 외설적이라고 해서 금지됨으로써 어느 서점에서든 이 책을 공개적으로 파는 것을 망설였다. 영국의 상류사회에서는 모든 것이 규방처녀의 모럴을 기준으로 해서 결정된다. 존경받는 사회에서 읽히는 삽화신문은 나체화나 좀더 이상적으로 묘사한 르트루세 모습이나 데콜테 등을 피할 뿐만 아니라 묘사된 인간에게서 성격 특징까지도 제거해서 모두 무성적(無性的)으로 그리고 있다. 가장 유명한 증거는 세계에서 으뜸가는 속물적인 신문이라고 일컬어지는 「런던 펀치」의 제70호이다. 영국 부르주아 사회는 단어나 그림을 이처럼 금지했으면서도, 다른 한편 행동에 대해서는 실제로 관대했다는 점 역시 유명하다. 이에 관한 가장 적절한 예는 1870년대에 큰 문제를 일으켰던 발렌틴 베이커 대령의 사건이다. 헥토어 프랑스는 「순결한 앨비언」에서 이에 관해서 이렇게 쓰고 있다.

발렌틴 베이커 대령이 어느날 아름답고 요염한 아가씨 디킨슨 양과 단 둘이서 열차의 특별실에 앉아 있었다. 이 아가씨는 잠시 동안 상당히 용감한 장교와 시시덕거린 뒤에 잠들은 척했다. 장교는 느닷없이 허락되었던 이 좋은 기회를 놓칠세라 상대방을 마음껏 애무했다. 그렇게 해도 젊은 아가씨는 역시 자는 척했을 뿐 실제로 저항하지 않았다. 그런데 장교가 사랑에 도취되어 흥분해서 무심결에 큰 목소리로 "내 사랑, 내 사랑!"이라고 소리치자, 사랑의 증거는 기꺼이 아무 말 없이 받아들였으나 사랑의 말에는 매우 민감한 아가

씨가 갑자기 일어서더니 소리치기 시작했다. 그 소리를 듣고 열차 안의 사람들이 달려와서 가엾게도 그 장교를 붙들었다. 그는 감옥으로 내동댕이쳐지고 불명예 파직되었다. 그 후 그 장교는 터키 군대에 들어가서 러시아와의 전쟁(1877)과 이집트에서 공로를 세워 대장으로 승진, 베이커 파샤가 되어 10년 후에 영국 군대에 대해서 복권을 청원했다. 이에 대해서 즉각적으로 수천 명에 달하는 영국의 귀부인들이 서명한 반대청원서가 밀어닥쳤다. 그러한 청원서는 모두 심각하게 분개한 어조로 복권에 항의하고 있었기 때문에 베이커의 친구인 왕세자의 중재에도 불구하고 여왕은 청원서에 결재를 할 수 없을 정도였다. 이 기회를 틈타 영국 신문은 귀부인들의 여러 가지 우스꽝스러운 분개의 목소리를 지면에 대폭 소개했다. 어떤 귀부인은 영국 부인이 모두가 디킨슨 양을 통해서 모욕을 당했다고 선언했다. 또다른 부인도 심히 분개하며 베이커가 런던에 도착했을 때 그를 박수로써 환영하고 그런 자격 없는 인간과 함께 식탁에 앉을 장교가 영국에 있을까 하고 썼다. 어떤 귀부인은 이런 인간이 영국에 온다는 것은 모든 영국 부인들에게 모욕이라고 썼다. 그토록 추접스러운 남자의 이름을 입에 올리는 것만으로도 매우 불결하다고 쓴 귀부인도 있었다. 그 때문에 베이커에 관해서 얘기하는 것은 조심하지 않으면 안 되었다.

그러나 이런 사건은 그렇게 드문 일도 아니었다. 왜냐하면 은밀하게 이루어지는 음탕한 행위는 상당한 범위에까지 번져 있었으므로 그런 은밀한 행위가 입으로 내뱉어지지 않을 뿐이지 그 위험이 백일하에 드러나는 것은 시간문제였기 때문이다. 뚱하게 점잔빼는 사람은 예외 없이 은밀하게 즐기는 방탕아이고 어느 경우에라도 공상에 빠지는 방탕아이다. 따라서 언어 역시 심각하게 박해를 받았다. 그로 인해서 언어로 표현되지 않는 것은 실재하지 않는다는 위선의 제2법칙이 나타났다.

이미 언급했듯이 미국의 상황 역시 이와 마찬가지였다. 미국인들만큼 유럽에 와서 외설스럽게 행동하는 사람들도 없었다. 그 때문에 미국인들은 본국에서는 마음껏 점잔빼고 있다는 말을 듣는다. 뉴욕에 살던 독일인 저술가 바움펠트는 이 점에 관해서 몇 년 전에 「베를린 일보」에 기고한 "미국인의 여행"이라는 수필에서 매우 정확히 지적하고 있다.

다른 사람들은 휴양을 목적으로 여행을 한다. 그런데 미국인은 용감하게도 대담한 짓을 즐기기 위해서 여행을 한다. 좋은 시간을 가지는 것은 미국에서는 정말 불가능할뿐더러 자존심 때문에 해서는 안 되는 짓을 한다는 의미이다. 대서양을 몇 번 횡단한 사람은 그때마다 미국 생활을 무척 고통스럽게 만드는 청교도주의와 위선적인 도덕이 바닷바람에 금

입춘(루이 르그랑)

방 날려가는 것을 보고 깜짝 놀란다. 배 안에서 절대적인 경찰권을 쥐고 있는 선장들은 자신들의 경험상, 세계에서 가장 청교도적이라고 일컬어지는 사회의 도덕에 의해서 자신이 감시당하지 않는다고 믿으면 사람들이 현실적으로 얼마나 야만스럽게 되는가에 관해서 매우 중요한 증거를 제시할 수 있었다. 처음에는 그러한 사실에 대한 공포 때문에 뒤꽁무니를 빼던 양키들도 사건이 벌어지면 어느 사이에 죄를 범하는 사람들 속에 빠져들어가버리는 것을 보면 매우 재미있다.

　유럽의 환락가에서는 이제 어느 누구라도 미국 여성들이 미국 남성들보다 더 강한 담배를 탐한다는 것을 잘 알고 있다. 상류층 사람들에게 빈틈 없는 장사를 벌이는 환락가의 상인들은 그런 강한 담배를 미국 부인들에게 항상 제공한다. 나는 카이로의 상황을 익히 잘 알고 있는 카이로 신사와 함께, 순수한 혈통의 아라비아인들이 참으로 믿을 수 없을 정도로 도덕적으로 타락한 점에 관해서 수차례 토론할 기회가 있었다. 카이로 신사는 그와 같

학창시절

은 타락을 달러 인종의 돈 유혹에 의한 것이라고 말하면서 달러 인종에게는 아무리 이상한 것이라고 하더라도 전혀 불유쾌하지 않으며 그것은 그들 인종이 부자연스러운 악덕공업을 아무리 촉진시켜도 결코 만족하지 못하기 때문이라고 설명했다. 이와 같은 특징적인사실은 곧 외형만이 대접을 받고 부자연스러운 미덕이 지배하는 생활에 대한 반동현상이라고 설명할 수 있다. 사람들에게 곧잘 극히 칭찬받는 새침데기는 변태성욕자이다. 내심꺼릴 것이 없는 사람은 자기의 알리바이를 끊임없이 입에 담을 필요가 없다. 이런 사람은유럽 여행에서 미국인을 가장 자극시킬 수 있는 것들에 걸리지 않을 정도로 자신을 가지고 있다. 작년 겨울 할베의 "청년"이 영국에서 공연되었을 때, 사람들은 튜턴족의 부도덕성의 무절제한 폭발이라고 입을 모아 비난했다. 그런 사람들은 자기가 파리에 가서 더 수치스러운 짓을 한다는 점을 크게 부끄러워하지 않으면 안 될 것이다.……

미국인은 외국에서 의심 많은 세관원을 속이지 않으면 가지고 올 수 없는 토산품만 사가지고 온다. 우리들은 미국인이 잊혀지지 않는 아름다운 풍경이라든지 불후의 미술품에대한 회고 등을 얘기하는 것을 들은 적도 있지만 이런 경우는 오히려 예외이다. 그들은 연예장, 레스토랑, 사치품 가게의 주소를 잔뜩 써놓은 것을 큰 소리로 읽고 있다. 게다가 미국으로 돌아오면, 큰소리로는 말할 수 없는 행동만을 은밀히 찾아다닌다.

미국의 속사정을 잘 알고 있는 사람들은 이와 같은 비판을 싫어도 인정하지 않을 수 없다. 미합중국의 대부분의 주에서는 남녀가 사람들 앞에서 키스하는 것을 범죄시한다. 이 경우 "예의바른 사람은 사람들 앞에서 아내에게도 키스하지 않는다"는 기준으로 남녀 쌍방이 모두 처벌받는다. "외설적인 문학"을 취급하는 것은 법률상 금지되어 있지 않지만, 그런 책을 우송하는 행위는 각 주에서 범죄로 간주하고 있다. 미국에서는 유럽의 근대문학 중 절반 가량이 외설적인 문학으로 취급된다. 1909년에 전직 판사였던 리처드 셰가드가 "금지되어 있는 책을 우송했다"는 이유로 금고 2년형이라는 혹독한 판결을 받았다. 그 까닭은「데카메론」을 한 권 우송했던 것이 검열에서 걸렸기 때문이다. 집필가와 상원의원, 그외의 명사들이 루스벨트 대통령에게 감형운동을 벌였지만 대통령은 "감형은 안 됩니다. 본인으로서는 그런 인간의 전생애를 금고에 처할 수 없는 것이 오히려 비극입니다"라는 답변을 보냈다.

그러나 사람들은 일반적인 판단을 경계해야만 한다. 그것은 단지 미국만의 "도덕"이 아니라 독일에서도 모든 사람들이 원하는 이상이다. 그런데 그것은 오늘날에 와서는 옛날보다 한층 더 악화되어 있다. 최근에 품위 있는 교육자들이 독일 청년들을 위해서 독일 민요를 계속해서 개작한 것이 이에 대한 단적인 예가 된다. 예를 들면 "저기 방앗간에"라는 아름다운 민요에서는 학교에서 부를 수 있도록 오늘날에는 연인뿐만 아니라 거기에 살고 있는 숙부님까지도 없애버렸다. "난폭한 사냥꾼"이라는 민요에서는 수풀에서 흑갈색의 아가씨가 뛰어나오지 않고 건강한 숫노루가 뛰어나온다. "산들바람아, 그대의 뺨과 손에 키스를 보낸다. 그것은 그대에게 보내는 한숨이다"라는 멋있는 민요에서는 뒷부분이 "그대에게 보내는 편지이다"로 바뀌었다. "그 꿈은 무슨 뜻일까, 그대 죽었는가, 연인이여"는 "그 나뭇잎은 무슨 뜻일까, 시든 여름의 나뭇잎이여"로 바뀌었다.……

사실 부르주아 시대만큼 관념과 현실의 간격이 심하게 벌어진 시대도 없다. 그 간격은 위선에 의해서 사실상 빈틈 없이 감추어지며 더 나아가 차례차례로 은폐되어간다. 확실히 그것은 성공했다. 수백만의 사람들에게 속임수를 쓴 무대배경이 아직도 속임수였다고는 생각되지 않고 있다. 그것은 결코 흔들리지 않는 순수한 도덕이라는 원시암석에 붙인 종이이다.

마지막으로 제Ⅲ권(번역서로는 제Ⅳ권)의 범위에 관해서 대략적인 전망을 서술하겠다. 부르주아 국가의 토대는 자본주의적인 생산양식이기 때문에 19세기가 그 전성시대였다는 점은 말할 것도 없다. 절대주의는 18세기에 유럽에서 그 전성시대를 맞이했다. 그러나 19세기에 들어서서도 두 시대를 구별하는 확실한 경계는 없다. 이 경계는 영국이나 프랑스의 경우 적용되지 않는다. 이미 서술했듯이 영국이나 프랑스의 경우 부르주아 시대는 훨씬 이전부터 뚜렷하게 그 실체를 드러내었다. 역사발전은 어느 시대에서든 수직적으로가 아니라 수평적으로 드러나기 때문에 현대에 대해서도 이처럼 분명한 경계를 그을 필요는 없다.

부록 1 : 수집가와 역사가로서의 푹스*

발터 벤야민
(반성완 옮김)

1

에두아르트 푹스의 필생의 저작은 오래 되지 않은 과거의 것이다. 이 저작을 뒤돌아보는 일에는 오래 되지 않은 과거를 결산해보는 시도가 수반하는 모든 난점들이 뒤따른다. 여기에서 다루어지게 될 마르크스 예술이론 또한 오래 되지 않은 과거의 것이다. 그렇다고 이 점이 이러한 문제를 더 용이하게 만들어주는 것도 아닌데, 왜냐하면 이러한 예술이론은 마르크스 경제학과는 반대로 아직도 아무런 역사를 가지고 있지 않기 때문이다. 이 분야의 스승이라고 할 수 있는 마르크스와 엥겔스도 예술이론의 광범위한 분야를 유물론적 변증법이 담당해야 할 과제라고 지시하는 정도 이상의 일을 하지 않았다. 그리고 그 일에 처음으로 착수했던 게오르기 발렌티노비치 플레하노프와 프란츠 메링 같은 사람도 그 스승들의 지시를 단지 간접적으로 받아들였거나 아니면 적어도 뒤늦게 가서 받아들였다. 마르크스로부터 빌

---

* 발터 벤야민은 일찍부터 에두아르트 푹스의 풍속사적 저술에 주목하고, 이로부터 자신의 예술이론적 작업에 필요한 구체적 예증과 함께 이론적 단서를 얻었다. 그의 "푹스론"은 오랜 기간에 걸친 이러한 푹스 연구의 결산이고 그의 저술 중에서 중요한 위치를 점한다. 19세기적인 박식함과 수집가적인 실증적 정열을 동시에 보여주고 있는 푹스의 풍속에 관한 유물론적인 연구와 벤야민의 독창적인 유물론적 해석은 20세기 독일 예술사 연구에서 중요한 문헌으로 평가받고 있다. 이 논문은 「발터 벤야민의 문제이론」(1984, 민음사)에서 이미 소개되었는데 약간의 수정을 거쳐 재수록하게 되었다. 수록을 허락한 민음사와 역자 반성완 교수에게 감사한다 —— 까치글방.

헬름 리프크네히트를 거쳐 아우구스트 베벨로 이어지는 전통은 마르크스주의의 학문적인 측면보다는 정치적인 측면에 훨씬 더 많은 기여를 했다. 메링은 국가주의에서 시작해서 라살 학파를 경유했다. 그리고 그가 최초로 당에 가입했을 때에는, 카우츠키가 고백하고 있는 것처럼, "이론적으로 다소 통속적인 라살주의가 지배하고 있었다. 몇몇의 개별적인 사람들의 경우를 제외하고는 철저한 마르크스주의적 사고라는 것은 아예 존재하지 않았다." 뒤늦게, 그러니까 엥겔스가 만년에 접어들었을 무렵에야 메링은 엥겔스와 접촉할 기회를 가지게 되었다. 푹스 자신은 이미 오래 전에 메링과 만났던 터였다. 이 두 사람의 관계 속에서 처음으로 사적 유물론의 정신사적 연구의 어떤 전통이 부각되기 시작한다. 그러나 두 연구자의 정신을 두고 볼 때 메링의 분야인 문학사는 푹스의 분야와는 거의 접촉이 없었다. 그밖에도 그들은 기질적인 측면에서 상당히 큰 차이를 보였다. 메링은 학자적인 천성을 지녔고 푹스는 그에 반해서 수집가였던 것이다.

여러 유형의 수집가가 있다. 게다가 수집가마다 수많은 충동이 작용하고 있다. 수집가로서의 푹스는 무엇보다도 개척자이다. 그는 캐리커처, 에로틱한 예술 및 풍속도의 역사를 위한 기록집을 펴낸 이 분야의 유일한 창시자이다. 그러나 이보다 더 중요한 것은 이러한 면을 보완하는 또하나의 다른 사실이다. 즉 푹스는 수집가의 개척자가 되었던 것이다. 다시 말해서 그는 유물론적인 예술관의 개척자로서 수집가가 되었던 것이다. 그렇지만 이 유물론자를 수집가로 만들었던 것은 자신이 처해 있다고 생각되었던 역사적 상황에 대한 확실한 느낌이었다. 그것은 곧 사적 유물론이라는 상황이었다.

그러한 사적 유물론이라는 상황은 엥겔스가 메링에게 보내는 한 서한 속에서 표현되고 있는데, 이때 푹스는 한 사회주의적 매체에서 문필가로 데뷔한 시절이었다. 1893년 7월 14일자의 이 편지에서는 특히 다음과 같은 내용이 주목된다. 즉 "무엇보다도 대부분의 사람들을 현혹시키고 있는 것은 헌법과 법률체제, 제반 특수영역에서의 이데올로기적인 관념들의 독립된 역사라는 가상이다. 루터와 칼뱅이 그 당시 공인된 가톨릭 교를, 헤겔이 피히테와 칸트를, 루소가 자신의 민약론으로써 간접적으로 입헌제를 주장하던 몽테스키외를 '극복할 때' 만 해도, 그것은 신학과 철학 및 국가학 등의 테두리 안에 있는 어떤 과정이고 또 이러한 여러 사상영역들의 역사 속에서의 한 단계를 나타내고 있을 따름이었을 뿐 결코 사상영역으로부터 떨어져나온 것은 아니다. 그리고 자본주의적 생산양식이 궁극적인 단계이고 영구히 존속되리라는 부르주아적 환상이 거기에 덧붙여진 이후에도 중농주의자들과 애덤 스미스에 의한 중상주의의 극복마저 사상의 어떤 단순한 승리, 다시 말해서 변화된 경제적 사실들의 사상적 반영으로서가 아니라, 언제 어디에서나 존속하고 있는 실제적인 조건들에 대한 최종적으로 얻어진 올바른 통찰로서 간주되고 있는 실정이다."

엥겔스는 두 가지 점에 대해서 반대입장을 취한다. 첫째 그는 정신사에서 어떤 새로운 도그마를 이전의 도그마에 대한 "발전"으로서, 어떤 새로운 시의 유파를 이전의 시의 유파에 대한 "반동"으로서, 어떤 새 양식을 옛 양식에 대한 "극복"으로서 보는 관습적 시각에 반대했다. 그러나 그는 동시에 그러한 새로운 정신적 구조물을, 그것이 인간과 인간의 정신적, 경제적 생산과정에 끼친 영향과 분리시켜 생각하는 관습에 대해서도 암암리에 반대를 하고 있음이 분명하다. 이로써 헌법의 역사, 자연과학의 역사, 종교 및 예술의 역사로서의 정신과학은 완전히 파괴되었다. 그러나 엥겔스가 반세기 동안이나 지니고 다녔던 이러한 생각의 파괴력[1]은 더욱 깊은 영향력을 미치고 있다. 이러한 파괴력에 의해서 여러 정신적 영역과 그 영역이 만들어낸 형상들의 독립성은 의문시되고 있다. 따라서 예술을 두고 보더라도 예술 자체의 독립성과 또 예술이라는 개념이 포괄하고자 하는 작품들의 독립성은 의문시되고 있다. 이러한 작품들은 사적 변증가로서 그것을 다루는 사람의 입장에서 보면 작품의 전사(前史)와 후사(後史), 다시 말해서 그것에 의해서 작품의 전사까지도 끊임없이 변화 속에 있는 것으로 인식될 수 있는 그러한 후사를 포괄하는 것이다. 예술작품들은 그것의 기능이 그것을 만든 사람보다 더 오래 남고 또 만든 사람의 의도보다 더 오래 갈 수 있다는 점을 가르쳐준다. 또한 예술작품들은 창작자의 동시대인들에 의한 수용이 예술작품이 오늘날의 우리들에게까지 미치고 있는 영향의 한 구성요소라는 점과 그리고 오늘날의 우리들에게까지 미치는 영향은 비단 예술작품과의 만남에서만 비롯되는 것이 아니라 그 작품을 오늘날의 우리들에게 전승시켜준 역사와의 만남에도 그 근거를 두고 있다는 점을 가르쳐주고 있는 것이다. 괴테가

---

1) 그 사상은 포이어바흐에 대한 최초의 연구들 속에서 등장하는데 거기에서 마르크스는 다음과 같이 그 사상을 부각시키고 있다. 즉 "정치, 법, 학문……예술, 종교의 역사라는 것은 존재하지 않는다."

셰익스피어에 관해서 말하면서 뮐러 재상에게 "어떤 커다란 영향을 끼친 것은 사실상 더 이상 평가가 불가능하다"라고 말할 때에도 —— 가끔 애매모호하게 말하고 있기는 하지만 —— 그는 바로 그 점을 염두에 두고 있었다. 이 말은 변증법적이라고 불릴 권리가 있는 모든 역사관찰의 서두를 꺼낼 때 생기는 불안감을 가장 적절하게 표현해준다. 그 불안이란 바로 연구자에게 그가 과거라는 단편이 현재라는 것과 함께 있는 비판적인 구조를 의식하도록 하기 위하여, 대상에 대하여 태연자약하고 관조적인 자세를 취하는 일을 단념하도록 요구함으로써 생기는 불안을 말한다. "진리는 우리에게서 도망치지 않을 것이다." 고트프리트 켈러가 한 이 말은 역사주의의 역사상 속에서 바로 다음과 같은 장소, 즉 그곳에서 그러한 역사상이 사적 유물론에 의해서 관통되고 있는 바로 그 장소를 가리킨다. 왜냐하면 그러한 역사상은 그 속에서 자신을 인식하지 못했던 모든 현재와 더불어 사라질 위험에 직면하고 있는 어떤 돌이킬 수 없는 과거의 상(像)이기 때문이다.

엥겔스의 명제들을 잘 생각해보면 해볼수록 그만큼 더 명확해지는 것은 역사를 변증법적으로 서술하는 일은 역사주의의 특징이라고 할 수 있는 관조적 성격을 포기함으로써 얻어질 수 있다는 점이다. 사적 유물론자는 역사의 서사적 요소를 포기하지 않으면 안 된다. 역사는 그에게 어떤 구성의 대상이 되는데, 그 구성의 장소를 형성하는 것은 공허한 시간이 아니라 특정한 시대, 특정한 삶 그리고 특정한 작품이다. 그는 그 시대를 사물화된 "역사적 연속성"으로부터 파괴시켜 그 시대로부터 무엇을 이끌어낸다. 그래서 그 시대로부터 삶을, 그리고 그 생애로부터 한 작품을 끄집어내는 것이다. 그렇지만 이러한 구성을 통하여 얻어지는 성과는 바로 작품 속에 생애가, 생애 속에 그 시대가 그리고 시대 속에 역사의 진행과정이 보존되어 있고 지양되고 있다는 점이다.[2]

역사주의가 과거의 영원한 상을 제시하고 있다면 사적 유물론은 일회적인 과거의 경험을 각각 제시해준다. 구성적 요인을 통해서 서사적 요인을 해방하는 일이 이러

---

2) 역사적 경험 속에서 근원적으로 관계되는 것을 집적된 사실적인 것들로부터 구별시켜 부각시키는 것이 바로 그러한 변증법적 구성이다. "근원적인 것은 적나라하게 드러나는 사실적인 것들 속에서 결코 인식될 수 없다. 그리고 근원적인 것이 지니는 리듬은 오로지 어떤 이중적인 통찰을 통해서만 드러나게 된다. 그 리듬은 사실적인 것의 전사와 후사에 관계되는 것이다." —— 발터 벤야민, 「독일 비극의 원천」, 베를린, 1928, p. 32.

한 경험의 조건임이 드러난다. 역사주의의 "한때……이 있었다"라는 이야기 속에 묶여 있던 강력한 힘들이 이러한 경험 속에서 해방된다. 모든 현재에 대해서 어떤 근원적인 경험이 되는 역사와의 경험을 실천에 옮기는 일, 바로 이것이 사적 유물론의 과제이다. 사적 유물론은 역사의 연속성을 파괴하는 현재의 어떤 의식을 향하고 있다.

사적 유물론의 입장에서 보면 역사적인 것을 이해한다는 것은, 그 맥박이 현대에 이르기까지 느껴질 수 있는 어떤 이해되었던 것을 추체험하는 것을 뜻한다. 이러한 역사적 이해는 푹스에게서도 그 위치를 차지하고 있지만 그렇다고 그 위치가 전혀 논란의 여지가 없는 것은 아니다. 푹스에게서는 낡고 독단적이며 소박한 수용관이 새롭고 비판적인 수용관과 함께 공존하고 있다. 전자, 즉 낡은 수용관은 다음과 같이 요약될 수 있다. 즉 우리가 한 작품을 수용하는 데 기준이 되는 것은 그 작품이 탄생했던 시대의 동시대인에 의해서 이루어진 바로 그 수용이다. 이러한 수용관은 "유일무이"한 과거의 일이 "실제로 어떠했었는가"라는 레어폴트 폰 랑케의 말과 유사하다. 그러나 이와 병행하여 어떤 수용의 역사가 지니는 의미에 대해서 가장 넓은 지평을 열어주는 변증법적 통찰이 느닷없이 보이기도 한다. 푹스는 예술사에서 성공에 대한 문제가 무시되고 있다는 점을 비판하고 있다. "이것이 무시된 것은……우리의 전체 예술관이 가진 결점이다.……그러나 한 예술가가 크게 성공을 거두거나 혹은 그렇지 못한 데 대한 원인, 그 성공이 지속되거나 혹은 그렇지 못한 데 대한 진정한 원인을 밝혀내는 일이 나에게는 예술과 결부된 가장 중요한 문제들 가운데 하나라고 생각된다." 메링 역시 견해를 달리하지 않았다. 그의 「레싱 전설」은 지금까지 이루어진 이 작가에 대한 수용의 역사, 이를테면 하이네, 게르비누스, 슈타르, 단첼 그리고 마지막으로 에리히 슈미트에 의해서 이루어졌던 수용을 작품 분석의 출발점으로 삼고 있다. 그리고 곧 뒤이어 방법론적으로는 아니라고 하더라도 내용 면에서는 높이 평가될 수 있는 연구서인 율리안 히르쉬의 「명성의 기원」이 등장하는 것도 그 나름의 까닭이 있다. 푹스가 염두에 두고 있었던 것도 바로 이와 동일한 물음인 것이다. 만약 이러한 물음이 해결된다면 사적 유물론의 표준이 무엇인가 하는 데 대한 하나의 기준이 제시될 수 있을 것이다. 그러나 상황이 쉽지 않다고 해서 그 해결이 아직도 이루어지지 않고 있다는 사실을 은폐하는 일은 정당화될 수 없을 것이다. 오히려 우리는, 어떤 예술작품의 역사적 내용을, 그것이 예술작품으로서 우리에게 보다 투명하게 보일 정도로 파악하는 일이 단지 개별적인 경우에만 성공하고 있다는 점을 가차없이 인정하지 않으면 안 된다. 하나의 예술작품을 파악하려는 모든 노력은, 그 작품의 냉철한 역사적인 내용이 변증법적인 인식에 의해서 파악되지 않는 한, 공허할 수밖에 없다. 이것은 수집가 에두아르트 푹스의 작품이 지향하는 진리들 가운데 첫번째의 진리에 불과하다. 그의 수집물들은 이론적으로 해결하기 힘든 문제들에 대한 실천가의 대답인 것이다.

2

푹스는 1870년에 태어났다. 그는 처음부터 학자가 될 운명은 아니었다. 그리고 만년에 박식해졌음에도 불구하고 스스로 한번도 학자연해본 적이 없다. 그의 활동은 항상 연구자의 시야를 제한하고 있는 경계를 넘어서고 있었다. 수집가로서의 업적이 그러했던 것처럼 정치가로서의 그의 활동도 마찬가지였다. 푹스는 1880년대 중반에 직업전선에 나선다. 그 당시는 반(反)사회주의적 법률(비스마르크의 사회주의자 탄압법[Sozialistengesetz]이 대표적임/역주)의 지배하에 있었다. 수련기간 동안 그는 정치적으로 관심이 있었던 프롤레타리아와 접촉하게 되었는데 이때 곧 이들에 의해서, 오늘날에는 목가적인 느낌을 줄지도 모르지만, 당시 비합법적으로 투쟁하던 사람들의 싸움에 끼어들게 되었다. 이러한 수업시대는 1887년에 끝난다. 몇년이 지난 뒤 사회민주당의 바이에른 지방 기관지 「뮌헨 포스트」가 당시 슈투트가르트의 한 인쇄업소에서 젊은 경리직원으로 일하던 푹스를 스카우트했다. 그 기관지는 그를 간행물로 인해서 생겼던 경영상의 결함들을 제거할 수 있는 사람으로 보았던 것이다. 푹스는 뮌헨으로 갔으며 거기에서 리하르트 칼버와 함께 일하게 되었다.

「뮌헨 포스트」에서는 사회주의자들의 풍자잡지 「남부 독일 포스틸론」이 간행되었다. 우연한 기회에 푹스는, 임시지원 형식이었지만, 「포스틸론」의 한 호를 완전히 바꾸어 편집하는 일을 맡기도 했으며, 또 어떤 때에는 자신의 원고들로 공백을 메우지 않으면 안 되었다. 이 호의 성공은 이례적이었다. 그리고 같은 해에 화려한 삽화가 곁들여진 5월호 —— 유색삽화가 들어 있는 잡지가 나오기 시작한 것은 이 때부터이다 —— 가 푹스의 편집으로 간행되었다. 연간 2,500부 정도 팔렸던 잡지가 6만 부 가량이나 팔렸다.

이렇게 해서 푹스는 정치적 풍자를 전문적으로 다루는 한 잡지의 편집인이 되었다. 그는 곧 자신의 활동분야의 역사에 손을 대었으며 또 이렇게 해서 일상적인 업무와 병행하여 1848년 혁명에 관한 삽화로 된 연구와 롤라 몽테즈의 정치 스캔들에 관한 연구가 이루어졌다. 이것들은 당시 생존해 있던 군소 삽화가들에 의해서 그려진 역사서적들(예컨대 옌취가 삽화를 그린 빌헬름 블로스의 통속적인 혁명서적들)과는 반대로 다큐멘터리적인 그림으로 그려진 최초의 역사서적들이었다. 푹스는 하르덴의 요청에 따라 이 작품들 가운데 두번째 것을 「미래」지에 실을 것이라고 광고했는데, 이때 그 작품이 자신이 유럽의 여러 민족들의 캐리커처를 그리려고 구상했던 광범위한 작품에서 단지 한 단면만을 보여주고 있을 뿐이라는 점을 언급했다. 신문에서 국가원수를 모독했다는 죄목으로 복역한 10개월이라는 기간은 이 작품을 위한 연구에 도움이 되었다. 그의 착상이 적절하다는 것이 분명하게 드러났다. 한스 크레머라는 사람이 삽화 곁들인 가계부를 발행해본 결과 몇 가지 경험을 하게 되었다고 자부하면서 푹스에게 자기는 이미 캐리커처의 역사에 대한 작업을 벌여놓고 있으니 자신의 연구내용들을 가지고서 공동 저작을 기획해보자고 제의했다. 그렇지만 그의 기고내용들은 다른 사람의 손을 기다려야 했다. 그리고 그러한 엄청난 작업은 푹스만이 감당할 수 있었다는 점이 곧 드러났다. 그 캐리커처 작품의 초판의 표제에서 보였던 그 사람의 이름은 제2판에서는 삭제되었다. 여기에서 푹스는 자신의 작업능력 및 자료를 다루는 능력에 대한 설득력 있는 첫번째 증거를 보여주었다. 그 후 일련의 주요 저서들이 계속 발표되었다.[3]

---

3) 푹스의 주요 저서 :

「삽화 곁들인, 중세에서 현재까지의 풍속의 역사」, 제I권 : 르네상스(1909), 제II권 : 색의 시대 (1910), 제III권 : 부르주아의 시대(1911/12). 여기에 덧붙여 증보집 I-III권(1909 ; 1911 ; 1912), 전권에 대한 신판(1926)(여기에서는 「풍속의 역사」로 인용됨).

「에로틱 미술의 역사」, 제1권 : 시대적 문제(1908, 신판 1922, 제2권 : 개인적인 문제(제I부, 1923), 제3권 : 개인적인 문제(제2부, 1926)(이하에서는 「에로틱 미술」이라고 함).

「유럽 민족들의 캐리커처」 제1권 : 고대에서 1848년까지(초판 1901, 제4판 1921), 제2권 : 1848년에서 세계대전의 전야까지(초판 1903, 제4판 1921)(「캐리커처」라고 인용됨)

「오노레 도미에, 목판화와 석판화」, 에두아르트 푹스 편, 제1권 : 목판화 1833-70(1918), 제2권 : 석판화 1828-51(1920), 제3권 : 석판화 1852-60(1921), 제4권 : 석판화 1861-72(1922)(「도미에」라고 인용됨)

「화가 도미에」, 에두아르트 푹스 편(1925)(「가바르니」라고 인용됨)

「에로틱의 대가들. 예술에서의 창조적인 것의 문제에 대하여, 회화와 조각」(1931)(「에로틱의 대가들」로 인용됨)

푹스의 활동이 시작되던 때는, 언젠가 「새시대」지에 표현된 것처럼 "도처에서 꼬리에 꼬리를 물고 유기적으로 성장해가는 사회민주당의 토대"가 형성되던 때와 일치한다. 따라서 이 시기에는 당의 교육(교양)사업에서 새 과제들이 대두되었다. 노동자 집단이 당으로 쇄도하면 할수록 그만큼 당은 그들의 단순한 정치적 계몽과 자연과학적 계몽 그리고 잉여가치론 및 진화론을 통속화하는 일만으로는 만족할 수가 없게 되었다. 당은 역사적 교육자료까지도 당의 정치강연과 당 기관지의 문예란 속에 포함시키는 일에 눈을 돌리지 않으면 안 되었다. 이렇게 해서 "학문의 대중화"라는 문제가 광범위하게 대두되었지만, 그러나 이 문제는 해결되지 못했다. 사람들이 이러한 교양사업의 대상을 계급이 아닌 "대중"으로 생각하고 있는 한은 그 해답에 근접할 수조차 없었던 것이다.[4] 만약 계급을 겨냥했다면 당의 교양사업도 결코 사적 유물론의 학문적 과제들과의 밀접한 유대관계를 상실하지는 않았을 것이다. 역사적 자료는, 만약 마르크스적 변증법으로 쟁기질이 되었다면, 현재가 그 속에 뿌렸던 종자가 싹틀 수 있는 토양이 되었을 것이다. 그러나 이런 일은 이루어지지 않았다. 슐체–델리취의 주도하에 국가에 순종하는 단체들이 "노동과 교육"이라는 구호 아래 노동자 교육을 행하자 사회민주당은 "지식이 힘이다"라는 구호로 이에 맞섰다. 그러나 사회민주당은 그 구호가 지니는 이중적인 의미를 간파하지 못했다. 사회민주당은 프롤레타리아트에 대한 부르주아지의 지배를 확고하게 만들었던 바로 그 지식이 언젠가는 프롤레타리아트를 부르주아지의 지배로부터 해방시킬 수 있다고 생각했다. 그러나 실제로는 실천으로 나아가는 통로가 없었고 또 계급으로서의 프롤레타리아트에게 그들의 상황에 대해서 아무것도 가르쳐줄 수 없었던 지식이 그들의 압제자, 즉 부르주아지에게는 위험스러운 것이 못 되었다. 이러한 사정은 특히 정신과학적 지식의 경우에 그대로 해당되었다. 정신과학적 지식은 경제학과는 거리가 멀었고 또 경제학의 변화에 아무런 영향도 받지 않았다. 사람들은 정신

「당나라 시대의 조형예술, 7세기에서 10세기까지의 중국 도자기」(문화와 예술의 기록들 1, 1924)(「당나라 시대의 조형예술」로 인용됨)

「15세기에서 18세기까지의 용마루 기와 및 그와 유사한 중국 도자기」(문화와 예술의 기록들 2, 1924)(「용마루」라고 인용됨).

이밖에도 푹스는 여자, 유대인 및 세계대전을 주제로 한 캐리커처를 특집으로 엮어냈다.

4) 니체는 이미 1874년경에 다음과 같이 썼다. "마지막……결과로서 생겨나는 현상은 널리 환영받는 현상, 즉 학문의…… '통속화'이다. 다시 말해서 그것은 '혼합된 관중'이라는 몸에 맞추어 학문이라는 옷을 재단하는 일이다."

과학적 지식을 다루면서 단지 "자극을 주거나", "기분전환을 해주고", "흥미를 돋우는" 정도로 만족하고 있었다. 사람들은 역사에 내재한 긴장을 느슨하게 함으로써 "문화"라는 것을 만들어내었다. 바로 여기에서 푹스의 저작은 그 위치를 가진다. 즉 이러한 상황에 대해서 반동하고 있다는 사실에 그의 저작의 위대성이 있으며, 그러한 상황에 참가하고 있다는 사실에서 그의 저작은 문제성을 지니게 된 것이다. 푹스는 처음부터 독자대중에게 초점을 맞추는 것을 자신의 원칙으로 삼았다.[5]

당시만 해도 실제로 얼마나 많은 것이 유물론적인 교양사업에 힘입고 있었던가를 알아차린 사람은 극소수에 불과했다. 어느 한 논쟁 속에 표현된 희망과 두려움도 바로 이들 극소수의 것이었는데, 우리는 「새시대」지에서 이러한 논쟁의 흔적을 찾아볼 수 있다. 그 흔적들 가운데 가장 중요한 것은 "프롤레타리아트와 고전주의"라는 표제가 붙은 코른의 논문인데, 여기에서는 오늘날에 와서 그 의미를 다시 획득하고 있는 유산이라는 개념이 다루어지고 있다. 코른에 의하면, 라살은 독일 관념론 속에서 오늘날 노동자 계급이 물려받은 한 유산을 발견했다고 한다. 그러나 마르크스와 엥겔스는 라살과는 그 문제에서 견해를 달리했었다. 코른은 위의 논문에서 계속 다음과 같이 쓰고 있다. '마르크스와 엥겔스는 노동자 계급의 사회적인 우위성을 어떤 유산으로부터 이끌어낸 것이 아니라 생산과정 자체 속에서 차지하는 노동자 계급의 결정적인 위치로부터 이끌어내었다. 매일 매시간 문화장치 전체를 항상 새로 재생산하는 노동을 통해서 '권리'를 나타내는 현대의 프롤레타리아트의 경우처럼 어떤 계급의 벼락출세자의 경우에도 소유에 관해서 —— 설령 그것이 정신적 소유에 관한 것일지라도 —— 얘기한다는 것은 필요한 일인 것이다. 따라서 마르크스와 엥겔스의 입장에서 보면 라살적인 교양적 이상의 화려한 장식물인 사변철학은 결코 성스러운 신전이 아니다.……그리고 이 두 사람은 자연과학에 점점 더 강한 매력을 느꼈는데, 그 까닭은 기능을 중시하는 계급의 입장에서는 자연과학만이 학문으로 불릴 수 있기 때문이다. 이것은 마치 지배계층과 소유계층의 입장에서는 모든 역사적인 것이 그들이 지닌 이데올로기의 기존 형식의 내용이 되는 것과 같은 이치이다. 마치 경제에서 자본이 과거의 노동에 대한 지배를 의미하는 것과 마찬가지로 실제로 역사성이라는 것도 의식에 대해서 소유의 카테고리를 대변하고

---

5) "자신의 과제를 진지하게 생각하는 문화사가는 항상 대중을 위해서 써야 한다" —— 「에로틱 미술」 제2권.

있다."

역사주의에 대한 이러한 비판은 중요하다. 그렇지만 그러한 비판은 자연과학을 "진정한 학문"이라고 암시함으로써 교양의 위험한 문제성을 완전히 노출시키고 있다. 자연과학의 지위 문제는 베벨 이래로 논쟁의 대상이 되어왔다. 그의 주저 「여성론」(원제 *Die Frau und der Sozialismus* / 역주)은 간행 이후 코른의 연구가 발표될 때까지 30년 동안 무려 20만 부나 팔렸다. 베벨의 경우 자연과학을 평가하는 기준은 자연과학적 결과들이 지니는 산술적인 정확성뿐만이 아니라 무엇보다도 그것들의 실제적인 응용 가능성이다. 자연과학은 나중에 엥겔스에게서도 그와 비슷한 기능을 수행한다. 칸트의 현상주의를 반박하기 위해서 그는 기술의 결과를 통해서 우리가 "물(物) 자체"를 인식할 수 있을 것이라고 주장하고 있다. 코른에게서 과학 그 자체로서 등장하고 있는 자연과학은 그러니까 무엇보다도 기술의 기초로서 이러한 일을 하게 되는 것이다. 그러나 기술은 분명히 순수 자연과학적인 것이 아니다. 기술은 동시에 역사적인 것이다. 역사적 사실로서의 기술은 사람들이 자연과학과 정신과학 사이에 두려고 하는 실증주의적, 비변증법적 구별을 재고하도록 강요한다. 인류가 자연에 대해서 제기하는 물음들은 인류의 생산상태에 의해서 규정된다. 실증주의가 좌절하는 것은 바로 이 점에서이다. 실증주의는 기술의 발전 속에서 자연과학의 진보만을 인식할 수 있었을 뿐 사회의 퇴보는 인식하지 못했다. 이러한 기술의 발전이 또한 자본주의에 의해서 결정적으로 영향을 받았다는 사실을 실증주의는 간과했다. 또한 사회민주당의 이론가들 중에서 실증주의자들은 이러한 발전이, 이러한 기술을 프롤레타리아트의 소유가 되도록 해야 하는, 날로 절실해가는 활동을 점점 더 불안한 것으로 만들고 있다는 사실을 알아차리지 못했다. 그러한 발전이 지니는 파괴적인 측면을 그들은 잘못 이해했는데, 왜냐하면 이미 오래 전에 변증법이 지니고 있는 파괴적인 측면으로부터 소외되어 있었기 때문이었다.

기술의 이러한 발전에 대해서 사후 진단이 내려질 때가 되었지만 아직은 이루어지지 않았다. 이로써 지난 세기를 특징짓는 한 과정은 기술의 불행한 수용으로 그 마무리가 지어지게 되었다. 기술의 불행한 수용이란 곧 기술이 단지 상품 생산을 위해서만 사회에 봉사하는 상황을 한꺼번에 뛰어넘으려고 하는 활기차고 항상 새로운 시도들이 도달한 결과를 말한다. 이러한 시도들의 출발점은 생-시몽주의자들의 산업문학이다. 그 뒤를 따르는 것이 뒤르켐식의 사실주의인데, 그는 기관차 속에서 미래의 성녀를 보았다. 루드비히 파우라는 사람은 마지막으로 "천사가 될 필요는 하나도 없다. 철도는 가장 아름다운 날개 한 쌍보다 더 가치가 있다"고 말하고 있다. 기술을 바라보는 이러한 시선은 "나무 그늘이 드리워져 있는 쾌적한 정자"라는 시선에서 나온 것이었다. 이러한 이유로 해서 우리는 19세기의 시민들이 즐겼던 "쾌적함"이라는 것도 따지고 보면 자신의 손 아래서 생산력이 어떻게 발전되어야 하는가를 한번도 경험할 필요가 없었던 무사안일한 태도에서 비롯된 것이 아닐까 하는 의문을 제기해볼 수 있을 것이다. 이러한 체험을 하게 되는 것은 20세기에 와서의 일이다. 20세기는 신속한 교통수단과 말과 글을 다양하게 복제하는 기구의 능력이 수요를 앞지르고 있음을 체험하게 되었다. 이러한 한계를 넘어서서 기술이 발전시킨 에너지는 파괴적이다. 그 에너지들은 우선 첫째로 전쟁의 기술과 전쟁준비를 위한 저널리즘적인 예비작업을 촉진시킨다. 계급에 의해서 규정된 이러한 발전을 두고 우리는 그러한 발전이 지난 세기의 등뒤에서 이루어졌다고 말해도 좋을 것이다. 19세기는 기술이 지니는 파괴적인 에너지를 미처 의식하지 못했었다. 이러한 점은 더더구나 세기말의 사회민주당에 적용된다. 사회민주주의는 여기저기에서 실증주의의 환상들에 대항하기는 했지만 전체적으로 보면 그러한 환상들에 사로잡혀 있었다. 사회민주당의 입장에서는 과거라는 것은 현재라는 창고 속에 완전히 들어가 있는 것처럼 보였다. 그리고 사회민주당은 미래가 노동을 통해서 풍작의 축복을 가져다주리라고 믿었다.

3

이러한 시대에 푹스는 교육을 받았으며, 그의 저작의 결정적인 특성들은 이때에 형성되었다. 공식화해서 말하면 그의 저작은 문화사와 불리될 수 없는 문제점을 함께 안고 있다. 이러한 문제점은 이미 인용한 엥겔스의 저작에서도 나타나고 있다. 우리는 사적 유물론을 문화의 역사로 정의한 그에게서 이 문제점에 대한 표준적 문구를 발견할 수 있다고 생각해도 좋다. 이제는 독자성의 가상(假象)이 사라진 개별적인 학과들의 연구는 인류가 오늘날까지 보전해온 자산에 대한 연구로서의 문화사의 연구에 합류해야 되지 않을까? 이러한 식으로 묻는 사람은 실제로 정신사(즉 문학과 예술의 역사, 법의 역사 혹은 종교의 역사로서의)가 포괄하고 있는 문제성이 많은 여러 단위들 대신에 새롭고 가장 문제성이 큰 하나의 단위만을 설정할 것이다. 문화사가 그 내용을 제시할 때 생기는 분리는 사적 유물론자에게서는 하나의 가상적인 분리이며 또 허위의식에 의해서 생겨난 분리이다.[6] 사적 유물론자는 그러한 분리에 대해서 일정한 거리를 두는 태도를 취한다. 이미 지나간 것을 슬쩍 한번 훑어보기만 해도 그의 그러한 태도가 정당하다는 것을 알 수 있을 것이다. 다시 말해서 그가 예술과 과학에서 개관해보는 것은 하나같이 섬뜩한 마음이 아니고서는 바라볼 수 없는 어떤 원천에서 나온 것이다. 문화유산의 현존재는 그것을 창조한 위대한 천재들의 노고뿐만 아니라 어느 정도는 이름도 없는 동시대의 부역자들의 노고에도 힘입고 있다. 야만의 흔적이 없는 문화의 기록이란 결코 없다. 지금까지 어떤 문화사도 이러한 사실이 지니는 근본적 의미에 공정치 못했으며 앞으로도 좀처럼 기대할 수가 없을 것이다.

그렇지만 여기에 결정적인 문제가 있는 것은 아니다. 문화라는 개념이 사적 유물론에 대해서 문제성을 띤 하나의 개념이라면, 문화가 인류에게 일종의 소유의 대상이 되어버릴지도 모를 재산으로 붕괴된다는 사실 또한 사적 유물론자로서는 이해하기가 힘든 일인 것이다. 과거의 작품이라는 것은 그에게는 완결된 것을 의미하지 않는다. 어떤 시대에서도 사적 유물론은 과거의 작품이 사물적인 것으로, 또 손에 쥘 수 있는 것으로서 품안에 굴러들어오는 것을 본 적이 없었다. 형상물의 총체가 그것들이 생기는 생산과정의 입장에서가 아니라 존속하게 되는 생산과정의 입장에서 독립된 것으로 관찰된다면 이러한 형상물들의 총체로서의 문화라는 개념은 사적 유물론자의 입장에서는 어떤 물신주의적인 특성을 지니기 마련이다. 즉 문화는 물

---

6) 이러한 가상적인 요인은 1912년 독일 사회학자들의 모임에서 행한 알프레드 베버의 기념사에서 특징적으로 표현되었다. "삶이 그것의 필요성들과 유용성들에서 벗어나 그것들을 넘어서는 어떤 형상이 되었을 때에라야만 비로소 문화는 존재한다." 이러한 문화개념 속에는 그동안 전개되어온 야만의 씨앗들이 잠재해 있다. 문화라는 것은 "삶의 존속에 대해서 잉여적인" 어떤 것으로서 나타나고 있는데 그러면서도 "우리는 그러한 잉여적인 것이 바로 우리의 삶이 현존하고 있는 목표라고 느낀다"는 것이다. 요컨대, 문화는 예술작품의 방식대로 존재한다. "예술작품은 무엇인가를 해체하고 파괴하는 식의 영향을 끼치며 어쩌면 전체 생활형식과 삶의 원칙들을 혼란에 빠뜨릴 수도 있는 것이다. 그럼에도 불구하고 우리는 그러한 예술작품의 존재를 그로 인해서 파괴되는 모든 건강하고 생기에 차 있는 것들보다 더 고차적인 것으로 느끼게 된다." 이 말이 있은 뒤 20년간 문화국가들은 그러한 예술작품과 닮는 일, 그러한 예술작품이 되는 일을 명예로 삼았다.

화되어 나타나는 것이다. 이러한 물화된 문화개념에 의하면 문화의 역사란 아무런 진정한 경험, 다시 말해서 아무런 정치적인 경험도 없이 인간의 의식 속을 뒤져서 찾아낸 기념비적인 사건들이 만들어낸 침전물 이외의 아무것도 아니라고 할 수 있을 것이다.

그밖에도 우리는 문화사적인 토대 위에서 기도되었던 어떠한 역사서술도 이러한 문제성으로부터 벗어나지 못했다는 점을 간과할 수 없을 것이다. 이러한 문제성은 람프레히트에 의해서 광범위하게 시도된 「독일사」에서 쉽게 찾아볼 수 있다. 「새시대」지의 비평이 이 책을 한 번 이상 다루고 있는 데에는 그럴 만한 까닭이 있다. 메링은 이 비평에서 다음과 같이 쓰고 있다. "주지하다시피 람프레히트는 부르주아 역사학자들 가운데에서 사적 유물론에 가장 가까이 접근했던 사람이다." 그렇지만 "람프레히트는 중도에서 머무르고 말았다.……람프레히트가 경제적, 문화적 발전과정을 어떤 특정한 방법으로 다루고자 하면서도 동시대의 정치적 발전과정을 몇몇 다른 역사가들의 말을 모아서 종합했을 때는 이미 역사적 방법의 개념과는 거리가 멀었다." 실용주의적 사관을 근거로 하여 문화사를 서술한다는 것은 분명히 하나의 모순이다. 그러나 변증법적 문화사 자체의 모순은 더 깊다고 할 수 있는데 왜냐하면 변증법에 의해서 폭파된 역사의 연속성은 문화라고 부르는 부분 이외의 다른 부분에서는 더 이상의 이탈을 용납하지 않기 때문이다.

요컨대 문화사라는 것은 단지 외견상으로만 통찰의 진전을 보여주고 있을 뿐 변증법의 진전을 보여주는 법은 한번도 없다. 그 이유는 문화사에는 변증가의 경험이나 변증법적 사유를 신빙성 있는 진실한 경험으로 보증해주는 파괴적인 요인이 빠져 있기 때문이다. 분명 문화사는 인류의 등에 쌓이는 보화의 무게를 증가시키고 있기는 하다. 그러나 문화사는 인류에게 그 보화를 뒤흔들어 수중에 얻을 수 있는 힘을 부여하지는 않고 있다. 이와 똑같은 경우가 바로 문화사를 지표로 삼았던 세기말의 사회주의적 교양사업이다.

4

이러한 배경 앞에서 푹스의 저작은 그 역사적 윤곽을 드러낸다. 그의 저작이 지속성을 가질 수 있었던 것은 더 이상 모순에 가득 찰 수 없는 정신적 상황 속에서 쟁취되었기 때문이다. 이론가로서의 그에게 그의 시대가 통로를 차단시켰던 많은 것을 포착하도록 가르쳐주었던 것은 푹스의 수집가적인 면이었다. 캐리커처, 포르노적인 묘사와 같은 한계 영역까지 진출함으로써 전통적인 예술사에서 나온 일련의 천편일률적인 도식들을 형편없는 것으로 만든 것도 수집가로서의 그였다. 우선 지적되어야 할 점은 그는 마르크스까지도 여전히 흔적을 보이는 고전주의적 예술관과 전적으로 결별했다는 점이다. 시민계급이 고전주의적 예술관을 발전시키면서 사용했던 개념들, 예컨대 아름다운 환상이라든가 조화, 다양한 것들의 통일성 등과 같은 개념들은 푹스의 경우 더 이상 작용하지 않고 있다. 작가로서의 푹스를 고전주의의 이론으로부터 등을 돌리게 한 수집가로서의 강력한 자기 주장은 때때로 고대 자체에 대해서도 강력하게 작용하고 있다. 1908년 그는 로댕과 슬레포크트의 작품을 근거로 해서 하나의 새로운 미를 예언했는데, 이에 따르면 "새로운 미는 그것이 보여주는 궁극적인 결과를 두고 보면 고대의 미보다도 훨씬 더 위대하게 되리라는 것을 기약하고 있다. 왜냐하면 고대의 미가 지고의 동물적인 형식이었다면 새로운 미는 어떤 웅장한 정신적, 영혼적 내용으로 가득 채워지게 될 것이기 때문이다."[7]

요컨대 한때 괴테와 빙켈만의 예술관을 규정했던 가치질서는 푹스에게는 일체의 영향력을 상실한다. 그러나 그렇기 때문에 관념론적인 예술관이 완전히 뒤엎어졌다고 생각한다면 잘못된 생각일 것이다. 이러한 경우는, 관념론이 그 자신 속에 하나의 "역사적 서술로서", 또 하나는 "긍정적 평가"로서 가지고 있는 분리법이 하나가 됨으로써, 그러한 분리법이 낡은 것이 되기 전까지는 발생할 수가 없다. 관념론적 예술관을 뒤엎는 일은 역사학이 해야 할 일인데, 이 경우 역사학의 대상은 어떤 단순한 사실들의 뭉치가 아니라 오히려 과거라는 씨줄을 현재라는 직조 속으로 짜넣는 일을 하는 일군의 수가 정해진 실들이다 —— 이렇게 씨줄을 짜넣는 일을 인

---

7) 동시대의 조형예술에 대한 끊임없는 관심은 수집가 푹스가 가진 가장 중요한 충동들 가운데 하나이다. 그러한 관심은 부분적으로는 과거의 위대한 창작물들로부터 오기도 했다. 고대의 캐리커처에 대한 탁월한 지식은 그에게 일찍이 툴루즈-로트레크, 하트필드, 조지 그로스의 작품들을 해명해주는 열쇠가 되었다. 도미에에 열정적으로 탐닉하다가 슬레포크트의 작품을 알게 된 푹스는 그의 돈키호테적인 구상을 도미에와 동렬에 둘 수 있는 유일한 구상으로 생각했다. 도자기에 대한 연구를 통해서 푹스는 에밀 포트너라는 사람을 후원할 만큼 도자기에 대한 권위를 가지기도 했다. 푹스는 평생 동안 줄곧 조형 미술가들과 친숙한 교류관계를 맺었다. 그렇기 때문에 예술작품들에 대해서 언급하는 그의 방식이 종종 역사가의 방식이라기보다는 예술가적인 방식인 점은 놀라운 일이 아니다.

과율적인 결합과 동일시한다면 그것은 잘못일 것이다. 그것은 오히려 일종의 변증법적인 직조이다. 그 실들은 수백년 동안 잊혀진 상태로 있을 수도 있지만, 현실적인 역사진행은 그러한 실들을 비약적으로 또 눈에 띄지 않게 다시 잡을 수가 있게 해준다. 순수한 실증적 사실성에서 벗어난 역사적 대상은 어떠한 "평가"도 필요로 하지 않는다. 그 이유는 그러한 역사적 대상은 현실성과의 애매모호한 유사점들을 보여주는 것이 아니라 현실성이 해결하지 않으면 안 되는 엄밀한 변증법적 과제 속에서 구성되기 때문이다. 실제로 역사적 대상이 겨냥하고 있는 것도 바로 이런 것이다. 우리는 이러한 변증법적 과제를 무엇보다도 가끔 텍스트를 강연에 접근시키고 있는 그의 격앙된 필치에서 느낄 수 있다. 그러나 다른 한편으로는 적지않은 문제점들이 그 의도와 출발점에만 머무르고 있다는 사실에서도 이러한 점을 알 수가 있을 것이다. 의도에서 근본적으로 새로운 면이 강력하게 표현되는 곳은 무엇보다도 소재적인 대상이 의도에 부합하는 곳에서이다. 이는 초상화의 해석, 대중예술에 대한 관찰, 복제기술에 대한 연구에서 이루어진다. 이 분야를 다루고 있는 푹스의 저작들은 획기적인 것이다. 이 분야의 저작은 예술작품을 두고 장차 이루어질 모든 유물론적 관찰의 구성요소이다.

위에 언급한 세 가지 모티브는 한 가지 공통점을 가지고 있다. 즉 이들 모티브는 전통적인 예술관에 비추어보면 파괴적으로밖에 보이지 않는 인식을 얻을 수 있는 하나의 지침을 내포하고 있다. 복제기술에 대한 연구는 그 어떤 다른 연구방향도 해명해줄 수 없는, 수용의 결정적 중요성을 밝혀준다. 그리고 이러한 연구는 이를 통해서 예술작품에서 일어나는 물화 과정을 어느 한도까지는 교정할 수 있게 해준다. 대중예술에 대한 관찰은 천재개념을 수정할 수 있도록 해준다. 즉 대중예술에 대한 관찰은 예술작품의 생성에 한몫을 차지하는 영감을 넘어서서, 그 영감으로 하여금 생산적인 것이 되도록 해주는 유일한 것으로서의 제작양식을 간과하지 않게 한다. 마지막으로 그의 성화상(聖畵像)에 대한 해석은 수용과 대중예술에 관한 연구에 필수불가결하다는 사실이 드러나고 있을 뿐만 아니라 무엇보다도 모든 형식주의가 쉽게 자행하는 월권행위를 하지 못하게 만든다.[8]

---

8) 성화 해석의 거장으로는 에밀 말레를 꼽을 수 있을 것이다. 그러나 그가 행한 연구들은 12세기에서 15세기에 걸친 프랑스 성당들의 조각술에 국한되어 있기 때문에 푹스의 연구영역과 중복되지는 않는다.

푹스는 형식주의에 대해서 언급하지 않으면 안 되었다. 푹스가 자신의 작품의 토대를 세우고 있을 무렵에는 뵐플린의 설이 득세하고 있었다. "개인적인 문제"라는 글에서 그는 「고전예술」이라는 뵐플린의 저서에 나오는 기본 원칙에 대해서 언급하고 있다. 그 기본 원칙은 다음과 같다. "양식개념들로서 15세기와 16세기의 르네상스 예술은 어떤 소재적인 성격학으로 모두 다 설명할 수는 없다. 이 예술현상은 어떤 특수한 생각이나 특수한 미적 이상과는 근본적으로 무관한 어떤 예술적 시각의 발전을 시사해주고 있다." 이러한 뵐플린의 말은 분명히 사적 유물론자에게 저항감을 불러일으킬 수 있을 것이다. 그러나 그 말 속에는 유익한 점도 들어 있는데, 왜냐하면 푹스는 예술적인 시각의 변화라는 것이 어떤 변화한 미적 이상에서보다는 오히려 보다 더 기본적인 과정에서 비롯한다는 사실에 더욱더 흥미를 느꼈기 때문이다. 그 기본적인 과정이란 바로 생산에서의 경제적, 기술적 변화를 통해서 처음 시작되는 일련의 과정들을 가리킨다. 이 경우 다음과 같은 물음, 즉 르네상스는 건축분야에서 어떠한 경제적으로 조건지어진 변화들을 수반했으며 또 르네상스 시대의 회화는 새로운 건축술에 대한 전망으로서 어떤 역할을 수행했는가 하는 물음을 연구해본다면 전혀 소득이 없지는 않을 것이다.[9] 물론 뵐플린은 이 물음을 단지 피상적으로 다루었을 뿐이다. 그러나 푹스가 그에 반대입장을 취하면서 "바로 이러한 형식적인 요인들이야말로 그 시대의 변화된 분위기로부터밖에는 달리 설명할 수 없는 것들이다"라고 말할 때, 그것은 무엇보다도 앞서 지적했던 문화사적인 범주들이 지니는 의심스러운 면을 시사하는 것이다.

작가로서의 푹스가 걸었던 길을 보면 논쟁이나 토론이라는 것이 없었다는 점이

---

9) 보다 더 오래된 그림에서는 사람의 숙소로서 작은 움막과 같은 것을 그리는 것이 고작이었다. 초기 르네상스에 이르러서야 처음으로 내부공간들이 그림에서 묘사되기 시작했는데 그 내부공간 속에서 인물들이 활동하는 모습이 묘사되었다. 그리하여 우첼로가 고안해낸 원근법은 그 당시 사람들과 그 자신에게도 압도적인 중요성을 지니게 된다. 이때부터 (한때 기도하는 사람들을 그렸던 것과는 달리) 거주하는 이들에 대한 묘사에 이전보다 더 치중하게 된 회화는 그들에게 거주할 곳에 대한 모범적인 설계도안을 제공해주었으며 지칠 줄 모르게 별장의 전망들을 보여주었다. 내부장식을 묘사하는 데에 훨씬 더 인색했던 후기 르네상스도 그러한 토대 위에서 구성했다. "15세기는 사람과 건축물 사이의 관계, 어떤 아름다운 공간이 불러일으키는 반향에 대해서 각별히 강렬한 감정을 지니고 있었다. 이러한 건축술적인 이해나 기초를 마련하는 작업을 빼놓고는 15세기의 예술은 거의 상상할 수 없다" — 하인리히 뵐플린, 「고전예술, 이탈리아 르네상스 입문」, 뮌헨, 1899, p. 227.

여러 군데에서 드러난다. 논쟁적인 변증법이라는 것은 헤겔의 정의에 따르면 "적을 내부로부터 파괴시키기 위하여 그 적이 지닌 힘 속으로 파고들어가는 일"을 가리키는데 푹스의 개념의 무기고에서는, 그가 논쟁적으로 보일지라도, 그러한 논쟁적인 변증법의 요소를 찾아볼 수 없다. 마르크스와 엥겔스를 뒤따랐던 연구자들에 이르러서는 사고의 파괴적인 힘은 약화되었고, 그럼으로써 사고는 세기를 상대로 더 이상 도전할 엄두를 내지 못했다. 이미 메링에게서도 사고의 파괴적인 힘은 숱한 논쟁 속에서 약화되었다. 그래도 메링은 「레싱 전설」이라는 괄목할 만한 업적을 남겼다. 그는 위대한 고전 작품들 속에 정치적, 학문적, 이론적 에너지들이 어느 정도 결집되어 있는가를 보여주었다. 이로써 메링은 동시대인의 틀에 박힌 문예적 형식주의에 대한 자신의 반감을 확인하고 있다. 그는 프롤레타리아트가 경제적, 정치적 승리를 거두고 난 후에야 비로소 예술은 부활을 기대할 수 있다는 확고한 인식에 도달했다. 또한 "예술은 프롤레타리아트의 해방적 투쟁에 깊이 관여할 능력이 없다"라는 굳건한 인식에도 도달했다. 예술의 발전은 메링의 생각이 옳았음을 입증해주었다. 그가 도달한 인식을 보면 우리는 그가 학문적 연구에 역점을 두고 있었음을 알 수 있다. 메링은 학문적 연구를 통해서 수정주의에 대항할 엄격성과 견고함을 획득했다. 이렇게 해서 그의 성격의 이미지 속에는 가장 좋은 의미에서 서민적인 것이라고 부를 수 있는 특성들이 형성되었다. 그러나 이러한 특성들은 그를 변증가로 보게 할 수 있는 성격적 특성과는 거리가 먼 것이었다. 이에 못지않게 푹스의 경우에도 그러한 서민적 특성이 나타나고 있다. 어쩌면 더 두드러지게 나타난다고 말할 수 있는데, 왜냐하면 그의 그러한 특성들은 보다 개방적이고 감각주의적인 소질들과 어울려 있기 때문이다. 어쨌든 우리는 푹스의 초상을 서민적인 학자들의 초상을 전시해놓은 어떤 화랑에 갖다놓아도 무방할 것이다. 우리는 그의 옆자리에 그처럼 합리주의적인 광기와 정열을 지녔던 게오르크 브란데스를 두어도 무방할 것이다. 그들은 (진보, 학문, 이성이라는) 이상의 횃불을 높이 들고 광대한 역사의 공간들을 비추는 데 정열을 기울인 사람들이다. 푹스의 다른 옆자리에는 민속학자인 아돌프 바스티안을 두어도 좋을 것이다. 그를 생각할 때면 우리는 무엇보다도 푹스의 만족할 줄 모르는 자료 수집욕을 상기한다. 그리고 마치 바스티안이 어떤 물음을 해명해야 할 필요가 있을 때에는 언제나 작은 손가방을 들고서 몇 달 동안이고 고향을 떠나 탐험길에 오를 마음 자세를 가짐으로써 전설적인 명망을 얻었던 것과 마찬가지로 푹스 역시 어느 때고 새로운 예증을 찾아나서야겠다는 충동이 있을 때마다 그 충동에 따랐던 것이다. 이 두 사람의 작품은 무궁무진한 연구자료의 보고로 남게 될 것이다.

5

긍정적인 쪽으로 기우는 천성의 소유자인 어떤 열광자가 어떻게 캐리커처에 심취할 수 있게 되었는가 하는 것은 심리학자에게는 하나의 의미심장한 물음임에 틀림없다. 심리학자가 그 물음에 대해서 어떻게 대답하든 상관없다. 푹스에 관한 한 사정은 명약관화하다. 처음부터 그의 예술에 대한 관심은 사람들이 "아름다운 것에 대한 기쁨"이라고 흔히 말하는 것과는 구별되었다. 처음부터 진리는 유희 속에 섞여 있었다. 푹스는 지칠 줄 모르고 캐리커처의 원천적 가치, 즉 그것의 권위를 강조했다. 그는 이따금 "진리는 극단적인 것 속에 있다"라고 표현했다. 그는 한걸음 더 나아가, 캐리커처는 그에게는 "이를테면 모든 객관적 예술의 출발점이 되는 형식이다. 민속 박물관들을 한 번만 들여다보아도 이러한 명제는 곧 입증될 수 있다"라고 말한다. 푹스가 선사시대의 종족들이나 어린이들의 그림을 끌어들이고 있는 것을 보면 캐리커처의 개념이 많은 문제점을 안고 있는 어떤 상관관계 속에 들어가 있음을 알 수 있다. 그럴수록 그가 예술작품의 극단적인 요소들 —— 그것이 내용적인 것이든[10] 아니면 형식적인 것이든 간에 —— 에 대해서 보이는 격렬한 관심은 그만큼 더 근원적이라는 점이 드러난다. 이러한 관심이 그의 작품 전체를 관통하고 있다. 후기의 「당(唐)나라 시대의 조형예술」에서도 다음과 같은 것을 읽을 수 있다. "그로테스크한 것은 감각적으로 표상할 수 있는 것을 최고도로 승화시킨 것이다.……이러한 의미에서 그로테스크한 형상물들은 동시에 한 시대의 넘쳐흐르는 기운의 표현이다.……물론 그로테스크한 것의 원동력에 대해서는 이와는 극단적으로

---

10) 무산자 계급의 여자들을 그린 도미에의 인물들에 대한 푹스의 훌륭한 언급을 참조할 것: "그러한 소재를 단순한 율동의 모티브로 보는 사람은 감동적인 예술을 형상화하기 위해서 작용하지 않으면 안 되는 궁극적인 원동력들이 그에게는 어떤 봉인된 책과 같은 것이라는 점을 증명해주는 셈이 된다. 이 그림들에서는…… '율동의 모티브'와는 전혀 다른 무엇이 문제가 되고 있다는 바로 그 점 때문에 도미에의 작품들은 19세기의 어머니들의 질곡적 상황을 그린 감동적인 기념비로서……영원히 살아남을 것이다" —— 「화가 도미에」, p. 28.

대립되는 점이 있다는 사실에는 이론의 여지가 없을 것이다. 퇴폐적 시대와 병적인 두뇌를 가진 이들도 그로테스크한 형상을 추구하는 경향이 있다. 이러한 경우 그로 테스크한 것은 퇴폐적 시대와 병적 개인들에게는 세계와 현존의 문제들이 해결될 수 없는 것으로 보인다는 사실에 대한 충격적인 반작용의 표현이다. 이 두 가지 경향 가운데 어느 경향이 창조적 추진력으로서의 그로테스크한 판타지의 배후에 있는가 하는 것은 금방 알아볼 수 있다."

이 구절은 많은 점을 시사해준다. 푹스의 저작들이 광범위한 영향력을 가지게 되고 특수한 대중성을 얻게 되는 이유가 바로 이 구절 속에 명백하게 드러나 있다. 그 이유란 그가 서술할 때 사용하는 기본 개념들을 가치평가와 융합시킬 줄 아는 재능이다. 이러한 일은 종종 대규모로 이루어진다. 게다가 이러한 가치평가들은 항상 극단적이다. 이러한 평가들은 극단적 성격을 띠고 등장하며, 또 그런 식으로 가치평가와 융합되어 있는 개념을 양극화시킨다. 그로테스크한 것을 서술할 때에도 그러하며 에로틱한 캐리커처를 서술할 때도 그러하다. 이러한 서술은 몰락의 시기에는 "외설"이거나 "간지럽히는 감각적 자극"이고, 개화기에는 "흘러넘치는 욕구와 힘의 표현"이다. 푹스가 끌어들이고 있는 것들은 때로는 개화기와 몰락기의 가치개념들이고 때로는 건강한 것과 병든 것의 가치개념이다. 그는 이러한 개념들의 문제점이 드러날지도 모르는 한계 상황들을 피한다. 그는 즐겨 "아주 거대한 것"에 집착하는데 왜냐하면 그것은 "가장 단순한 것 속에 들어 있는 매혹적인 것"에 대해서 공간을 부여하는 특권을 가지고 있기 때문이다. 그는 바로크와 같은 단절된 예술시대를 높이 평가하지 않는다. 위대한 시대는 그에게서도 여전히 르네상스이다. 여기에서는 창조력에 대한 그의 숭배가 고전주의에 대한 혐오를 압도하고 있다.

독창적인 것이라는 개념은 푹스에게서도 생물학적인 요소가 강하게 혼입된 개념이다. 또 천재가 종종 호색가의 속성들을 지니고서 등장한다면 푹스가 거리를 두고 있는 예술가들은 남성적인 요소가 줄어든 사람들로 나타난다. 푹스가 그레코, 무릴로, 리베라를 서로 대조시키면서 그들에 대한 판단을 다음과 같이 요약할 때 그와 같은 생물학적 관점이 잘 드러난다. 즉 "세 사람 모두 나름대로 하나같이 '타락한' 에로티커라는 바로 그 이유 때문에 그들은 바로크 정신의 고전적인 대표자들이 되었다." 우리는 푹스가 자신의 기본 개념들을 발전시켰던 시대가 "병리학"이 예술심리학의 궁극적 기준이 되었던 롬브로소와 뫼비우스와 같은 대가들에게 권위를 부여했던 시대라는 점을 간과해서는 안 될 것이다. 또 천재개념은 이 시기에 출간된 부르크하르트의 영향력 있는 저서 「르네상스 시대의 예술」이 제공한 풍부한 구체적 자료에 의해서 채워짐으로써, 창작은 뭐니뭐니해도 우선 넘쳐흐르는 힘의 표현이라는 당시 널리 퍼져 있던 확신을 또다른 근거로부터 확인해주었다. 푹스가 나중에 정신분석학과 유사한 개념에 도달했던 것도 바로 이와 유사한 시대적 경향에 힘입어서이다. 그는 정신분석학을 예술학을 위해서 생산적인 것으로 만들었던 최초의 인물이었다.

이러한 견해에 따라서 예술적 창작에 특성을 부여하고 있는 천재개념의 분출적, 직접적 요소들은 또한 푹스의 예술작품관을 당당히 지배하고 있다. 그래서 그러한 요소들은 종종 그의 경우 지각과 판단 사이에 가로놓여 있는 어떤 비약 이상의 것이 되지 못한다. 실제로 "인상(印象)"이라는 것은 그에게는 관찰자가 작품으로부터 경험하는 당연한 충격일 뿐만 아니라 관찰 그 자체의 카테고리이기도 하다. 푹스는 예컨대 명(明)나라 시대의 기교적인 형식주의에 대한 자신의 비판적, 유보적 입장을 밝히면서, 명대의 작품들은 "결국에는 가령 당나라가 그 위대한 선을 가지고 도달했던 것과 같은 인상에 더 이상, 아니 결코 한번도 도달하지 못했다"라고 이러한 자신의 입장을 요약하고 있다. 이렇게 해서 작가 푹스는 특수하면서도 확신에 차 있는, 그렇다고 조야하다고는 할 수 없는 문체에 도달했는데, 이러한 문체의 특성을 그는 「에로틱 미술의 역사」에서 다음과 같이 설명하면서 대가다운 표현을 하고 있다. 즉 "한 예술작품에 작용하는 힘들을 올바르게 느끼는 일에서부터 그것을 남김없이 판독해내는 일에 이르는 길은 그야말로 지척지간이다." 이러한 문체는 누구나 도달할 수 있는 문체가 아니다. 푹스는 그러한 문체를 획득하기 위해서 그 대가를 치르지 않으면 안 되었다. 그 대가를 한마디로 표현하자면 이렇다. 즉 경탄을 불러일으킬 수 있는 재능은 작가 푹스에게는 없었다. 그는 그러한 재능의 결핍을 분명히 스스로 느끼고, 이러한 결핍을 보상하려고 다양하게 노력했다. 그래서 그 어떤 것에 대해서보다도 그가 창작의 심리학에서 추적하고 있는 신비들에 대해서 얘기하기를 좋아하고, 또 그가 유물론에서 해답을 찾고 있는 역사진행의 수수께끼들에 대해서 얘기하기를 좋아하는 것이다. 그러나 이미 그의 창작관과 아울러 수용관을 규정하고 있는, 제반 상황들을 단도직입적으로 해결하려는 충동은 결국 그의 분석에서도 그대로 관철되고 있다. 예술사의 흐름은 "필연적인" 것으로, 양식적 특성들은 "유기적인" 것으로, 그리고 아무리 이상하게 보이는 예술적 형상물들까지도 "논리적인" 것으로 나타난다. 그의 분석이 진행되어가는 동안 이러한 기이한 예술적 형상물들에 대해서 나중에는, 예컨대 불꽃의 날개와 촉각을 가진 당나라의 가공적 동물들이 "절대적으로 논리적"이고 "유기적"이라고 표현하던 때보다 그런 표현을 쓰는 빈도가 더 줄어드는 인상을 받게 된다. "거대한 코끼리의 귀들조차 논리적인 것으로 보인다. 그것들의 자세 역시 항상 논리적이다.……중요한 것은 결코 구성된 개념만이 아니라 살아숨쉬는 형식이 된 이념이다."[11]

---

11) 「당나라 시대의 조형예술」(pp. 30-31). 이와 같은 직관적이고 직접적인 관찰방식은 그것이 유물론적인 분석의 요건을 충족시키고자 할 경우에는 문제성을 띠게 된다. 잘 알다시피 마르크스는 상부구조가 하부구조에 대해서 가지는 관계를 세부적으로 어떻게 생각해야 할 것인가에 대해서는 상세하게 생각을 피력하지 않았다. 확실한 것은 단지 그가 예술이 속하는 상부구조라는, 보다 멀리 떨어져 있는 영역들과 물질적인 생산관계들 사이에 개입되는 일련의 매개들, 즉 그 상관관계를 생각하고 있었다는 점뿐이다. 플레하노프의 경우도 역시 마찬가지이다. 즉 "상층계급들에 의해서 제작된 예술이 생산과정과 전혀 직접적인 관련을 맺고 있지 않았다고 할지라도 그것은 궁극적으로는……경제적인 이유들로 해명될 수 있다. 이 경우에도……유물론적인 역사해석이 적용된다. 그렇지만 존재와 의식 사이의 의심할 여지 없는 인과적인 상관관계, '노동'을 토대로 삼고 있는 사회적 관계들과 예술 사이의 상관관계가 그렇게 쉽게는 드러나지 않는다는 점은 자명한 사실이다. 여기서 몇 가지 중간적 단계들이……생긴다" —— 게오르기 플레하노프, 「유물론적인 역사관의 입장에서 본 18세기의 프랑스 연극과 프랑스 회화」. 다만 한 가지 분명한 사실은 여기서 마르크스의 고전적인 역사 변증법이 인과적인 종속관계를 기정의 사실로 간주하고 있다는 점이다. 나중에 가서 사람들은 더 느슨하게 이를 해석해서 때로는 유추적인 해석들로 만족했다. 이러한 일은 십중팔구 시민적 문학사와 예술사를 광범위한 유물론적 문학사와 예술사로 대치시키고자 했던 요구와 관련을 맺고 있을 것이다. 이러한 요구는 그 시대의 특징 가운데 하나이다. 그 요구는 빌헬름 시대적인 정신에 의해서 지탱되었다. 푹스도 이러한 시대적 요구에 순응했다. 저작자 푹스가 다양한 형태로 즐겨 표현하고 있는 생각 중의 하나는 사실주의적인 예술시대들이 상업국가에 해당된다는 것을 증명하는 일이다. 17세기의 네덜란드나 8, 9세기경의 중국의 경우가 그 한 예가 될 수 있다. 빌헬름 시대의 특성들을 많이 시사해주는 중국의 원예에 대한 분석에서 출발하면서 푹스는 당나라 지배하에서 생겨난 새로운 조각술에 관심을 기울이게 되었다. 기념비와 같은 경직화된 한(漢)나라 시대의 양식이 풀려나가기 시작했다. 도예작업을 발전시켰던 익명의 거장들의 관심은 이제부터는 인간과 동물의 움직임에 쏠리기 시작한다. 푹스는 다음과 같이 상술하고 있다. "그 세기(8, 9세기)에 중국이라는 시대는 거대한 잠에서 깨어났다. 왜냐하면 상업이라는 것은 항상 고양된 삶과 움직임을 의미하기 때문이다. 그리하여 우선 첫째로 삶과 움직임이 당나라 시대의 예술에 등장해야만 했다. 그리고 이러한 특징은 사람들 눈에 확연하게 드러난 첫번째 특징이기도 하다. 가령 한대의 경우 동물들의 전체적인 동작은 항상 무겁고 육중하기만 했던 데 비해……당대에 와서는 그것들이 생기에 차 있고 모든 사지가 움직이고 있는 모습을 보게 된다" —— 「당나라 시대의 조형예술」, pp. 41-42. 이러한 관찰방식은 단순한 유추 즉 상업과

여기서 당시의 사회민주당의 이론들과 가장 긴밀하게 관련되고 있는 일련의 생각들이 나타난다. 잘 알려져 있다시피 다윈주의는 사회주의적인 역사관의 발전에 지대한 영향을 끼쳤다. 다윈주의의 영향은 비스마르크에 의한 사회주의 박해시대에 당의 불굴의 확신과 단호한 투쟁에 도움을 주었다. 그 후 수정주의에서 보듯이 당이 자본주의와 내기를 건 싸움에 그간 당이 이룩한 성과를 덜 투자하려고 하면 할수록 진화론적인 역사관은 그만큼 더 "발전"이라는 개념에 더 많은 부담을 안겨주었다. 역사는 결정론적 특성을 띠게 되었다. 당의 승리는 "꼭 이루어질 수 있는 것"이었다. 푹스는 수정주의와 항상 일정한 거리를 유지했다. 그의 본능적인 정치감각과 호전적인 기질은 그를 당의 좌파로 나아가게 했다. 그러나 이론가로서의 그는 그러한 수정주의의 영향들로부터 벗어날 수 없었다. 우리는 그러한 영향을 작품 도처에서 감지할 수 있다. 당시 페리와 같은 사람은 사회민주당의 원칙들뿐만 아니라 전술까지도 자연의 법칙으로 환원시켰다. 그는 무정부주의적 경향들은 지질학과 생물학에 대한 지식이 모자라기 때문에 나타난다고 보았다. 카우츠키 같은 지도자들도 그러한 무정부주의적 경향들과 논쟁을 벌였음이 분명하다. 그럼에도 불구하고 많은 사람들은 여전히 역사의 과정을 "심리학적인 과정"과 "병리학적인 과정"으

조각술에서의 움직임이라는 면에 그 근거를 두고 있다. 따라서 우리는 그러한 관찰방식을 명목론적이라고 칭할 수 있을 것이다. 이와 마찬가지로 르네상스에서의 고대 수용을 통찰하려는 시도 역시 그와 같은 유추적인 해석에서 벗어나지 못하고 있다. 이 두 시대에서 경제적인 토대는 동일한 것이었다. 단지 르네상스에서는 그러한 경제적 토대가 보다 높은 발전단계에 있었을 따름이다. 다시 말해서 이 두 시대는 상품교역에 그 근거를 두었다 —— 「에로틱 미술」 제1권, p. 42. 마지막에 가서는 상업 자체가 예술작업의 주체로서 나타나게 된다. "상업은 실제로 주어진 수치들을 고려하게 된다. 그것도 단지 구체적이고 검증 가능한 수치들만 고려의 대상으로 삼을 수 있다. 따라서 이러한 수치들을 경제적으로 처리하기 위해서는 상업은 이런 식으로 세계와 사물들에 대항하여 맞서지 않으면 안 된다. 그러니까 사물들을 보는 예술적 견해까지도 어느 모로 보나 사실적인 성격을 띠게 된다" —— 「당나라 시대의 조형예술」, p. 42. 사람들은 예술에서는 "어느 모로 보나 사실적인" 묘사란 있을 수 없다고 생각할지 모른다. 사실 고대 중국의 예술과 고대 네덜란드의 예술에 똑같이 해당되는 어떤 상관관계라는 것은 근본적으로 좀 문제가 있다고 할 수 있을 것이다. 실제 그러한 상관관계는 그렇게 성립되지 않는다. 베네치아 공화국의 경우를 일별해보면 금방 알 수 있다. 베네치아 공화국은 상업을 통해서 번창했다. 그럼에도 불구하고 팔마 베키오, 티치아노 혹은 베로네세의 예술은 "어느 모로 보나" 사실주의적인 예술이라고 말하기는 어렵다. 그들의 예술 속에서 우리가 만나게 되는 삶의 모습은 단지 묘사적이고 축제적인 성격을 띠고 있을 따름이다. 다른 면에서 보자면 상업활동은 그것의 모든 발전단계들에서 현실에 대한 상당한 감각을 요구한다. 따라서 유물론자는 양식적 행동에 관해서는 상업활동으로부터 아무런 결론도 끄집어낼 수 없다.

로 분류하거나 아니면 자연과학적 유물론이 프롤레타리아트의 손에서 "자발적으로" 사적 유물론으로 지양되었다고 생각하는 테제에 만족했다. 이와 유사하게 푹스에게는 인간사회의 진보라는 것도 마치 "계속해서 운동상태에 있는 거대한 빙하를 사람이 정지시킬 수 없는 것과 마찬가지로 도저히 막을 수 없는" 하나의 과정처럼 보였다. 이에 따르면 결정론적인 견해는 확고한 낙관주의와 짝을 이룬다. 그리고 앞으로는 어느 계급도 궁극적으로 확신 없이는 성공을 거둘 수 없게 될 것이다. 그러나 낙관주의가 계급의 행동력을 두고 하는 말인지 아니면 그 행동력이 작동하는 상황을 두고 하는 말인지도 큰 차이점을 가진다. 사회민주당은 후자의 미심쩍은 낙관주의로 기울었다. 바야흐로 시작되고 있던 야만성, 즉 엥겔스의 경우 「영국의 노동자 계급의 상황」에서, 그리고 마르크스의 경우 자본주의 발달의 예견에서 섬광처럼 잠깐 나타났고 또 오늘날에는 평범한 정치가들조차도 익히 알고 있는 그 야만성을 볼 수 있는 시야가 세기말의 아류들에게는 가려져 있었다. 콩도르세가 진보이론을 펼칠 때만 해도 시민계급은 권력의 장악을 목전에 두고 있었다. 1세기가 지난 후의 프롤레타리아트는 그와는 다른 상황에 처해 있었다. 진보이론은 프롤레타리아트에게 갖가지 환상을 불러일으킬 수 있었던 것이다. 이러한 환상들이 실제로 푹스에게 여전히 예술의 역사에 대한 조망을 때때로 가능하게 해주는 배경을 이루기도 한다. 즉 그는 다음과 같이 말하고 있다. "오늘날의 예술은 여러 방향에서 르네상스 예술이 도달했던 것을 훨씬 능가하는 많은 것을 실현시켜주었고, 또 미래의 예술 또한 필경 보다 더 고차적인 것을 의미할 것임에 틀림없다."

6

푹스의 역사관을 관통하고 있는 파토스는 1830년의 민주주의적인 파토스이다. 그 파토스에 대한 반항은 빅토르 위고라는 연사(演士)였다. 연사로서의 위고가 후세에 전하는 말이 담긴 책들은 그 반향에 대한 반향이다. 푹스의 역사관은 위고가 "윌리엄 셰익스피어"라는 글에서 찬양했던 역사관이다. 즉 "진보라는 것은 신의 걸음걸이 자체이다." 그리고 일반 투표권은 이러한 걸음의 보조를 측정해주는 세계시계이다. 빅토르 위고는 "누가 지배자를 투표하는가"라고 썼는데, 이로써 그는 민주주의적 낙관론의 식탁을 차린 셈이다. 시간이 지나면서 이 낙관주의는 점점 더 기

발한 꿈들을 만들어냈다. 그 꿈들 가운데 하나는 "모든 정신 노동자와 물질적으로
든 사회적으로든 상위층에 속하는 사람들은 프롤레타리아트"로 간주되어야 한다는
환상을 불러일으켰는데, 왜냐하면 그는 "휘황찬란한 제복을 입은 궁정관리에서부
터 시작하여 피폐한 밑바닥 임노동자에 이르기까지 돈을 위해서 봉직하는 사람들은
모두……자본주의의 어쩔 수 없는 희생물이라는 점은 부정할 수 없는 사실"이라고
주장했기 때문이다. 빅토르 위고가 차렸던 식탁만 하더라도 푹스의 저작보다는 위
에 있다. 그리고 푹스가 각별한 애착을 가지고 프랑스에 연연하고 있을 때에도 그
는 민주주의의 전통 속에 있었다고 할 수 있다. 프랑스는 세 번에 걸쳐 대혁명이 있
었던 곳이며, 망명객들의 고향이고, 유토피아적 사회주의의 근원지이고, 폭군을 증
오하던 퀴네와 미슐레의 모국이며, 파리 코뮌의 전사들이 누워 있는 곳이기도 하
다. 마르크스와 엥겔스의 눈에 비친 프랑스 상도 그러했고 메링의 그것도 그러했으
며, 푹스에게도 "문화와 자유의 아방가르드"로서의 프랑스라는 나라는 여전히 그렇
게 보였다. 푹스는 프랑스인들의 가벼운 농담을 독일인들의 무거운 농담과 비교한
다. 그는 또 하이네를 고향에 머물러 있는 이와 비교한다. 그는 독일의 자연주의를
프랑스의 풍자소설들과 비교한다. 그리고 그는 이런 식으로 메링처럼 어떤 확고한
예견을 하게 되었는데, 게르하르트 하우프트만의 경우를 두고는 특히 그러했다.[12]

　프랑스는 수집가 푹스에게도 하나의 고향인 셈이다. 오래 관찰하면 할수록 그만
큼 더 매력적으로 보이는 수집가라는 인물에 대해서는 지금까지 정당한 평가가 이
루어지지 않았다. 사람들은 낭만주의의 역사 소설가들에게 수집가라는 인물보다
더 매력적으로 보이는 것은 없을 것이라고 생각할지 모른다. 그러나 길들여졌다고
할지라도 위험하기 짝이 없는 격정들에 의해서 움직이는 이러한 유형을 호프만, 퀸
시, 네르발 같은 인물군에서 찾으려고 하는 것은 부질없는 노릇이다. 이들에게서
나타나는 거리 산책자, 여행자, 배우, 예술적 대가와 같은 인물들은 낭만적이다.
그러나 수집가라는 인물은 찾아볼 수가 없다. 또 이러한 인물을, 노점상인에서부터

---

12) 메링은 하우프트만의 「직조공」이라는 작품이 몰고 온 소송에 대해서 「새시대」지에서 코멘트를
　　했다. 이 작품을 변호한 변호사의 변론 가운데 일부는 이들 변론이 1893년에 지녔던 현실성
　　을 되찾고 있었다. 그 변호사는 다음과 같이 변론했다. 즉 "하우프트만은 여기서 문제되고 있
　　는, 겉보기에 혁명적인 구절들에 대해서 진정시키고 무마시키는 성격을 띤 다른 구절들을 대
　　치시키고 있음이 분명하다. 작가는 결코 폭동을 지지하는 편에 서 있지 않으며, 오히려 작가
　　는 일군의 군인들을 개입시켜 질서를 회복시키고 있다."

시작하여 사교계의 스타에 이르기까지 루이 필리프 치하의 파리의 진기품 진열장에 망라되어 있는 인물의 "생리학" 속에서 찾는다고 해도 허사이다. 그렇기 때문에 수집가가 발자크에게서 차지하는 위치는 한층 더 큰 의미를 지닌다. 발자크는 수집가에 대해서 하나의 기념비를 세웠던 것이다. 그러나 결코 낭만주의적인 의미에서 그렇게 했던 것은 아니다. 발자크는 처음부터 낭만주의에는 낯설었다. 그리고 「사촌 퐁스」에 나오는 스케치에서만큼 반낭만주의적 입장이 놀라울 정도로 분명히 드러나는 부분도 없을 것이다. 또 이 작품에서 무엇보다도 두드러진 점은, 비록 우리가 퐁스가 수집한 물건들 —— 퐁스는 그것들을 위해서 살고 있는데 —— 을 자세히 알게 된다고 할지라도, 그것들을 얻을 수 있었던 내력에 대해서는 거의 아는 바가 없다는 점이다. 「사촌 퐁스」에서는, 공쿠르 형제가 그들의 일기 속에서 어떤 희귀한 명물을 파내는 장면을 숨막히는 긴장감으로 묘사하고 있는 페이지와 비교할 만한 구절은 하나도 찾아볼 수가 없다. 발자크는 사냥꾼을 사냥터에서 이런저런 사냥감을 찾는 사람으로 묘사하지는 않는다. 그의 작품에 등장하는 퐁스나 엘리 마구스의 온몸을 떠는 환희는 오만함, 즉 그들이 지칠 줄 모르게 돌보고 지키는 귀중한 보물들에 대한 오만함이다. 발자크는 "소유하고 있는 자"를 묘사하는 데 역점을 두었으며, "백만장자"라는 말은 그의 경우 "수집가"라는 말의 동의어로 잘못 쓰이고 있다. 그는 파리에 관해서 다음과 같이 말한다. "사람들은 거기서 종종 퐁스나 엘리 마구스 같은 사람을 발견할 수 있는데, 그들은 아주 남루한 옷차림을 했다.……그들은 마치 아무데도 의지할 곳이 없고 또 걱정할 것이 없는 것처럼 보인다. 그들은 여자들이나 진열장에도 관심이 없다. 그들은 꿈속에서처럼 앞만 보면서 줄곧 가고 있으며, 호주머니는 텅 비어 있고 시선에는 아무런 생각도 없으며, 사람들은 그들이 도대체 어떤 부류의 파리 사람에 속하는지를 궁금해할 정도이다. 바로 이러한 사람들이 백만장자이다. 수집가는 이 세상에 존재하는 사람들 가운데 가장 정열적인 사람들이다." 퐁스라는 인물의 활동과 전모는 사람들이 어떤 낭만주의자에게서 기대했어야 할 상보다 발자크가 그렸던 수집가상에 더 가깝다. 실로 이 남자의 핵심적 면모를 두고 수집가로서의 퐁스는 진정으로 발자크적이고 또는 발자크의 구상을 훨씬 능가하고 있는 발자크적 인물이라고 말해도 무방할 것이다. 그러한 구상의 선상에 있는 수집가의 오만함과 과대망상이 나아가는 곳은 어디인가? 그것은 곧 자신의 수집물들을 여러 사람들 앞에 보여주기 위해서 그것들을 복제작품들로 만들어 시장에 내놓음으로써 —— 발자크적인 표현을 빌리면 —— 부자가 되는 식의 수집가의 상이다. 그것은 보물들을 보관하는 이로 자처하는 어떤 남자의 양심적인 면일 뿐만 아니라 위대한 수집가의 노출증이기도 하다. 이 노출증이 바로 푹스로 하여금 그의 모든 저작 속에서 다만 아직껏 공개되지 않았던 그림 자료, 거의 대부분 그 자신의 소유에서만 나온 그림 자료들만을 출판하도록 했다. 「유럽 민족들의 캐리커처」의 제1집을 펴내기 위해서 그는 6만8,000장 이상의 그림을 모아서 거기에서 약 500장을 간추려내었던 것이다. 그 가운데 어느 그림도 한 번 이상 복제되지 않았다. 그가 보여준 기록의 풍성함과 그가 미친 영향의 폭은 서로 밀접한 관계에 있다. 이와 같은 사실은 드뤼몽이 말하고 있듯이 그가 1830년 무렵의 시민계급의 대가문 출신임을 입증해주고 있다. 드뤼몽은 다음과 같이 쓰고 있다. "1830년경의 거의 모든 유파의 지도자들은 한결같이 비상한 체질과 다산성 그리고 웅장한 것을 선호하는 성향을 가지고 있었다. 들라크루아는 서사시들을 화폭에 옮겼으며, 발자크는 한 사회 전체를 묘사했고, 뒤마는 그의 소설들 속에 인류의 4,000년 역사를 담았다. 그들은 모두 어떠한 무거운 짐이 지워져도 끄떡없는 등을 가지고 있었다." 1848년 혁명이 일어났을 때 뒤마는 파리의 노동자들에 대한 호소문을 썼는데, 거기서 그는 자신을 그들과 동등한 사람이라고 소개했다. 20년 동안에 그는 400여 편의 소설과 35편의 희곡을 집필했다. 그는 8,160명의 사람들을 먹여살렸다. 즉 그는 교정부원, 식자공, 무대 장치자와 휴대품 보관자 등의 생계를 마련해주었다. 그는 고용 박수꾼들도 잊지 않았다. 세계 역사가인 푹스가 자신의 훌륭한 수집물의 경제적 토대를 마련할 때의 심정도 아마 뒤마의 자부심과 전혀 다르지 않았을 것이다. 나중에 이러한 경제적 토대는 그로 하여금 그가 자신의 수집물들을 다룰 때처럼 파리 시장에서도 자유자재로 행동할 수 있게 했다. 파리 미술상의 한 원로는 세기말에 그에 관해서 다음과 같이 말하곤 했다. "그는 파리 전체를 먹어치우는 신사이다." 푹스는 마구 줍는 식의 수집광의 유형에 속한다. 그는 자신이 수집하는 물건들의 방대한 분량을 보고 라블레적인 기쁨을 느낀다. 이러한 그의 기쁨은 텍스트들의 무수한 반복 속에서도 그대로 나타난다.

7

수집가로서의 푹스가 프랑스적 수집가의 혈통을 이어받고 있다면 역사가로서의 푹스는 독일적 혈통을 이어받고 있다. 역사가로서의 푹스에게서 두드러지게 나타나는 도덕적인 엄격성은 그에게 독일적 특성을 부여해준다. 그 도덕적 엄격성은 이미 게르비누스에게도 독일적 속성을 부여해주었는데, 그의 「시적 국민문학의 역사」는 독일 정신사에 대한 최초의 연구서들 가운데 하나로 불릴 수 있다. 훗날의 푹스에게도 해당되는 것이지만 게르비누스에게 특징적인 것은 그의 문학사에서 위대한 창조자들은 소위 전투적인 인물로서 등장하고 또 그들의 성격에서 보이는 능동적인 면, 남성적인 면, 자발적인 면은 관조적인 면, 여성적인 면, 수동적인 면을 희생함으로써 얻게 된 것이라는 점이다. 물론 이는 게르비누스의 경우보다 더 수월하게 이루어진다. 그가 자신의 저작을 쓸 무렵 부르주아지는 상승일로에 있었고 부르주아지의 예술은 정치적 에너지로 충만해 있었다. 푹스가 저술활동을 하던 시대는 제국주의 시대였다. 그는 예술의 정치적 에너지들이 날이 갈수록 감소하던 시대에 그러한 에너지를 논쟁적으로 제시했다. 그렇지만 게르비누스가 기준으로 삼았던 척도들은 여전히 푹스 자신의 척도들이기도 했다. 사실 우리는 그 척도들을 18세기까지 거슬러올라가 추적할 수 있다. 그것도 게르비누스 자신에게서 추적할 수 있는데, 그가 슐로서를 위해서 한 기념연설은 시민계급의 혁명적 시대의 소산인 무장된 도덕주의를 훌륭하게 표현해주고 있다. 사람들은 슐로서의 "음울한 도덕적 엄격성"을 비난했다. 이에 대해서 게르비누스는 다음과 같이 반박한다. "슐로서가 그러한 비난에 대해서 반박할 수 있고 또 반박했으리라고 짐작되는 것은 이러한 것이다. 즉 사람들은 위대한 인물들의 삶 속에서나 역사 속에서 장편소설이나 중단편에서와는 달리 감성과 정신의 온갖 명랑성에도 불구하고 삶에 대한 어떤 피상적인 기쁨을 배우지는 않는다는 점과 또 그러한 인물들과 역사의 관찰들로부터 인간 적대적인 경멸은 아닐지라도 세계에 대한 엄격한 견해와 삶에 대한 진지한 원칙들을 섭취하고 있다는 점이다. 그리고 적어도 자신의 내적인 삶에서 외적인 삶을 측정할 줄 알았던, 세계와 인간에 대한 모든 비판자들 가운데 가장 위대한 이들, 이를테면 셰익스피어, 단테, 마키아벨리와 같은 사람에게 세계의 본질은 항상 진지함과 엄격성을 형성할 수 있는 그러한 종류의 감명을 주어왔던 것이다." 이것이 푹스의 도덕주의의 원천이다. 그것은 독일적인 자코뱅주의이며, 이것의 기념비가 슐로서의 세계시인데, 푹스는 젊은 시절에 그것을 읽었던 것이다.[13]

이 시민적 도덕주의가 푹스에게서 유물론적 요소와 충돌하는 요인들을 내포하고 있다는 것은 놀라운 일이 아니다. 이 점에 대해서 분명하게 알고 있었더라면 아마 그는 그러한 충돌을 완화시킬 수도 있었을 것이다. 그러나 그는 그의 도덕적 역사관과 사적 유물론이 서로 완전히 조화를 이룬다고 확신했다. 여기에 하나의 환상이 지배하고 있다. 이 환상의 기저를 이루는 것은 널리 만연되고 또 크게 수정을 요하는 견해, 즉 시민혁명들은 그것들이 시민 자신에 의해서 찬양되고 있는 것처럼, 어떤 프롤레타리아 혁명의 근간을 이룬다고 하는 견해이다.[14] 이에 대해서는 그러한 혁명들 속에 작용하고 있는 유심론에 시선을 돌려보는 일이 무엇보다도 중요할 것이다. 도덕주의는 이러한 유심론의 황금실에 의해서 짜여 있다. 시민계급의 도덕 —— 이에 관한 최초의 징후를 보여주는 것이 공포정이다 —— 은 내면성이라는 징표 속에 있다. 이 내면성의 이맛돌은 양심이라는 것이다. 그것이 로베스피에르적 공민(citoyen)의 양심이든 칸트의 세계시민의 양심이든 마찬가지이다. 부르주아지의 행동은 자신들의 이익에 합치하는 것이지만 그들의 행동을 보완해주는 프롤레타리아트의 행동에도 의존하고 있었다. 그러나 프롤레타리아트의 보완적 행동은 그들 자신의 이익에는 합치하지 않기 때문에 부르주아지는 도덕적인 장치로서 양심이라는 것을 공포했다. 양심이란 이타주의라는 징표 속에 있다. 양심은 가진 자에게,

---

13) 그의 전집이 그렇게 발견된 것은 제정시대의 검사들에 의해서 "풍기문란한 저작들의 유포" 현상에 대한 탄핵이 시작되었을 때, 푹스에게 유익한 것으로 판명되었다. 우리는 푹스의 도덕주의가 특히 전문가들의 한 판결 속에서 자연스럽게 드러나고 있는 것을 볼 수 있다. 그 판결은 모두 무죄판결로 끝난 형사소송 사건들에 내려진 것이었다. 이 판결문은 조벨티츠에 의한 것인데, 가장 중요한 구절을 인용하면 다음과 같다. "푹스는 자신을, 도덕을 설교하는 교육자로 여기고 있다. 그리고 인류역사에 봉사하는 그의 작업은 가장 높은 윤리성에 의해서 이루어져야만 한다는 그의 이러한 진지한 인생관과 내적인 통찰이 그에 대한 일체의 사변적인 의심을 용납하지 않는다. 그러한 의심 따위는 푹스라는 사람과 그의 빛나는 이상주의를 알고 있는 사람이면 누구나 우스꽝스럽게 여기지 않을 수 없을 것이다."

14) 이러한 수정작업은 막스 호르크하이머에 의해서 그의 에세이 "이기주의와 자유주의 운동"에서 시작되었다. 샤토브리앙에 의해서 "테러를 찬미하는 유파"로 총괄해서 불렸던 시민적인 혁명 역사가들을 비난하면서 울트라 아벨 보나르가 제시하는 일련의 흥미 있는 증거들도 앞의 호르크하이머가 수집한 증거들과 부합된다 —— 아벨 보나르, 「온건파들」.

그 개념이 통용되면 간접적으로 자기와 같은 부류의 가진 자들에게도 이익이 되는 개념에 상응하게끔 행동하도록 충고한다. 양심은 또한 가지지 못한 자들에게도 그와 똑같은 것을 충고하기 십상이다. 못 가진 자들이 그러한 충고에 순응할 경우, 그들의 행동은 가진 자들에게 도움을 주기 마련이다. 그렇기 때문에 이러한 태도에 대해서 미덕(美德)이라는 대가가 주어지는 것이다. 이렇게 하여 계급도덕이 관철되는 것이다. 그러나 그것은 무의식중에 관철된다. 이러한 계급도덕을 세우기 위해서 시민계급이 의식을 필요로 했었다기보다는 오히려 프롤레타리아트가 그 도덕을 무너뜨리기 위해서 의식을 필요로 하는 것이다. 이러한 사정에 푹스는 공정하지 못하게 되는데, 왜냐하면 그는 그의 공격이 부르주아지의 양심에 겨냥되어야만 한다고 믿고 있기 때문이다. 부르주아지의 이데올로기는 그에게는 음모처럼 보인다. 그는 이렇게 말한다. "몰염치하기 짝이 없는 계급적 판결에 직면해서도 해당 법관의 주관적인 정직성에 대해서 떠벌여대는 허튼 수다는 그렇게 지껄이고 쓰는 작자들 자신의 무주견성이나 아니면 기껏해야 그들의 고루함을 증명해주고 있을 따름이다." 그렇지만 푹스는 선한 양심이라는 개념 자체를 문제시하려는 생각에는 아직 미치지 못하고 있다. 그러나 그것은 곧 사적 유물론자에게는 명약관화한 것이 될 터인데, 왜냐하면 그는 선한 양심이라는 개념 속에서 시민적인 계급도덕의 수행자를 인식하게 될 뿐만 아니라 이러한 개념이 경제적 무계획성과 함께 도덕적 무질서의 유대감을 조장한다는 사실을 간과하지 않을 것이기 때문이다. 초기 마르크스주의자들은 이러한 사정을 적어도 시사적으로나마 언급했다. 그리하여 사람들(구테르만과 르페브르)은 선한 양심이라는 개념을 지나치게 남용했던 라마르틴의 정책에 대해서 다음과 같이 언급했다. 즉 "시민적······민주주의는······이러한 가치를 필요로 한다. 민주주의자는······그가 하는 사업이라는 면에서 보면 공명정대하다. 이로써 그는 자신은 현실적 사정을 좇아야 할 필요성에서 벗어났다고 느끼고 있는 것이다."

  개개인이 속한 계급이 생산과정에서 차지하는 위치에 의해서 생기는 무의식적인 계급적 행동방식보다는 개개인의 의식적인 이해관계에 더 주목하는 관찰방식은 결과적으로 이데올로기 형성에서 의식적인 요인을 과대평가하게 만든다. 이러한 관찰방식은 푹스의 다음과 같은 발언에서 분명하게 나타난다. "예술이란 그것의 모든 본질적 부분에서 그때그때의 사회적 상대의 이상화된 분장이다. 왜냐하면 모든 지배적인 정치적, 사회적 상황은 스스로를 이상화하도록 강요하며 또 이런 식으로 자신의 존재를 도덕적으로 정당화하려고 한다는 것은 영원한 법칙이기 때문이다." 여기에서 우리는 오해의 핵심에 접근하게 된다. 이 오해는 착취 때문에 허위의식이 생겨난다는 견해에서 비롯된다. 다시 말해서 적어도 착취자들의 측면에서 볼 때는 올바른 의식이 그들에게는 도덕적으로 성가신 것이기 때문에 허위의식이 생겨난다는 견해에서 이러한 오해가 생기는 것이다. 이러한 명제는 계급투쟁이 전체의 시민생활을 온통 지배하고 있는 현재에는 어느 정도의 제한된 타당성을 지닐 수도 있다. 그러나 특권층의 "나쁜 양심"은 초기의 착취형태를 두고 보면 결코 자명한 것이 못 된다. 물화 과정을 통하여 사람들 사이의 관계들만 불투명해진 것이 아니다. 이들 관계의 실질적 주체 자신들도 안개에 휩싸이게 된다. 경제생활에서 권력을 쥔 자와 피착취자 사이에는 사법관료와 행정관료라는 하나의 장치가 끼어들게 되는데 이 장치의 구성원들은 더 이상 충분히 책임 있는 도덕적 주체로서 기능을 발휘하지 못한다. 이들의 "책임의식"이라는 것은 다름 아닌 그와 같은 양심적 불구의 무의식적 표현이다.

8

푹스의 사적 유물론에서 흔적을 드러내고 있는 도덕주의는 정신분석학에 의해서도 동요되지 않았다. 그는 성(性)에 대해서 다음과 같이 비판한다. "이러한 생의 법칙의 창조적인 면이 드러나는 감각적인 행동의 모든 형식은 용납되어 마땅한 것이다.……이에 반해서 이러한 지고의 충동을 단지 세련된 향락의 추구를 위한 단순한 수단으로 격하시키는 형태들은 배척되어야 마땅하다."[15] 이러한 도덕주의의 특징은 분명 시민적인 것이다. 단순한 성적 쾌락이나 그러한 쾌락을 만들어내는 다소간 환상적인 방법들에 대한 시민적인 혐오감에 대한 불신감은 푹스에게는 생소한 것이었다. 물론 그는 사람들은 "항상 상대적으로만 도덕성과 부도덕성에 대해서 말할 수 있을 따름이라는 원칙론을 펴기도 했다. 그러나 곧장 같은 구절에서 "절대적인 부

---

15) 「에로틱 미술」, 제1권 p. 43. 총재정부 시대에 대한 푹스의 풍속사적인 묘사는 그야말로 살인이나 재난을 그린 그림과 같은 특징을 지니고 있다. "사드 후작의 끔찍스러운 책이 그가 찍어낸 저열하고 악명 높은 동판화와 함께 도처의 진열장에 펼쳐져 있었다." 그리고 "부끄러움을 모르는 그 난봉꾼의 조잡한 상상력"이 바라의 입으로부터 울려나오고 있다 —— 「캐리커처」, 제1권, pp. 201-12.

도덕성"이라는 하나의 예외를 설정하고 있는데, 그 예외적인 경우란 곧 "사회적 충동을 거스르는 경우, 그러니까 이를테면 자연의 순리를 거스르는 경우"를 말한다. 이러한 견해에서 특기할 만한 점은 "변질된 개체성에 대해서 무한한 발전 가능성을 지닌 대중이 거두는" 승리이다. 요컨대 푹스는 "이른바 타락한 충동을 타도하는 비난의 정당성을 공격하는 것이 아니라 그러한 충동의 역사와 그 규모에 대한 견해를 공격하고 있는" 것이다.

이로써 성심리학적 문제에 대한 해명이 침해를 받게 되었다. 성심리학적 문제는 부르주아지의 지배 이래 특히 중요한 의미를 지녀왔다. 이러한 상황 속에서 성적 욕망의 금기는 시대적 의미를 지니게 되었다. 성적 금지에 의해서 대중 속에서 생산되는 억압들은 마조히스트적인 콤플렉스와 사디스트적인 콤플렉스를 조장했다. 권력자들은 이러한 콤플렉스를 조장하기 위해서 그들의 정책수행에 가장 적절하다고 보이는 대상들을 제공했다. 푹스의 동년배인 베데킨트는 이 연관관계들을 꿰뚫어보았다. 그러나 그러한 연관성들에 대한 사회적 비판을 푹스는 놓치고 있다. 그렇기 때문에 그가 자연사(自然史)라는 우회로를 통해서 그러한 비판을 만회하는 구절은 더욱 의미심장하다. 주신제(Orgie : 고대 그리스 로마의 바쿠스 축제. 열광적인 축제라는 의미로 뜻이 바뀌었음/역주)를 옹호하는 그의 탁월한 변론이 바로 그것이다. 푹스에 의하면 "열광적인 축제에 대한 욕구는 문화의 가장 값진 경향들 중의 하나이다. 우리는 그러한 열광적 축제가 바로 우리를 동물과 구별시키는 요소의 하나라는 점을 분명히 알아야 한다. 동물은 인간과는 달리 열광적인 축제라는 것을 모른다.……동물들은 일단 기아와 갈증이 충족되고 나면 제아무리 연한 먹이가 있고 아무리 맑은 샘물이 있어도 몸을 돌리며, 동물의 성충동은 대개 일년 중 아주 특정한 짧은 기간 동안에 한정되어 있다. 인간은 그와는 전혀 다르며, 특히 창조적인 인간은 더욱 그렇다. 창조적인 인간은 만족이라는 개념을 전혀 모른다."[16] 푹스가

---

16) 「에로틱 미술」, 제2권 p. 283. 여기서 푹스는 한 가지 중요한 사정을 추적하고 있다. 푹스가 주신제 속에서 보았던, 동물과 인간의 경계를 직립보행이라는 측면이 보여주는 또다른 경계와 직접적으로 연관을 맺는다면 성급한 태도일까? 직립보행과 더불어 자연사에 오르가슴 상태에 있는 한 쌍은 서로를 직시할 수 있다는 전대미문의 현상이 등장하게 된다. 그와 함께 비로소 주신제가 가능해진다. 그리고 주신제는 시선이 마주치는 자극들이 증가함으로써 이루어진다기보다는 오히려 결정적인 것은 오르가슴 상태에 도달했다는 표현, 즉 더 이상 할 수 없다는 표현 그 자체가 어떤 에로틱한 자극제가 될 수 있다는 점이다.

전래적인 규범들을 비판적으로 다루고 있는 사고과정 속에는 그 자신의 성심리학적 이론의 강점이 엿보인다. 그가 소시민적인 환상들을 떨쳐버릴 수가 있는 것도 바로 그러한 점 때문이다. 이런 식으로 그는 나체문화라는 소시민적 환상 —— 이러한 환상 속에서 그는 연연하게도 "옹졸함의 혁명"을 보고 있다 —— 도 떨쳐버린다. "인간은 다행스럽게도 야생동물은 아니다. 그리고 우리는 상상력이 (때로는 에로틱한 상상력이) 의상에서 어떤 역할을 수행하기를 바란다.……이에 반해서 우리가 바라지 않는 것은 이 모든 것을 부정한 장사로 격하시키는 인간의 사회적 조직이다.[17]

푹스의 심리학적이면서도 역사적인 관찰방식은 여러 모로 의상의 역사를 위해서 생산적인 것이 되었다. 사실상 유행이라는 것만큼 푹스의 삼중적인 관심 —— 역사적, 사회적, 에로틱한 관심 —— 에 더 부응할 만한 대상도 없었을 것이다. 이러한 점은 칼 크라우스를 상기시키는 언어적 특징을 지닌 유행의 정의에서 이미 드러나고 있다. 그는 풍속사에서, 유행이란 것을 보면 우리는 "사람들이 공적 윤리성이라는 장사를 어떻게……하려고 생각하고 있는가"를 알 수 있다고 쓰고 있다. 푹스는 또한 배우들이 흔히 저지르는 실수(막스 폰 뵌 같은 사람을 생각하면 좋을 것임), 즉 유행을 단지 미적, 에로틱한 관점에서만 탐구하는 실수를 저지르지 않았다. 그는 유행이 지배수단으로서의 역할도 하고 있다는 점을 간과하지 않고 있다. 유행이 신분간의 미묘한 차이들을 표현해주는 것처럼 그것은 또한 무엇보다도 계급간의 현저한 차이를 날카롭게 주시하고 있다. 푹스는 「풍속의 역사」 제III권(독일 원서)에서 유행에 관한 한 편의 긴 에세이를 썼는데, 별책에서는 유행에 영향을 미치는 결정적인 요소들을 제시하면서 앞의 에세이의 생각을 요약하고 있다. 첫번째 요소는 "계급을 구별짓는 이해관계들"이고, 두번째 요소는 유행을 다양하게 바꿈으로써 판매 가능성을 높이고자 하는 "사적 자본주의 생산양식"이며, 세번째 요소로 잊어서는 안 되는 것은 "에로틱하게 자극하려는 유행의 목적"이다.

---

17) 「풍속의 역사」(독일 원서), 제III권, p. 234. 바로 몇 페이지 뒤에는 이런 확신에 찬 판단은 더 이상 보이지 않는데, 이는 그런 판단이 관습으로부터 나오기가 얼마나 힘든 것인가를 여실히 보여주는 한 증거이다. 즉 거기에는 다음과 같은 말이 나온다. "수많은 사람들이 여자나 혹은 남자의 나체사진을 보면 성적으로 흥분이 된다는 사실은……사람의 눈이라는 것이 전체적인 조화를 보는 것이 아니라 단지 자극적인 부분만을 볼 능력밖에 없다는 사실을 증명해준다." 여기서 무엇인가가 성적으로 흥분시키는 작용을 하고 있다면 그것은 나체의 모습을 보는 일 자체라기보다는 오히려 나체가 된 몸이 카메라 앞에서 전시되고 있다는 생각이다. 나체사진의 대부분이 노리고 있는 것도 결국 그러한 생각일지도 모른다.

푹스의 전저작을 관통하고 있는, 창조적인 것에 대한 숭배는 그의 정신분석학적 연구를 통해서 새로운 자양분을 섭취했다. 그러한 연구들은 그의 원초적인 구상, 즉 생물학적으로 규정된 구상을 풍부하게 하기는 했지만, 그렇다고 해서 그의 구상을 교정한 것은 물론 아니다. 푹스는 창조적인 충동의 에로틱한 근원에 대한 이론을 열광적으로 받아들였다. 그러나 에로티시즘에 대한 그의 견해는 계속해서 생물학적으로 결정된 감성에 대한 극단적 견해와 밀접하게 결부되었다. 그는 사회적, 성적 상황에 대한 그의 도덕주의적 견해를 어쩌면 수정시켰을지도 모를 억압과 콤플렉스에 관한 이론은 가능한 한 회피하고 있다. 마치 푹스에게서 사적 유물론이 개인 속에서 무의식적으로 작용하는 계급의 이해관계보다는 개인의 경제적 이해관계로부터 사물을 유도해내던 것처럼, 창조적 충동 역시 이미지를 창조하는 무의식적인 것보다는 의식적인 감각적 의도에 더 접근하고 있었다.[18] 프로이트의 「꿈의 해석」이 해명해주었던 바와 같은 어떤 상징적 세계로서의 에로틱한 이미지의 세계가 푹스에게는 그의 내적 관심이 최고도로 작용하는 경우에만 그 효력을 발생한다. 이 경우에는 오히려 이러한 이미지의 세계에 대한 일체의 언급이 없을 때에 그의 서술이 이러한 이미지의 세계를 실현시키고 있다. 혁명시대의 판화에 대한 거장다운 성격학적 고찰이 이를 잘 말해준다. "모든 것이 경직되어 있고 뻣뻣하며 군대식이다. 사람들은 누워 있지 않는데, 그것은 연병장이 몸을 움직일 수 없을 만큼 비좁기 때문이다. 앉아 있을 때조차도 벌떡 일어나려고 하는 듯이 보인다. 그들의 온 몸은 활시위의 화살처럼 잔뜩 긴장하고 있다.……선도 그렇고 색깔도 마찬가지이다. 이 그림들은 분명 로코코 시대의 그림들에 비해서 차갑고 속이 텅 빈 듯한 느낌을 준다.……색깔은 그것이 그림의 내용에 어울리기 위해서는……딱딱하고 금속적이어야 했다." 성도착증에 대해서 많은 것을 시사해주는 다음의 글은 이보다 더 명시적이다. 이 글에서는 성도착증의 역사적 등가물들을 추적하고 있다. 이에 따르면 "구두와 다리를 보고 성욕을 느끼는 대물성(對物性) 성욕도착증의 증가는 음경숭배가 음문숭배에 의해서 대체되고 있음"을 암시해주는 듯이 보이며, 젖가슴에 대한

---

18) 이데올로기가 이해관계의 직접적인 산물인 것과 마찬가지로 예술은 푹스에게서 직접적인 감성이다. "예술의 본질은 바로 감성이다. 예술은 감성이다. 그것도 가장 강화된 형태의 감성이다. 예술이란 형식이 되어버린 가시화(可視化)된 감성이다. 그와 동시에 예술은 감성의 가장 높고 또 가장 고귀한 형식이다 —— 「에로틱 미술」, 제1권, p. 223.

성욕도착증은 그 반대의 경향을 암시하는 듯이 보인다. "옷을 걸친 다리와 발을 숭배하는 것은 남성에 대한 여성의 지배를 반영해준다. 반면 젖가슴에 대한 숭배는 남자의 욕망대상으로서의 여성의 지위를 반영해준다." 상징분야에 대한 가장 깊이 있는 통찰을 푹스는 화가 도미에를 통해서 보여준다. 그가 도미에가 그린 나무들에 관해서 말한 부분은 그의 전저작을 통해서 가장 성공적인 성과들 중의 하나이다. 그는 그 나무들 속에서 "아주 독특한 하나의 상징적 형식, 즉 이 형식 속에서 도미에의 사회적인 책임감이 표현되고 있고 또한 개인들을 보호하는 것이 사회의 의무라는 그의 확신이 표현되어 있는 형식을 보고 있다.……그가 자신의 특유한 전형적 방식으로 형상화한 나무들을 보면 거기에는 길게 뻗어 있는 나뭇가지들이 나타나는데, 그것도 누군가가 그 나무 아래 서 있거나 누워 있을 때 특히 그러하다. 이들 나뭇가지들은 어떤 거인의 팔들처럼 뻗어 있으며 또 어떤 무한한 것을 손에 붙잡으려고 하는 듯이 보인다. 그리고 그것들은 그 나무의 보호를 받기 위해서 그곳으로 간 모든 사람을 온갖 위험으로부터 보호해주려는 듯, 좀처럼 뚫고 들어갈 수 없는 지붕의 모양을 하고 있다." 이러한 훌륭한 관찰을 바탕으로 하여 푹스는 도미에의 창작을 지배하는 모성적 요인들을 추적하고 있다.

9

푹스에게는 도미에보다 더 생동감을 주는 형상은 없었다. 그 형상은 푹스의 전체 연구활동을 통해서 그를 따라다녔다. 심지어 우리는 그가 도미에라는 인물을 통해서 변증가가 되었다고 말할 수 있을 정도이다. 아무튼 그는 적어도 그 형상의 전모와 그 형상이 지니는 생기에 넘치는 모순을 포착했다. 그는 한편으로 도미에의 예술 속에 들어 있는 모성적인 요소를 간파하고 그것을 인상깊게 해석했는가 하면 다른 한편으로는 이에 못지않게 그 반대극인 남성적인 면과 전투적인 면에 대해서도 잘 알고 있었다. 도미에의 작품 속에는 목가적인 요소가 빠져 있다는 그의 지적은 옳다. 그는 또한 풍경, 동물, 정물뿐만 아니라 에로틱한 모티브와 자화상까지도 빠져 있음을 지적했다. 도미에에게 진정으로 푹스를 감동시켰던 것은 단말마적인 모멘트였다. 아니면 도미에의 위대한 캐리커처의 원천을 다음과 같은 하나의 물음 속에서 찾으려고 한다면 무모한 짓일까? 만약 우리가 오늘날의 시민적 인간들이 어떤 투기장 같은 곳에서 생존을 위한 투쟁을 벌이고 있다고 생각해본다면 그들은 과연 어떤 태도를 취할 것인가 하고 도미에는 묻고 있는 것처럼 보인다. 도미에는 파리 사람들의 사적, 공적 삶을 단말마적인 고통의 언어로 옮겨놓고 있다. 그를 가장 감동시킨 것은 운동을 하는 육체 전체의 긴장상태, 전신 근육의 흥분상태이다. 이 말은 어느 누구도 도미에만큼 감동적으로 신체의 극도의 허탈상태를 그려내지 못했다는 말과도 결코 어긋나지 않는다. 푹스가 말하는 것처럼 도미에의 구상은 어떤 조형예술적인 구상과 같은 유사성을 지니고 있다. 이런 식으로 그는 그의 시대가 제공하는 인물유형들을 몰래 찾아내서는 이를테면 찌푸린 얼굴을 하고 있는 올림픽 경기의 우승자들을 시상대 위에 올려 보여줄 수 있었던 것이다. 이와 비슷하게 보이는 것은 무엇보다도 재판관이나 변호사를 그린 스케치이다. 도미에의 이러한 영감을 보다 직접적으로 암시해주는 것은 그의 슬픔이 깃든 유머 감각이다. 그는 고대 그리스의 판테온 신전을 이러한 유머 감각을 가지고 묘사하기를 즐겨했다. 어쩌면 이러한 영감은 이미 보들레르가 이 거장에게서 마주쳤던 수수께끼, 즉 그의 캐리커처가 지닌 중후함과 투시력에도 불구하고 어떻게 그처럼 원한에서 자유스러울 수 있을까 하는 수수께끼에 대한 해답을 제공하고 있는지도 모른다.

푹스가 도미에에 대해서 말할 때에는 그의 모든 힘들이 약동한다. 어떠한 다른 대상도 그의 박식함으로부터 이처럼 예언적인 광채를 이끌어내지는 못했을 것이다. 아무리 사소한 자극이라고 할지라도 여기서는 의미를 지니게 된다. 완곡하게 말해도 미완성 작품이라고밖에 부를 수 없는 성급하게 만들어낸 한 장의 그림을 통해서도 푹스는 도미에의 생산적 광기에 대해서 깊은 통찰을 할 수가 있는 것이다. 그 그림은 단지 말하고 있는 이의 코와 눈만이 있는 얼굴의 상반부를 묘사하고 있을 따름이다. 그 스케치가 그러한 부분만을 그리고 있고 또 뭔가를 바라보고 있는 사람만을 유일한 대상으로 삼는다는 사실은 푹스에게는 바로 그러한 부분에 그 화가의 주된 관심이 작용하고 있다는 것을 말해준다. 왜냐하면 푹스는 모든 화가는 그림을 그릴 때 자신이 충동적으로 가장 많은 관심을 두고 있는 곳에서부터 작업을 시작한다고 말하기 때문이다.[19] 푹스는 도미에에 관한 저작에서 다음과 같이 말하고 있다.

---

19) 이것과 다음과 같은 성찰을 비교할 수 있다. "내가 관찰한 바에 따르면……한 예술가의 팔레트를 지배하는 색조들은 그의 에로틱한 그림들 속에서 항상 유난히 분명하게 나타나며, 또 그러한 그림들 속에서 최고의 선명도를 체험한다고 생각된다." ── 「에로틱의 대가들」, p. 14.

"도미에의 그림들에 묘사된 무수한 인물들은 가장 집중적으로 사물을 바라보는 일에 몰두해 있는데, 그것은 먼 곳을 바라보는 모습일 수도 있고 특정한 사물을 관찰하는 모습일 수도 있으며, 자신의 내부를 집중적으로 들여다보는 모습일 수도 있다. 도미에적인 인물들은 이를테면……사물의 핵심을 꿰뚫어보고 있는 것이다."[20]

10

도미에는 연구자로서의 푹스에게는 가장 성공적인 대상이었다. 이에 못지않게 수집가로서의 푹스에게도 그는 가장 성공적인 대상이었다. 국가적 주도하에서가 아니라 푹스 자신이 도미에와 가바르니에 대한 최초의 화집을 독일에서 구상했다고 스스로 자랑스럽게 말하고 있는 것도 결코 무리가 아니다. 수집가들 중에서 박물관에 대해서 혐오감을 품고 있었던 사람은 유독 그만이 아니었다. 공쿠르 형제는 그 점에서 그의 선배이다. 박물관에 대해서 품었던 혐오감의 격렬성을 두고 보면 그들은 푹스를 능가한다. 공공기관의 수집물들이 개인의 수집물보다 사회적으로 덜 문제시되고 학문적으로 더 유용할 수도 있다. 그러나 공공적 수집물들은 그것들의 가장 큰 가능성을 놓치고 있는 셈이다. 수집가는 그의 정열 속에 그를 새로운 수원(水原)을 찾아내는 사람으로 만드는 마법의 지팡이를 가지고 있다. 이는 푹스에게도

---

20) 「화가 도미에」, p. 18. 여기서 논의되고 있는 인물들 중의 한 사람은 "예술에 대한 식견이 높은 자"이다. 즉 이 인물은 여러 가지 종류로 나돌고 있던 수채화 속에 그려진 인물이다. 푹스는 어느날 지금까지 알려지지 않았던 이 수채화의 한 종류를 보게 되었다. 그는 그것이 진품인지 어떤지 조사해보아야 했다. 푹스는 그 모티브의 주요한 부분을 묘사한 그림을 훌륭한 복제판으로 입수하게 되었다. 그리고 이 그림을 비교하는 일에 착수했다. 약간만이라도 빗나가게 묘사한 부분이 있으면 가차없이 찾아내었다. 그리고 그러한 차이가 나는 모든 부분에 대해서는 그것이 거장다운 손에서 유래한 것인지 아니면 무력함의 결과인지를 해명해줄 필요가 있었다. 항상 푹스는 원본을 참조했다. 그러나 그가 그러한 태도를 취하는 방식은 어쩌면 그가 그러한 점을 도외시할 수도 있었다는 점을 암시하는 것처럼 보였다. 그의 시선은 사람들이 수년 동안 머리 속에서 상상해왔던 그림의 경우가 그러한 것처럼 원본에 친숙해 있음이 드러났다. 푹스가 그러했던 것은 의심할 여지가 없었다. 그리고 바로 그렇기 때문에 그는 윤곽에서 아무리 깊숙이 감추어져 있는 불확실한 면이라도, 또 음영에서 제아무리 눈에 띄지 않는 실수들이라도, 그리고 선을 긋는 데 아무리 사소한 탈선이라고 할지라도 발견해낼 수 있었고 또 이로써 이 미심쩍은 그림이 서야 할 자리가 어딘가를 밝혀낼 수 있었다. 물론 이 그림이 설 자리는 어떤 모조품의 자리가 아니라 한 아마추어에게서 유래했음직한 훌륭한 옛 복사품의 자리였다.

그대로 해당된다. 그렇기 때문에 그는 빌헬름 2세 치하의 박물관을 지배하고 있던 정신과 정반대로 느끼지 않을 수 없었던 것이다. 박물관들이 노리고 있었던 것은 소위 걸작들이었다. 푹스는 다음과 같이 말한다. "물론 오늘날의 박물관을 위한 이러한 종류의 수집은 이미 공간적인 이유 때문에 제약을 받고 있다. 그러나 이러한 공간적 제약성이 우리가 그로 인해서 과거의 문화에 대해서 극히 불완전한 생각을 하게 된다는 사실에 하등의 변화도 줄 수 없을 것이다. 우리는 과거의 문화를 축제일에 입는 화려한 의상 속에서 보며 빈약한 평상복의 옷차림을 통해서 보는 경우는 매우 드물다."

위대한 수집가들에게 볼 수 있는 가장 두드러진 특징은 대상을 선택하는 그들의 독창성이다. 예외가 있기는 하다. 예컨대 공쿠르 형제는 대상들보다는 그 대상들의 내적 의미를 지켜주는 전체적 앙상블로부터 출발했다. 그들은 실내가 온갖 다양한 수집물들로 가득 차게 되자마자 실내를 변형하는 작업에 착수했다. 그러나 수집가는 대상 자체에 의해서 이끌려 일에 착수하는 경우가 보통이었다. 한 대표적 예로서 근대로 넘어오는 문턱에 서 있던 인문주의자들을 들 수 있는데, 그들이 그리스에서 수집한 물건들과 그들의 여행을 보면 우리는 그들이 얼마나 동일한 목적의식 아래서 수집활동을 했던가를 분명히 알 수 있다. 다모세데가 모범으로 삼은 마롤레와 함께 수집가 푹스는 라 브뤼에르의 인도를 받아 문학에 들어서게 되었다. 마롤레는 그래픽의 중요성을 인식했던 최초의 사람이다. 그는 12만5,000점을 수집하여 판화 진열실의 토대를 만들었다. 다음 세기에 켈뤼스 백작이 마롤레의 수집품에서 발췌해서 편집한 일곱 권에 달하는 카탈로그는 고고학의 최초의 대업적이 되었다. 슈토쉬의 보석수집은 수집가 빙켈만의 부탁에 의해서 목록이 작성되었다. 그러한 수집품들 속에서 구체화될 예정이었던 학문적 구상이 지속적으로 전개되지 못한 곳에서도 수집행위 자체는 때때로 지속되었다. 왈라프와 부아세레의 수집활동이 그 한 예인데, 이들의 작업에 토대를 마련해주었던 사람들은, 쾰른 박물관의 예술은 고대 로마의 예술의 상속자라는 낭만주의적이었던 나자레파적인 이론에서 출발하면서 그들이 수집한 중세의 독일 그림들로써 쾰른 박물관의 기초를 마련했던 것이다. 한눈 팔지 않고 곧장 한 가지 문제에 골몰한 이 위대하고 주도면밀한 수집가들의 대열에 푹스를 놓을 수 있다. 그의 의도는 예술작품을 사회에 되돌려줌으로써 예술작품에 현재적 삶을 부여하는 데 있었다. 예술작품은 그동안 사회로부터 너무나 유리되어 있었기 때문에, 그것이 발견되었던 장소인 예술시장에서는 그것을 이해할 수 있었던 사람들로부터만 아니라 제작했던 사람들로부터도 동떨어져 있었다. 예술시장에서 물신숭배적 마력을 가지는 것은 대가의 이름이다. 역사적으로 보면 푹스가 예술사를 대가라는 이름의 물신숭배로부터 해방시키는 단초를 마련했던 것은 그의 가장 위대한 업적으로 남게 될 것이다. 푹스는 당나라 시대의 조형예술을 두고 다음과 같이 말하고 있다. "이러한 묘의 부장품들에서 나타나는 완벽한 익명성, 즉 이들 작품의 개인적인 창작자를 알 수 있는 경우가 하나도 없다는 사실을 보면 우리는 그 모든 경우에서 개별적인 예술적 결과들이 결코 중요했던 것이 아니라 그 당시의 모든 사람들이 어떻게 세계와 사물들을 바라보았던가 하는 방식이 중요했다는 하나의 중요한 증거를 볼 수 있다." 푹스는 대중예술이 지니는 특수한 성격과 그가 사적 유물론으로부터 획득했던 충동들을 함께 발전시켰던 최초의 인물들 가운데 하나이다.

대중예술에 대한 연구는 필연적으로 예술작품의 기술복제에 대한 물음을 낳기 마련이다. "모든 시대는 그 시대가 지닌 특정한 복제기술들에 상응한다. 그 복제기술들은 각 시대의 기술적인 발전 가능성을 대표적으로 말해주며 또 그때그때의 시대적 요구의 결과이다. 그렇기 때문에 지금까지의 지배계급이 아닌 다른 계급을⋯⋯지배자로⋯⋯만들어주는 커다란 모든 역사적 변혁들이 하나같이 구체적인 복제기술까지도 한결같이 변화시키고 있다는 사실은 조금도 놀라운 일이 아니다. 우리는 이러한 사실을 아주 분명하게 지적하고 넘어가지 않으면 안 된다."[21]

푹스의 이러한 통찰들은 획기적인 것이었다. 그는 이러한 통찰들 속에서 사적 유물론이 스스로를 훈련시킬 수 있는 대상들을 지시했다. 각 예술의 기술적인 기준은 바로 그러한 가장 중요한 연구대상들 가운데 하나이다. 그러한 기술적 기준을 추적하는 일은 애매모호한 문화개념이 통상적인 정신사에 끼치는 (때때로 푹스 자신에게서도 마찬가지이지만) 많은 손해들을 다시 보상해준다. "수천에 달하는, 아무리 서툰 도공들이라고 할지라도 이들이 기술적, 예술적으로 똑같이 정교한 예술품을

---

21) 「오노레 도미에」, 제1권, p. 13. 우리는 이러한 생각을 빅토르 위고의 카나의 결혼식에 대한 알레고리적인 해석과 비교할 수 있다. "빵이 일으킨 기적은 독자의 숫자를 여러 배로 증가시킨 것을 뜻한다. 그리스도가 그 상징(빵)에 마주치던 날에 그는 인쇄술의 발명을 예견했던 것이다."

참으로 손쉽게 빚어낼 수 있는 재간을 가지고 있었다"는 사실이 푹스에게 고대 중국 예술의 참모습을 말해주는 구체적인 한 증거로 보이는 것은 당연하다. 그와 같은 기술적 측면을 숙고해봄으로써 그는 이따금씩 시대를 앞서가는 명석한 통찰을 할 수 있었던 것이다. 고대에는 캐리커처를 전혀 알지 못했었다는 사정을 해명하는 일도 그러한 통찰에 속하는 것이다. 어떠한 관념론적인 역사서술이라도 이러한 사실 속에서 고전주의적인 그리스 상, 즉 "고귀한 단순성과 고요한 위대성"을 뒷받침해주는 근거를 보았을 것이다. 그런데 푹스에게서 이 문제는 어떻게 설명되고 있는가? 그의 견해에 의하면 캐리커처라는 것은 일종의 대중예술이다. 따라서 대중적인 보급이 없는 캐리커처라는 것이 있을 수가 없다. 대중적인 보급이라는 것은 저렴한 보급을 뜻한다. 그렇지만 "고대에는……주화밖에는 아무런 저렴한 복제형태도 없었다."[22] 주화 표면은 너무 좁아서 캐리커처를 그릴 만한 공간이 없었다. 따라서 고대는 캐리커처라는 것을 전혀 몰랐던 것이다.

캐리커처는 대중예술이었으며, 풍속도도 그랬다. 이러한 대중적 성격은 틀에 박힌 예술사의 관점에서는 그렇지 않아도 수상쩍었던 대중예술이 비방을 받는 빌미가 되었다. 푹스의 경우에는 사정이 달랐다. 백안시당하는 경전 외적(經典外的) 사물들에 시선을 주는 것은 푹스 본래의 강점이다. 마르크스주의가 겨우 단초밖에 제시하지 못했던 사물들에로 향하는 길을 그는 수집가로서, 그것도 자기 혼자 힘으로 개척했던 것이다. 이를 위해서는 거의 광적일 정도의 정열이 필요했으며 이러한 정열이 푹스의 특징적인 측면들을 형성했다. 이러한 의미에서 보면 도미에의 석판 인쇄물들 속에서 미술 애호가, 상인, 회화에 열광하는 이들, 조형미술에 대해서 일가견을 가지고 있는 이들의 긴 대열을 두루 섭렵해보는 사람이면 푹스의 이러한 특징적 면들을 가장 잘 이해할 수 있을 것이다. 그들은 체격까지도 푹스와 닮아서 키가 후리후리하고 말랐다. 그리고 그들은 불의 혓바닥과 같은 정열적인 시선을 가지고 있다. 그러한 사람들 속에서 도미에가 옛 대가들의 그림에서 나타나는 금을 찾아다니는 이, 무당, 구두쇠들의 후예를 구상했다는 사람들의 말은 틀린 말이 아닐 것이다. 수집가로서의 푹스는 그러한 부류의 사람에 속한다. 마치 연금술사가 금을 만들어내겠다는 "저속한" 소망을, 혹성들과 원소들이 화합하여 영적 인간의 상들이

---

22) 「캐리커처」, 제1권 p. 19. 그 예외가 법칙을 확인해준다. 진흙으로 형상을 빚어 만들어낼 때 (테라코타) 기계적인 복제수법이 사용되었다. 그것들 가운데 캐리커처가 많이 있다.

생기는 화학약품들에 대한 연구작업과 결부시키는 것처럼 수집가 푹스는 소유라는 "저속한" 소망을 만족시키면서 그 속에서 생산력과 대중이 화합하여 역사적인 인간의 상들이 생겨나는 예술에 대한 연구를 시도했던 것이다. 푹스가 그러한 상들에 대해서 가졌던 열정적인 관심은 그의 후기 저서들 속에서까지 나타난다. "중국의 용마루 기와에서 하나의……이름없는 민중예술이 문제가 되고 있다는 사실은 그 용마루 기와의 최후의 명성은 아니다. 그것을 창조해낸 사람들을 증언해주는 영웅의 얘기는 한 권도 없다"라고 푹스는 쓰고 있다. 이름없는 자들과 그들의 솜씨의 흔적을 보존했던 것들을 향한 그러한 관찰이, 또다시 인류의 머리 위에 내려앉으려는 지도자 숭배(Führerkult)에 기여하기보다는 인류의 인간화에 더 기여하게 될지의 여부는, 과거가 가르치려고 했지만 가르칠 수 없었던 많은 문제들처럼, 미래가 또다시 가르쳐줄 것임에 틀림없다.

부록 2 : 문명사가로서의 푹스*

에두아르트 푹스의 새로운 저술들이 우리 출판사에서 계속해서 출판된 지 벌써 20년이 지났다. 나아가 저자의 지난날의 저술들도 최근 몇 년 동안 모두 우리가 출판을 담당했다. 우리는 그것을 자랑으로 여기며, 그러한 기쁨을 다시 맛보게 된 기회에 에두아르트 푹스의 저술들의 계속적이고도 드높아만 가는 성공의 핵심이 도대체 어디에 있는가를 우리의 경험에 의해서 파악하여 설명해보려고 한다. 그의 부동의 지위는 우리가 그의 저술에 대해서 별로 큰 광고를 하지 않은 점을 감안할 때 특히 흥미있는 일이라고 생각한다.

이러한 성공의 원인은 무엇일까? 자료의 새로움인가? 테마의 선택인가? 첫인상인 미술적인 매력인가? 사료(史料)로서의 그 시대의 회화의 진기함인가? 에두아르트 푹스의 특수한 정신적 태도인가? 육박해오는 듯한 문장인가? 아니면 그밖의 어떤 것인가?

그 대답은 위에서 들었던 모든 것들을 한데 합친 것이라고 할 수밖에 없다. 그도 그럴 것이 이 책을 처음으로 대하고 훑어본 인상이 최초의 성공에 대해서 결정적인 역할을 했음은 물론이지만 그것만은 아닐 것이다. 놀라움, 비밀스러운 동경(憧憬)의 가냘픈 실현, 풍요롭게 감싸주는 감정. 사람들은 모든 책들의 영원한 공유자가 되기 때문에 그런 것들을 자기에게 약속하는 책을 산다. 그러나 그것, 곧 독자가

---

* 이 글은 角川書店 발행의 「風俗の歷史」 제I권 끝부분(pp. 415-36)에 게재된 글이다. 벤야민의 난해한 글과는 달리 푹스를 쉽게 이해하는 데에 도움이 되는 글이지만 출처가 밝혀져 있지 않은 것이 유감이다/역자.

그의 책을 보고 느끼는 넉넉함, 그 풍요로움은 거짓이 아니다. 새로운 침입을 할 때마다, 보다 깊은 침입을 할 때마다 더욱더 풍요로워지는 것이 푹스의 책을 특징 짓는 성격이다. 푹스는 그가 보여주는 모든 약속들을 완전히, 또 기대 이상으로 채워준다. 그러나 가장 중요한 것은 이런 것이다. 곧 그의 책은 개인생활에서, 사회생활에서 가장 중요한 것들을 문제삼는다. 이 책은 끊임없이 생활의지의 향상, 개인과 전체의 도약 그리고 그러한 목표에의 확실한 길의 탐구를 문제삼고 있다. 그러나 내일의 길이 어제의 길 속에서 나타나는 것은 아니다. 우리는 내일의 길을 어떻게 방향지을 것인가를 찾기 위해서 대개는 깊은 곳에 감춰져 있는 시발점으로부터 어제의 길을 올바르게 찾아야 한다. 그러한 방법에 의해서만 우리는 운명의 객체에서 운명의 주체로 탈바꿈하게 된다. 그것이 모든 역사연구의 심오한 도덕적 목적이다. 모든 학문이 마찬가지이겠지만 역사연구라는 것도 결코 도락적인 자기 목적만을 위한 것이 되어서는 안 된다. 나아가서 역사연구는 역사적으로 부도덕하게 된 상황의 속박에서 개인과 전체를 해방하는 무기가 되어야 한다.

푹스는 서슴없이 말하는 일관된 모럴리스트이지만 개인에 대해서 당신은 비열한 자다, 당신은 자기 자신에 대해서나 다른 모든 사람에 대해서나 부끄러워해야 한다고 외치는 종류의 모럴리스트는 아니다. 그런 것과는 거리가 멀다. 그는 우리에게 가르친다. 우리는 전체 속의 하나이다. 우리의 행복과 불행은 전체 속에 뿌리박고 있다. 우리는 사회적 산물이다. 그렇기 때문에 우리는 개인으로서도 내일도 모레도 우리가 경험한 것들과 그 결과를 미래의 인류에게 유산으로 인도하는 역사의 흐름에 대한 책임이 있다. 그리하여 푹스는 별볼일도 없는 개인이라는 핑계로 책임을 회피하려는 우리의 안이한 태도를 물리친다. 그러나 그는 또한 그러한 책임을 의식한 개인의 태도가 향락의 저하를 가져오지 않고 반대로 생활감정의 가장 격렬한 항진(航進), 따라서 가장 가능한 생활의 연장(延長)을 가져온다는 것을 가르쳐준다. 적극적인 것만이 살아남으며, 적극적인 것만이 영원한 삶을 산다. 그러나 마지막 힘이 발랄하고 활동적인 생활만이 또한 아름답다.

그러한 의미에서 거대한 스타일의 모럴리스트인 에두아르트 푹스는 개인의 생활이 가질 수 있는 가장 높은 사상을 만들었다. 그는 생활감정을 드높였다. 그는 개인에게, 각자가 인류의 진보에서 공동 창조자라는 감정을 부여했다. 그것은 푹스의 저술 전체에 일관된 근본 관념이다. 이 경우, 푹스의 저술이 문화를 중심으로 다루었느냐, 미술을 중심으로 다루었느냐는 그 어느 쪽이라도 상관없다. 그러나 생활과 사물에 대한 그러한 정신적인 태도 위에 영속하는 성공, 곧 그의 저술의 책갈피마다에는 아무리 퍼올려도 바닥을 드러내지 않는 삶의 힘이 마련되어 있다. 에두아르트 푹스의 모든 저술에서는 삶의 더욱 높은 차원의 사상이 큰 결실을 맺고 있다. 그리고 그러한 사상이야말로 거의 모든 사람들의 가장 비밀스러운 동경이다. 모든 사람들은 자기를 드높여주는 것, 곧 개인생활이나 일상적인 억압에서 자기를 승리자로 만들어주는 것을 추구한다.

그러나 거기에는 아주 특유한 어떤 것이 다시 덧붙는다. 에두아르트 푹스는 분명히 아주 깊이 천착하는 학자이다. 그의 생각은 순수하고 학문적이지만, 지식이나 인식에서 전문가의 형식을 내세워 일반인들이 관여하는 것을 방해하려고 하는 "비밀학" 따위는 별로 만들지 않았다. 그는 아주 방대하고 어려운 문제를 지식욕이 있는 사람이라면 누구나 알 수 있는 평이한 말로 서술했다. 그 점에 대해서는 에두아르트 푹스 자신이 다음과 같이 말했다. "모든 종류의 문화사를 서술할 때의 목적은 결국 교육적인 것이다. 그러므로 그것은 호기심이나 채워주는 고상한 형태에 머물러서는 안 된다.……문화사적인 인식은 아주 넓은 범위 안에 들어가게 될 때 가장 효과가 크다. 자기의 연구를 중요하게 여기는 문화사의 저술가는 언제나 대중을 위해서 써야 한다.……이 경우 모든 사람들은 자기의 시대와 그 시대에 발생한 일에 대해서 책임이 있다는 것을 느끼면서 식탁에 앉아야 한다." 여기서 말할 수 있는 것은 그 누구도 그러한 프로그램을 첫 페이지에서부터 독자에게 이미 분명하게 당신의 아주 개인적인 일들을 서술하는 형태로 보여준 푹스 이상으로 훌륭하게 해낼 수는 없다는 것이다. 이러한 태도가 에두아르트 푹스를 완성시켰다. 그렇기 때문에 많은 독자들이 그의 초대를 받게 되었고 더욱 많은 새로운 독자들이 그의 말에 귀기울이게 되었다. 이 세상에서 우리 자신의 문제만큼 우리를 그처럼 강하게, 또 더욱 새롭게 정복하는 것은 없다.

학문적 연구가 : 학문적 연구에서 새로운 분야를 개척한 사람, 자기의 연구로 새로운 길을 닦은 사람은 독창적인 인물들의 대열에 낀다. 그러한 사람들 가운데서도 학자로서의 에두아르트 푹스는 아주 높은 위치를 차지한다. 그의 거의 모든 저술은 신천지의 정복을 의미한다. 그는 독일에서 처음으로 캐리커처의 역사를 썼을 뿐만

아니라 독일 최초의 풍속사도 썼다. 도미에와 롤랜드슨의 뛰어난 회화적 의미도 그에 의해서 비로소 인정되었다. 그는 그 시대의 회화, 특히 캐리커처가 문명사나 풍속사에서, 달리 유례가 없을 만큼 뛰어난 원전(原典)임을 간파했다. 그는 결실이 풍부한 유물사관의 사고방식과 연구방법을 최초로 계획대로 문명사와 풍속사에 이용했다. 그가 중국학 학자가 아니었음에도 불구하고, 중국의 가장 중요한 문명 및 미술사에 관한 최초의 연구는 그의 펜으로 이루어졌다. 그는 근대 유럽 문명사에 관한 그의 마지막 책에서 아주 특수한 파이앙스 시대를 증명했다. 우리는 진정으로 에두아르트 푹스는 지금까지 아무도 걷지 않았던 길을 걸었다고 말할 수 있다. 그가 차례차례 써낸 새로운 책들은 학문을 위한 하나의 정복이었다. 현재 인쇄 중이며 내년에 출판될 그의 후속 연구도 어디까지나 그와 같은 것임을 증명한다.

그러한 정복자의 재능 덕분에 에두아르트 푹스는 독일의 역사과학 분야에서 획기적이고 뛰어난 연구가들의 최일선에 서게 되었다. 중세 말기 이래의 성 풍속의 발전사나 그 시대의 유럽 캐리커처의 문명사적, 미술사적 역할은 역시 인간의 역사에서 가장 중요한 자료에 속하는 것이다. 왜냐하면 그 분야에서 얻은 지식은 문명발전을 계획적으로 한 단계 더 높게 파악하려고 할 때 불가결한 보조수단이 되기 때문이다. 이때 얼마나 어려운 문제가 그 중심이 되어 있는가는 오늘날까지도 그 분야에서 에두아르트 푹스와 견줄 만한 후계자가 없다는 것, 양심은 없고 장사에만 열성적인 투기꾼이 때때로 빈틈 없이 그 흉내만 내서 푹스가 일구고 씨를 뿌린 곳에서 열매를 거두려고 했다는 것만 보아도 분명히 알 수 있다.

그러나 새로운 경지의 새로운 길은 그것만이 아니다. 에두아르트 푹스의 큰 의의는 그가 연구에 발을 들여놓은 길을, 언제나 끝까지 미지의 목적지를 향해서 날카롭고도 재기에 넘쳐서, 그의 인식을 보고 매우 자주 놀랄 만큼 깊게 그리고 어느 경우에나 가차없는 논리를 세워서 걸어왔다는 점에 있다. 그는 조금도 양보하지 않았다. 그는 자기 연구의 논리적 결과가 당대의 지배적인 교의나 사회적 권력에 맞지 않더라도 결코 생각을 굽히거나 회피하거나 그만두지 않았다. 그런 의미에서 그는 타협을 모르는 투사였다. 그는 절대로 뒤도 옆도 돌아보지 않고 앞만을 바라보는 새 시대의 기수와 같았다. 에두아르트 푹스는 사물에서 베일을 벗기는 힘을 가지고 있었고, 그 힘을 무자비하게 행사하여 거기에 무엇이 있는가를 분명하게 발언하는 용기를 가지고 있었다. 그러나 그가 아픈 구석을 폭로하는 야비한 취미로 그렇게

380

한 것은 아니다. 그것은 그의 책의 어느 페이지에나 나타나 있다. 거기에는 언제나 아주 청명하고 시원한 바람이 불고 있는 것이다.

미술사 연구가: 우리가 이미 보아왔듯이, 에두아르트 푹스는 미술사에서도 아주 중요한 새로운 경지를 정복했다. 그는 최초로 캐리커처를 계획적으로 미술의 범주 속에서 정리했으며, 그 연구와 실증에 의해서 이른바 정통 미술에서와 마찬가지로 캐리커처에서도 미술의 최고봉에 오를 수 있다는 것을 증명했다. 그는 무엇보다 먼저 세계가 생긴 이래 최대의 캐리커처 화가인 오노레 도미에를 늘 지적하면서 그점에 대해서 반대할 수 없는 증거를 제시했다. 분명히 오늘날에도 사물을 진지하게 보려는 미술감상가들은 도미에가 유사 이래 가장 뛰어난 미술가의 한 사람이며, 미켈란젤로, 렘브란트, 고야와 같은 최상급의 인물과 비견할 수 있는 대가라는 것에 반대하지 않는다. 그와 함께 캐리커처에 대한 일반인의 태도도 달라졌으며, 그것은 미술에서 완전한 시민적 권리도 얻게 되었다. 그러나 25~30년 전에는 사람들이 그에 대해서 전혀 다른 의견을 가지고 있었다. 그러한 의견이 그동안에 아주 달라진 것은 거의 에두아르트 푹스의 연구 덕택이다. 아무튼 도미에와 같은 뛰어난 미술의 대가를 일류 화가의 한 사람으로 파악하고, 또 그를 그러한 방향에서 논하고, 독일을 위해서 그를 정복하고 그를 위해서 독일을 정복한 움직일 수 없는 공적은 푹스에게 돌려져야 한다. 푹스는 그 천재 화가에 대해서 글만 쓴 것이 아니다. 그는 그의 문명사적인 책에 수백 장이나 되는 도미에의 그림을 첨부했으며 데생과 캐리커처 화가로서의 도미에를 네 권이나 되는 방대한 책으로 독일 사회에 소개했다. 그는 도미에의 작품 전시회를, 일부는 자신의 독자적인 힘으로, 일부는 그의 협력을 얻어서 열었다. 그는 그 화가에 관한 강연도 했다. 그리하여 에두아르트 푹스는 그 뒤 줄곧 독일 최대의 도미에 전문가로 인정되었다. 그의 연구는 같은 방법에 의해서 캐리커처의 모든 분야로 확산되었다. 도미에가 결코 유일한 '캐리커처 화가'는 아니었으나 사후에 더욱 명성을 떨친 것은 푹스의 힘 때문이었다.

또 푹스가 미술사 연구, 미술의 관찰과 분석에서 최초로 또한 부지런히 유물사관의 사고방식과 연구방법을 체계적으로 문명사에 적용해서 얻은 공적처럼, 미술사에도 이용해서 얻어낸 제2의 큰 공적도 적지 않다. 그리고 그에 의해서 미술사에 새로운 길이 제시되었다는 것은 많은 뛰어난 사람들이 이미 20년 전에 인정한 바 있었다. 예컨대 1906년에 유명한 뮌헨의 미술사가 칼 포르는, 어떤 전문가가 에두아르트 푹스의 저술의 학문적 의의에 대해서 물었을 때, "그 저술은 아웃사이더의 것이지요. 따라서 전문적인 학자들은 그 저자의 무수한 미술사적 비판에 동의하지 않습니다. 그러나 아웃사이더의 저술은 때때로 미술사에 새로운 길을 제시하기도 합니다. 푹스의 저술은 어디까지나 그러한 저술에 속합니다"라고 설명했다. 분명히 본질적으로 푹스의 저술은 아주 불모의 이데올로기적 미술관찰이지만, 그것은 오늘날에도 아직 실제로 세력을 가지고 있다. 그러나 만약 최근에 와서도 미술사에서 사람들이 빈번하게 유물사관의 사고방식과 조우하게 된다면, 그것은 에두아르트 푹스의 저술로 거슬러올라가는 것이 당연할 것이다. 사람들이 아주 빈번하게 그가 만든 공식을 보게 된다는 점에서도 그것을 인정할 수 있다. 또 그에게는 뒤늦게 손을 댄 미술심리학 분야에 관한 획기적인 연구도 있다.

앞에서 말한 것들은 에두아르트 푹스가 어느 시대에나, 특히 요즘에 요구하는 바가 많은 사람들이 읽어야 하는 유일한 미술사가로 지목될 수 있음을 뜻한다.

저술가: 저술가로서의 에두아르트 푹스는 아주 특별한 존재이다. 그의 문체의 특징은 미려하고 명쾌하며 처음부터 끝까지 논리정연하다. 그의 언어는 다채롭고 생동적이며 그림 같고 부조(浮彫) 같다. 그 용어들은 어느 것이나 쓰이기 전에 정확한 개념을 담을 수 있는 것인가에 대한 충분한 고려 끝에 선택된 것들이다. 그러므로 그의 문장에서는 아름다운 여운을 남기기 위한 어구나 표현은 찾을 수 없다. 모든 언어들은 강하게 압축된 것들이다. 그러한 문체는 마치 망치로 두드리면 금속성의 음향을 내는 것처럼 언제나 생명, 피, 정열에 가득 차 있다. 사람들은 거기에 거대한 정열이 작용하며, 그러한 작용에 대해서는 목적지, 곧 그의 학문적 확신과 일치하는 세계관의 관철이 있을 뿐이라는 것을 느낀다.

에두아르트 푹스는 본질적으로 언제나 미래를 믿는 사람이므로 그의 언어는 언제나 싱그럽고 쾌활하다. 반복해서 나타나는 언어들의 그와 같은 번쩍이는 쾌활성도 그가 하소연을 하든, 벌을 내리든, 칭찬을 하든, 그의 모든 책들이 그러한 감격 속에서 읽혀지기 위한 마지막 원인이 되지는 못한다. 이런 경우에 우리는 "읽혀진다"는 말에 더욱 힘있게 밑줄을 그어야 한다. 에두아르트 푹스는 다른 저자와 공동으로 몇 권의 책을 냈지만, 그가 그 책들의 회화적 부분에만 기여했음은 이미 알려져 있다. 우리는 푹스의 책을 내는 출판사의 성공 따위는 푹스의 저술의 성공에 비하면 그 그림자가 몹시 엷어지고 만다는 것을 분명히 알고 있다.

에두아르트 푹스의 독특한 쾌활성으로 인해서 많은 사람들은 그가 그처럼 위험하고 거대한 분야에 발을 들여놓은 것을 용서했다. 그는 거대한 정열을 불태워 정말로 위대한 사상에 봉사할 때는 그것이 독자들을 지치게 하지 않고 도리어 감동시킨다는 것을 증명했다. 그가 프랑스의 위대한 오노레 도미에를 발견하고 그를 그와 같은 열광적인 정열로 사랑한 것은 우연이 아니다. 도미에는 역사에서 웃음에 관한 한 최대의 정열가였고 에두아르트 푹스는 그의 예언자가 되었다. 그도 그럴 것이 그와 도미에는 처음 만났을 때부터 서로 의기투합했기 때문이다.

수집가: 에두아르트 푹스의 저서를 처음으로 펼쳐본 사람이라면 누구나 온갖 종류의 회화와 기록 등 새로운 자료들의 방대한 규모에 놀라게 된다. 놀람은 오랫동안 가시지 않을 뿐 아니라 그의 서재에서 차례로 모습을 드러내는 새로운 저술을 대할 때마다 커진다. 그것도 그 분야의 문외한보다 그러한 수집에 대해서 잘 아는 전문가 쪽이 도리어 더 크다. 전문가는 진귀한 자료 한 점을 손에 넣기가 얼마나 어려운 일인가를 잘 알고 있기 때문이다. 더구나 50장, 100장씩 손에 넣는 것은 엄청나게 어려운 일이다. 그런데도 푹스의 방대한 저술의 각 권에는 1급 귀중품들, 다시 말하면 소수의 전문가들조차 거의 모르고 있는 회화들이 적어도 몇백 장씩 삽입되어 있다. 푹스의 저술들 가운데 기록으로서의 회화가 상당수 들어 있지 않은 것은 하나도 없으며, 그러한 회화들은 푹스의 저술에 나타나기 전까지는 세상에 전혀 알려져 있지 않던 것들이었다. 그리고 그러한 기록으로서의 회화는 대개의 경우 그의 그때그때의 증명의 근거가 되었으며, 일반적으로 말해서 아주 중요한 학문적 자료의 일부가 되었다. 이러한 사실로 미루어보아 그는 의심할 바 없이 오늘날만이 아니라 일찍이 볼 수 없었던 위대한 수집가의 한 사람임을 알 수 있다.

1910-15년 이래, 다시 말하면 특히 세계대전 이래 어떤 평판 나쁜, 값나가는 물건의 수집광들이 분명히 그러한 그림을 수백 장에서 수천 장까지 수집한 적도 있다. 에두아르트 푹스는 결코 그러한 부류에는 속하지 않는다. 그 이유는 그는 이미 30년이 훨씬 넘게 그러한 정열에 탐닉해왔기 때문이다. 그는 결코 단순한 일시적인 도락을 위해서 수집하지 않았고 또 자기가 다른 독일인보다도 문화적임을 과시하기

위해서 그러한 미술취미를 코에 걸고 신사인 체하며 거들먹거리지도 않았다. 푹스는 값나가는 물건을 수집하려는 목적을 가지고 그림을 산 적이 한번도 없다. 그의 수집과 탐색은 어디까지나 인간역사의 원전에 관한 자료를 채굴하기 위한 것이었다. 그는 기록을 찾기 위해서 수집했다.

물론 그러한 종류의 수집은 비밀리에 이루어진 것이나 학문적인 것도 아니었다. 에두아르트 푹스의 모든 비밀은 이 경우 사물의 진정한 관계를 파헤치는 일에 천착하는 무서운 정열로 고무된 식지 않는 에너지였다. 그 에너지는 본질적인 것, 결국 무엇이 문제인가에 대해서 그의 안목을 아주 뛰어난 방법으로 날카롭게 했고 또 곧바로 정확한 것이 되도록 했다. 그는 확실한 수단에 의해서 대개의 경우 한눈에 보기에는 별로 중요하지 않은 몇천 점의 자료들 가운데서 아주 특색 있는 단 한 점의 자료를 가려냈다. 그리고 곧바로 꼭 붙잡았다. 진행 중이거나 애초에 계획했던 연구에 특히 중요한 것은 눈에 띄는 즉시 어떤 사정이 있어도 꼭 손에 넣고야 말았다. 그는 그것을 사거나 빌리거나 사진으로 찍었던 것이다.

끝까지 찾아내는 "수집가"로서의 그는 세계대전 전에는 옛 판화의 가장 중요한 세계적인 보고인 파리에 있었다. 파리의 미술상 고(故) 스놀이 생전에 에두아르트 푹스를 자기 동료에게 소개할 때는 으레 "이분은 파리를 통째로 먹는 신사라오 (C'est le monsieur, qui mange tout Paris)"라는 말을 덧붙였다고 한다. 이런 이유로 그는 또한 모든 미술상들로부터 몹시 사랑을 받았다. 그는 찾으러 돌아다닐 뿐만 아니라 언제나 학문적인 발굴을 하기 위해서 거래했다. 이러한 노력의 소산으로 가득 담긴 상자들이 몇 차례나 뮌헨으로 실려왔다. 그는 특별한 종류의 것들을 어떻게 이용할 것인가 하고 우리 출판사와 협의하기 위해서 수집 여행 중에도 그 상자들을 우리 회사에 보내왔다.

그 때문에 에두아르트 푹스의 책들은 어느 것이나 모든 사람에게 새로운 가치가 있는 것들로 꽉 채워져 있다. 그의 저술에서는 문득 생각난 것들이 아니라 훨씬 이전부터 줄곧 알고 있었던 것들을 문제삼는다. 푹스는 같은 기록을 절대로 다시 사용하지 않았다. 그는 이전 것을 참고로 했을 뿐, 그것을 새로운 기록으로써 더욱 두드러지게 했다.

그밖에도 에두아르트 푹스는 천재적인 수집력을 발휘하여 과거의 아주 중요한 문명사적, 미술사적 기록들을 현대의 빛으로 조명했고, 동시에 그것들을 미래를 위해서 발굴해냈다. 그 덕택에 많은 부분이 인멸의 위기에서 벗어났다. 그는 그렇게 함으로써 다른 사람의 연구나 다른 방향을 위한 연구에 필요한 참고자료를 제공하는 공적도 남겼다. 에두아르트 푹스의 수집의 천재성은 일반인의 정신적 자산을 새로운 가치에 의해서 날마다 키워나가고 있는 것이다.

제본가(製本家): 푹스의 책은 모두 그의 독특한 솜씨에 힘입고 있다. 그는 한장한장 그림을 골라서 복사의 종류와 크기를 정했으며 그것을 텍스트의 어느 곳에 삽입시킬 것인가도 손수 지정했다. 그의 책이 미적으로 뛰어나게 배치된 것은 첫 장에서 마지막 장까지 그의 손이 갔기 때문이기도 하다. 그는 책 한권한권의 체제, 조판의 크기, 활자, 인쇄지의 색조를 결정했으며, 대부분의 경우 장정까지도 몸소 해냈다. 그는 제판소나 인쇄소와 즉시즉시 교섭했으며 어떤 제판이든 자기 자신이 일일이 음미했다. 스테로판(版) 공장에서는 그를 가장 잔소리가 많은 사람으로 쳤으나, 어떤 고객보다도 가장 함께 잘 일할 수 있다고 말했다. 그도 그럴 것이 그는 스테로판 공장의 반장 못지않게 제판기술에 통달해 있었기 때문이다.

그가 손수 제본한 부분은 그것만으로도 아주 뛰어난 업적이었다. 푹스는 자신만의 방법으로 삽화를 싣고 인쇄기술적으로 배치한 책의 독특한 저자였다. 그는 26년 전에 독일의 저작물에 처음으로 그런 형식을 도입했는데, 그것은 오래지않아 완성의 경지에 이르렀기 때문에 그의 책들은 독일에서 출판된 그림이 들어간 책들 가운데서는 최첨단의 것이 되었다.

그러한 경우에도 모든 것이 논리적이며 또 조화를 이루며 짜여 있었다. 에두아르트 푹스는 서로 조화되지 않거나 한쪽이 다른 쪽을 압도하는 두 장의 그림은 절대로 함께 싣지 않았다. 그는 삽화의 선택과 순서에 대한 근본적인 생각을 어느 경우에나 아주 분명하게 제시했다. 그 테두리에서 벗어난 그림은 한 장도 없었다. 어떤 그림은 같은 페이지에서 왼쪽 위에, 다른 그림은 오른쪽 아래에 넣을 때 또는 어떤 그림은 저런 크기로, 다른 그림은 이런 크기로 할 때 아무렇게나 한 것이 아니었다. 그는 그림의 효과가 훼손될 것처럼 보이면 그 그림의 배치를 바꾸기도 했다. 에두아르트 푹스의 책들은 마치 모든 균형이 치밀하게 잡혀 있는 건축물과 비슷했다. 푹스는 이렇게 말한다. "모름지기 저술물은 훌륭한 궁전처럼 내적 진리와 논리를 가지고 지어야 한다. 사람들을 심복시킬 수 있게, 찬연하게 빛나게, 화려하게 짓되 의미 없는 도안으로 꾸며서는 안 된다. 독자들이 책을 단순히 뒤적이는 것만으로도 저서의 목적에 찬성하고 믿도록 만들어야 한다. 그러나 무엇보다도 그 책을 한장한 장 읽어나가면서 독자들이 내리는 가장 냉엄한 비판에도 견딜 수 있는 근거를 확실하게 다져놓았음을 증명해야 한다."

일벌레: 에두아르트 푹스는 잠시도 쉬지 않고 시들지도 않는 뛰어난 창작욕을 가진 사람이었다. 한가함이라든가 느긋한 휴식이라는 단어는 그의 생활의 색인에서 찾아볼 수 없다. 그는 아침부터 밤까지 하루도 쉬지 않고 일했다. 설사 진정한 의미의 철야작업은 아니더라도 그는 침대 곁의 책상 위에 밤마다 많은 노트와 뾰족하게 깎은 연필을 준비해두고 있었다. 방대한 책을 쓰고 있을 때는 밤중에 갑자기 일어나서 휘갈겨 쓴 메모들로 아침이 되면 원고지들이 방에 가득 차 있었다. 그는 주일에도 쉬지 않았고 하물며 긴 휴가 따윈 생각조차도 하지 않았다.

그는 때때로 온 유럽을 돌아다니는 장기간의 여행을 했다. 그런 여행은 분명히 휴식을 위한 여행이라고 부를 만한 것이었다. 그러나 그 여행조차 대개의 경우 시간에 쫓기면서 일하다가 떠났다. 그는 도시에 체류할 때 반드시 박물관, 동판화 수집관을 둘러보았다. 특히 돔이나 그밖의 오래된 기념 건축물을 구경했으며 고미술상이나 판화상도 잊지 않고 들렀다. 어느 도시에 가거나 그는 "발굴물"을 가지고 돌아왔다. 대개의 경우, 발굴물들은 상당한 것이었고 또 그 수효가 많을 때도 드물지 않았다.

그는 이전의 수백 명의 사람들이 돌아다보지도 않았던 것들을 거대한 문명사와 미술사의 가치에 의해서 파악하고 한눈에 열 배의 가격을 붙였다. 좀 과장해서 말하면, 백내장 수술을 받기 이태 전까지도 그렇게 했다. 그때 그는 사람을 겨우 50센티미터 떨어진 거리에서나 알아볼 수 있었다. 그 무렵 미술상들 사이에서 "에두아르트 푹스는 시력은 매우 나쁘지만, 그래도 가장 보는 눈이 있다"는 말이 나돌았다. 그는 어디에 가나 연구했다. 자기가 몰두해 있는 문제에 대해서는 끊임없이 천착했던 것이다. 무언가 기록할 것이 있으면 당장 아내를 불러 그의 구술을 받아쓰게 했다. 푹스 부인은 남편과 마찬가지로 이상에 불타는 협력자였으며, 수년 전부터 여러 도시에 갈 때 대부분의 여행에 남편과 동행했다. 그는 어디를 여행하거나 산더미 같은 기록 노트를 가지고 돌아왔다.

또한 그는 매일 일어나는 사건들에 비상한 흥미가 있었다. 그는 근대 경제사를 여러 경제신문의 편집자들보다도 더 많이, 잘 알고 있었다. 최근 10년 동안의 비참한 경험은 우리에게 그의 경제에 대한 판단과 전망이 언제나 올바른 것이었음을 증명했다.

그는 자기의 직무로서 앞에서 말한 모든 것들을 관찰했다. 그러나 그는 그보다는 전문적인 학자로서, 저자와 출판사 사이의 분쟁의 중재자로서, 연구소 명예회장으로서 활약했다. 그는 모든 사람에게 도움을 주는 일이나 곤란을 겪고 있는 사람들에게 이익이 되는 중요한 일은 결코 거절하지 않았다. 그는 그러한 일을 위해서 하루에도 여러 시간을 얘기했으며 일단 맡은 일은 마치 자기만이 그 일을 할 수 있고 자기 이외의 사람은 이 세상에서 아무 일도 하지 못한다는 듯이 딱할 정도로 성실하게 그 일을 수행했다. 그러나 그 다음 순간 또다시 그는 산더미 같은 자료 속에 파묻혀 있었다.

그는 언제나 몇 가지 계획을 동시에 추진했다. 책 한 권을 쓰는 동안에도 그는 다음 책이나 또는 그 다음 책을 위한 자료수집과 자료 발췌를 하면서 "휴식"을 취했다. 그러나 그는 자료를 끝까지 모두 조사하거나, 착수한 일을 충분히 끝낼 수 있다는 전망이 뚜렷할 때에야 집필에 들어가는 것이 보통이었다. 그리고 실제로 그가 마침내 "최후의 선택"을 해서 우리에게 제공한 것은 언제나 그가 줄 수 있는 것 중 아주 작은 부분에 지나지 않았다. 그것은 푹스가 일을 할 때 떨어뜨리는 부스러기는 언제나 마지막에 완성된 작품으로 나타나는 것의 몇 배가 되었기 때문이다.

어떤 사람이 그에게 건강을 생각해서 일을 그만하고 여유 있는 생활을 하도록 권했을 때 그는 이렇게 대답했다. "그럴 생각입니다. 하지만 인생은 역시 너무 짧아요. 비록 여든까지 산다고 하더라도. 게다가 이것저것 글 쓸 일은 많아서……" 결국 그의 역사적인 서술과 분석에 대한 정열은 그를 일벌레로 만들었다. 그리고 그 때문에 그의 책들을 펼치기만 하면, 르네상스 시대나 중국의 당나라 시대가 마치 우리 자신이 지금도 주체나 객체로 관계하고 있는 아주 최근의 일처럼 생생한 모습으로 우리 눈앞에 나타나는 것이다.

우리는 그의 저술이 기막힐 정도로 양적으로 방대하다는 것만은 말할 수 있다. 예컨대 「풍속의 역사」 첫째 권 한 권에 얼마만큼의 노력이 경주되었던가를 상상할 수 있는 사람은 없을 것이다. 「유럽 민족의 캐리커처」 첫째 권을 위해서 쓴 원고는 약 6만3,000장이지만, 그것은 500장으로 줄여졌다. 그뒤로 그는 그러한 통계를 내는 것을 그만두었다. 그러나 그 후 그가 출판한 열다섯 종류나 되는 저술의 각 권도 그 점에서는 비슷한 정도의 작업을 필요로 했다.

우리가 앞에서 말한 여러 가지 특징들을 정리한다면, 학자로서의 에두아르트 푹스의 초상은 다음과 같이 그려질 것이다. 그는 보다 왕성한 에너지로 학문의 새로운 분야를 정복했다. 그리고 역사연구에서 새로운 보조수단을 발견했다. 그는 자기의 연구에서 새롭고 많은 결실을 얻을 수 있는 길을 택했다. 그는 어느 길을 택하든 굴하지 않고 끝까지 걸어나갔다. 거기에 그의 모든 연구들에서 의식적으로 추구하는 커다란 목표, 곧 책임을 느끼는 연구가들에게만 존재하는 최고의 목표를 지향하는 노력을 보탠다면, 사람들은 에두아르트 푹스가 아주 위대한 문명사가의 하나이며 아마도 독일이 낳은 최대의 문명 및 풍속의 서술가라고 말할 수 있을 것이다. 그리고 그 중요성은 다른 시대보다도 오늘날 더욱 빛난다고 큰 소리로 말해도 좋을 것이다.

우리는 우리의 마지막이면서 결정적인 결론을 발언할 수 있는 총괄(總括)의 시대에 살고 있다. 그러한 결론이란 개인문화의 주변에서 당장 비어져 나오는 것이기 때문에 그렇게 하는 데에 필요한 용기가 단연코 에두아르트 푹스를 괄목상대하게 한다. 독일에서도 푹스 이전에는 근대적인 의미의 문화사 연구가 없었다. 그는 그것의 건설자이자 동시에 실현자였다.

에두아르트 푹스의 저술 중 「에로틱 미술의 역사」세 권과 일반 서점에는 내놓지 않고 학자와 성년이 된 사람에게만 판매하는 「풍속의 역사」보유(Beilage) 세 권에는 특별한 평가와 강조가 필요하다. 왜냐하면 푹스가 획기적인 개척을 이룩한 과학적 연구의 모든 특징들이 그 저술 속에 우뚝 솟아 있다는 것을 간과할 수 없으며 잘못 보아서도 안 되기 때문이다. 그 책들은 가장 중요한 인간 문제의 두세 가지 —— 곧 공중도덕으로의 전화(轉化) 문제나 각 인간에게 작용하여 그 인간의 모습 전체를 만드는 창조력의 문제 등 —— 에 대한 올바른 인식을 주요 결론으로 도출하고 있다. 푹스는 그러한 문제들 가운데 첫번째 것을 「에로틱 미술의 역사」제1권인 「현대사 문제」에서 남김없이 해부했고, 다른 것들은 그것의 제2권과 제3권의 「개인 문제」에서 다루었다.

그 저술들에는 모든 과학, 특히 역사과학과 심리학의 빈번하고 다방면에 걸친 원전자료가 제시되어 있다. 그리고 그 분야에서의 독특성을 살리고 그것을 맛볼 수 있도록 각 시대에 대한 확인이 이루어져 있다. 그의 기록적이고 해석적인 가치는 인간천성의 토대를 더욱 깊이 인식함에 따라서 커질 것이다. 그것은 먼저 문화교육학 분야에서 각 방면에 대해서 보다 새로운 해석을 제공할 것이다. 그러나 장래의 연구가는 하루가 다르게 귀해지는 자료들 속에서 물을 긷듯이 간단히 쓸 만한 것을 길어내기는 어려울 것이다. 그 때문에 푹스에 의한 귀중한 과학적 편집은 차치할지라도 이러한 자료집에 대해서는 결코 과대평가라고 할 수 없는 중대한 의의를 부여해야 한다.

이러한 자료집들은 그와 동시에 그러한 저술을 한 저자의 품격에 대한 가장 중요한 잣대가 될 것이다. 그러한 연구는 온갖 비밀스러운 위선으로부터는 자유롭지만 동시에 최고의 도덕적 기준을 갖추고 있고 그것을 다른 모든 사람들과 마찬가지로 자기에게도 적용시키는 사람만이 기획할 수 있다. 이때 몇천 번이라는 탈선의 가능성이 생길 수 있었지만 단 한 행에서도 그러한 탈선은 생기지 않았다. 그뿐만 아니라 이때 그는 그 어디를 찾아봐도 속악(俗惡)한 현학(衒學) 취미에 빠지지 않았다. 그 책들 속에서 불고 있는 바람은 언제나 맑고 신선하다. 설사 그 언어가 기묘하게 울리더라도 그것은 몹시 적절한 것이다. 인간의 본능에 대한 가장 대담하고도 뻔뻔스러운 표현을 자주 다룬 이러한 책들은 더욱 맑고 엄격한 개인적, 공공적 도덕에 대한 가장 웅변적인 이정표이다. 의심할 것도 없이 많은 독자들은 그러한 결과를 스스로 체험했기 때문에 그렇지 않다고 반대할 사람은 아무도 없다. 만약 모든 사물에 적용될 수 있는 논리를 끝까지 추구하여 진지한 용기와 위엄으로 서술할 수 있다면, 그것은 사물의 변증법적 전화의 비밀이다.

우리는 그러한 사실에 대한 증명으로서, 다섯 가지 증언을 하는 것으로 만족하겠다. 그 증언들은 서로 독립해서 나타나는데, 에두아르트 푹스의 이 저술들을 우리가 그랬던 것처럼 자발적으로나 또는 강제적으로 자세하게 읽은 모든 사람들에게 그것들이 어떻게 느껴졌는가를 말하게 하는 실례에 불과하다. 뮌헨 대학의 유명한 법률학자이자 추밀원 고문이며 교수인 고(故) 레벤페르트 박사는 푹스의 친구로서 그의 책들 속에 전개된 무수한 문제들을 몇 시간에 걸쳐 저자와 토론한 바도 있는데, 박사는 「에로틱 미술의 역사」 제1권이 발표된 후 푹스에게 찬양의 편지를 보냈다.

당시 나는 캐리커처의 역사연구를 평생의 업으로 삼겠다는 자네의 결심을 들은 바 있지만, 자네가 그 결심을 더욱 굳힌 것을 보고 기쁨을 금치 못하고 있네. 그대의 연구가 진지한 출판계로부터 찬양을 받는 것은 그대가 올바른 길을 가고 있다는 증거이자 그대가 선배 하나 없는 이 분야의 연구로 문화사에 큰 공적을 남겼음을 뜻하지 않겠나. 내 생각으로는 그러한 칭찬이 「캐리커처에서의 에로틱한 요소」에 관한 보유(補遺)에까지 넓혀져야 한다고 생각하네.……이런 테두리 안에서 캐리커처가 보여주고 있는 역사적 기록들이 근대인에게 어떻게 반향하는가는, 내 생각으로는, 해부학적 표본의 미학적 작용과 같은 것이므로 조금도 중요하지 않네. 캐리커처가 보여주는 인간의 발전에 대한 설명이 중요한 것이겠지. 교회당, 성곽, 도시의 주택에서 따로따로 또는 한 덩어리로 볼 수 있는 것들, 그렇게 될 수만 있다면 단순한 골동품으로나 나타날 수 있는 것들이 그칠 줄 모르는 수집열로서 비로소 가능해진 자네의 계통적이고 역사적인 총괄에 의해서 중요한 사료의 성격을 얻게 된 것이네.……한정 출판에 의한 연구들이, 자네의 힘이 미치는 한, 적당하지 않은 사람들의 손에 넘어가지 않도록 배려한 것에 나도 동의하네. 다만 문화사의 진보를 추구하고 거기에 협력하려고 하는 모든 사람들의 목적에 맞도록 적어도 큰 도서관이라면 어디서나 또 언제라도 그러한 사람들이 자네의 책들을 열람할 수 있도록 공개되어야 한다는 전제가 붙어야 할걸세. 그리고 그러한 독자들을 위해서 자네는 아주 탁월하고 유익하며 중요한 저술을 한 것이네.

오늘날에는 규모가 아주 커진 북독일 병원의 원장은 저자에게 다음과 같은 내용의 편지를 썼다. "당신의 최근 저서(「에로틱 미술의 역사」 제1권/역주)는 인간에 대한 참으로 의미 있는 기록으로서, 나는 달리 유례를 찾지 못할 정도로 흥미를 느꼈습니다. 거기엔 당신의 참으로 놀라운 근면성이 드러나며 참으로 진지한 연구가 전개되어 있더군요. 나는 그 책을 1주일도 안 걸려 독파했습니다. 나는 그 책으로 인해서 너무나도 많이 반성했으며 극히 중요한 고찰을 하게 되었습니다."

라이프치히의 법률학자인 쿠르트 헤첼 박사는 당시의 출판자에게 이렇게 썼다. "그 책의 제3권은 그 전에 나온 제2권이나 제1권과 마찬가지로 문화사의 이정표임을 보여주고 있습니다. 엄밀한 과학적 성격에 의해서, 표현하는 대상에 관한 완전한 객관적인 이해에 의해서 —— 표현하고 있는 대상의 본성이 음란한 책이라는 추측에 대해서 전혀 상관하지 않겠다고 언명한 책이 이 세상에 있다면 그것은 푹스씨 당신의 연구입니다.”

남독일의 상급 지방법원 판사는 저자에게 이러한 편지를 썼다. “……그러나 당신의 캐리커처의 역사 제3권은 사람들을 압도하는 당신의 모든 저술의 토대이며 동시에 절정입니다. 나는 문화사적 지식에 대한 그 의의가 참으로 헤아릴 수 없을 만큼 귀중하다는 것을 말해두려고 합니다.”

그러나 「에로틱 미술의 역사」 제1권에 대한 고발을 심리하고 나서 내린 베를린 지방법원의 무죄 판결문이야말로 가장 흥미로운 찬사를 담고 있다. 그 판결문은 아주 길어서 여기에서는 발췌해서 싣기로 하겠다.

원고의 의견에 따르면, 이 책은 외설물로 되어 있다. 그러나 피고인들은 이에 항변하면서 이 저술에는 과학적, 미술적 가치가 있다고 변호하고 있다. 본 법원은 피고인들의 견해를 지지한다. 이 저술의 소개와 서문에서 썼던 것처럼, 저자는 문화사적 저술을 쓰려는 과제를 세우고 그 결심을 실행에 옮긴 것이라고 할 수 있다.……그 모든 저술은 제공받은 자료에서 유래하는 과학적인 근본 사상의 관련을 그 절정까지 추구한 것이다.……저자가 도입한 증명방법은 어디까지나 과학적이며, 자료들은 객관적으로 선택된 것이다.……〔저자가 세운〕 과제는 진정 해결되었다고 보아야 한다.……〔약간의 삽화로서의 회화들이 외설이며 그 책의 외설성은 거기에 있다는 검사의 주장에 대해서 법원은 다음과 같이 반박했다〕 그것은 분명한 잘못이다. 회화의 수집, 더구나 오늘날까지도 비밀로 되어 있는 그러한 회화의 수집은 저자의 과학적 목적에 의해서 제약되었고 그 목적이 회화자료를 수집, 정리하여 박물관이 하고 있듯이 나열한 데에 그의 과학적 연구의 중요성이 있으며, 그렇게 함으로써 외설성이 배제되고 있는 것이다. 〔그 판결문에는 또 이러한 대목도 있다〕 저자는 회화의 선택을 예의와 겸손한 마음으로 해냈으며, 같은 대상에 대한 같은 화가 또는 같은 지방의 특징적인 에로틱한 그림이 다수 저자의 손에 들어왔을 때, 저자가 야하지 않은 그림을 고른 것도 칭찬해야 한다.

독일 대법원 역시 다른 기소사건에 대해서 비슷한 판결을 내렸다.

학자의 연구에 대해서 이러한 판결문보다 더 훌륭하고 높은 존경을 찾아보기 어려울 것이다.

역자 후기

「풍속의 역사」는 독일의 역사가이자 미술사가이며 미술품 수집가였던, 그러나 역사의 철저한 "아웃사이더"였던 에두아르트 푹스(Eduard Fuchs, 1870-1940)의 *Illustrierte Sittengeschichte vom Mittelalter bis zur Gegenwart*, 제I권 *Renaissance*, 제II권 *Die galante Zeit*, 제III권 *Das bürgerliche Zeitalter*(München : Albert Langen, 1909〔제I권〕, 1910〔제II권〕, 1912〔제III권〕)의 일본어 번역판 「風俗の歷史」(安田德太郎 옮김, 光文社, 1953-59 ; 角川書店, 1972)를 중역한 것이다.

저자 푹스는 「풍속의 역사」를 통하여 풍속, 즉 복장, 연애, 결혼, 사교생활, 매춘제도는 물론 종교와 사회제도 등에 이르기까지 인류의 다수의 제도와 행위가 성(性)의 힘에 크게 지배되고 있다는 것, 그리고 성의 표출은 그 사회의 경제적인 관계의 힘에 지배되고 있다는 것을 민중의 미술작품, 노래, 시, 속담, 만담, 글을 통하여 적나라하게 증명하고 있다. 따라서 수많은 성에 관한 도판들이 등장함으로써 "음란저속"하다는 평을 면하지 못하게 되었고, 결국 이런 이유와 사회경제사적인 역사해석에 의하여 이 책은 히틀러의 손에 1933년 5월 강제 수집되어 불살라지는 비운을 맞기도 했다. 그러나 사실 푹스 자신은 엄격한 모럴리스트였다(제I권 「풍속과 사회」 부록 1의 각주 13) 및 15) 등 참조).

아무튼 「풍속의 역사」는 민중의 눈과 글을 통하여, 각 시대의 유럽 풍속과 그것에 대응하는 상-하부구조를 분석함으로써 역사발전의 주체인 민중이 중심인물로 등장하는 유럽 최초의 과학적 역사서라고 할 수 있다. 그리하여 새로운 자료, 파천황적인 테마, 위대한 모럴리스트인 저자의 도저한 정신과 사상 그리고 깊고 드넓은 지식과 지혜의 교직인 이 책은 인류의 지적 자산으로 평가되고 있으며 저자는 「풍속의 역사」에 의하여 문명사가로서의 세계적 위치를 확고히 했다. 앞에서도 설명했듯이 여기에 등장하는 대다수 인용문과 그림들이 "민중" 자신의 것이라는 점에서 이 책은 그 어떠한 역사서보다도 참으로 "살아 있는" 역사서라고 할 수 있다. 푹스에게 민중은 일부 "지식인들"이 제멋에 겨워 만든 미화된 허상, 곧 역사의 객체로서가 아니라 잡초 같은 적나라한 실체로서 그러나 역사의 주체로서 역사의 앞마당에서 판을 벌이고 있기 때문이다.

그러나 눈부신 햇빛 아래 또는 휘영청한 달빛 아래 어우러지고 있는 탕음난무의 놀이마당(Orgie)에 넋을 잃다가도 우리는 민중의 땅바닥이 예상밖으로 딱딱한 데에 흠칫 당황하기도 하는데 그것은 푹스의 역사해석의 토대가 되는 물질주의와 경제주의가 글자 그대로 유물론적이고 경제 결정주의적이기 때문이다. 그뿐만 아니라 선남선녀들이 우화등선하다가 떨어져서 "큰 코 다치기도 하는" 수도원, 궁정, 부르주아의 밀회의 집 따위의 침실 역시 바닥이 너무나 딱딱하기는 마찬가지였다. 그러나 푹스의 생동하는 운필을 따라가노라면 우리는 어느덧 그것만으로도 힘에 부쳐 그의 그러한 역사해석에 신경을 쓸 겨를조차 없었다.

"까치글방"에서 이 책의 번역을 결정한 것은 1982년이었다. 그러나 히틀러의 금서 조치 제1호로 분서(焚書)된 이후 원서가 희귀본이 되어 독일에서도 구하기 어렵다는 것을 알게 되어(그 과정에서 미국의 어떤 복사판 출판사에서 이 책이 복사되었다는 것을 들었으나 한정판을 찍어 재고가 없다는 소식을 들었다), 어쩔 수 없이 번역을 중지하려다가, 귀신이 씌었던지, 원서는 번역과정에서 구하기로 하고 우선 일본어 중역을 하기로 결정하기에 이르렀다. 그러나 그것은 한편으로는 영어 중역은 괜찮고 일본어 중역은 안 된다는 영어 중독의 한국적 부끄러움을 무릅쓰는 용단(?)이기도 했고 또 한편으로는 일본어 번역자인 야스다 도쿠타로(安田德太郎)의 술회대로 하이네의 「독일어 사전」이나 또다른 「중세고지(中世高地) 독일어 사전」 등의 힘을 빌려야 할 정도로 르네상스나 절대주의 시대를 다룬 부분에서의 인용문의 난삽함, 그리고 방대한 역주 —— 시나 민요 그밖의 고문서의 부분 인용의 경우 야스다는 원전을 찾아 전문이나, 더 깊은 이해를 위해서 필요한 부분이 있으면 그 부분을 보충했으며 제3국어의 인용에서는 그것을 직접 일본어로 번역한 문장을 찾아서 썼다 —— 와 35여 년간에 걸친 각고의 번역작업을 감안할 때 또 특히 일본어 번역 이외에는 그 어떤 제3의 외국어 번역도 없는 상황에서는 그의 번역을 믿을 수밖에 없다는 결론에 닿은 것이기도 했다. 그러나 방대한 분량 때문에, 이미 예상한 바이지만, 이 중역작업도 잘 진척되지 않았다. 이 과정에서 설상가상으로 이 책을 내겠다는 또다른 출판사가 나타나게 되어 우리는 번역을 중도 포기하는 결정을 하기도 했다. 그러나 그 다른 출판사가 다시 포기하자 우여곡절을 겪으며 1986년 1월 20일에 드디어 먼저 준비가 끝난 제II권 「르네상스」가 햇빛을 보았고 뒤이어 「부르주아의 시대」, 「색의 시대」가 나오게 되었고 이제 끝으로 「르네상스」 출간 이후 이태를 훨씬 넘겨 번역서로는 제I권이 되는 「풍속과 사회」가 출판되기에 이르렀다. 다행스럽게도 이 와중에서 독일에서 전질의 복사판을 구하게 되었다.

끝마무리를 하면서 유감스러운 것은 이기웅과 박종만이 이 책의 번역자로서 이름을 걸어도 무리가 없을 만큼 이 번역작업을 명실상부하게 다하지 못했다는 것이다. 우리 두 사람이 한 일이란 여러 사람들이 번역한 원고를 독일어 원서와 다시 맞추어 패러그래프를 정리하고(일본어판은 패러그래프를 자의로 나누었다). 기껏 인명과 지명 그리고 용어를 원서와 다시 대조하고(일본어판에서는 원어로 토를 달지 않았다), 나아가서는 의미가 불분명하거나 일본어 직역투의 번역 문장을 원서와 대조하여 다시 바로잡는 등의 일을 한 것이었다. 그럼에도 불구하고 우리의 이름을 걸지 않을 수 없었던 것은 번역자들 중에서 그 누구도 번역에 대해서 책임을 질 수 없었기 때문이다.

아무튼 원고가 완성된 뒤에도 책이 나오기까지는 이런 작업을 거치느라고 이태 이상의 시간이 걸렸다. 그 과정에서 야스다 도쿠타로가 빠뜨린 문장을 한 군데 발견하고(독일어 원서 제II권의 p. 344의 7–8행의 한 문장), 엘리자베타 여제를 예카테리나 2세로 오독한 부분, 빠진 단어 몇 개를 발견한 것은 약간의 기쁨이 되기도 했지만, 35년간이라는 평생의 작업을 한 야스다의 고난의 역정에 비하면 저 넓은 대하의 모래톱에 한 알의 모래가 더 흘러들어간 것에 불과할 것이다. 그리고 약간의 의역을 한 것을 감안하더라도 오역이 있으리라는 것은 전제하면서, 그러나 원문의 뜻이 크게 훼손되거나 왜곡되지는 않았으리라는 것을 다짐하면서, 잘못이 있었다면 우리는 그 잘못의 책임이 오직 작업에 좀더 성실하지 못했고 철저하지 못했고 엄격하지 못했던 우리 번역자에게 귀결된다는 것을 통감한다. 예를 들면 번역 작업의 시간이 장기간 경과됨에 따른 혼란, 곧 'Die galante Zeit'가 "한량의 시대"로 또는 "색의 시대"로 나오는 것 같은 혼란이 있기도 했다는 것이다.

최장학 씨를 비롯한 일어 번역을 한 분들, 독일어 원서 대조 때에 너무나 많은 도움을 준 충남대학교 독문학과 박광자 교수(II, VI, III, I권이 차례로 나올 때마다 박 교수는 며칠간씩 노고를 아끼지 않았다), 푹스를 우리나라에 맨 먼저 소개하고

「풍속의 역사」의 일부를 번역했음은 물론 우리의 번역과정에서도 많은 조언을 준 리영희 교수, 독일어 복사판을 보내준 채수일 목사, 벤야민의 글을 전제할 수 있도록 허락해준 역자 반성완 교수와 민음사 사장 박맹호 씨, 그리고 첫 권이 출간된 이후 지금까지 수십 차례의 전화로 독려하고 이 마지막 권을 지금까지 기다려준 독자 여러분들에게 이 자리를 빌려서 다시 한번 고마운 뜻을 표한다.

이 책을 세 권의 원서와는 달리 네 권으로 재구성한 까닭은 "이론" 부분에 상당하다고 할 수 있는 부분들을 원서의 각 권에서 떼어내어 따로 한 권의 책으로 독립시킴으로써 르네상스에서 부르주아의 시대까지의 역사의 줄기와 본질을 누구나 일목요연하게 체계적으로 파악하여 이 책의 보다 깊은 이해에 이를 수 있으리라는 생각에서였다. 또한 벤야민과 또다른 하나의 글을 "부록"으로 붙인 것도 에두아르트 푹스라는 사람과 「풍속의 역사」라는 책의 진면목을 독자들이 그들의 글을 통해서 보다 더 폭넓게 이해할 수 있으리라는 생각에서였다.

푹스에 대한 소개는 "부록"으로 붙인 두 편의 글에서 자세하게 다루어져 있으므로 다시 언급할 필요는 없겠다. 다만 그가 1930년 독일의 "소비에트의 벗의 모임"의 회장이 되어 독-소 친선에 힘쓰다가 1933년 히틀러의 탄압을 받고 스위스로 망명했다는 것, 그뒤의 소식은 알려져 있지 않다는 것, 또 그 탄압 당시 그의 저서는 물론 그의 방대한 컬렉션까지 압수되어 즉각 불태워졌다는 것을 덧붙여둔다. 수십 권에 이르는 푹스의 저서들은 벤야민의 글 중 각주 3)에 잘 덧붙어 있다.

이제 푹스를 평생의 도전으로 삼았던 이 책의 일본어판 번역자 야스다 도쿠타로를 소개하면서 우리의 일을 끝내기로 하겠다.

야스다 도쿠타로(安田德太郎)는 푹스가 서른을 바라보던 1898년 일본 교토에서 태어난 내과 전공 의사로서 설파제를 일본에 처음 소개하고 보급했으며 서슬 퍼런 군국주의하에서 진보적인 지식인들의 주치의로서 활동한 용기있는 지식인이다. 그는 1923년경부터 간사이(關西) 지방의 노동운동에 관여했으며, 그의 역사적, 사회적 관심은 엄격한 모럴리스트이자 이상주의적 실천가였던 에두아르트 푹스라는 독일의 역사가, 미술품 수집가, 미술사가를 매개로 하여 구체적으로 드러나 그의 실천적 삶을 지배하게 되었다. 대학생 시절부터 탐독하던 "독일의 국보적 저술"이자 인류의 지적 자산의 하나인 「풍속의 역사」를 언젠가 "일본에서도 민주주의가 실현되면 출판이 가능하리라"는 일념으로 그는 극우군벌이 재벌과 손을 잡고 일본을 전쟁의 사지로 끌고 가던 1936년, 그의 나이 38세 때부터 병원 일을 끝낸 후 매일 밤 여덟 시부터 다섯 시간씩을 할애하여 번역을 시작했다. 이 뼈를 깎는 작업의 결과, 작업 시작 이태 만에 세 권 중 첫 권인 「르네상스」의 초고를 끝내게 되었다. 그리고 다시 이 초고의 정서가 몇 차례의 퇴고를 거쳐 이태 만에, 곧 1940년에 완성됨으로써 그 자신이 "죽더라도" 출판이 가능하게 되었다.

그러나 그는 1942년 "조르게 사건"이 빌미가 되어 진보적인 지식인들의 검거선풍이 일자 그 자신이 검거되는 것은 물론 그 번역 초고와 정서 원고 그리고 이 번역 작업을 위하여 참고자료로 모아놓았던 수백 권의 경제사, 역사 관계 서적들이 압수되는 운명을 감수해야 했다(그러나 다행히도 이 책의 독일어 원서는 압수에서 누락되었다). 결국 그는 4년의 집행유예 처분과 집필금지 조치를 받은 뒤에 풀려났으나 책들과 정서 원고는 돌려받지 못한 채 초고만을 되돌려받았다.

그는 전쟁이 격화되자 시골로 가게 되었고 거기에서 「풍속의 역사」 제II-III권의 번역에 착수하게 되었다. 전쟁이 끝난 후 그는 고분샤(光文社)의 제의로 이 책의 출판을 결심하고 옛 초고를 다시 원서와 대조하는 작업을 벌임으로써 1936년의 작업 시작 이후 도합 일곱 차례의 퇴고를 거친 원고가 완성되어 1953년부터 1959년에 걸쳐 4 · 6판 형태의 전체 열 권의 「풍속의 역사」를 상재하게 되었다. 그러나 그는 여기에서 그의 고난의 작업을 멈추지 않고 "학문이 있는 독자, 전문학자, 장서가, 수집가를 위하여" 푹스가 너무나 자극적이고 노골적인 자료나 긴 인용문을 따로 편집한 「풍속의 역사」의 보유(Beilage)까지 번역하여 다시 묶은 전체 열 권의 방대한 문고본을 1972년 가쿠카와 쇼텐(角川書店)에서 출판하게 되었다. 이때도 그는 1970년 3월 5일부터, 일흔을 넘긴 고령임에도 불구하고, 하루 여섯 시간 기준으로 매일 작업하여 1971년 12월 4일에 작업을 끝냈다고 한다.

그는 이 책을 정독하는 과정에서 수백 권의 경제사, 역사 관계 서적을 참고자료로 탐독했으며 그 과정에서 프로이트와 프리드리히 단네만을 발견하여 일본에 처음 소개했는데, 그 결정의 하나가 바로 프로이트의 「정신분석입문」(1929)의 번역 출간이었다. 야스다 도쿠타로의 「풍속의 역사」의 번역은 햇수로 따지면 35년에 걸친 평생의 작업이었으며 그의 고매한 이상을 구체화하는 실천의 고리가 되었다.

인류의 이상과 그것의 실현을 위하여 결코 휴식이 있을 수 없었던 푹스의 실천적 삶은 「풍속의 역사」와 그의 또다른 저서들을 매개로 하여 그와 똑같은 이상과 그것의 실현을 위하여 똑같이 결코 휴식이 있을 수 없는 삶을 살았던, 그와는 지구의 반대편에서 살았지만 파시즘 치하의 민중적 고통을 함께했던 야스다 도쿠타로라는 한 동양의 지식인에게서 되살아나고 있다.

1988년 4월 24일

이기웅, 박종만 씀

개역판 역자 후기

초판 제I권의 "역자 후기"에서 술회했듯이 꽤나 우여곡절 끝에 나온 「풍속의 역사」는 신문과 잡지 등의 집중적인 조명과 당시의 질식할 듯한 사회적 분위기 속에서 독자들의 큰 호응을 얻게 되었다. 아마도 당시로서는 책의 내용이나 삽화가 파천황적일(?) 정도로 충격적이고 신선했기 때문일 것이었다. 따라서 판매부수로서도 상당했지만, 저자의 민중사관에 기초한 풍속연구는 80년대의 의식과 사고를 크게 지배했던 마르크시즘의 물결을 타고 한국사회에서 "풍속"에 대한 관심을 드높이는 계기가 되었다.

「풍속의 역사」 출간 이후 한국 출판계는 풍속, 특히 성풍속에 관한 서적이 봇물이 터지듯이 출판되었다. 그 봇물은 한국인들의 의식의 논에 물을 대었고, 그 결과로 그들의 성에 관한 인식은 상당히 자유로워졌고 넓어진 듯하다.

이제 전체 네 권 중에서 마지막으로 1988년 5월 15일에 제I권 「풍속과 사회」가 나온 지도 꼭 13년 10개월이 되었다. 그동안 이 책은 네 권이라는 볼륨에 힘입어 그 판매부수로 따지면 까치글방이 상재한 책들 중에서 두번째로 많이 찍은 책이 되었다. 그러나 유서(類書)들이 많아지고 책의 자연적인 생명력의 노화와 학문적인 영향력의 감소로 현재의 판매부수는 미미하다.

더 이상의 판매부수는 기대하기 어렵지만, 현재의 맞춤법과 외국어 표기법 등을 적용하고 그리고 문장들을 다듬고 번역의 진위가 미심쩍은 부분은 다시 원문과 대조하는 것은 물론 상이하게 번역된 단어들은 통일하고 새로운 도판들을 사용하여 개역 제2판을 만들게 되었다. 그것은 이 책이 이 땅에 약간의 사회적, 학문적 기여를 했다는 것을 위안으로 삼는 우리 출판사가 당연히 져야 할 책임감의 발로일 것이다.

시간과 성의가 허락되는 번역자가 나타나면 다시 개역 제3판을 가까운 시일 안에 출판할 것을 다짐한다. 그것은 또한 이 책의 중역을 기꺼이 맡았던 분들, 자신의

서가에서 반환의 기약도 없이 일본어 번역판을 빌려준 리영희 교수, 상당 부분의
원문 대조의 어려움을 마다지 않았던 박광자 교수, 이 책을 읽었던 수많은 독자들
의 은혜에 대한 역자들의 최소한의 보답이고 예의일 것이다. 그리고 어떤 사람이
그에게 건강을 생각해서 일을 그만하고 여유 있는 생활을 하도록 권했을 때 "그럴
생각입니다. 하지만 사람의 일생은 역시 너무나 짧아요. 여든까지 산다고 하더라
도, 게다가 이것 저것 글 쓸 일은 많아서……"라고 대답했던 저자 에두아르트 푹스
와 이 책의 번역에 생애를 담보하다시피 했던 야스다 도쿠타로에 대한 우리의 최소
한의 성의일 것이다.

2001년 3월 10일
이기웅, 박종만 씀

색인